長江文明论坛
2023·重庆
Forum for Yangtze River Civilizations

长江文明论坛文集

2023

中共重庆市委宣传部
中国社会科学院科研局 编

重庆出版集团 重庆出版社

图书在版编目（CIP）数据

2023长江文明论坛文集 / 中共重庆市委宣传部，中国社会科学院科研局编. -- 重庆：重庆出版社，2024.9. -- ISBN 978-7-229-19064-4

Ⅰ. K295-53

中国国家版本馆CIP数据核字第2024960T47号

2023长江文明论坛文集
2023 CHANGJIANG WENMING LUNTAN WENJI

中共重庆市委宣传部　中国社会科学院科研局　编

责任编辑：彭　景
责任校对：李小君
装帧设计：刘　强

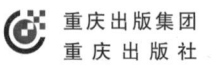

重庆出版集团
重庆出版社　出版

重庆市南岸区南滨路162号1幢　邮政编码：400061　http://www.cqph.com
重庆诚迈文化传媒有限责任公司制版
重庆恒昌印务有限公司印刷
重庆出版集团图书发行有限公司发行
E-MAIL:fxchu@cqph.com　邮购电话：023-61520678
全国新华书店经销

开本：787mm×1092mm　1/16　印张：25.75　字数：340千
2024年9月第1版　2024年9月第1次印刷
ISBN 978-7-229-19064-4
定价：98.00元

如有印装质量问题，请向本集团图书发行有限公司调换：023-61520678

版权所有　侵权必究

前言

长江造就了从巴山蜀水到江南水乡的千年文脉，是中华民族的代表性符号和中华文明的标志性象征，是涵养社会主义核心价值观的重要源泉。

重庆这座城市因长江而生，也因长江而兴，在源远流长的长江文化浸润下，积淀了厚重的人文底蕴，是著名的历史文化名城。长江横贯重庆全境，流程691千米，占长江总里程的10.8%，孕育滋养了3200万巴渝儿女。特别是长江三峡，作为长江标志性河段，是巴蜀文化与中原文化、荆楚文化、吴越文化交流融合的重要通道，在长江文化中具有很强的辨识度、很大的影响力、很高的美誉度。今天，大江东流入海，高峡平湖安澜，重庆坚持筑牢长江上游重要生态屏障，坚持以高水平保护支撑高质量发展，不断谱写中国式现代化重庆篇章，书写美丽长江（重庆段）新画卷。

为深学笃用习近平总书记在文化传承发展座谈会上的重要讲话精神，深入贯彻落实习近平总书记关于长江文化保护传承弘扬的重要论述和重要指示批示精神，2023年9月12日，2023长江文明论坛在重庆悦来国际会议中心举行。本次论坛由中国社会科学院、重庆市人民政府共同举办，中共重庆市委宣传部、重庆市文化旅游委（重庆市文物局）、重庆社会科学院（重庆市人民政府发展研究中心）共同承办，重庆中国三峡博物馆为执行单位。论坛主题为"长江文化传承发展"，宗旨是"把长江文化保护好、传承好、弘扬好，延续历史文脉，坚定文化自信"。全国知名专家学者和长江沿线高校、社科机构、文博机构代表共聚一堂，围绕"宅兹中国：长江文明探源"和"千年文脉：从巴山蜀水到江南水乡"两个专题，共话文明传承、共商文化交流。

2023长江文明论坛的成功举办，为保护长江文化构建了重要阵地，为传承长江文化搭建了重要平台，为弘扬长江文化畅通了重要渠道。我们决定对本次论坛的学术成果结集出版，以飨读者。论文集分为上下两编，共收录文章28篇，约27万字。上编为"主旨演讲"，整理收录了10位专家在论坛上依次发言的讲稿；下编为"专题研讨"，收录了有关学者会后提供的18篇论文。文章涵盖长江文明探源、长江国家文化公园建设以及新时代长江文化创造性转化、创新性发展等内容，有助于长江流经省区市以及长江经济带覆盖的区域共同扛起保护、传承、弘扬长江文化的重大责任使命，向国内外讲好具有辨识度、影响力、吸引力的"长江故事""中国故事"，进一步提升长江文明的传播力和影响力，使长江文化成为展示中华文化、弘扬中华文明的重要窗口。

目录

上编　主旨演讲

长江流域史前文化与中华文明的起源与形成 / 王　巍　　003

水陆通衢巴蜀同辉

——长江上游古代文明的"双子座" / 霍　巍　　008

辉煌绚丽的三峡文化 / 李禹阶　　021

黄河长江交相辉映　中华文明永葆青春 / 葛剑雄　　027

中华早期文明演进过程中长江与黄河的交相辉映 / 王震中　　034

长江中游考古与巴楚文化 / 方　勤　　042

考古中国视野下长江中游地区文明化进程 / 郭伟民　　048

长江文化传承发展与中华民族现代文明建设的内在关系初探 / 贺云翱　　057

宋韵文化的历史价值 / 徐吉军　　066

重庆文化的传承与弘扬 / 孟东方　　072

下编　专题研讨

长江文化的阐释与展示

——兼谈长江国家文化公园建设问题 / 孙　华　　083

长江流域：中华文明的多元一体的重要组成部分 / 朱海滨　　101

自然与人文视野中的六朝长江 / 胡阿祥　　111

长江流域书院与长江文化 / 朱汉民　　124

略谈三星堆文化与长江中游古文化的关系 / 赵殿增　　143

岷江文化的基本特征简析 / 何一民　　153

考古学视野下的巴文化：概念、问题与方法 / 白九江　　170

试论中国川江历史文化的世界性 / 蓝　勇　　190

黔境乌江流域的史前文明 / 宋先世　　216

《禹贡》"敷浅原"与夏商王朝对长江中游铜矿资源的开发与利用

——以瑞昌铜岭、九江荞麦岭遗址为例 / 周广明　　227

再辨"金堤" / 陈　曦　　244

长江中游地区的聚落发展与城市起源 / 尹弘兵　　268

从东山村遗址看长江下游社会复杂化进程 / 林留根　　　　　　291

上山文化：长江下游的稻作社会与农业文明 / 孙瀚龙　　　　　303

《铅差日记》所见黔铅的长江航运 / 唐春生　　　　　　　　　322

晚清民国川江航道图编绘的历史考察 / 李　鹏　　　　　　　　346

"蜀道申遗"视域下的嘉陵江武胜段水脉航运资源文化解读 / 刘平中　　364

长江沿岸城市的联系：近代交通运输业变迁的总体考察 / 马学强　　379

上编

主旨演讲

长江流域史前文化与中华文明的起源与形成[①]

王 巍[②]

在我印象中，长江有180万平方千米的流域面积，在我们国家的经济、文化乃至政治层面都发挥着重要的作用。因为时间关系，我主要讲一下长江流域的史前文化。

首先是陶器的发明。制陶技术是人类历史上非常重要的一个发明，后来发展为瓷器。目前在长江流域发现的陶器是世界上年代最早的，保守估计有1.6万年的历史，还有测出的数据是2万年。有了陶器就可以盛、煮，改变了原来只有烧和烤的模式。后来又有了鬲、甗等一系列炊具的发明。距今9000—8500年前，制陶技术有了新的发展，表现为陶器的种类显著增加，制作的技术有相当的进步。有些陶器相对精致很多，甚至在外面施了红陶衣，出现了最早的彩陶。有的陶器上有刻画的符号、有的陶器上有用白彩书写的符号、有的陶器上有一些点线的纹饰等，表明人们在农业发展以后精神生活层面也在不断丰富。距今7000年前的湖南怀化高庙遗址发现了最早的白陶。什么是白陶？用瓷土烧制的陶器颜色发白，所以叫白陶。湖南怀化的高庙遗址，白陶上有很多刻画符号，有太阳、神人和凤鸟等形象，内容十分

[①] 本文为作者2023年9月12日在重庆举办的2023年长江文明论坛上的发言，据录音稿整理。
[②] 王巍，中国社会科学院学部委员、历史学部主任，中国考古学会理事长。

丰富，让人非常震惊。

然后是独木舟的发明。目前发现最早的独木舟是在浙江萧山跨湖桥遗址，距今约8000年，也是东亚发现最早的独木舟。按此推断，先民不仅在小湖泊里可以划行，甚至在近海也有航行能力。

萧山跨湖桥遗址还出土了8000年前的漆弓，中华民族对漆的了解也从这里开始。

距今7000年的湖北秭归东门头遗址出土了目前最早的拟人化太阳形象——"太阳人"石刻。

长江流域也是水稻的原产地之一，年代距今不晚于1万年。水稻经历了从野生到栽培的重要过程。湖南道县玉蟾岩遗址发现有稻谷遗存，这是目前世界上发现最早的野生稻向栽培稻过渡阶段的标本，刷新了人类水稻栽培的历史记录。距今7000年左右，稻作农业在长江中下游得到广泛发展，比如，河姆渡时期农业生产相比距今1万年的时候就有了相当大进步。最近，我们进一步发现河姆渡的稻田面积相当大，不是某一小块块的稻田。

长江下游还发现了玉玦。距今9000—8000年，在东北黑龙江饶河小南山遗址发现有结构相似、制作方法相同的玉器。与此同时在精神层面，我们可以看到河姆渡遗址出土的双鸟驮日的图案，也叫"双鸟朝日"（"双凤朝阳"），这是目前看到最明确的太阳和神鸟的图案。这个图案一直延续到后来，比如在三星堆出土的文物中可以看到很多只鸟，这就是一个传承。

湖南省常德市澧县城头山古文化遗址是目前中国境内能够看到的最早的城址。周围宽宽的壕沟有防洪作用，壕沟内侧有城的修建。城址大约有40万平方米，可以看到献给神的祭祀东西和祭台等，说明当时已有祭祀活动。

龙的形象出现。湖北黄梅焦墩遗址出土了距今6000年左右的"卵石摆塑龙"，身长4.46米，东西走向，由大小不等、颜色各异的卵石摆塑而成，周边另塑有鱼、蛇等动物，这说明龙的形象已在6000年前的中华大地上出现。

江苏张家港东山村遗址是目前最早出现明显社会贫富分化的实例。同时期我们在其他地区看不到墓葬反映的明显社会分化。在东山村遗址的墓地中，一般的墓葬只有3—5件陶器随葬，但东山村墓葬却发现有大量的随葬品。距今5500—5300年，在长江流域、黄河流域、辽河流域，社会贫富贵贱的分化十分明显。例如安徽马鞍山凌家滩遗址，这是目前体现贫富分化很重要的一个地方，遗址残存面积有140万平方米，本来面积达220万平方米，有明确的墓葬区、祭祀区、高等级建筑区和一般居民区等功能分区，其中规模最大的墓葬是2007年发掘的23号墓，这座墓出土了一个重达88公斤的随葬玉猪，以及总数达300多件的随葬品，其中光玉器就有200多件，这是同时期单个墓葬发现随葬品最丰富的。

湖南的鸡叫城遗址发现了中国境内目前最早最大的单体木质建筑。年代距今5000年左右。我们可以看到，木质结构保存比较完整，是一个多开间的大型建筑。同时期的小型建筑只有20—30平方米，但这个单体木质建筑总面积达630平方米，这也是社会分化很明显的证据。

湖北京山屈家岭遗址出土了铜矿石。表明人们认识了铜矿，虽然我们还没有发现相关的冶炼痕迹，但我相信只是时间的问题。长江流域的人们认识铜至少有4700—4800年的历史。

苏州吴中张陵山遗址发现了目前最早的兽面纹玉器。那时候良渚古城还没有兴建，她处于良渚文化的早期阶段。

在苏州昆山赵陵山遗址，发现了长江流域目前最早的人殉的墓葬。我们在墓葬中发现十几具人骨，没有任何其他随葬品，我们研究认为这应该是为埋葬在土台上的权贵阶层殉葬的。

中华5000年最充分的证据——良渚古城遗址，为史前规模最大的城址。良渚文化分布在长三角地区，是我们中华文明探源工程最重要的成果之一。良渚古城规模是南北1900米、东西1700米，墙基宽40到60米，面积300万平方米，相当于四个明清北京故宫。为了防止北边的山洪侵蚀，在修建城之初，先在北边修建了一个超大型的水坝。2016年，我们发现在内城外面，良渚古人还修建了一圈外城郭，内外城的总面积不少于630万平方米。这是目前看到的最大的城址，总用工量大概相当于1万人连续工作10年，如果算上农忙时间则需要20—30年，表明当时的王权已经能够动员大量的人力从事超大型的工程。权贵阶层墓葬随葬品多数是玉器，表明权贵掌控着精神权利和祭祀权力，良渚社会进入了文明社会。因此，在申请良渚遗址进入世界遗产名录时，遗产理事会工作给出了这样的理由：良渚遗址中存在社会分化和统一的信仰体系的早期区域性国家形态。湖北省天门市石河镇谭家岭遗址出土了距今4000年左右非常精美的玉器。被誉为史前中国玉器加工工艺的巅峰。从中还可以看到7000年前湖南省怀化高庙遗址上下獠牙神的图案。

原始瓷器。我们一直在寻找瓷器最早的起源，现在看来长江下游很可能是原始瓷器的发源地。我们在浙江德清等地发现了距今4000—3500年前的原始瓷器。

概括地说，水稻栽培技术、制陶术、彩陶、太阳信仰、独木舟制作、漆工艺、剌点兽面纹、城墙的建造、玉琮、玉璧代表的玉礼器，还有犁耕，都是长江流域史前文化的重要组成部分。我们得出结论，长江流域史前文化是丰富多彩的中华文明的重要组成部分，为中华文明的形成与发展作出了十分重要的贡献。

水陆通衢巴蜀同辉
——长江上游古代文明的"双子座"[①]

霍 巍[②]

长江、黄河是我们的母亲河，这两条河流就像巨人的一双手臂，把我们的祖国环围起来。过去我们对黄河文明有比较深刻的了解，但我们应该如何看待我们的长江上游地区呢？今天我想从一个比较长的时段，比较丰富的观察层面来谈谈我的认识。

远古人类在长江流域留下了痕迹。比如大家比较熟悉的巫山人，这是迄今为止中国境内发现最早的人类化石。巫山人的意义，我想今天不用多说，这个遗址位于重庆市巫山县庙宇镇龙坪村龙骨坡，发掘于1986年，是中国早期人类化石遗址。龙骨坡遗址占地约1300平方米，经过先后三次现场发掘，在遗址发现了古人类门齿和带犬齿的颌骨化石，以及数十件与人类化石同一层次的巨猿、剑齿虎、双角犀等化石。经考证，这些化石属早更新世，距今204万年，其人类化石被称为巫山人，与东非早更新世"能人"处于同一进化水平。过去学术界认为，龙骨坡遗址出土的古人类化石，代表了一种直立人的新亚种，后被定名为"直立人巫山亚种"。"巫山人"化石成为中国境内迄今发现最早的人类化石，龙骨坡也因此声名大振。

[①] 本文为作者2023年9月12日在重庆举办的2023年长江文明论坛上的发言，据录音稿整理。
[②] 霍巍，教育部长江学者特聘教授、四川大学杰出教授。

图1　龙骨坡遗址发掘现场

我们再来看看四川稻城新发现的旧石器时代的皮洛遗址。皮洛遗址有两个特点：一是年代更久远，距今约16万年前；二是在石器遗存中发现了"阿舍利手斧"。过去的研究者认为东西方旧石器时代文化中有过一条"莫维斯线"，认为只有西方旧石器系统中才有手斧，但我们在皮洛这里却看到了完整的手斧三件套组合。皮洛遗址位于今天青藏高原的东麓，远古人类迁徙的路线很可能在长江、黄河流域包括今天的青藏高原形成了一个网状结构，高原上的人群早在旧石器时代就已经可能和平原地带的人群有过交往和交流，这对我们认识远古人类和长江源头的考古学文化溯源具有非常重要的意义。

图2　皮洛遗址出土的旧石器

接下来，我重点讲一讲巴蜀文化。青铜时代的巴蜀，进入了文献有载、考古有据的时期。《华阳国志》有这样的一段话："蜀之为国，肇于人皇，与巴同囿"，表明巴蜀之间有着十分密切的联系。引起海内外广泛关注的四川广汉三星堆遗址可以说是巴蜀文化的一个代表，在近九十年的考古发掘历程中，1986年发现了两个祭祀坑，近年来又相继发现了六个祭祀坑，从这八个祭祀坑中发现了大量的青铜器、玉器、黄金制品和象牙等器物。我这里重点介绍几件可以称得上是"明星器物"的重器。

其中这件青铜祭坛，我们可以看到上面人物众多，各有分工。有的是上面有抬杠的力士，在四个力士的中间四方各有一尊戴着面具的小神像，这样的小人像和力士像不一样，实际上可以推测，他们可能是在当时三星堆祭祀系统中承担了一定职能的巫师，即神职人员。他们都戴着面具，造型奇特。在居于这些小人像中间的中心部位，还发

图3　三星堆祭祀坑中出土的青铜祭坛

现有一个人背着青铜罍，罍里面会装着什么物品呢？从他所处的中央位置来看，他应当是在祭祀过程中背负着祭器的神职人员，过去曾在一些青铜容器中发现有海贝、小型玉器等，可能是祭祀用的重要器物。这个背着青铜罍的小人像很可能象征着这样的含义。

另外一件是新出土的青铜器，表现的应是一个人鸟合体的神的形象。它头上顶着尊，下面按着罍，这两种青铜器都曾在中原系统的青铜礼器中有过发现，由此表明三星堆的青铜文化和中原文化是有联系的。这件神像也是戴着面具，屈体向上，它的尾部原来埋在二号坑内，这次被成功拼接在一起。我们看到的是一尊鸟和人合体的神像。所以鸟、龙这样的神灵器物在三星堆的出现是与沟通天地神人相关的，也是祭祀过程中三星堆人心目中的神灵动物，这类器物过去在中原文明体系当中正好是所缺失的部分，给我们提供了新的知识图景。

除了这部分具有强烈地域特色的青铜器之外，三星堆的青铜礼器比如青铜尊，同样和长江流域有密切的联系，有专家认为三星堆的青铜铸造技术跟

图4 人鸟合体的神像

今天的湖北、湖南、广西、安徽都有密切的关系，从技术、原材料甚至到工匠都有可能受到这些地区的影响。所以，三星堆绝不是无源之水，而是长江流域青铜文化当中一个系统化作业的成果。

晚期巴、蜀更是不分家的。我们发掘出的兵器，无论是三峡出土的，还是成都平原出土的，完全是属于一个系统，学术界称其为巴蜀青铜器。而且这些青铜兵器、青铜印章当中出现了引人注目的所谓"巴蜀图语"，这是不是晚期巴蜀文化的文字？非常值得我们关注，我个人认为它是文字的可能性是不能排除的。

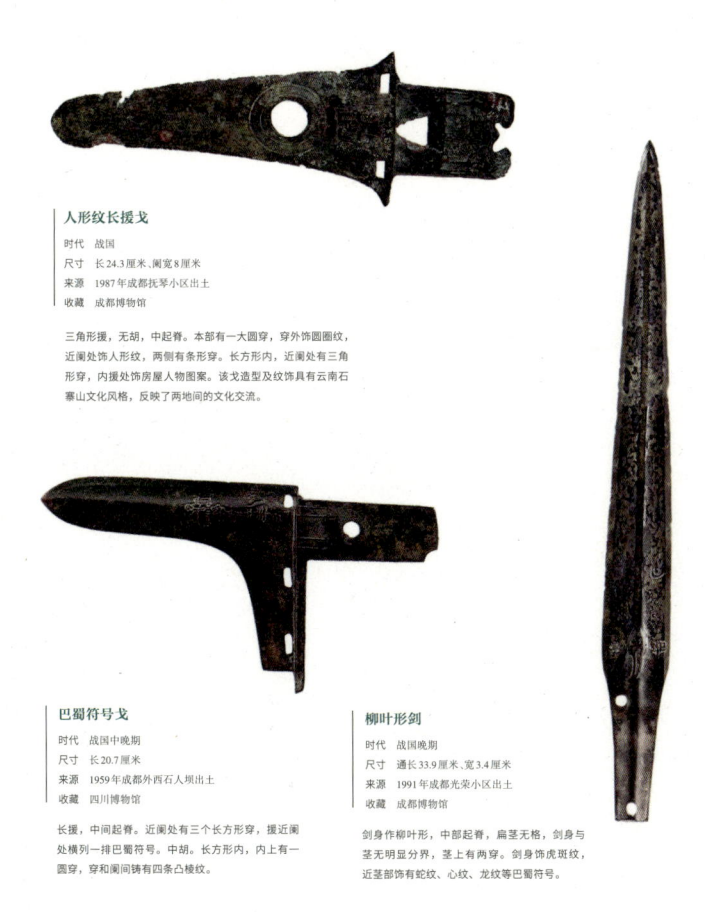

人形纹长援戈
时代　战国
尺寸　长24.3厘米、阑宽8厘米
来源　1987年成都抚琴小区出土
收藏　成都博物馆

三角形援。无胡，中起脊。本部有一大圆穿，穿外饰圆圈纹，近阑处饰人形纹，两侧有条形穿。长方形内，近阑处有三角形穿，内援处饰房屋人物图案。该戈造型及纹饰具有云南石寨山文化风格，反映了两地间的文化交流。

巴蜀符号戈
时代　战国中晚期
尺寸　长20.7厘米
来源　1959年成都外西石人坝出土
收藏　四川博物馆

长援，中间起脊。近阑处有三个长方形穿，援近阑处横列一排巴蜀符号。中胡，长方形内，内上有一圆穿，穿和阑间铸有四条凸棱纹。

柳叶形剑
时代　战国晚期
尺寸　通长33.9厘米、宽3.4厘米
来源　1991年成都光荣小区出土
收藏　成都博物馆

剑身作柳叶形，中部起脊，扁茎无格，剑身与茎无明显分界，茎上有两穿。剑身饰虎斑纹，近茎部饰有蛇纹、心纹、龙纹等巴蜀符号。

图5　晚期巴蜀文化中出土的青铜兵器

巴蜀地区对于秦汉统一国家、统一王朝具有特殊的意义。在长江上游地区，它不仅连通了包括今天的西藏高原在内的整个西南地区，而且通过东向的长江水道找到整个巴蜀文明的"出海口"，向东的发展就依托这个重要的交通渠道开始。我们看到很多非常有价值的历史文物。

成都平原出土了大量的佛像。近期在三峡地区的考古发掘中，发现了很多甚至带有年号的两汉时期的摇钱树座，也就是说早在汉代，长江流域已经是佛教文化的一个流行区。

成都平原集中发现许多大型的有翼神兽，这些有翼神兽很多是狮子。事实上狮子不是中原的产物，而是从中亚、西亚传过来的，所以跟丝绸之路有密切的联系。除了成都平原外，重庆尤其是三峡地区也有这样的有翼神兽和石阙的分布点。我有一个设想：长江上游通过丝

图6　重庆三峡地区发现的大型有翼神兽

绸之路传来的具有中外文化交流的标志性器物——这类大型的有翼神兽，也影响到了南朝。南朝陵墓前的有翼神兽，它们的来源我推测有两个：一是从中原传来，二是来自长江上游。

此外，重庆三峡地区也出土有一些小型化的有翼神兽陶俑，表现的是载着仙人升天的狮子的形象，有关带翼神兽载人升仙的这类图像，在巴蜀地区也形成了一个非常有意义的器物群。

与汉代这种观念紧密相关的，是重庆巫山出土的汉代"天门"棺饰，它和四川地区出土的刻在汉代石棺、崖墓门楣上方的"天门"同属一个思想系统。所谓"天门"，就是汉代特别流行的昆仑神话的重要组成部分，是指人死后通过西方母崇拜可以不死升仙，通过天门达到仙人生活的"天界"。秦汉时期，甚至先秦时期，昆仑神话很有可能在四川地区和江汉地区都传播起来。这些具有汉代文化特色的器

图7　重庆巫山土城坡墓地Ⅲ区M41
（东汉晚期）出土的天门铜棺饰线图

物，充分说明了成渝两地——今天讲的"双子座"——在汉代文化中形成的相互联系，其跟长江中下游地区和黄河流域具有不同的文化面貌。三峡地区还发现了不少的胡人形象，这些形象有的是和有翼神兽、早期佛像等来自西方的事物一道进入长江上游地区的，留下了宝贵的历史痕迹。

南北朝时期的中外文化交流，长江上游是一个要津。由于北魏统治了中原地区，从当时建康（今南京）通过丝绸之路只有一条线，就是青海道，青海道必须过荆州、江州（今重庆），再到益州（今成都），然后沿着青海、甘肃这条路线到西域，才能走通过去的"丝绸之路"。在这条道路上，我们看到了目前最早穿上中国衣服的佛教造像——南朝齐永明元年（483）造像，这是佛像穿上"褒衣博带"的汉式僧衣最早的一例。这件造像发现的地点是在岷江上游，正好处在"青海道"上，这并不是孤例，后来又在成都地区发现了多件这样带有南齐年号的南朝造像，都是穿着"褒衣博带"汉式僧衣的佛像，是佛教中国化过程中留给我们的宝贵实物。文献和考古材料都告诉我们，在魏晋南北朝时期，这条通道成为当时的要津，在《高僧传》和《续高僧传》中，有不少这个时期的商人和僧侣通过长江上游，然后抵达长江中游和下游的记载：

《续高僧传》卷二五《释道仙传》：
释道仙，一名僧先，本康居国人，以游贾为业，梁、周之际，往来吴蜀，江海上下，集积珠宝。故其所获赀货，乃满两船，时或计者，云值钱数十万贯。

《续高僧传》卷二十九《释明达传》：

> 释明达，姓康氏，其先康居人也，童稚出家，严持斋戒，……以梁天监初来自西戎，至于益部。时巴峡蛮夷，鼓行抄劫，州郡征兵，克期诛讨。达愍其将苦，志存拯拔，独行诣贼，登其堡垒，尉喻招引，未狎其情。……达乃教具千灯，祈诚三宝。……以天监十五年，随始兴王还荆州。

到了隋代，西域人在成都扎下根，其中一些何姓人物的家乡大致在今天的乌兹别克斯坦、吉尔吉斯斯坦这一带。何姓一家中除了何妥，还有何稠，何稠在隋代的时候甚至还创造出一个特殊的衣服的式样，这个式样广泛地吸收了当时中外文化交流中流行的西方图案。具体来看有团窠纹，再大一些的团花图案中还有对牛、对兽纹饰，这种极富西域色彩的纹饰被称为"陵阳公样"，流行于南北朝时期直至隋唐。

> 《隋书·何妥传》载：何妥本为"西域人也，父细胡，通商入蜀，遂家郫县。事梁武陵王纪，主知金帛，因致巨富，号为西州大贾"。

> 《隋书·何稠传》载：何妥之侄何稠年十余岁，遇江陵陷，随妥至长安，"稠博览古图，多识旧物，波斯尝献金绵锦袍，组织殊丽，上命稠为之。稠锦既成，逾所献者，上甚悦。时中国久绝琉璃之作，匠人无敢厝意，稠以绿瓷为之，与真不异"。

上面这两条文献记载所称的道的何氏家族，本属昭武九姓胡人，后来通商入蜀致富，他们学习来自波斯的织物纹样，加以更富创造力的更新，织成的织物广受欢迎，名噪一时。

图8　唐代流行的团窠对鸟纹织锦

上述这些文物和文献，都给我们展现了非常丰富的层面，表明通过长江上游地区，形成了长江流域文化交流的一个个重镇。在长江上游的益州（今成都）这一带还有印刷术、漆器制作和铜器制作等一系列考古上可以看得见的文化遗产，今天就都不再展开讨论了。

最后，我想特别谈一谈唐宋元明清时代的长江上游地区。历史上有一个说法叫"扬一益二"，认为到了唐代以后，成都和扬州分别代表了长江上游和下游经济、文化最为发达的地区。这个情况一直延续到了宋元明清时代，以古代的巴蜀地区为中心，已经形成了西南的经济重镇和文化高地。我这里举出两个大家可能比较熟悉的例子来加以说明。

第一个例子，是以重庆大足、四川安岳的石窟寺为中心，形成了中国石窟寺艺术的最后一个高潮。随着丝绸之路的开通，敦煌、云冈、龙门作为次第兴起的佛教文化高峰而知名于全国，但是，最后一个佛教文化艺术的高峰不是出现在北方，而是出现在南方，不是在南方的长江中下游，而是在上游地区，这就是以重庆大足石刻、四川安岳石刻为中心的巴蜀石窟。大足、安岳的佛教石窟寺艺术有一个重大的特点，即儒释道三教合一，而且地方宗派特色十分明显。比方说，以大足石刻为中心形成的密教道场，就具有非常浓厚的地域文化特色。道教造像在这个时期也十分繁盛。唐代以乐山大佛为代表的大像艺术，在四川和重庆地区也很流行，在四川、重庆各地发现的大型的佛像中，有站的、有卧的、有坐的，这都成为中国在唐宋时期佛教文化的一大景观，巴渝之地可谓大佛之乡。从全国范围来看，这些都是具有长江上游宗教文化特点的佛教艺术遗存。我们知道，宗教和艺术的繁荣发展，离不开政治、经济的发展，佛教石窟艺术这个时期在长江上游地区形成新的高峰，其背后的历史背景，正是这个时期长江上游区域经济和文化蓬勃发展的一个缩影。

第二个例子，宋元时期还出现了川渝地区著名的山城防御体系。宋元山城防御体系，可以依靠文献记载和实地的考古调查两方面来加以确定，目前的考古调查至少有把握地讲，川渝地区有几十座宋元时期的山城是可以坐实的。我们知道，随着蒙古铁骑横扫欧亚，势不可挡，却在长江上游的山城面前停下了脚步。从某种意义上说，正是以重庆的钓鱼城为代表的山城防御体系，改变了世界的格局。宋元在这一地带依托长江天险和山城进行的长期拉锯战争，不仅遏制了蒙古军队发展的势头，也导致整个蒙古统治集团内部在蒙哥战死之后发生剧变，导致忽必烈最后在建立元朝的时候不得不调整民族政策和整个对外政策。所以，这个历史进程的意义是非常重大的。从这个意义上讲，宋元山城也是世界战争史上的奇迹，同时也是我国多民族交往和交流当中的一大奇迹。蒙古人最后也学会了筑城，以城攻城，才最终征服了长江上游天险和山城防御体系，完成它的统一大业。《战争论》的作者、著名的军事学家克劳塞维茨讲过一句话："战争也是民族交往的一种形式。"所以我觉得我们的宋元山城体系也是一个世界级的奇观，诞生在长江上游地区有它的独特原因和文化背景，它的价值和意义不能仅局限于世界军事史，也影响到全球史视野下对于各民族间交往、交流以及跨区域互动的深刻认识。

最后，我再做一个小结。通过今天我们的讨论和对考古以及文献的最为粗略的梳理，至少我有三点印象很深刻。

第一，长江文明源远流长、博大精深，上游的巴蜀文化是长江文明的重要组成部分，是长江上游文明的发源地，四川和重庆，即过去的巴和蜀，是一个"双子座"，它们之间相互依托、相互依存，对于中国西部的政治、经济、文化发展起到了非常重要的作用。

第二，长江上游地区历史上形成了复杂的交通要津和交通路网，为各民族之间的交流、交往和交融创造了条件。同时这些交通路网当中，还有不少是外向型的，可以与我国西域和青藏高原以及南亚和东南亚等多个区域进行中外文化交流，很多外来的事物经这些路网传入到长江上游地区，进而再通过高原丝绸之路、长江水道、南方丝绸之路等传播到更为遥远的地方。长江上游的各族人民吸收外来文化因素加以创造发明，丰富了中华文明的内涵，作出了自己的贡献。所以，它是"一带一路"的重要组成部分和要津。

第三，长江文明和黄河文明共同塑造了中华文明的面貌，对它的历史价值要加以深刻的认知，我们才能够从一个历史的长时段去了解长江文明的历史价值及其现实意义，从而实现从巴山蜀水到江南水乡千年文脉的再利用，为振兴中华民族文化、再铸中华文明新辉煌，作出巴蜀儿女的新贡献。

辉煌绚丽的三峡文化[①]

李禹阶[②]

长江文明中有一个非常重要又富有特色的文化——三峡文化。自古以来，中国国家的统一、民族的团结、文化的融合，三峡文化都起到了非常重要的作用。从空间位置看，三峡文化联通着中国古代长江文明的五大文化圈：下游的吴越文化圈，中游的荆楚文化圈，上游的巴蜀文化、滇黔文化和青藏文化圈。从宏观看，三峡文化在长江文明中发挥着连接中国东部和西部的中轴作用。因此，三峡文化自古以来就对我们国家和民族发展有着重要意义。

三峡文化为什么会形成这样历史悠久的文化形态呢？追根溯源可以看出，这和三峡文化基本的生态环境和地理特征有关。三峡文化具有特殊的地理特征，三峡地区西至重庆、东至宜昌、北靠大巴山脉、南靠武陵山和大娄山，有60%的地方是山地和丘陵。三峡是怎样形成的？远古时期洪荒之水劈山而出，奔腾万里，由此形成了中国的东部、西部和中部，成就了人类有史以来的大动脉、大通道。

从历史上看，三峡是我国古人类的发祥地。在三峡发现的巫山人头骨距今204万年，它的发现为亚洲人类的起源提供了新证据。三峡文化的主体是巴文化，巴蜀人最早是在商周时期活跃于汉水中上游的

[①]本文为作者2023年9月12日在重庆举办的2023年长江文明论坛上的发言，据录音稿整理。
[②]李禹阶，重庆师范大学教授。

一个古老民族，周代以后沿着汉水逐渐进入三峡。战国时期，三峡地区的巴国政治中心不断迁徙，在今天重庆的丰都县、主城区等都曾建立了都城。公元前316年，秦国进入巴蜀，巴国为秦国所灭。巴国的灭亡并不是三峡文化的终结，在全国大一统背景下，三峡文明的统一性、开放性、包容性和连续性等特征反而更加凸显。

三峡文化为什么会形成它独有的特征呢？这是多个条件共同作用的结果。如果把三峡文化比喻为一个大系统，这个大系统就是由几个相互补充的小系统所组成。这些小系统有很多，主要有三个。

第一个系统要素是三峡的长江大动脉。三峡文化连接着五个文化圈，在物流上，三峡是长江流域的一个咽喉通道，也是古代巴蜀和湖广移民的重要路线。长江流域五个文化圈的物资交流、文化交流、移民迁徙大多是由三峡作为中间链条加以连接。

第二个系统要素是三峡独特的山水文化。三峡的山水文化主要来源于它的地势险峻、山高峡急、云遮雾罩，这种风景奇观的形成得益于其垂直景观带的地形。从地理学看，山地每提升1000米，气温就会下降6摄氏度，空气中含氧量也会下降，这就使得不同高度的山地，就会形成不同类别的动植物种群。这些动植物种群就为原始先民以及其后的三峡民众提供了丰富的食物链。今天，我们在巫山找到远古人类文化遗址绝不是偶然，它是三峡地区这种山地景观带的特征决定的。垂直景观带还有一个特征，就是三峡水面的蒸汽、水汽由下往上，蒸腾的时候突然由热变冷，就会使水雾凝结，而三峡周围都是群山环绕，使雾气凝结久久不散，在江面和群峰上就会形成一幅云遮雾罩、烟雨朦胧的景观，因此孕育出整个长江文明带上浪漫而奇幻的山水文化奇观。

第三个系统要素是三峡的资源文化。古代三峡最重要的资源就是盐和丹砂。在长江中游地区，巴盐养育数千万的民众，所以现在盐又叫盐巴。丹砂是古代治病、炼丹和冶铸的重要原料，有重要价值。古代巴人通过掌控盐和丹砂，才能获得该地区的政治权力。忠县中坝遗址出土的制盐工具——尖底杯，发现数量很多。最开始以为是盛酒容器，但是盛酒后却不能立于桌上，以至于成为一个谜题。直到1999年，这个谜题才得以破解，尖底杯其实是制作盐水的模子和运送盐的容器。过去制盐，把盐水倒进这个模子，插在沙滩或者柴火灰烬中让水分蒸发，盐自然凝结成盐块。现在也有考古工作者提出质疑，认为这么小的一个杯子制盐是很费成本的，不如用更大的缸子，但研究认为这种尖底杯不只是作为制盐的工具，而且还起着等量交换的刻度作用，一杯盐水晒干以后，里面的盐就作为交换单位。

三峡的大系统主要由三个子系统组成，如果去认真探讨三峡的每一个文化现象，我们会发现三峡的文化现象都和这三个要素有关，至少占两个。比如说三峡航运文化，一是有大河流域的通道特征；二是有大量货物运输，特别是当时的盐、丹砂等，要上下流通就需要进行贩运；三是有高山急流险滩所构成三峡险峻的地貌。所以，三峡航运文化具有这三个要素。我们可以思考一下，为什么长江上游的金沙江和宜昌段下的长江江面不能构成三峡的文化现象呢？这是因为金沙江虽然有急流险滩，但是它位于长江最上游，缺乏大河通道的特征，不适于大规模通航。宜昌段下的长江段，大江东去、水势平稳适宜通航，但是它又没有三峡航道的高山峡谷、急流险滩。

三峡文化非常丰富，包括航运文化、移民文化、诗词文化、宗教文化和建筑文化等，这些文化反映了三峡特色。

三峡的航运文化是三峡文化的重要组成，实际上又主要包括两种文化：一是船工文化，二是城镇文化。船工文化，包括船工衣食住行方方面面，最典型的是纤夫。纤夫在峡江上人力拉纤是行船穿江必要手段，所以在东汉就有三峡的纤道和纤夫。纤夫与三峡的急流险滩搏斗，与纤夫相伴的是铿锵有力的川江号子。川江号子那种石破天惊般的高亢激昂，充分表现了三峡民众对大自然的坚韧不屈。城镇文化，三峡航道的整个城镇都和宜昌段以下不同，它是一种根据地形地貌以及黄金水道所构成的一种独特的特色城镇，在重庆地区沿江的城镇几乎都有这种特色。从重庆解放前朝天门的照片可以看出，当时重庆的码头有"三多"：一是梯坎多，二是吊脚楼多（因山而建），三是挑夫多。重庆人往往说："跑到重庆城，人多地不平。"城在山上、山在城中，这是当时街道以及当时货运搬运的情景。

由于重庆是连接巴蜀和湖广的交通要道，所以成就了大时代的移民文化。三峡移民文化演变经历了很多次，其中高潮大概有五次，这里举其中三次。第一次是明清时期的"湖广填四川"，引发了巨量人口的输出和输入。我们从沿江区县县志来看，当时许多县80%的人口是外地移民，土著只有20%。第二次是抗战时期国民政府内迁所导致的人口迁徙，根据重庆主城区户籍人口记载，1937年重庆主城区的户籍人口只有45万人，但是到1945年重庆主城区的户籍人口已经是120多万人，增加到了3倍。第三次是新中国成立以后三峡库区和重庆作为当时三线建设的重要基地，大量的军工企业内迁。据统计，当时内迁的军工企业，至少有60%~70%就是在重庆和三峡地区。所以，我们总结重庆的移民文化就可以看出，重庆是一个由移民文化推动的城市，重庆版图的每一次扩张都跟一次大的移民高潮有关。

三峡的诗词文化。三峡是诗歌的殿堂，给历代诗人提供了取之不竭的诗歌源泉，历代歌咏三峡的诗作超过4000首，反映了三峡的特色。三峡诗词文化有三个特点，即浪漫性、豪放性和悲怆性。李白有

"两岸猿声啼不住，轻舟已过万重山"，三峡往往用"咏猿"来表现，为什么用猿呢？因为猿的声音非常尖厉、悲伤，使人有前路茫茫的感觉。后面一句"轻舟已过万重山"，说明诗人看到三峡风景的雄奇壮丽而豪情焕发，这些正好形成了三峡诗词文化的特征。

三峡的文化特质。三峡有几个文化特质：一是包容性和通俗性的结合。战国时代楚国的宋玉就写了《对楚王问》，其中提到下里巴人和阳春白雪，下里巴人就指的三峡文化，因为当时的楚和巴的边境是相连的。下里巴人实际上点明了三峡文化强烈的包容性、通俗性和传播性，所以现在重庆小面、重庆火锅价廉物美，在全国都有很大的影响，这说明了三峡文化的包容性。从宗教文化来看，大足石刻的妙高山第二窟南宋三教合一造像，把儒释道三教造像放在一起，供大量巴蜀民众去朝拜，这说明三峡文化有一种跨越宗教、种族和不同文化的包容性。二是浪漫性和悲壮性的结合。比如唐代诗人元稹有一首诗"曾经沧海难为水，除却巫山不是云"，说明三峡诗歌内在的特点。三是群体性和坚韧性的结合。三峡民众长期生活在艰苦的环境中，培育了一种群体协作的精神。在过去三峡各地区贩盐的有盐帮，行船的有船帮，贩药的有药材帮，这些行会的本质就是用群体的力量来克服在生产、生活和生意上的困难，这种群体认同感久而久之就转化为一种群体认同精神。四是刚健性和质朴性的结合。重庆人的性格一方面非常刚健，另一方面非常质朴，所以有人说重庆人、三峡人豪爽，这就是历史上传承下来的一种性格特征。历史上有很多说明古代巴人勇武、刚健的故事。五是开放性和传统性的结合。重庆一直比较开放，位于三峡地区的宜昌和重庆是近代中国最早开埠的城市，重庆是我国最早使用电话和火柴等生活用品的城市之一，实际上和上海、广州同步。过去有人说重庆人生活方式比较现代，为什么呢？上海广州穿什么衣服，重庆马上就跟着模仿了，这说明重庆是一个开放性城市。

三峡文化走向未来。胡焕庸线是中国地理学家胡焕庸在1935年提出的划分中国人口密度的对比线。这条线从黑龙江省瑷珲（1956年改称爱辉，1983年改称黑河市）到云南省腾冲，大致为倾斜45度。这条线的东部占全国国土面积43.8%，居住人口占94.1%；线的西部占全国国土面积56%，但居住人口仅占6%不到。由此可见，自古以来东部和西部在生存形态、文化形态以及种族等方面都存在较大差异。

自古以来，连接中国东部和西部主要有两条线路：一是北方丝绸之路，由西安到甘肃、新疆再出境；另外一条路是南方丝绸之路，由巴蜀到贵阳、云南再出境。这条南方丝绸之路实际上是三峡联通长江下游和上游的一个通道，位于巴蜀文化圈中间，对于连接长江中下游，连接整个中国的东部和西部有着非常重要的意义。今天，我们在中国式现代化建设的新征程中，三峡文化也是我国西南地区走向未来的一个关键点。因此，三峡文化在今天仍然发挥着比较重要的作用。

黄河长江交相辉映 中华文明永葆青春[1]

——— 葛剑雄[2] ———

世界各国中只有中国完整地拥有两条世界级的大河。大河跟人类文明有密切的联系，其中影响最大的乃是处于温带的东西流向的河流。尼罗河是唯一的南北向的大河，所以很多东西流向河流的特点和优势它不拥有。这些世界级的大河中间绝大多数都是跨国的，能够完整拥有一条大河的国家已经很少，但我们中国可以说自古以来都是完整地拥有黄河、长江这两条大河。它们都处在北温带，在以往气候变迁的过程中都很适合人类的生存和发展。由于气候变化，在6000年以前，黄河流域更加适宜人类生存繁衍，但到了3000年以前，长江流域则更加适宜人类生存繁衍。前面王巍先生介绍了长江流域的史前考古发现的遗址，包括良渚在内，但我们应当注意到，长江中下游这些早期的文明曙光基本上都没有能够延续和发展下来。有的突然中断了，有的慢慢消失了，因而当地现在的文化基本上都是从黄河流域传播过来的。我们至今未能完全了解其中的原因，但有一点是肯定的，那就是气候变化带来的影响。比如说在距今6000—5000年这段时间，中国的东部基本上处在温暖湿润的时期，黄河流域降水充沛、气候温暖，长江流域气温较高、过于潮湿。黄河流域，特别是黄河中下游地区，

---

[1] 本文为作者2023年9月12日在重庆举办的2023年长江文明论坛上的发言，据录音稿整理。
[2] 葛剑雄，复旦大学文科特聘资深教授，中央文史研究馆馆员。

地形地貌主要是由黄土高原和黄土冲积形成的平原。这样的地方，在先民只有简单工具的条件下，因其土壤疏松，基本地貌为稀树草原，天然植被比较容易清除。而且太行山、中条山、伏牛山以东基本上都是大平原，这片平原跟黄土高原之间并不存在完全封闭的地理障碍，所以早期文明在这片地方可以得到延续发展，并能快速扩张至周边的地区。这片土地是当时北半球最大的农业区，面积超过了从两河流域到尼罗河下游的肥沃新月形地带的总面积。由于这一片大平原中间没有天然的地理障碍，早期人类大一统的思想和观念在此萌发。先民通过成片农业区的开发、管理、统治，奠定了中国大一统的基础。

小麦在距今4000年左右传入中国，从黄河上游传播至黄河下游。中国北方原来有自己培育的食物，主要是小米跟大豆，南方则是水稻。由于小麦更适合北方平原地区的耕种环境，这就形成了巨大稳定的农业基础，也使文明的发展进程得到了加速，并且能够始终稳定地发展。

长江流域尽管在10000年前就已经开始栽种水稻，并且还适合各种经济作物的生长，但由于长江流域内有平原、丘陵、湖沼等地形地貌，自然环境复杂多样，在生产力不发达的时代，其开发就受到很大的制约。在这个发展过程中，当气候转冷，黄河流域出现了一些不利人类生活生产的因素：随着降水的减少，黄河流域经常发生干旱；又伴随着气温降低，粮食产量减少；中国长期以来政治中心——特别是统一的时期都在黄河流域，故而无论是内部的叛乱、统治集团的内部争夺或是异族的入侵，都把夺取、占领政治中心作为他们的主要目标。因此，黄河流域战乱频仍，天灾人祸频发。在这个过程中，黄河流域的人口大批南迁，包括统治集团、社会精英、高素质人口和大量的劳动力，持续不断地迁入长江流域，给长江流域输送了大批人才，提供了丰富的人力资源。

黄河流域气候的变化以及农业技术的逐步成熟，客观上也导致更大的水土流失。黄河流域水土流失的泥沙来源主要是黄河中游，这些泥沙进入黄河以后，由于在晋陕峡谷地区两岸是高山，有山岭的约束，再加上河水湍急，所以这些泥沙不会淤积于河床，而被河水挟带到了下游。但是进入下游平原地区以后，河道一下子从200多米扩展到2000米，水势平缓，泥沙就在河床淤积起来。所以在黄河下游形成了世界上罕见的"悬河"现象，淤积的泥沙使河床高于两岸，不得不依靠坚固的堤坝来约束。今天河南开封一带黄河的河床比两岸高出8—10米，最高地方河床高于两岸20米，这样一条"悬河"稍有不慎就会出现决口泛滥，以至于改道的灾祸。历史上还有一些人为因素，人为地在黄河中下游制造决口，引起改道。因此历史上的黄河曾经在今天天津一带入海，也曾经进入淮河的下游经过江苏北部入海，黄河水甚至通过运河流入长江。所以到了唐宋以后，黄河流域的经济文化都衰落了。

随着北方人口一次次地南迁，他们在政治、文化、经济和社会的优势地位，使本地的土著逐渐融入了华夏。习近平总书记指出：黄河是中华民族的根、中华民族的魂。我们中华民族的价值观念、我们中华民族的信仰，的确是在黄河领域首先形成的。但随着人口的南迁，特别是上层精英的南迁，这个"魂"逐渐扩散到了长江流域。我们讲黄河是中华民族的"根"，那是因为我们中华民族的主体华夏是在黄河流域形成的。华夏的"夏"是指最早的夏人，因为夏人并不是一个统一的部族，所以又被称为诸夏。商灭了夏以后，周又灭了商，但是人口的主体始终是夏（诸夏），所以以后商朝人、周朝人也自称"夏"或"诸夏"。因而又产生了"华夏"的名称。"华"的本意是花，形容美丽、高尚、伟大，所以华夏就是赞颂夏人的"章服之美"，也欣赏和赞颂他们的心灵之美，所以产生了华夏这个称呼。"华""夏"分别又可以作为"华夏"的简称和代名词。到了晋朝，中原的华夏更强调自己的原始性。因为东汉以后北方很多牧业民族的人口进入了黄河流域，他们也开始华化、汉化，特别是其中的上层人物、士人，已与华夏无异，所以他们也已以"华夏"自称。为了区别于这些新的"华夏"，原来的、主体的华夏就特别强调他们是"中原的华夏"，于是又产生了一个词——"中华"，中原华夏的简称。以后"中""华"也都成为华夏的代名词和简称。由于大批华夏迁入长江流域，更由于他们在各方面的优势地位，使长江流域的土著人群逐渐在政治上、文化上认同了华夏。可以说，原来在黄河流域的根已经长出了繁茂的主干，它已经延伸到长江流域，以后又包括了我们整个国家。

到了唐宋之际，经济文化重心逐渐南移。长江流域已经从中原人眼中的蛮荒之地，逐步变成了人间的天堂。在北宋末年已经有了"苏常熟，天下足"的谚语，说明当时的苏州府、常州府——也就是说今天的长三角包括上海市在内这些地方，如果农业丰收了，全国的粮食供应就有了保障。南宋的时候又有了"天上天堂，人间苏杭"这样的说法，民间把这句话变成了"上有天堂，下有苏杭"，这说明长江下游江南地区在人文、自然各方面都已经处于最适合人类生存发展的环境。到了明朝中叶又出现了"湖广熟，天下足"的说法，湖广就是今天的湖北、湖南，已经成为国家主要商品粮的基地，可以保证全国的粮食供应。而"松江衣被天下"，松江府（崇明岛以外的今上海市辖区）生产的纺织品已经足以供应全国。

从明朝已经开始出现了由湖广（今湖北、湖南）向四川，包括重庆的移民。到了清朝初期，四川受到严重战乱的破坏，当时有记录老虎白天在成都城里闲荡，爬上桥、登上楼。南充好不容易动员几百人迁入，不久就被老虎吃掉一半。这个时候长江下游以湖广为主，包括湖北、湖南、江西、福建、安徽和广东的大批百姓迁入四川。朱德在回忆母亲的文章中就讲到，他家是广东韶关的客家人，湖广填川时迁入的。外来人口的迁入使得四川很快得到恢复和重新开发。

这些都可以说明，黄河流域跟长江流域在不同的阶段发挥着不同的作用，历史上是交相辉映的。很幸运我们国家拥有这两条大河。有些小国只有河流中的某一段，受到其他段的制约。如果只有一条河流的话，随着这一条河流本身的气候条件变化免不了要出现衰落，但是我们拥有黄河、长江这两条大河。

外来的作物、家畜和器物，像小麦、黄牛、绵羊，包括青铜，主要通过陆路从西部传入中国。到了15世纪以后，外来作物主要通过海上传播进来。比如玉米、红薯、土豆、花生、辣椒、烟草，等等，由移民把它们从海外带到了长江下游、中游乃至上游。现在那些高寒地区还种着土豆。四川、湖南、贵州都成了所谓的不怕辣、辣不怕、怕不辣，这些都是外来作物，都是随着移民传入的结果。

到了近代，外来文化的传播，新兴的资本主义工商业、科学技术、思想文化，首先传到了沿海。因为有长江沟通沿海和内地，又有了轮船，所以近代工商业又沿江传播。近代形成的工商、工矿城市、交通枢纽，像上海、南通、镇江、南京、芜湖、九江、黄石、汉口（武汉）、沙市、宜昌、万县（今万州区）、重庆、宜宾之类的城市。一方面吸收外来的产业；另一方面四川的，包括重庆，早期的革命家、中共的领导人，他们也通过长江由上海走向世界，到日本、到法国、欧洲去学习、寻求真理。

我们可以看到历史上黄河、长江交相辉映，长江、黄河都是我们中华民族的母亲河，都是中华文明赖以生存和发展的最重要的物质条件。展望未来，从天时讲喜忧参半，因为这些年大家都在警惕全球变暖。但是作为一个历史地理学者，我可以告诉大家，不必过分担忧。因为到目前为止，就包括我们已经报道的那些极端气候，那些极端灾害现象，其实都没有达到或者超过历史上的极限。比如现在气候变暖，而在商朝后期，在今天河南安阳这一带还生活着野象，说明那时候那里的气候比现在更热，类似云南的西双版纳。如果说到变冷，太湖在南宋时曾经几次结冰，湖面上可以行走车马。所以从气候的变化来讲，现在的确存在着这些变暖的趋势，但是从历史的经验、历史的规律来看，它的影响、它的变化主要因素不是人类活动，是自然本身，是地球本身。而对这些方面，包括联合国气候变化的一些专家组、现在世界上其他研究地理地球表层的科学家，都还没有找到正确的解释。所以我认为，对未来我们应该不可无忧，但是不必过虑。特别是长江处于中纬度地区，理论上比高纬度、低纬度地区更加安全。所以天时完全可以给我们这样的信心：未来的长江文明可以持续地发展，可以继续跟黄河文明交相辉映，筑牢我们中华文明强大的基础。

从"地利"上讲，今天对于科技、人文、信息、金融、商贸、高新产业以及全球人口流动而言，内陆和内陆城市已经不存在劣势。例如互联网，地球上每个地方都是一样的条件。同时水运、海运占的比例还在继续增加甚至扩大，它的效益更高，更加符合可持续发展的规律，更加绿色。今天世界上70%以上的外贸量都依赖海运、水运，从这一方面讲，长江经济的命脉就在长江及其支流，应该存在着很大的发展余地。

从"人和"上讲，我研究移民史已经40多年了，我们的一个共识就是"人往高处走"，这是不可抗拒的普遍规律。这个高不仅是物质的高，更包括精神的高。所以未来可以说是得人力资源（人力、劳动力）者得天下，世界上最发达的国家就是因为不断地引入人才，才发展到现在的水平。我们现在说的人力资源既包括科学家、高级人才，也包括普通的人力资源，在这方面我们国家，包括我们长江流域不无隐忧。世界上其他国家，包括我国的台湾地区，在经济发展到我们现在这样水平的时候，早已开始引入外来劳动力，来解决人力资源的不足。再加上我们现在人口出现增长下降的趋势，所以这一点我们要未雨绸缪，要充分考虑到人力资源对一种文明、对未来发展的重要性，适时制订必要的政策，及时采取必要的措施。

在以往，黄河和长江交相辉映，保证了中华文明长盛不衰。在未来，黄河流域和长江流域仍将充分发挥各自的优势，形成合力，使中华文明永葆青春。

中华早期文明演进过程中长江与黄河的交相辉映[①]

王震中[②]

我今天讲的题目和葛剑雄先生演讲的题目有点类似，但也有不同。不同之处在于葛先生所讲的是贯穿整个中国历史长河的长江与黄河的交相辉映，我则是就它的文明起源和过程来讲一下黄河和长江的交相辉映。

我们知道在20世纪五六十年代，国际学术界一般把中国文明称为"黄河文明"。当时国际学术界在列举世界四大古老文明的时候，一般把古埃及文明称为"尼罗河文明"，把西亚苏美尔文明称为"两河流域文明"（也就是幼发拉底河与底格里斯河），把古印度文明称为"印度河流域文明"，把中国文明称为"黄河文明"。

在我国的学者中，傅斯年先生1935年发表了《夷夏东西说》，影响非常大。《夷夏东西说》认为，自东汉以来，中国史及其政治的展开，在地理上常常分为南北，然而在此之前，尤其是夏商周三代以及三代以前，由部落到帝国，政治的演进是以黄河、济水、淮河流域为历史舞台的。在这片大地上，地理形势主要是东西之分，即东部的诸夷和西部的诸夏这两大系统。傅斯年的夷夏东西说仅就中原的华夏与

[①] 本文为作者2023年9月12日在重庆举办的2023年长江文明论坛上的发言，据录音稿整理。
[②] 王震中，中国社会科学院学部委员、历史学部副主任，中国殷商文化学会会长。

山东海岱地区的东夷而言，有说对的一面，但对于史前长江文明与黄河文明的关系，说得是不对的，而且与70多年来的考古发现不相符。在20世纪70年代，日本学术界里面研究中国古代史和甲骨文、金文的著名学者伊藤道治教授，曾鉴于新石器时代长江流域的大溪文化、屈家岭文化等一系列重要考古遗址的发现，在日本的报纸上发表文章，提出中国的文明不应再称为"黄河文明"，而应称为"河江文明"，这里的"河"指黄河，"江"指长江。应该说"河江文明"的提出，才更符合历史实际。

从农业的发明开始，让我们把长江和黄河在中国文明的形成和起源过程中做个比较。一般而言，农业的发明、陶器的发明和磨制石器的使用，这三项标志着中国新石器时代。尤其是农业的发明，它是中华文明起源的起点。中国的农业分为南北两大系统，南方是水稻类的稻作农业系统，北方是粟黍类的旱作农业系统。

在南方，我们有距今15000—12000年的稻谷标本。今天上午王巍先生也已经举例了。湖南道县寿雁镇白石寨村玉蟾岩遗址、江西万年仙人洞遗址和吊桶环遗址，以及长江下游的浙江省浦江县黄宅镇上山遗址，它们距今10000—8500年，都属于新石器时代早期的遗址。原来测定为1.2万年前的稻谷，近期又测定发现达到了1.5万年。

再看北方，我们现在发现有距今10500—9700年的河北徐水的南庄头遗址、河北阳原县于家沟遗址、北京门头沟区东胡林遗址等。我们虽然发现有距今11000—9000年的早期遗址，但是至今没有发现1万年和1万年以上的粟黍类的农业标本。北京门头沟区东胡林遗址出土有石磨盘和石磨棒，能对谷物进行去壳加工，高级的采集经济时期也会使用它们。

从农业的起源上虽然可以划分为南北两个系统，但从目前发现的标本而言，南方的水稻农业似乎要比北方的粟黍农业出现得早一些。

在距今8000年前的原始崇拜和精神生活方面，我们把湖南洪江的高庙遗址与河南舞阳的贾湖遗址做个比较。湖南的高庙遗址年代距今8000年左右，从陶器上的图案来看，体现出了复杂的原始崇拜，这个情况在黄河流域现在还没有发现。

在北方的黄河流域，相当于这个年代的遗址里面没有发现这样的精神生活和宗教崇拜的内容，但是在河南舞阳贾湖遗址有另外的一些重要发现，也是8000年前的，比如有骨笛，还有墓葬里的随葬龟甲。龟甲里有石子，这是用来占卜的。有的龟甲上刻有字形符号，跟甲骨文里眼睛的"目"字很相像。贾湖遗址虽然在文化系统上属于北方文化，但是地理位置处于南北交界之地，所以还不能说是纯粹意义上的黄河流域遗址。

中华早期文明的起源过程中有一个重要阶段，出现了中心聚落形态。所谓中心聚落形态，就是在一群聚落里面有一个规模比较大、贵族比较集中，也生产一些高等手工业的遗址，它和周边的普通聚落相结合形成一个中心聚落。这个阶段相当于人类学里面的酋邦阶段。所谓"酋邦"就是原始社会走向国家时的一个过渡形态。中心聚落形态里面包含了相当多的不平等。我们以中心聚落为抓手的话，文明的起源过程按照聚落形态可以分为三大阶段：首先第一个阶段距今15000—6000年，农业有了相当大的发展，它的聚落形态是大体平等的农耕聚落。然后是距今6000—5000年的范围，发展为不平等的中心聚落形态。最后，距今5000—4000年前是夏代之前的五帝时代，是万邦林立的国家形态。文明起源的过程就划分为上述的三大阶段，之后进入早期发展阶段。

在这个过程里面，我们看一下黄河流域作为中心聚落形态的遗址，有20世纪50年代已经发现发掘的庙底沟遗址，还有后来发现的郑州大河村遗址。大河村遗址里出土了一些反映天象天文的彩陶，在这些彩陶中，有的陶罐上一圈有12个太阳。一般来说太阳表示为10个，月亮表示为12个，这里为什么要表示12个太阳呢？河南省原博物馆馆长许顺湛先生联系《山海经》等古代文献，说这是日月相交，12个太阳表示木星每年行经一次，木星环天一周有十二年。这就做了一个很好的解读。这其实是岁星纪年的一种表现，由此我们可以看到大河村的天文历法是很发达的。

黄河流域上游的甘肃秦安大地湾遗址发现了一个殿堂式的建筑。中间是主室，两边是厢房，后面是后室。山东泰安的大汶口遗址属于中心聚落形态阶段。这些遗址里相当多的墓葬是贵族墓葬，也有一些非常精美的随葬品，像是象牙梳子、骨雕和精美的陶器，还有玉钺。比如大汶口十号大墓，随葬品就非常丰富。而且大汶口还出土了一些刻画的陶纹，上面出现了植物、土、太阳的图案，古文字学家做过研究，这些陶纹都可以译成今日的汉字。

刚才说的是黄河流域的中心聚落形态时期的一些考古发现，由于时间关系，我们只举了几个代表性的遗址。首先是湖南澧县的城头山遗址，它横跨了大溪文化和屈家岭文化。作为城邑，它是中国最早的用城墙围起来的一个聚落。城头山大溪文化二期墓葬的随葬品比较丰富。顺着长江再向下走就到了安徽，安徽含山凌家滩遗址距今5300年，它比良渚早，良渚文化的年代是距今5300年到4300年，含山凌家滩的下限就是5300年。在这个遗址里，有的墓有非常丰富的随葬品。其中23号墓，发掘者把它分为两层来进行揭露。第一层的随葬品好多都是玉器，第二层有玉钺。还有一个墓是87M4号，87表示是1987年发掘的，编号是4号。这个也是随葬品非常丰富的墓，里面有一些非常有特色的随葬品，比如有用玉制作的玉龟，玉龟有伏甲和背甲，玉龟中间当时夹着一块玉版。玉版最中间的圆上下左右可以表示四方，在它外面就是八方八极，再外面又是四极，后面一个方，构成了一个内圆外方的图案。玉龟是用来占卜的，说明当时占卜会考虑方位，而且是考虑八个方向的方位。这样的话，发掘者也罢，研究者也罢，就把它和八卦的起源联系在了一起。凌家滩遗址还出土了一些玉人，他们有可能是当时的巫师的形象，也可能是当时神的形象。此外还有玉鹰，玉鹰的中间也有八个角的方向。

在长江流域，我们也看到了距今6000年到5300年范围内作为中心聚落形态的遗址。我们这里仅举出了代表性例子。它代表了由原始社会向国家过渡的一种形态，相当于人类学的酋邦形态。接下来，来看一看距今5000—4000年的长江、黄河流域，属于中华文明社会和早期国家诞生时期的考古发现。

先看长江流域方面，现在影响最大的就是距今5300—4300年的长江下游的良渚文化。我们说中国有5000年的文明史，有的还讲中国有5000多年的文明史，现在能支撑这个论点和观点的就是长江下游的良渚文化。良渚文化的上限是5300年，下限是4300年。长江下游的良渚古城是由宫殿区域、内城、外城三重城组成，莫角山这个地方是它的宫殿区。最核心的是宫殿区域，接着是内城，再是外城。水利工程有低坝和高坝工程。良渚反山出土的23号墓葬里随葬有大量的玉器。随葬玉器里面最有名的，被称为"玉琮王"。玉琮王刻的图案下面是一个兽面，兽的爪子是一只老虎的爪子，上面是一个人，人戴着一个光芒四射的、像羽冠一样的头饰，人的两手插在兽的腰部，是一个人兽组合体的题材。此外还出土了一个玉钺，左上角也是一个人兽组合的题材。钺在当时代表着军权，王权就是由军权、神权、族权等转化而来的，其中军权是最主要的。王字的造型就来源于钺字。玉钺上面的神辉反映的应该是当时的图腾崇拜或者祖先崇拜。

长江中游的天门石家河遗址也发现一座有348万平方米的城，分内城和外城。在石家河遗址里面出土了相当多的玉器，有的是凤，有的是人像，也出土了好多动物造型的陶塑。我们刚才举了两个例子，一个是长江下游的良渚文化，一个是长江中游屈家岭—石家河文化。

在黄河流域，至今发现最早的古城也好，带有都城的都邑国家也罢，它的年代目前超不过4500—4600年。特别有名的就是陕西神木石峁、山西襄汾陶寺、河南登封王城岗和山东章丘城子崖里发现的一些都城。以陶寺为例，这是一个大城。陶寺有阶级分化，大墓随葬品非常丰富，比如M3015，小墓什么都没有。22号大墓，里面出土了相当多的彩绘陶器、漆器，随葬品有猪头、猪下颌骨和玉器。陶寺出土的玉镯，上面镶嵌有铜齿轮。陶寺的陶器扁壶，上面有两个朱砂写的文字，右边可视为文化的"文"，对此大家意见趋为一致。左边的文字有人说是繁体字太阳的"阳"；有的认为是"邑"，上面一个口下面一个巴；有的也视为"尧"，繁体字的"尧"是上面三个土下面一个儿童的儿，像蹲着的一个人形。在甲骨文里面，土字上面是一个菱形的形状下面有一横。所以，这上面的菱形样式和中间这一横跟甲骨文的"土"非常像，下面弯曲的部分可以把它视为蹲着或弯着的一个人，所以把它视为是"尧"。连起来念就是"文尧"。因为这里还出土了好多龙盘，加上文献里记载帝尧陶唐氏是以龙为图腾的，所以陶寺这个地方也被称为"尧都"。陶寺遗址的一期和二期距今4300—4100年，三期距今4100—3900年。作为都城的时候只有一期和二期，三期的时候城墙都被废了，所以沦落为普通的村落。因此，一、二期的时间在夏代之前，而且距夏代时间不远，距夏代不远的时间就是尧舜禹的时代。

我们如果把五帝时代作为文明社会，步入文明社会作为国家已经诞生的时代，那么长江流域的良渚文化和屈家岭以及石家河文化就应该是进入文明社会的一些都邑遗址文化。黄河流域年代比长江流域晚一点，但是总体上来说也处于距今5000—4000年的范围，距今4300年有陶寺、石峁等，还有山东的遗址等。从农业的出现作为文明起源的起点开始，长江流域和黄河流域都经历了由大体平等的农耕聚落发展为不平等的中心聚落、再发展为都邑国家这三个大的阶段，而且在某些因素上长江流域年代比黄河流域还要早一点。所以，在夏王朝出现之前，长江流域、黄河流域在中华文明的起源和形成过程是交相辉映的。所以在20世纪70年代，日本的伊藤教授提出中国的文明不应该再称为"黄河文明"，而是应该称为"河江文明"，"河"是指黄河，"江"是指长江。

黄河流域和长江流域的发展后来有此起彼伏的情况，进入夏商周王朝国家时期以后，由于王朝国家的王都建在黄河的中游地区，所以当时已经不属于那种万邦林立的多中心了。夏朝、商朝、周朝的时候已经以王朝的王都为中心，形成了多元一体的格局。在这种格局里面，王都所在地绝对是王朝的政治、经济、军事、文化、宗教的中心，这个时候长江流域和黄河流域就有了差距。虽然夏商时期长江流域还有三星堆文明，但三星堆文明原本就是古蜀文明。古蜀文明虽然有很大的特色，也创造了辉煌的成就，但是它和中央王朝的商朝、夏朝相比，还是边缘与中心的关系。尽管这个边缘很辉煌，围绕着三星堆会形成一个新的中心，又构成新的边缘。由于夏朝、商朝、周朝相继地建立和更替，中华文明的政治中心在中原地区，所以我们说这个时候黄河流域和长江流域拉开了一些距离。长江流域后来在中华文明

5000年里面,又发挥了它新的作用。这个新的作用,今天上午葛先生已经讲了很多,特别是随着五胡十六国入主中原以后,迫使中原地区的华夏文化和华夏汉族向南迁徙,然后开发江南,以及后来江南经济发展,某些时候各方面还超越了黄河流域。但长江流域在宋代以后有一点衰落,所以说两个流域此起彼伏。

我今天讲的是文明的起源和它的早期时段,在夏代之前中华文明的起源和形成过程里面,黄河和长江是两颗并存、相互影响和相互映照的璀璨明珠。

长江中游考古与巴楚文化[1]

方 勤[2]

非常荣幸有机会来参加这个交流会。现在我把长江中游考古和巴楚文化的一些粗浅认识，向与会的代表们作一个汇报。

长江中游北通中原黄河文明，东西分别连接长江上游和下游，文化交流与融合是这里的最大特色。长江流域有三个特别大的中心聚落遗址，分别是上游的宝墩遗址与三星堆遗址；中游的石家河遗址（含屈家岭遗址）；下游的良渚遗址（与凌家滩紧密关联）。当然，石家河也好、屈家岭也好，宝墩遗址和三星堆遗址也好，凌家滩也好、良渚也好，它们之间都有一定的承接关系，我想这是长江中游的特点。大家知道大溪文化在重庆被发现和命名，但是大溪文化在中游地区，特别是宜昌周边也是很发达的，这本身也体现了文化的交流。

说到巴、楚，这两个国家几乎都是在商末到西周迎来明显的发展时期。巴文化特别灿烂，《左传》有记载，《华阳国志·巴志》也有记载。特别是武王伐纣之时，巴蜀之师起到了很重要的作用。

下面从三个阶段来汇报长江中游考古：一是新石器时期的城背溪文化、大溪文化等，二是夏时期的肖家屋脊文化和二里头文化，三是商周时期的文化。

---

[1]本文为作者2023年9月12日在重庆举办的2023年长江文明论坛上的发言，据录音稿整理。
[2]方勤，湖北省文物考古研究院院长、二级研究员，湖北美术学院特聘教授。

我刚才提到了重庆的大溪遗址，宜昌周边的大溪文化分布非常广泛，特色非常鲜明，本身体现了上游和中游两地的交流。关于上中游的文化交流，宝墩文化时期就十分活跃，这个时候相当于中游的石家河文化前后，所以有学者认为宝墩文化与同时期的长江中游文明休戚相关。俞伟超先生就曾经说过："宝墩文化是长江中游文化与本地文化的结合，而非一种单一文化发展的结果。"

第二阶段的肖家屋脊文化，它是在距今4000年前左右，是夏纪年时期的文化。二里头文化稍微晚一点，大概在1800年前。考察巴楚文化肯定要讲起源问题，严文明先生曾说"先楚创文明"，文化传统并没有完全中断，楚人继承了一些传统。[①]他为什么这样说呢？是他觉得以石家河为代表的4000年前的文明对楚文化有非常重要的影响。叫后石家河文化也好，叫肖家屋脊文化也好，我们认为是夏纪年4000年前后的文化。特别突出的一点是，这一时期突然出现了大量的玉器。玉器中有龙、有凤、有虎、有蝉，这些在此之前和此后都比较常见。但同时又有大量玉人像，则比较复杂。一类如獠牙、纵目、垂耳、高冠，特别是眼睛突出来，形状呈菱形，与普通人的造型不一致，类似我们常说的神的形象；还有一类，如罗家柏岭出土的人像，怒目、阔嘴、倒八字眉、冠饰，庄重威严，当是祖先或者王的形象，此外也有与普通接近的人物造型。总之，这些玉器制作精良、造型独特，很受关注。

我们认为石家河文化有两个体系。特别是在人像方面，一种是有纵目、鹰钩鼻和獠牙等，实际上是神的体系，可能从湖南的高庙文化一路传过来。另外一种跟人很接近，是人的体系，我们认为应该是对

[①] 严文明：《序言》，刊中华文明探源研究之长江流域文明进程研究石家河遗址群研究课题组编《石家河发现与研究》，科学出版社2021年版。

祖先的崇拜。

4000年前后的肖家屋脊文化中的一些文物造型，比如龙凤，跟后来的青铜时代的很多文物造型都很接近，这恰恰可以佐证它已经进入夏纪年时代。最近几年，后石家河的玉器中也有一些新的发现，比如一件出土于湖南孙家岗遗址的人神造型玉器，就是对神的一种想象。它表现的就是神不同于普通人的独特之处，如有比较突出的獠牙，表示有威力、有神力；突出它的纵目，就是要表现它看得特别远；整体的神秘、威严，也是体现神的超凡之处。实际上，三星堆也有很多类似的形象，如眼睛呈柱状凸出来，也是表示看得更远。

在罗家柏岭出土了玉人像，这个人像跟我们人比较接近，但它体现出一种威严；还有玉璧等像良渚风格的文物，是受到良渚文化影响的直接见证，玉璧常用来祭祀天地，天圆地方是中华文化的传统观念。罗家柏岭这个地方，我们倾向于它可能是祭祀的地方。这个地方出现的人像，实际上应该体现的是对祖先神的祭祀。

所以，我们认为石家河、三星堆都存在两种体系的崇拜。一种是对有神力的神的崇拜，找源头可能到高庙那里；还有一种是对祖先的崇拜，特别是王，或者给人类做过重大贡献的英雄或者神话化的英雄。实际上，这两个体系在青铜时代一直延续，一直到夏商周的祭祀也都是这样，有对神的祭祀，也有对祖先的祭祀。在长江文明时期已经形成这两个体系。所以说三星堆的造型不是外国人，而是蜀人祭祀的对象：神或者祖先，只是神化后的图像。这也是长江文明本身的一种传统、传承。

从陶器来看，文化的传播非常明显。比如跟石家河玉器同期的一些器物，如鬶是从东边传来的。历史上记载禹征三苗的事件，文献中没有记载具体细节，但是即使是这些有限的记载，也有"征"或者

"伐"两种不同表达:"征"是用德服,而不是用战争[①];而"伐"自然是用战争。我们认为禹征三苗不是武力征服,更大可能是以德征服。因为在石家河确实看不到战争的痕迹,这与山西的清凉寺遗址所表现的完全不一样。所以我觉得应该是一种文化认同,是中原文明对长江文明的影响,也是长江中游地区对中原文明的认同和吸收。特别要提一下,石家河遗址出土的浅圈足盘、高柄豆和小口广肩罐,就是从中原传到石家河的。

大家都知道铜绿山,其实旁边还有一个蟹子地遗址,它也是铜绿山的组成部分,里面有冶炼的炼渣。而蟹子地出土的浅圈足盘、高柄豆和小口广肩罐的陶器组合所体现的文化因素,应该是从中原到石家河再传到这个地方,或者直接从石家河到这个地方,说明至少在4000年前后,中原或者石家河对铜绿山的开采已经开始了。在石家河也发现了冶炼的青铜器,我们检测出是铜、砷合金。[②]最近我们对石家河地区铜的产地来源也做了检测,跟铜绿山是完全一致的。[③]我们想象中应该在夏纪年,也就是4000年前后,对铜的开采达到了一定的规模。也正是因为铜的开发,推动了文化因素的传播和影响。

到了商周时期,开始有文献记载。中原进入王朝时代,中心在黄河流域,对南方的影响逐渐加大。我们看到铜绿山到岳阳的铜鼓山、沙市周梁玉桥、江西铜岭一带,都有来自中原的因素。曹玮先生认为,有一条文化传播渠道是通过盘龙城到汉中、城固、洋县这一带,然后再往上游传播,同样有一定的道理。比如在盘龙城出土的绿松石镶嵌的一条龙,大家一看就想起二里头。黎婉欣先生认为,从青铜器

[①]《尚书·大禹谟》载:"诞敷文德,舞干羽于两阶",最后安定了三苗。
[②] 李伯谦主编:《中国出土青铜器全集·湖北》,科学出版社2018年版。
[③] 中国地质大学(武汉)珠宝学院检测数据资料。

的特征来看，长江、汉水等形成了一个文化圈。我觉得这同样有道理。

下面进入楚文化时期。现在考古所见比较确凿的是西周中晚期的万福垴遗址，它位于湖北宜昌，出土的编钟上有铭文"楚季宝钟"属于楚文化时期。湖南博物馆收藏的楚公豪（jiā）秉戈，看形制，该是西周中晚期的，有巴人的风格。再举一些例子，比如说在四川彭州市竹瓦街遗址出土的铜罍，也是西周晚期的，跟湖北随州叶家山遗址出土的西周铜罍造型非常接近。一般认为，春秋中晚期楚国跟上游的交流比较活跃，与巴人的交流非常密切。比如巴人崇虎，但在湖北宜昌出土了比较多的巴文化的錞于。比较有代表性的还有虎座鸟架鼓，老虎是座，上面有两只凤，很好表达了巴楚的融合关系。

楚国的一些漆画。漆画很重要，它能形象记录当时的生活。长江中游出土的一些漆画，画面里有三层结构，就是我们所说的干栏式结构。在巴人的青铜器上也出现了干栏式，所以它们有很多相似性。"邵"铭文铜器同出于巴蜀、楚地，数量较多的越式剑在楚地出土。表明交流是跨时空的，上游、中游、下游区域之间相互影响。①

再讲讲铜的问题。中国国家博物馆收藏了曾伯桼簠，湖北京山苏家垄墓地发掘了曾伯桼的墓葬，壶、鼎上都有"曾伯桼"铭文。中国国家博物馆簠上面有"金道锡行"，也就是铜和锡的运输道路，铭文里面也谈到了"克逊淮夷"等各种关系，而京山苏家垄出土的曾伯桼铜壶也有"克逊淮夷"的铭文。总而言之，当时存在一条把长江流域的铜、锡运往中原，甚至运往上游，可能继续再往上的交通要道。还有在三星堆的重大发现，通过检测，发现很多铜来自黄石的铜绿山一带，体现出一种以铜资源为媒介的交流。由此线索可见，铜资源的交

---

① 王巍：《长江中游地区的文明化进程》，《武汉社会科学》2023年第3辑。

流从距今4000年左右就开始了。

我们讲长江中游，同时也讲了楚国，实际上楚国之所以形成这种多彩的文化，也是在不断地吸收各种文化。中华文明为什么五千年延绵不断？正是因为有了长江、黄河两个文明，既有差异又有交流，形成了强大的内生动力，保证这个文明能够从未间断、薪火相传。两种文明不断地碰撞、交融和结合，所以保持了一种新鲜感、一种活力，也就是我们说的强大的内生动力，保证了中华文明五千年的绵延不断。

文化就是一条河流，不断地传承发展、川流不息。我们举一个例子，湖北枣阳九连墩楚墓出土的一件玉器，它的工艺手法和玉质都是楚国的。但是在夏纪年的石家河，出土的"对鸟"的造型几乎与九连墩玉器完全一样。虽然隔了一千多年，但他们不断地传承。

所以，文化的传承发展是中华文明的一个传统。因此，在当今，中华文明的创造性转化、创新性发展是弘扬中华优秀传统文化、建设中华民族现代文明的必由之路。

考古中国视野下长江中游地区文明化进程[1]

郭伟民[2]

下面向大家做的汇报是我们这些年在长江中游做的一个大的课题，就是"考古中国·长江中游文明进程研究"。分四个部分进行汇报。

一、项目概况

该项目由2020年国家文物局批准立项，但相关工作实际从2018年就开始了。项目主要是聚焦距今5700—4000年时期，也就是新石器时代晚期长江中游文化到底发展到什么程度，以及在中华文明多元一体形成过程里面，长江中游扮演了什么样的角色和地位，即从一个区域的文明来看中华文明多元一体的形成过程。主要研究的问题有：年代框架、聚落、经济技术、意识形态以及和周边文化的关系。实施单位以湖南、湖北的省考古研究院为主体，包括河南、安徽以及江西，还有一些高校也参与了这项工作。已经开展的项目中，湖南、湖北实施得多一点，河南有黄山遗址，江西有老虎墩遗址。

---

[1] 本文为作者2023年9月12日在重庆举办的2023年长江文明论坛上的发言，据录音稿整理。
[2] 郭伟民，湖南大学岳麓书院教授，湖南省考古学会理事长。

二、主要收获

（一）重构和完善了长江中游地区的文化谱系与编年

长江中游考古学的文化谱系和编年多年来一直在做，从洞庭湖到峡江地区，再到汉东，这三大片形成了各自的考古学文化发展的区系的问题。

大溪文化首先在巫山发现，其实在这之前长江中游还有多支文化，形成后来大溪文化的几个区域类型。从大溪文化二期开始，汉东地区出现了一支新的考古文化叫"油子岭文化"，这个文化后来居上，一统两湖，重新构建起由油子岭—屈家岭—石家河—肖家屋脊组成的考古学文化发展过程。

（二）重建了长江中游新石器文化的整体历史进程

学术界在讨论长江中游的时候有多种关于文化进程的认识，有"一元论""二元论"到"一体整合多元论"多种提法。"一元论"认为长江中游的发展进程就是一条线贯到底，彭头山文化—城背溪文化—大溪文化—屈家岭文化—石家河文化的谱系，序列没发生变化。

"二元论"认为分南北二元，南方以洞庭湖地区的彭头山文化发展而来，北方以汉东地区诸文化而来。

从文化发展的空间范围来看，从彭头山文化（上限距今近1万年）一直发展到石家河文化，整个过程其实是不断变化的，即"区域中心"以及"分"与"合"，如果以汉水作为中心，其他地方就是外围。我们把长江中游作为一个体系来看，它的变化大体就是这样一个过程。

长江中游是一个大的范围，内部分为若干块，每一块发展变化也是不一样。首先是"区域中心"存在变化，前期是在南边的澧阳平原到洞庭湖这一带，后来到了汉东地区，即大别山、大洪山和汉水所围成的汉水以北的一个区域，这个变化其实一直在发生。在这个过程里面，中心和外围地区的相互作用，传承、吸收、融合、创新，就是动态的历史过程和历史趋势。早期澧阳平原经历了彭头山—大溪的考古学文化演进，距今5600年之后，汉东地区经历了油子岭—石家河的考古学文化演进。这一地区经历了两个大时期的文化转型，所以说油子岭文化的出现是历史的进程出现了大的变革，我们认为"考古中国"最需要找的那个"原点"就是油子岭文化。其次是外围，起初各地区都有各自的东西，最后都融入了中心。

（三）揭示了聚落社会演进的形态特征

现在考古学最关键的问题就是通过对聚落的研究，揭露史前社会的进程，研究单个遗迹、单个聚落、聚落与聚落之间的关系，以及里面所包含的经济技术、精神观念等问题。

1.建筑、传统、社会

建筑是长江中游聚落研究最重要的一个方面。长江中游史前建筑遗存，形制上有地面式、高台式和干栏式，平面布局有院落式、长排式和单体式，它们是共存的，并没有早晚先后。比如八十垱遗址彭头山文化的高台式、干栏式，关庙山遗址彭头山文化、大溪文化的地面单间、开间，到谭家岭遗址屈家岭文化的地面单间，以红烧土为主体基槽的地面建筑一直存在，同时也有干栏式的建筑，比如黄山遗址就有带木骨泥墙的干栏式建筑。澧县鸡叫城遗址F63底下是一个基槽，上面是铺木板的干栏式的建筑，木板直接铺在开挖的基槽里面，基槽深有1.5米左右，单件木板的整体长度有8—9米，宽有40多厘米，柱子直接立在木板上面。我们对它进行了多种形式的复原，这就是一种典型的长江流域干栏式建筑，从长江下游一直到上游的宝墩遗址、三星堆遗址都非常普遍。在襄阳凤凰咀遗址还有院落式建筑。孙家岗遗址的建筑无论是开间还是方向都很明显继承了以前的传统。从长江流域来看，追求房子的朝向一直都是重要的关注点。原来王仁湘先生在研究成都平原宝墩文化的城与建筑时就提出了"四正"与"四维"的方位观念，其实我们仔细去琢磨，在长江流域流传的范围是很广的。比如说从鸡叫城的房子到后面的孙家岗，以及更后的盘龙城，它们所依据的方向正好和地球黄赤交角20多度的方位是一致的，这个方向正好就是太阳直射的一个方向。

2.墓葬：等级与身份

我们从城河遗址的墓地可以看出社会的分化很明显，各种等级的墓，有的出土了非常丰富的随葬品，有的很少。比如城河M112，这是一个墓圹里面有三个并穴合葬的墓。在黄山遗址的墓地也可以看到有等级比较高的墓，随葬大量的猪下颌骨和石钺，也有普通的墓，明显标志着这个社会已经开始分化了。文明的发生、文明的过程首先是从社会的分化、社会的分层开始。在穆林头遗址还发现了钺、牙璧，这个钺就是来自黄山，是独山玉。孙家岗墓地看得出分南北两片，对应聚落里南北两处建筑的空间布局，这些墓葬的随葬品被打碎铺在墓底，上面再放置独木棺。这样的一种特殊的葬制也是长江流域非常重要，且流传比较广的形态。

3.手工业发展——复杂化的社会分工

我们看到屈家岭、油子岭文化时期的磨光陶器非常薄，而且有我国年代最早的高温的黑釉陶，烧制温度达到1100摄氏度，与希腊的黑釉陶差不多。石家河时期到肖家屋脊时期的龙窑，是中国史前最早的龙窑本体。还有漆木器，这是长江流域最重要的遗存之一，只要保存环境比较理想，漆木器都能够在史前遗址中发现。玉石加工，黄山遗址有明显呈"前坊后室"形制的玉石加工作坊，其生产的独山玉流传很广，屈家岭文化能够覆盖的范围，基本上都有独山玉分布。到了石家河文化时期、肖家屋脊文化时期，我们也发现了制玉的作坊。

4. 单聚落（或单聚落群）布局与结构考察

我们除了要看单体的聚落，还要看聚落群或者聚落之间是不是有明显的分化。从考古发现来看，明显看得出来在汉东地区从石家河、屈家岭到金家山，社会的群体已经开始发生明显的变化。比如石家河周边有很多小的聚落，城和邑的关系非常明显。也看得出，聚落或者聚落中心有非常大的规模，但是在整个聚落的内部、城的内部甚至还是以宗族、血缘为主体的社会团体所构成大的社会。所以在中国史前社会，血缘群体是社会团体最基本的单元。

石家河遗址这个地方还发现了水利工程，最近这两年湖北的同仁做了大量的工作，讨论水的治理问题。我们知道长江流域基本上是低纬度地区，受季风的影响，从良渚到石家河，到后来的三星堆，甚至到更后来的都江堰，文明的发生、社会的进步，与水的治理有极大的关系。屈家岭遗址也找到了水坝，现在正在紧张地发掘中。水坝的坝体相当坚固，蓄水覆盖面积也很大。城河遗址对于水的管理也很明显，尤其是墓地与水的对应关系。黄山遗址有水码头，对外的交通有相当程度的发展，运河的开凿痕迹也是非常明显的。鸡叫城对水的管理也很明显，形成一个大的聚落群，如果把水系勾勒出来，明显看得出来就是一个水上城，其发展与演化和对于水的管理、水的利用有莫大的关系。七星墩遗址就在一个大湖边，内外两层的城圈和城壕，聚落分布也是沿湖分布的。孙家岗周边也有环壕。

5. 聚落（群）之间关系考察

从汉东地区能够看出，聚落群的变化：随着时代的变化，距今5000—4000年，聚落发生变化了，原来有两个中心；到了石家河文化时期，原来可以和石家河相提并论或者平起平坐的屈家岭就基本上弱化了，形成了石家河一城独大的局面，社会开始向中心地区聚集。长江中游另外一个中心即澧阳平原，两个中心一直并存。所以不能以一个地区的社会变迁代表整个区域，换言之不能把长江流域的文明进程看成中国的文明进程，每个区域先得做好自己的工作，全面梳理这个过程。

现在长江中游至少发现了20座新石器时代城址，始建年代都不晚于距今4600年前。换言之，整体比中原、比北方早了将近1000年。城与城之间也形成了非常明显的等级，比如中心可能在石家河，区域的次中心可能就在鸡叫城，次中心的下面还有小的中心，比如澧阳平原三元宫遗址的环壕聚落，面积有10万平方米。下面我们来看聚落群与聚落群之间的关系，比如石家河和屈家岭来比较，在平起平坐的时代，它们到底是什么关系。两地出的东西几乎一样，比如这种极富光艳色彩的彩陶纺轮，还有筒形器、四耳器、大锅等特殊的器物，这种大锅需要大量的人口或庞大家族来使用。这样的话，我们就会考虑在距今5000年前后，石家河和屈家岭它们到底是什么关系？我们尚未找到石家河曾经统治过或者管理过屈家岭的证据，所以现在还只能说它们是平等的、各自发展的。再比如，走马岭和七星墩，它们两地只相隔30多千米，后者比前者晚一个阶段，给人感觉似乎是走马岭后来分化出一个七星墩，有可能是有一支走马岭的队伍某一个阶段迁到这个地方建了另外一个城。所以我们看到，虽然长江中游有这么多城，但是这些城往往有的可能是同时建立，有的可能是另外迁建的。

6.精神文化——观念、信仰与礼仪

大家都会把长江中游精神文化最早的物质载体指向高庙文化，确实它与众不同，各种东西都在它的陶器上面有表现，包括兽面、凤鸟、四鸟载日。它还有祭祀的祭坛、祭祀坑，一直延续下来。还有邓家湾遗址的祭祀遗存，如筒形器、印信台上的套缸。还有三房湾遗址堆积红陶杯，成千上万，尚无解释。还有肖家屋脊文化的玉器，它们所表达的也是精神文化观念的问题，孙家岗也出土了这些东西。另外还有大溪、柳林溪出土的陶器上的刻画符号，冯时先生就认为它们可能与上古的精神文化甚至文字有关系。

三、长江中游文明化进程的途径与模式

（一）途径与模式

长江中游文明化进程，呈现一个本土文化融合外来文化连续发展的特点，聚落的发展超级稳定。长江中游史前社会最大的一个特点，就是它突出的连续性，这也是习近平总书记概括的中华文明特征中最重要的一点。长江中游从一般的村落到环壕聚落再到一个聚落群，在一个点上就可以看得出来几千年没有挪过位，以农业民族安土重迁这样一种方式反映出中华文明突出的连续性。稻作农业是支撑一个民族的基础。血缘仍然是社会最重要的支柱，长江中游史前遗存看不到地缘代替血缘的迹象，虽然最后社会出现了聚合，但是聚合的群里还是以血缘为最基层的社会单元。同时，通过治水获得权利，与文明的进程有很重要的关联。比如，从城头山遗址的水稻田到鸡叫城遗址的水稻田，稻作农业一直支持着长江文明的发展。彭头山文化时期鸡叫城遗址就是一个居民点，到了皂市下层文化时期（距今7000多年），旁边有了鲁家山遗址，距鸡叫城本体只有1.2千米。到汤家岗文化时期

（距今7000—6500年），又出现了丁家岗遗址，有了环壕聚落。到油子岭文化时期（距今5500年左右），又回到本体，然后就没变了，一直发展到屈家岭、石家河。从距今8000年到4000年，方圆几平方千米的范围内都没有变化过，这就是"突出连续性"。石家河遗址是同样的道理，在距今8000—7000年前，城背溪文化在石家河这个地方扎下根，油子岭文化时期出现了村落和城，到屈家岭时期出现了大城、石家河文化时期出现了更大的城，也是4000年的连续不断。

（二）形态与特点

长江中游社会形态最大的特点是社会虽然有分化，但是不严重，看不到特别分化的迹象，这是和长江下游的良渚甚至凌家滩都不一样。军权、神权虽然已经存在，但并没有发现它们凌驾于社会集团成员之上，即没有看到独立王的墓，高等级的墓还是和整个群体里面的成员是埋在一个地方的，不像良渚的反山遗址、瑶山遗址有单独的墓地。战争迹象不明显，社会矛盾不突出。虽然古国古城很多，但是没有定于一尊的最高权力中心的出现。

四、长江中游在中华文明多元一体进程中的地位和贡献

城是从稻田里长出来的文明，稻作农业奠定了文明的物质基础。高庙文化及其此后的精神文化，奠定了文明的精神基础。这就是长江中游对中华文明多元一体进程的两大贡献，物质文明和精神文明都可以从长江中游地区找到很多源头。在考古发掘中，我们发现城头山遗址的城墙直接压在汤家岗文化的水稻田上，城是从稻田里长出来的，换言之文明也是从稻田里长出来的。中国史前的城，目前考古发现最早是城头山遗址、然后是长江中游其他地区，再然后到中原、北方、

长江下游和长江上游。这个城的演变和分化过程是非常明显的，各地的古城最后都可以追溯到城头山这座"万城之城"。还比如凤鸟、八角星等纹饰的联系与传承，金沙遗址的"四鸟绕日"与下湾遗址的纹饰有异曲同工之妙；兽面纹，从高庙到良渚一脉相承；人像，从石家河到三星堆，也可以看到彼此之间的联系。所以说，文化的基因是极其顽强、割不断的。最特殊的还有冠饰，从湖南孙家岗到江西大洋洲，再到四川三星堆，甚至一直到后来帝王头上的通天冠，几乎一模一样的形制。帝王、国家、权力，文明就是这样延续下来的。这就是为什么我们的文明有5000多年，而且文明探源还得继续往上追！

长江文化传承发展与中华民族现代文明建设的内在关系初探[①]

贺云翱[②]

我和大家交流的题目是"长江文化传承发展与中华民族现代文明建设的内在关系初探"。

发言分四个部分：长江文化的内涵与特质；长江文化的当代传承与发展；中华民族现代文明；长江文化传承发展与中华民族现代文明建设的内在关系。

今天上午到下午多位专家都讲到了中华文明发生的自然背景和运动机理，尤其是上午的几位专家，特别是葛剑雄先生讲到世界上伟大的文明大都是诞生于北纬30度左右。从非洲到亚洲，都是这样的。中华文明作为世界上最重要的四大原生文明之一，当然也是符合这一规律的。

我们今天谈的是长江流域。今天有好多考古学家到场，实际上我在以前写的一些文章里面专门总结过，探讨长江文化和长江文明这样的话题，主要是考古学家的贡献，大家不断在地下发现不为人知、鲜为人知大量新的史实，颠覆了长期存在的中华文明一元论——黄河文明。从而产生了刚才王震中先生讲到的"河江文明"的问题。当然，

[①] 本文为作者2023年9月12日在重庆举办的2023年长江文明论坛上的发言，据录音稿整理。
[②] 贺云翱，南京大学文化与自然遗产研究所所长、教授。

长江流域今天来看不仅是中国的，也是东亚地区人群最早生存的地方，陶器诞生的地方，驯化与农业诞生的地方，以及城市形态最早出现的地方。刚才郭伟民先生的演讲也用了非常好的材料予以证明。其他几个文明都诞生在南北走向的河流，比如尼罗河等。中华文明诞生于东西走向的文明：长江文明和黄河文明。

长江经济带构建了长江文化当中非常重要的现象：长江流域的三大城市群。这三个大的文化圈，早在上古时代甚至远古时代就已经产生了，这也是长江文化中非常重要的规律性的运动。长江有很多的支流，我们谈长江文化不能只看她的主干，还有支流。

在改革开放之初的时候，就有学者提出了"T"形战略，一横是沿海，一竖是长江。为什么今天从中央到地方、从学界到经济界、从广大的人民群众到企业家们都在谈长江，谈长江的文化问题呢？就是因为今天的长江是中国的经济脊梁，有50%的经济产生在长江流域，有40%的人口生活在长江流域，离开长江，中国的现代化根本不可能实现。在这个背景下我们探讨长江文化问题，比如长江文化跟长江经济是什么关系，长江流域如何来运用它的动力和价值，更好地发展长江，推动长江成为中国式现代化主要的力量。

一、长江文化的内涵与特质

关于长江文化的内涵和特质有很多学者在探讨。比如今天在场的徐吉军先生，他很早就和李学勤等先生探讨过这个问题。要了解一个文化的特质，必须对这个文化诞生的特征、发展的过程、空间和结构有整体的了解才能提炼出来，而这一点难度是很大的，正是因为这样，不同的学科才会有不同的认识，这是很正常的，我只是从我的角度作一点归纳。长江文化的内涵毫无疑问是极其浩瀚的，从精神层面表现在五个方面。

（一）根深叶茂、传承有序

刚才专家强调，中华文化之所以具有连续性，首先是文化的连续性，没有文化的连续性，不可能有文明的连续性，这是一个非常重要的共生关系。我们前面讲过长江流域是东亚蒙古人种的重要起源地，特别是在我们重庆巫山发现的"巫山人"，最近还在发掘。从直立人到智人化石，长江流域都有发现，序列清晰，没有人就没有文化，所以首先要解决长江流域古人类的起源问题。当然长江流域创新性的文化非常多，最早的石器工业、最早的陶器、最早的驯化水稻以及最早的全木构建筑。建筑这个特别重要，中国是土木结构，土是土，木是木，黄河流域是土建筑，长江流域才是木建筑，不能混起来。它们有非常不同的材料、结构、力学和整个艺术系统，混淆起来就把文化的本质搞没了。还有最早的漆器、最早的城市、最早的瓷器、最早的人工运河、最具有技术含量的大型水利设施、最早的浪漫主义文学、最早的纸币，等等，都出自长江流域。所以长江文化的文化根脉之深厚、体系之绵长、世界性影响之大，令人敬仰。长江文化不仅创造了中华文明，某种程度上还创造了东亚文明，在更宽广的领域对世界文明的产生发挥过或大或小的作用。当然黄河流域也有非常多的创造，我们就不展开了。

（二）多样竞辉、开放包容

可能大家讲开放包容，中华文明本身就是开放包容的，但是这里强调的还是长江流域的文化。因为长江流域跟黄河流域不一样，黄河流域的黄土高原以及黄土台地、冲积平原等，它的地理单元相对是单一的，但是长江流域不是这样的。这种复杂的地理单元，上午葛先生也讲到了，适合多种农作物的生长，创造了多样性的文化。这样一种多样竞合的格局，就产生了多种文化体系。从上游的氐羌文化、巴蜀文化和滇文化等，到中游的楚文化，一直到下游的吴文化和越文化。这样和黄河流域同时期的相对一致的"封邦建国"文化相比，文化的各呈其秀、多样竞辉特点更加显著。在历史上，长江流域在政治上长期处于非中心的位置。我们知道周秦汉唐一直到北宋，政治中心都在黄河流域。长江流域处于非中心但又特别重要的经济区，它的移民文化、工业文化、商业文化、竞争文化以及文化包容意识就更加强烈。比如中国历史上出现过数次"灭佛"运动，但是都在北方，南方没有。对外来佛教文化与中国传统文化的融会采取什么态度，南北方是不一样的。所以这就是为什么禅宗或者中国式的佛教最终诞生在长江流域。道家文化，主张浪漫自由、符合天道的这种文化，为什么中心在长江流域？这都与长江文化这种特质直接相关。长江通江达海，与"海上丝路"有共生关系，因而海纳百川、货通四海的气质更加强烈。

（三）创新超越、与时俱进

长江文化富有创新性。史前的上山文化、高庙文化、河姆渡文化、大溪文化、崧泽文化、屈家岭文化和马家窑文化等各有风姿；良渚文化开中华文明五千年之先河；商周的三星堆文化面貌奇异，震惊世人；春秋战国的荆楚文化缤纷多彩，问鼎华夏；吴越文化崛起东南，争霸中原；六朝时代开创中国的第二次百花齐放，融合中外；唐代的"扬一益二"，陆海兼通；宋代的"上有天堂，下有苏杭""苏常熟，天下足"；明清的"衣被天下"、工艺精湛等。

长江流域崇文重教，人文大师层出不穷，学派、书派、画派、文学流派、理学、心学、禅学、道学、医学、出版、文房四宝、茶道、陶瓷美术、园林和科举等都占据着中国的文化高峰地位。

近代以来汲取西学，善于创新。工业、商贸、教育、科学、文学、民主、思想俱领时代之先。现代改革开放前沿实践，以及当今长江经济带、"一带一路"交汇地等，都发生在长江文化区域，无不展现了长江精神中的创新超越、与时俱进的特质。

（四）精勤内敛、家国天下

长江流域从远古时代开始就有精于工艺、制作精致的文化特点。丝绸、织锦、刺绣、玉雕、漆艺、建筑、造船、文房用器、茶道、园林、硬木家具、瓷都、陶都、雕版印刷和《茶经》《梦溪笔谈》《天工开物》等都在长江流域形成体系，许多作品精巧精美，既入驻宫廷，也传艺海外。

长江流域先贤辈出，爱国爱民。北方南迁精英成为长江"客家"，但是始终瞻仰故园，心怀家国。言子得其师孔子"大道之行，天下为公"的精髓与理想；屈原的爱国忧国意识；祖逖的击楫中流收复中原的苦心；范仲淹的"先天下之忧而忧，后天下之乐而乐"的宏愿；陆游的"王师北定中原日，家祭勿忘告乃翁"的遗志；文天祥的"人生自古谁无死，留取丹心照汗青"的绝唱；东林书院的"家事国事天下事，事事关心"的理念；顾炎武"天下兴亡，匹夫有责"的决心；龚自珍"我劝天公重抖擞，不拘一格降人才"的呼喊；一直到康有为、梁启超、谭嗣同、秋瑾、张謇、荣德生、卢作孚、孙中山、陈独秀、毛泽东、周恩来和邓小平等。无数先贤为家国安全、民生疾苦勤勉奋进，胸怀天下，壮志动天地，业绩垂千秋。

(五) 诗情画意、浪漫自由

很多外国的学者跟我谈文化的时候,他们认为中国人比较呆板、守成,实际上不是这样。长江流域山水秀美、草木茂盛,多为水乡泽国。上中下游文化布局多样。孔子有一句话讲得很好,叫"仁者乐山,智者乐水",长江流域山水之间,容易产生智者、诗人和书画大家。古代长江流域有神巫文化传统,比如重庆有巫山、巫溪和浓厚的巫文化以及鬼城丰都等,从青城山到茅山,道教的中心分布在长江下游。又因地在偏远南国,许多政治失意精英流放大江之南,遂养成人们的浪漫气息和相对自由的心灵世界,使得文学、艺术与思想、哲学发达,情怀深沉。楚辞、汉赋、六朝新诗、唐诗宋词,以及屈原、谢灵运、李白、李煜、苏东坡、徐霞客、八大山人、吴门画派、徐渭、扬州八怪和海上画派等不同艺术的、文学的、浪漫诗意创造的成就。还有《孔雀东南飞》《白蛇传》《梁山伯与祝英台》《二泉映月》等对爱情和人间真情的千古吟唱。有朋友问我这些东西为什么都在南方诞生呢?为什么没有诞生在黄河呢?当然这是非常深沉的问题,我们也要看到中华大地因为有草原、黄河、长江、海洋、高原和西域等不同文化板块而荣幸,长江展现自己的特征和贡献。长江文化的这些特质具有持久的历史性、传承性,是长江物质文化与精神文化的积淀和精髓,同时展现出显著的"创造性转化、创新性发展"的现代性。长江文化的这种万年的创造,今天仍然可以成为我们中华民族走向未来宝贵的精神财富。

二、长江文化的当代传承与发展

"长江文化"作为一个特定学术概念和学术体系,其研究开始于20世纪80年代,90年代至21世纪初形成研究高潮。其研究兴起的原因一是得益于长江流域若干考古新发现；二是得益于当时的思想解放和区域发展及区域文化研究推动。但是将"长江文化"的学术研究引向"传承与发展"的时代实践主题，则是来自国家"长江经济带"建设的战略。

目前，我国形成了长城、大运河、长征、黄河、长江五大国家文化公园总体建设布局，这五个国家文化公园代表着中华优秀传统文化、革命文化和社会主义现代文化。它们都是具有重大意义、影响和主题的体系，展现了中华文化的深刻内涵和重要特征，代表着国家形象，彰显了中华文明。五大国家文化公园中，长江是中国的经济脊梁，长江国家文化公园涉及的经济地位最重要，承载的战略任务也更重。长江的这一特点从宋代迄今已延续1000多年，展现了中华文明的历史运动规律。

长江国家文化公园有条件成为经济、文化、社会、生态文明协调建设和中国式现代化发展的先行区域。为此，长江国家文化公园建设应更加重视统筹与协调。要把长江国家文化公园建设与长江经济带、生态文明带、长江流域多个都市圈规划、长三角一体化规划及长城、大运河、长征、黄河等相关国家文化公园建设联动、协同。

三、中华民族现代文明

中华民族现代文明的概念是在庆祝中国共产党成立100周年大会上提出来的，实际上提出了两个新概念：一是"中国式现代化"，二是"人类文明新形态"。实际上是推动物质文明、政治文明、精神文明、社会文明和生态文明协调发展的体系。

关于中华民族现代文明，现在的学者偏重于认为它就是精神文明，其实我认为不是那么简单，可能还需要更加深入地研究。中华民族现代文明偏重于社会主义的文化建设，与中国式现代化的目标指向具有内恰包容和相辅相成的关系。

四、长江文化传承发展与中华民族现代文明建设的内在关系

我们认为，在中国这样一个区域多样性的大国，长江流域最有条件成为中国式现代化建设的领先区。第一，我们从历史上看，长江流域在中华民族发展史上已经有超过千年的领先地位，它有千年的发展规律和内在动力，其他地方没有。按照今天上午葛先生的说法，已经有三千年了。早在唐代，长江下游区域已经是"茧税鱼盐，衣食半天下""天下大计，仰于东南"之胜地，唐代中叶韩愈则说"当今赋税出天下，江南居十九"，这种雄厚的发展态势此后日益得到强化。第二，"长江经济带"建设作为我国改革开放特别是十八大以来的重大发展战略，已经取得让世界瞩目的成就，而且它先后走过以经济建设为中心的"物质文明"建设阶段、"共抓大保护、不搞大开发"的"生态文明"建设阶段，现在进入重视"精神文明"建设与"物质文明"建设和"生态文明"建设协调发展的新阶段。第三，"长江经济带"和"长江国家文化公园"统筹建设，能够促进东、中、西区域均衡协调发展，同时联动左右的"黄河流域生态保护和高质量发展带"和"黄河国家文化公园"及"沿海经济高质量发展带"，为中国式现代化的全面推进发挥"中枢""脊梁"和"协同"的关键作用。正是从这个意义上，我们才能充分认识到"长江文化传承发展"与"中华民族现代文明"以及"中国式现代化"建设之间极其深刻的内在关联性、统一性和极其重大的战略性意义。

我们期待"长江国家文化公园"能够与"长江经济带"同步高质

量建设和发展；期待中央把长江流域作为"中国式现代化"建设的示范区、先行区；期待"长江文化传承发展"大业为"中华民族现代文明"建设乃至"人类文明新形态"中国实践作出创造性贡献。

万里长江浇灌了长江文化数万年之花，哺育了中华文明五千年果实，滋养着近现代无数的仁人志士持续奋进。今天，在中华民族走向复兴的进程中，长江又肩负起新的伟大使命。从"三峡工程"到"南水北调"，从"长江经济带"到"长三角一体化"，从"一带一路"交会地到"生态文明"先行区，长江流域及长江文化的崛起成为中华民族实现伟大复兴及中华民族现代文明建设的坚强脊梁！

宋韵文化的历史价值[1]

徐吉军[2]

今天我根据主办方的要求，讲浙江宋韵文化的历史价值。

什么叫宋韵文化？浙江省委宣传部牵头研究编制的《宋韵文化传世工程实施方案》定义为："宋韵文化是两宋文化中具有文化创造价值和历史进步意义的哲学思想、人文精神、价值理念、道德规范的集大成，见之于学术思想的思辨之韵、文学艺术的审美之韵、发现发明的智识之韵、生产技术的匠心之韵、社会治理的秩序之韵、日常生活的器物之韵，集中反映两宋时期卓越非凡的历史智慧、鼎盛辉煌的创新创造、意蕴丰盈的志趣旨归和开放包容的社会风貌，跳跃律动着中华民族一脉相承的精神追求、精神特质、精神脉络，成为中华优秀传统文化的重要组成部分和具有中国气派的典型文化标识。"它是具有中国气派和浙江辨识度的重要文化标识，赓续传承、创新发展，呈现出经济、制度、科技、文学、艺术、书法、绘画、陶瓷、纺织、建筑和宗教等多种形态。

为什么要研究宋韵文化？一是宋代文化处在中国古代文化最高峰。二是宋代文化空前绝后，创造的精神文明与物质文明都高度发达。无论是文化的普及、文学艺术的繁荣，还是学术思想的活跃、宗

---

[1] 本文为作者2023年9月12日在重庆举办的2023年长江文明论坛上的发言，据录音稿整理。
[2] 徐吉军，浙江省社会科学院研究员。

教的兴盛、科学技术的进步和社会生活的丰富多彩等方面，都达到了前所未有的高度。

这种认识，早在清末开始，已经得到了海内外学者的认同。国学大师王国维在《宋代之金石学》一文中指出："天水一朝，人智之活动，与文化之多方面，前之汉唐，后之元明，皆所不逮也。"严复说："古人好读前四史，亦以其文字耳！若研究人心政俗之变，则赵宋一代历史，最宜究心。中国所以成为今日现象者，为善为恶，姑不具论，而为宋人之所造就，什八九可断言也。"20世纪40年代初，史学大师陈寅恪先生也明确指出："华夏民族之文化，历数千载之演进，造极于赵宋之世。后渐衰微，终复必振。"他赞叹道："天水一朝之文化，竟为我民族遗留之瑰宝。"当今著名史学家邓广铭先生更是认为："宋代是我国封建社会发展的最高阶段，两宋时期内的物质文明和精神文明所达到的高度，在中国整个封建社会历史时期之内，可以说是空前绝后的。"英国著名科技史家李约瑟同样持这一观点，他说："谈到11世纪，我们犹如来到最伟大的时期。"并认为这一时期中国的文化和科学"都达到了前所未有的高峰"。宋代的文化可以总结为以下几个方面。

一、以文立国

宋代统治者确立皇权"与士大夫共治天下"的政治范式，十分重视从知识分子中选拔官吏，担任朝廷和各州县的要职，并规定宰相须用读书人。宋代统治者还广开言路，鼓励知识分子关心国事、指陈时弊。宋太祖在太庙立下"不杀士大夫及上书言事者"的祖训，给士大夫们一个宽松的生存环境，使人人"无以触讳为惧"。

二、官员以天下为己任

宋朝在立国之初，就内忧外患不断。由此具有社会责任感的士大夫，其人生价值取向亦从整体上发生了根本性的转变，即由过去对功名的追求转向对道德主体精神的弘扬，立德已超越一切，上升为人生价值的首位。

范仲淹"先天下之忧而忧，后天下之乐而乐"，胡则"为官一任，造福一方"，到南宋陆游"位卑未敢忘忧国"，辛弃疾"要挽银河仙浪，西北洗胡沙"，文天祥"人生自古谁无死，留取丹心照汗青"。可以说两宋三百年间，士大夫们充满了爱国爱民的思想和理念。不仅文臣如此，武将在外敌入侵、国家危亡之际，也是以死报国，表现出了炽热的爱国之情。这种爱国主义精神，已经化为我们强大的民族凝聚力。

三、多元文化并存

宋代统治者为文人士大夫提供了一个相对宽松、相对自由的政治环境。在此背景下，文人士大夫敢于说话、敢于思考、敢于创造。"为天地立心，为生民立命，为往圣继绝学，为万世开太平"，便是北宋儒学大家张载的名言，此语言简意宏，被后人传颂至今。

这一时期，各种学派蓬勃兴起，从而形成了中国历史上继春秋战国之后的第二次流派纷呈、百家争鸣的繁荣景象。从地域上来说，北宋有湖学、濂溪学、洛学、关学和蜀学，南宋有闽学、江西学、婺学、永嘉学、永康学以及介于两宋之间的湖南学。

四、重视对外交流

在我国古代，跨国的商业与文化交流，唐代已经达于兴盛，开辟了由中国经印度洋到达非洲的"陶瓷之路"。到了宋代，统治者对中华文化高度自信，对外交流不论在贸易往来，还是在文化互通上，更是达到了空前的高度。通过海上丝绸之路，与其有外贸关系的国家和地区，从宋代之前20余个增加到了60个以上，范围也从南洋（今南海）、西洋（今印度洋）扩大到了波斯湾、地中海和非洲东海岸诸国。陶瓷、茶叶、丝绸和图书等物品大量外销，故此又有"海上陶瓷之路""茶叶之路""书籍之路"等之称。

五、科技强国

宋代是中国历史上最开明、最富创造力的时代，科学技术突飞猛进，高度繁荣，不仅处于中国古代科学技术发展的高峰，而且在世界科技史上也居于前列，为世界科技文明作出了重大的贡献。世界著名的科技史家、英国人李约瑟在其主编的皇皇巨著《中国科学技术史》一书的导论中说："每当人们在中国的文献中查找一种具体的科技史料时，往往会发现它的焦点在宋代，不管在应用科学方面或纯粹科学方面都是如此。"

六、商业革命

在宋代以前，历朝统治者都奉行"重农抑商"的国策。特别是在城市，实行坊市分隔制度。在宋代，由于社会生产力水平的提高，尤其是商品经济的发展明显超过前代，人们的经济观念呈现出转折时期的鲜明特征。士大夫对传统的"农本工商末"的观点进行了有力的批判。南宋时的陈耆卿以及以叶适、陈亮为代表的浙东学派更是旗帜鲜明地认为工商业是"本业"。正是在这种社会氛围下，商人的社会地位有了明显的提高，可以以合法的身份参加科举考试。

这一时期，中国历史上第一次出现了城市平民阶层，呈现出中国古代社会前所未有的时代开放性。市民阶层的出现，世俗文化与世俗经济的形成与繁荣，意味着中国"市民社会"已具雏形，开启了中国社会的平民化进程。

七、城市文明

在宋代，中国古代的城市发生了一个划时代的变化，呈现出与过去不同的时代特色。具体表现为：城市化程度明显提高，在我国古代处于一个空前绝后的高度。按中国台湾学者赵冈、陈钟毅的研究，宋代是我国历史上城市人口比例最高的一个朝代，尤其是南宋，城市人口比例从北宋的20.1%上升到22.4%。城市规模的扩大以及城市人口的增长，标志着近代城市雏形已经出现。

八、辉煌的文化成就

宋代在哲学、史学、文学、书画艺术、音乐、舞蹈、戏曲以及科学技术等领域都达到了前所未有的高度，在各个领域都涌现了一批杰出的人物，在中国文化史上占有十分重要的地位。它以丰厚的底蕴、深邃的思想、恢宏的气势、绚丽的色彩，把中国历史悠久的民族文化推向高峰，并给此后中国文化的发展带来极其深远而重大的影响。正如明人徐有贞所说："宋有天下三百载，视汉唐疆域之广不及，而人才之盛过之。"

九、雅致的品质生活

在中国古代数千年的历史长河中，可以说没有一个朝代能与宋代比民富、民乐，可以说宋代是一个生活品质最高的朝代。

法国著名汉学家谢和耐经过对宋代百姓的日常生活深入研究后说："十三世纪的中国，其现代化的程度是令人吃惊的：在人民日常生活方面，艺术、娱乐、制度、工艺技术各方面，中国是当时世界上首屈一指的国家，其自豪足以认为世界其他各地皆为化外之邦。"特别是北宋都城开封和南宋都城临安，为当时世界上最大、最富有和最著名的城市，其居民的品质生活，如饮食、茶道、服饰、美容、起居、插花、焚香、收藏、体育活动、休闲旅游以及游戏与玩具等，体现了宋人的闲情逸致，懂生活，会休闲，讲究生活质量，追求生活品质，是中外诸国的典型代表。

十、移风易俗

宋代的民俗活动多姿多彩、特色鲜明。春节、元宵、寒食、清明、社日、端午、七夕、中秋、重阳和除夕等岁时佳节，以及各种名目的宗教和政治节日，构成了绚丽多姿的风俗长廊和人文景观。

风俗在传承的过程中，由于受社会、政治、经济以及军事等种种因素的影响，特别是社会经济的发展，使其在内容和形式上产生某些变异性的特征。而宋朝正是由于社会经济的迅速发展，从而促使传统的风俗习惯发生了一系列的变化，呈现出许多新的特征，其重要标志是随着庶民、商人阶层的兴起，士庶之礼界限被打破，产生许多新的风俗，为后世所遵循。特别是宋人的忠义气节，被民国时期的著名学者张亮采评为"万古国家社会风俗上之标准也"。

重庆文化的传承与弘扬[1]

孟东方[2]

文化是一个民族的灵魂，也是一个地区最深厚的软实力。重庆，这个两江环抱、江峡相拥的山清水秀美丽之地，历经三次定都、四次筑城，拥有三千多年厚重的历史。其文化历史悠久、文化资源丰富、文化形态多样。新时代更好传承与弘扬重庆文化，是推动文化繁荣发展的必然要求，更是为现代化新重庆建设注入强大精神力量的必然需要。我们要深入学习贯彻习近平总书记关于文化建设的系列重要论述，特别是对重庆历史文化的重要讲话精神，充分发挥重庆文化的独特优势，以高度的文化自觉和强烈的使命担当，加快建设文化强市。

一、厘清重庆文化家底

我求学于重庆、工作于重庆，重庆厚重的历史文化底蕴深深地吸引了我，研究重庆文化成为我科研工作的重要研究方向，而理清重庆文化家底，则是其中最关注的重要问题。重庆从古代的巴渝到宋代建市、明清移民，被迫开埠、抗战陪都、解放战争，再到社会主义建设、改革开放和新时代，巴渝人民在三千多年的历史长河中创造了璀璨夺目的重庆文化。

---

[1]本文为作者2023年9月12日在重庆举办的2023年长江文明论坛上的发言，据录音稿整理。
[2]孟东方，重庆师范大学校长、教授、博士生导师。

（一）重庆文化的"根"——源远流长的巴渝文化展现重庆文化的根脉

巴渝文化是历代以现今重庆为中心的四川盆地东部巴渝地区的文化，是由居住民创造发展的地域性文化。该文化以新石器时期巴人先民创造的初始文明为基础，后经数千年不断发展、不断丰富，最终形成了富有巴渝地域特色的文化，也成了长江上游富有鲜明个性的地域文化形态。独特的自然环境和历史背景，造就了这一文化内在的坚忍顽强、开放包容、豪爽耿直的个性和品质。如巴蔓子"割头不割地"的英雄壮举，秦良玉将军的大义凛然和功照日月，三国时期刘备、诸葛亮和张飞等在此留下的千古传奇以及宋代钓鱼城军民坚守36年的英雄史诗，都是这一文化个性和特质的具体体现。巴渝文化是巴蜀文化的重要组成部分，是重庆基础的文化形态。

（二）重庆文化的"形"——3000多年历史造就重庆文化的多层次、多领域、多形态

在巴渝文化根的基础上，重庆文化又形成了很多的"形"。重庆的文化体现出多层次、多领域和多形态的现象。除了我们熟知的巴渝文化、革命文化、三峡文化、移民文化、抗战文化和统战文化这6种形态外，还包括民族文化、饮食领域的火锅文化，生产生活差异形成的民俗文化以及现代都市发展形成的都市文化。其中居主流地位的是巴渝文化和革命文化两种形态。就现存的文化资源来看，全市现有物质文化遗产417处革命文物资源；有716处石窟寺资源，总量居全国第三；有国有博物馆104家，非国有博物馆26家。有非物质文化遗产3770项。

（三）重庆文化的"魂"——彪炳史册的革命文化彰显重庆文化的灵魂

重庆是一座有着光荣革命传统和丰富革命传统教育资源的城市。重庆的革命文化，是指鸦片战争以来在实现中华民族伟大复兴的历程中重庆人民勇于奋斗，特别是重庆人民在中国共产党领导下为建立新中国不畏牺牲、英勇奋进斗争中所形成的文化形态。重庆先后涌现出"革命军中马前卒"邹容，共产主义运动先驱赵世炎、杨闇公，文武双全的开国元帅刘伯承、聂荣臻，英勇善战的红军将领王良，坚贞不屈的歌乐英烈江竹筠，严守纪律勇于牺牲的战斗英雄邱少云，尤其是孕育了伟大的红岩精神，成为中国共产党革命精神系中独具风采的重要组成部分。由此，革命文化是重庆文化最显著的标识。

（四）重庆文化的"向"——社会主义先进文化彰显重庆文化的前进方向

重庆直辖以来特别是党的十九大以来，文化建设不断取得新成就。如近些年，推动"两个结合"，在马克思主义指导地位不断巩固的同时，我们还大力弘扬爱国主义、集体主义和社会主义，传承红岩精神、三线建设精神、三峡移民精神、黔江精神和人文精神，推动巴渝文化、革命文化、三峡文化、移民文化、抗战文化和统战文化的创造性转化与创新性发展，推出了以文学作品、文创产品为代表的系列优秀成果，有效促进了优秀传统文化、革命文化的迭代升级，提升重庆对外文化传播效能，彰显出重庆文化的开放性、包容性、多元性、民本性以及长久的生命力。

二、把准重庆文化资源的特性

重庆悠久的历史与独特的地理环境造就了独特的"山城"文化。

(一)"山水相拱"之气

重庆山环水绕、江峡相拥独特的地理环境,赋予了这块土地文化资源以深厚的"山水"之气。如巴渝文化是重庆独有的文化,它融合了巴山和渝水的地域特色;长江三峡是世界级河流中著名的自然大峡谷,同时又是一条承载了几千年人类历史的人文大峡谷。三峡文化是在区域特殊的地理、生态环境与人文氛围中孕育、发展起来的,从政治经济到民风民俗,从科技教育到饮食游乐几乎无所不包、无所不在,博大精深、辉煌璀璨,具有显著的流域性和地域性特征。在中华文化的版图里,三峡地区孕育繁衍出的巫盐文化、航运文化、诗词文化、水文化、三国文化、军事文化、宗教文化、建筑文化、民间艺术文化和石刻文化等闻名遐迩。长江三峡重庆段,从白鹤梁、石宝寨到张飞庙、白帝城,从鬼城丰都、诗城奉节到巫山红叶,自然与人文之美交相辉映。一个个独具特色的文化符号犹如一颗颗珍珠,连缀成一条历史悠久的三峡文化长廊,是重庆独特的文化形态。

(二)"耿直尚义"之质

历史上有很多论述巴人、论述重庆人如何耿直的材料。晋常璩《华阳国志·巴志》中曾说巴地"其民质直好义,土风敦厚,有先民之流"。明《蜀中广记》则称忠州之人"有巴蔓子仗节死义之遗风,故士颇尚气"。光绪《大宁县志》亦称:"宁邑……民良俗朴,尚义乐输。"这些记载都说明了耿直爽快、重信尚义是重庆人由来已久的传统品德。形成这样的品德，有其自然和社会历史两方面的因素。

（三）"开放包容"之怀

自古以来，重庆就是一座移民城市，移民是重庆最突出的特征之一，也是形成重庆人包容开放性格特征的基因。重庆历史上经历过八次大规模移民高潮，其体量之巨大、类型之丰富、时间跨度之长远，国内罕见。先后有巴人建国、秦汉迁徙、宋元战乱、明清两次"湖广填四川"、抗战内迁、三线建设和三峡大移民等，跨越三千年，影响极为深远。无论是先秦时期巴人融合百濮建立巴国，还是抗战时期大规模的内迁人口，抑或在为国奉献的三峡百万移民中，都充分体现了重庆移民文化的特色。它洋溢着浓浓的家国情怀，体现了重庆对国家的责任和担当，还造就了重庆人开放包容的文化品格，可谓熔巴俗、蜀习、秦尚、楚风、吴貌及中外文化于一炉。

（四）"雅俗共融"之态

重庆文化资源的"雅"，是指重庆文化具有独特的艺术美学和人文价值。比如，大禹"三过其门而不入"的涂山旧痕、"上帝折鞭之处"的合川钓鱼城古迹、长江三峡、大足石刻，以及国共两党众多名人名事遗址都证明重庆的历史文化极为"高雅"。"勇锐、重义、推诚、淳朴、刚烈"的巴渝文化精神成为巴渝高雅文化中的亮点。以"坚如磐石的理想信念、和衷共济的爱国情怀、不折不挠的凛然斗志、坚贞不屈的浩然正气"为主要内涵的、高雅的"红岩精神"，更说明了重庆文化资源之"雅"。但是这需要重新认识和定位，需要从文化产业的角度进行包装开发，提升层次感。重庆文化资源的"俗"为民俗文化，是指普通人民群众（相对于官方）在生产生活过程中所形成的一系列物质的、精神的文化现象，具有强化民族精神，塑造民族品格的功能。重庆因其地理条件特征造就了一系列民俗文化特色。如渝东南的武陵山区是一个较强同一性的多民族省际边际区域，自古以来就是一个相对独立的地理单元，故民风民俗原始纯真，民俗文化亦是多姿多彩、独具魅力，如秀山花灯、摆手舞、秀山木版画、高炉号子和川江号子等，真切地体现了当地独特的风俗人情、大众文化和社会心理。

三、传承弘扬重庆文化的思考

（一）坚持以习近平总书记关于文化建设的重要论述为根本遵循

党的十八大以来，习近平总书记高度重视文化建设，提出一系列新思想新观点新论断，如深化对文化建设的规律性认识，对推进建设社会主义文化强国作出战略部署。习近平总书记在文化传承发展座谈会上指出："在新的起点上继续推动文化繁荣、建设文化强国、建设中华民族现代文明，是我们在新时代新的文化使命。"首次全面系统阐述了中华文化传承发展的一系列重大理论和现实问题，强调"第二个结合"是又一次的思想解放，表明我们党在传承中华优秀传统文化中推进文化创新的自觉性达到了新高度。习近平总书记还专门针对重庆作出了"用好红色资源""弘扬红岩精神""狱中八条""加强思想舆论引导""明大德、守公德、严私德"等系列重要指示和要求，这些指示和要求涵盖了加快推动文化建设、以文化助推高质量发展、让人民群众享有更高质量精神文化生活等各个方面。新时代新征程，推进重庆文化建设，必须坚持以习近平总书记关于文化建设重要论述特别是对重庆历史文化、红岩精神等重要指示要求为根本遵循。

(二）在现代化新重庆建设中加快建设文化强市

重庆市委六届二次全会指出：要坚持以社会主义核心价值观引领文化建设，把重庆建设成为一座"承千年文脉、铸人文精神、树时代新风、强创新品质"的文化强市。文化强市是现代化新重庆建设的重要组成部分。一是建设具有强大凝聚力和引领力的社会主义意识形态。二是推动社会主义核心价值观融入新重庆建设。三是推进文明新风满巴渝。四是培育壮大文化产业。

（三）着力打造党建统领下的新时代"红岩先锋"变革型组织

要用好重庆红岩宝贵的文化资源，要着力打造党建统领下的新时代"红岩先锋"变革型组织。我们知道重庆是红岩精神的发祥地，红岩精神是中国共产党人精神谱系的重要组成部分。习近平总书记对红岩精神作了详细的论述，我们要着力以党的建设为基础，打造新时代"红岩先锋"变革型组织，以党的文化建设、红岩先锋型组织的建设为导向，来带动和引领重庆文化向着社会主义先进文化方向建设。

（四）坚持创造性转化、创新性发展

一是要构建传统文化传承弘扬的新格局。要把现有重庆昨天、前天、过去的故事进行梳理提炼，结合时代发展需要把它放在长江文明乃至中华文明的大视野中，进行进一步的研究阐释、宣传传播。二是要加大重庆优秀文化与旅游资源的深度融合。特别是要加大传统文化资源的宣传力度，高标准建设各级各类博物馆群，把重庆的特色文化融入长江国家文化公园和长征文化公园的建设当中。要坚持创新驱动、文化引领、科技赋能，把文旅这张牌在新的环境下打得更好。三是要推进实施国家文化数字化战略落到实处。要运用大数据、云计算

等技术，把重庆优秀的历史文化资源转化为数字文化发展优势，推动文化文物的实景化存档、艺术化再造、数字化保护、立体化发展和可视化传播，实施非遗文化数字化传承工程，加强城市文化场景的数字化建设，实现重庆历史文化的数字化蝶变。

总之，重庆是一座有三千多年文化立体式的城市，研究重庆文化将会为新时代、新征程、新重庆赋能。

下编

专题研讨

2023

长江文化的阐释与展示
——兼谈长江国家文化公园建设问题

孙 华[1]

长江是我国的第一大河流，它发源于唐古拉山脉的各拉丹冬山下，沿着青藏高原东部奔腾而下，在四川盆地南部接纳了岷江、嘉陵江为主的川江水系后，水量大增，切开四川盆地东缘而出，又先后接纳了澧、沅、湘、资诸水组成的洞庭湖水系，汉水以及以赣江为主的鄱阳湖水系等大江大河，形成了中国流域面积最宽广的自然地理区域。长江与黄河一起，孕育了多元一体的中华文化的核心，构成了亚欧大陆东端的两河流域。在这条中国第一大河的沿线，千万年的人地互动，遗存下众多珍贵的文化遗产。这些由长江干流及其支流串联的历史物证向我们诉说着中华文明的足迹，也为我们保存着世代关于人类生存发展的智慧。将长江沿线分散的重要文化遗产联系起来，串联成能够展现长江文明演变进程的发展序列，组合成能够彰显中华文明既具多样性又有统一性的系列组团，从而展现长江文化和文明的整体面貌，助力长江国家文化公园的建设，应该还是有必要的。

一、长江文化的历史发展

长江流域从四川盆地起，一直向东到海滨，都是适宜人类栖息和

---

[1] 孙华，北京大学考古文博学院教授。

繁衍的区域。该区域绝大部分都地处湿润的亚热带，气候温和，雨量充沛，湖泊众多，江河纵横，森林广阔，这不仅给人们提供了舟楫的便利和丰富的水产品，常绿阔叶林区也给人们提供了大量可供采集的食物和可供狩猎的动物。当长江干流及其支流进入四川盆地以后，随着海拔高度骤然降低，地势逐渐开阔，河流带来泥沙沉积，形成了四川盆地、长江中下游平原以及平原与山丘交错的资源富集地带，适合古代人类生息和文化发展，故人类很早就开始生活在长江上下游附近。云南的元谋人，四川的资阳人，湖北的长阳人、郧县人，安徽的和县人，江苏南京的汤山人，以及分布在这一带的大量旧石器时代遗址和具有区域性文化特征的旧石器工业，就充分说明了这一问题。[1]

我国是以长江和黄河两大流域为中心的文明古国。早在距今一万年前后，这两个流域就分别产生了基于水田的稻作农业和基于旱地的粟作农业，逐渐形成富有特色的农业文明。以定居农业为基础，我国很早就开始了区域内的文化整合和区域间的文化互动。有些区域发明创造或改良优化的事物传播到了遥远的地方，从小区域开始逐步扩展到大区域的统一事业也稳步推进，发展迅速。长江中下游地区土地肥沃、气候温和，适宜于水稻的生长且有野生稻散布，因而自新石器时代以来，这里就出现了中国最早的稻作农业，出现了多个以农业为主体的社群。新石器时代的农业社群具有相对稳定的定居生活，从而带来了一系列技术、经济、文化和社会的变革。又由于人们在一个区域长期定居，流动性减少，一些自然区隔就使得某一自然地理单元的人们长期处在有限的交流之中，久而久之，无论是物质的表征还是非物

---

[1] 张森水：《中国旧石器考古学中的几个问题》，《长江中游史前文化暨第二届亚洲文明学术讨论会文集》，岳麓书社1996年版，第16—19页；王幼平：《中国南方旧石器时代考古：进展与问题》，《南方文物》2021年第1期。

质的行为，都形成了具有稳定性和凝固性的传统，从而造就了区域之间的文化差异，产生了丰富多样的新石器文化。

一般认为，中国新石器时代可分早、中、晚三期，早期大约在距今12000—9000年，中期大约在距今9000—7000年，晚期大约在距今7000—4500年。到了距今4500—4000年间的龙山时代，就已进入了铜石并用的时代。[1]长江流域的新石器文化发展进程与我国总的新石器时代文化的发展阶段基本吻合，只是当黄河流域及其以西以北地区已经进入铜石并用时代后，长江流域仍然保持着新石器时代的传统，基本上没有经历铜石并用的时代。

长江流域的中下游地区，至迟在距今10000年左右就已有对野生稻的利用，早在距今9000—8500年间就完成了水稻的人工驯化，进入了定居农业的新石器时代。但从陶器发明来看，长江中游最早的陶器可追溯到距今20000年，早于稻作农业的产生近万年。如果说中国北方粟作农业的产生与陶器的使用大致同步（约距今8000年），西亚地区的陶器晚于麦作农业的发生的话（小麦驯化在距今10000年左右，陶器出现在距今9000年），长江中下游地区应该经历了较长的前稻作农业的旧新石器过渡时期。在这个旧新石器的过渡时期和新石器时代早期，已经有湖南道县玉蟾岩、江西万年仙人洞和吊桶环、浙江浦江上山、广西桂林甑皮岩等重要遗址发现，但文化的区域性还没有明显地呈现。

在新石器时代中期，长江中游的洞庭湖周围地区，出现了以湖南澧县彭头山遗址为代表的彭头山文化（距今9000—8000年），以及其后续的以湖南石门皂市下层遗存为代表的皂市文化（距今7900—7500

---

[1] 严文明：《中国新石器时代聚落形态的考察》，《庆祝苏秉琦考古五十五年论文集》，文物出版社1989年版，第24—26页；严文明：《龙山文化和龙山时代》，《文物》1981年第6期。

年）。这些中期的新石器文化还沿着长江一路西进，在长江上游的三峡地区留下了以湖北枝江城背溪遗址为代表的城背溪文化（距今8500—7500年），该文化的西界已至重庆丰都一带，丰都玉溪遗址的下层文化堆积就是这一时期的遗存。而在长江下游，继新石器时代早期的上山文化以后，出现了以浙江杭州萧山的跨湖桥遗址为代表的跨湖桥文化（距今8000—7000年）。该文化不仅从事稻作农业，还开始饲养家猪，水井、独木舟等生产生活设施也都有发现。

到了新石器时代晚期，长江中游兴起了因重庆巫山大溪遗址而得名的大溪文化（距今6500—5300年）。这是一种分布区域更为广阔的新石器文化，其范围囊括了长江中游的江汉平原西部和洞庭湖平原，并一直延伸到长江上游的三峡地区。大溪文化聚落间的冲突开始显现。湖南澧县城头山遗址的近圆形的古城池始建于大溪文化早期，是中国目前所见最早的古城遗址之一。继大溪文化兴起的是以湖北京山屈家岭遗址为代表的屈家岭文化（距今5400—4500年）和以湖北天门石家河遗址为代表的石家河文化（距今4500—4000年）。这两种文化的分布范围与大溪文化大同小异，但社会复杂化程度更高，各地普遍修筑防御性的城池，出现了湖北沙洋县双村城河遗址、天门石家河古城等面积在百万平方米左右的中心遗址。在黄河上游和长江中游史前文化的交互作用下，长江上游的成都平原出现了宝墩文化（距今4800—3600年，含其前后的桂圆桥文化和仁胜村文化），该文化已经出现了多座城内有大型建筑的古城，为以后的三星堆文化的形成奠定了基础。而在长江下游的江苏、上海及浙江一带，良渚文化（距今5300—4300年）的文明程度更发展到很高的水平，该文化稻作农业发达，黑陶制作考究，玉器工艺高超，漆器工艺继承了先前的传统而发扬光大。①良渚文化的建筑工业更为引人注目，卵石为基的夯土城墙和高台建筑、土石构成的水坝和防护系统、木板驳岸的渠道和码头等，无不体现良渚人的高超智慧。就社会结构这个层面来讲，它已经具有中心都城、普通城邑和一般村落等多级聚落形态，具有庞大的祭祀夯土高台、宏伟的宫室建筑、等级鲜明的贵族墓地以及发达的玉石漆木等礼仪用器，代表了同一时期长江流域社会和文化发展的最高水平。②

史前时期长江流域的社会复杂、经济发达、艺术超前，原始宗教思想也相当活跃。然而，尽管这里是中国铜矿资源最为富集的区域，但史前时期长江流域的人们在青铜冶铸技术上似乎缺乏作为。无论是长江上游的宝墩村文化，还是长江下游的良渚文化，都没有冶铸青铜或使用铜器的迹象。只是在最靠近中原地区的长江中游地区——石家河文化的中心天门市石家河遗址群，在石家河城外的罗家柏岭作坊遗址出土了5件残铜片③，并在肖家屋脊遗址发现有铜渣和炼铜原料孔雀石④，可以推断石家河文化晚期的中心城邑可能已经初步掌握了冶铜技术。只是这种冶铜规模可能还很小，技术水平也不高，铜器还难以在当时的生产和生活中发挥作用，因而也没有传播影响至长江流域上下游其他地区。⑤长江流域青铜文明的产生，应该与黄河中游地区中

---

①浙江省文物考古研究所：《瑶山》，文物出版社2003年版，第129页；浙江省文物考古研究所：《反山》，文物出版社2005年版，第88—350页。
②浙江省文物考古研究所：《良渚古城综合研究报告》，文物出版社2019年版。
③张云鹏、王劲：《湖北石家河罗家柏岭新石器时代遗址》，《考古学报》1994年第2期。
④湖北省文物考古研究所、北京大学考古学系石家河考古队、湖北省荆州博物馆：《邓家湾：天门石家河考古发掘报告之二》，文物出版社2003年版，第243页。
⑤关于长江流域青铜冶铸技术的起源，有学者认为是长江流域独自发生、自我发展，并影响到黄河流域，恐怕未必。参见郭静云等：《中国冶炼技术本土起源：从长江中游冶炼遗存直接证据谈起》，《南方文物》2018年第3期；郭静云、邱诗萤、郭立新：《石家河文化：中国自创的青铜文明》，《南方文物》2019年第4期。

心王朝的建立及其向长江流域的扩展有着密切的关联。

自夏代晚期长江流域某些地方出现青铜器以来，经过商代前期在技术和艺术上的积累，到了商代前后期之际，青铜器开始具有自己的艺术特色，出现了像四川广汉市三星堆铜器群[①]、江西新干县大洋洲铜器群[②]这样的数量多、品级高、特征鲜明的青铜艺术品，长江流域青铜文化步入了自己的兴盛时期。

西周王朝建立以后，周人曾一度重视对南土的经营，长江流域各地区都与周文化发生了密切的联系，其铜器风格也带上浓厚的周文化的烙印。远在四川彭州市的竹瓦街铜器窖藏[③]、广西贺州市平桂区的马东村墓葬（M1）[④]、浙江黄岩市小人尖土墩墓[⑤]中，我们都可以见到具有西周早期周文化铜器风格的青铜器。不过，周王朝对南方的控制似乎是短暂的，只在西周中期以前的一段不是很长的时期。西周中晚期以后，在长江上游地区，由于周王朝与古蜀国关系恶化，四川盆地的青铜文化断绝了与周文化的往来；在长江中游地区，由于楚国时叛时服带来的南方古国和古族的联动效应，除了一些周王朝的藩屏小国外，长江中游与周文化的联系也减弱了很多；长江下游地区也由于淮夷叛周，导致东南地区与周王朝的联系被隔断，周文化对东南地区的文化辐射和影响随之骤减。由于新的中原青铜铸造工艺、新的铜器种类和纹饰风格自西周中期就难以传播到长江以南，这一地区的铜器长期模仿西周早期的铜器种类、形制和纹饰，或者在这些铜器的基础

[①] 四川省文物考古研究所：《三星堆祭祀坑》，文物出版社1999年版。
[②] 江西省博物馆：《新干商代大墓》，文物出版社1997年版。
[③] 王家佑：《记四川彭县竹瓦街出土的铜器》，《文物》1961年第11期；范桂杰、胡昌钰：《四川彭县西周窖藏铜器》，《考古》1981年第6期。
[④] 张春云：《广西贺州市马东村周代墓葬》，《考古》2001年第11期。
[⑤] 浙江省文物考古研究所、黄岩市博物馆：《黄岩小人尖西周时期土墩墓》，《浙江省文物考古研究所学刊》，科学出版社1993年版第二辑。

上再作进一步的改造、简省和创新，从而导致西周中期以后长江流域的青铜器普遍带上守旧和复古的色彩。正是由于这种守旧风格的影响，考古学界对于长江下游土墩墓年代的判断就产生了很大歧义，对于同样一个墓地或一座墓葬（如安徽屯溪弈棋墓地）的判断，认为年代早的可以早到商周之际前后[1]，认为年代晚的可以晚到战国早期[2]。

这种状况一直持续到春秋中期，随着中原青铜文化体系中楚文化的兴起，精美繁复的楚文化青铜艺术风格，为整个长江流域青铜文化的发展带来新的推动力，铜器风格也逐步摆脱了先前脱离中原影响后所形成的特有的保守现象，发展到了一个新的阶段。[3]随着楚文化的南下、西渐和东进，长江上游巴蜀文化、长江中游楚文化和长江下游吴越文化这时形成了自己鲜明的区域特色，青铜器数量之多，分布之广，工艺之精，都是先前任何一个时期所不能企及的，长江流域青铜文化进入了最为辉煌的时期，发展到该地区青铜文明的顶峰。

秦统一中国，结束诸侯割据的局面，建立中央集权的大一统王朝后，广泛推行的郡县制代替了传统的分封制，由中央政府控制的官营手工业作坊遍及全国各地，各地间的商业往来也较过去更为频繁。在这种背景下，秦汉王朝直接统治范围内的文化产品，无论是工艺、种类，还是形制、纹饰，都呈现基本一致的状况，中国大部分地区延续了千百年的区域文化差异从此逐渐消失。

二、长江流域的文化贡献

长江流域是远古时期一系列创造发明产生的区域，也是一系列重

---

[1] 肖梦龙：《试论江南吴国青铜器》，《东南文化》1986年第1期。
[2] 李国梁：《屯溪土墩墓发掘报告》，安徽人民出版社2006年版，第124—131页。
[3] 高至喜：《楚文化的南渐》，湖北教育出版社1996年版；刘和惠：《楚文化的东渐》，湖北教育出版社1995年版；朱萍：《楚文化的西渐：楚国经营西部的考古学观察》，巴蜀书社2010年版。

大技艺改进所在的区域,制陶技术、稻作农业、抽象艺术等,都在长江流域可以找到其源头;青铜艺术、制瓷工艺等,也是在长江流域获得了极大的创新和发展,其中最好的瓷器成为历代皇家所需的贡品,大量的瓷器产品还通过船舶远销到世界各地。

早在旧石器时代向新石器时代过渡阶段,长江中游地区的人们就发明制陶技术,用泥片贴塑法制作并烧造出了陶器。江西万年县仙人洞遗址发现的陶器,其测年可早到距今2万年,是目前世界所知的最早的陶器,故被美国《考古》杂志评选为2012年度世界十大考古发现。①陶器发明后,制陶技术就逐渐向周围传播,首先传播的区域就是同在长江中游的湖南地区,道县白石寨村玉蟾岩洞穴遗址出土了少量陶片,可复原的两件陶器都是泥片贴筑法制成尖圜底的釜形器,陶质疏松,制作粗糙,烧成温度很低,测年结果是距今18000—14000年。稍后一点,制陶术已经传播到了苗岭以南地区,广西桂林地区的庙岩、甑皮岩和大岩洞穴遗址都发现了距今万年以上的陶器,其中雁山区庙岩遗址出土的陶片,其年代可以早至公元前15000年。②制陶术传到长江下游及其以南地区应该稍晚,浙江金华市浦江县的上山遗址最早期和绍兴市嵊州县小黄山遗址一期都出土了较多陶器,其年代为距今10000—8000年。③长江流域及其以南的这些早期陶器,数量很少,制作简单,"表现出了很强的原始性"④。

长江流域也是世界稻作文明的源头,是中国最重要的早期稻作农

---

① 吴小红:《江西仙人洞遗址两万年前陶器的年代研究》,《南方文物》2012年第3期。
② 袁家荣:《湖南道县玉蟾岩1万年以前的稻谷和陶器》,严文明、安田喜宪:《稻作、陶器和都市的起源》,文物出版社2000年版,第31—42页。
③ 蒋乐平:《浙江浦江县上山遗址发掘简报》,《考古》2007年第9期;张恒、王海明、杨卫:《浙江嵊州小黄山遗址发现新石器时代早期遗存》,《中国文物报》,2005年9月30日第1版。
④ 陈宥成、曲彤丽:《中国早期陶器的起源及相关问题》,《考古》2017年第6期。

区。水稻栽培发生在较早出现定居人群的长江中下游地区。很早就出现陶器的湖南道县玉蟾岩遗址发现了4颗水稻壳，据农业考古专家研究，1993年发现的稻谷为普通野生稻，但具有人类初期干预的痕迹；1995年出土的是栽培稻，属于从普通野生稻向栽培稻演化的最原始的栽培稻类型。该遗址的硅酸体分析中也发现了稻属硅酸体，从而把人类栽培水稻的历史推进到公元前8000年以前。[1]大约与发现玉蟾岩稻谷遗存同时，在江西万年县仙人洞和吊桶环遗址中，也发现了属于稻谷的植硅石遗存，其年代也超过了1万年。从那以后，稻作农业技术以长江中游为中心，开始向周围地区传播，除了扩散到整个长江上下游和华南地区外，还北传至淮河流域和黄河下游地区。公元前7000—前5000年，在全新世大暖期逐步开始的背景下，出现了稻作农业的第一次大扩张，北至山东半岛的原先粟作农业区的人们也开始种植水稻和吃大米。大约在公元前4000—前2000年间的仰韶文化时期，长江中下游的稻作农业发生了第二次大扩张。这次扩张有两个中心，一个中心就是第一次扩张的中心长江中游地区。稻作的技术和吃大米的饮食习惯随着这一地区族群的迁徙，一支逆汉水及其支流而上，逐步扩展到汉水上游、关中地区和甘肃东部地区；一支逆长江而上，先到达四川盆地东部的平行岭谷，在公元前3000年后又逐渐延伸至成都平原，进而推进至云贵高原地区。另一个中心则是长江下游地区。该地区的稻作农业技术扩张比长江中游略晚，大致在公元前3000年前后的良渚文化阶段，稻作农业渐次传播至东南沿海的闽粤地区，并进一步跨海扩展到中国台湾地区和东南亚地区。[2]

---

[1] 袁家荣：《湖南道县玉蟾岩1万年以前的稻谷和陶器》，严文明、安田喜宪：《稻作、陶器和都市的起源》，文物出版社2000年版，第31—42页。
[2] 北京大学考古文博学院、北京大学中国考古学研究中心编：《考古学研究（九）庆祝严文明先生八十寿辰论文集》，文物出版社2012年版，第260—315页。

长江流域对中国青铜技术与艺术也有重要贡献。史前长江流域的人们尽管没有发明青铜冶铸工艺，但由于自长江上游的川西南滇东北，经中游的鄂东南赣东北，直到下游的皖南地区是中国最大的铜矿带，当商代早期青铜冶铸工艺从黄河流域传入长江中游以后，当地的青铜工业迅速发展起来，在商代中晚期逐渐出现了几个青铜工业的中心，或形成了多个以铸造铜器为职业的制铜工匠群体。他们留下了安徽阜阳月儿河铜器群、江西新干大洋洲铜器群、湖南宁乡黄材铜器集群等工艺精湛的古代青铜艺术的杰作。在国力衰落、商文化整体退缩的商代晚期，有的与商王朝关系密切的工匠群体可能加入商王都安阳殷墟的工匠体系中，促成了商代青铜工艺的变革，是殷墟新风和复古铜器风格产生的重要外因，黄河中游和长江中游的工匠共同推动中国青铜艺术攀上了其发展史的第一高峰期。商代长江中游的青铜工匠有可能游走于长江上下，其中两湖地区的青铜工匠可能进入了四川盆地，不止一位学者指出，四川广汉三星堆遗址出土的青铜器具有长江中游青铜器的元素和风格，应有外来的青铜匠师参与三星堆铜器的制作。东周时期楚文化和吴越文化崛起，吴越的青铜兵器和楚国青铜礼乐器相互作用，连同中原的晋及三晋文化青铜作坊，将中国青铜工艺推上了发展的第二高峰期。受这个高峰期工艺和文化的影响，长江上游青铜艺术达到高峰，云贵高原的青铜文化，尤其是滇文化青铜像群的工艺，则是中国青铜文化和艺术的最后辉煌。

长江流域也是瓷器的起源地，引领世界制瓷工艺的发展。长江中下游地区本来就有悠久的制陶历史，在长期的陶器烧制过程中，古人对胎釉料的选择和烧成温度的把握都积累了丰富的经验，这些就为瓷器的发明和进步奠定了坚实的技术基础。在长江中下游及其以南地区，经历了几何印纹硬陶的创制和发展，大约在夏代的长江下游偏南的浙江东苕溪一带就出现了最早的制瓷作坊和瓷器。这些制瓷技艺经历了商周秦汉时期的改进和传播，到了两晋南北朝时期，长江流域上、中、下游都出现了不少烧制青瓷的窑场，墓葬中也往往随葬有各类青瓷器皿。物美价廉的青瓷终于代替了陶器、铜器和漆器在日常生活用器中的地位。

长江流域还是中国远古抽象思维和艺术相当发达的地区。距今8000—6500年前，在长江中游地区的以南地区直至岭南地区，分布着被称为高庙文化的发达的新石器文化。该文化的白陶器表面，主要是领部和肩部，有相当复杂的压印、戳印和刻划的装饰纹样。这些纹样的图案已经相当抽象化和程式化，可以看出，当时的人们已经习惯将鸟和太阳集合在一起，将太阳想象成一只火鸟，构成了太阳神鸟的固定组合，并已存在鸟形人首的太阳神形象。在文化发达（尤其在宗教祭祀和宗教艺术领域）的长江下游，距今7000—6000年的河姆渡文化的人们也将太阳与鸟联系起来，认为太阳是一只发光发热的火鸟，或认为太阳是由鸟背负着在太空上运行。浙江余姚县（现为市）河姆渡遗址出土过两件骨牙器，一件雕刻有双首共身的鸟形图案，鸟身有可能表示太阳的同心圆轮；另一件象牙雕刻器物刻有两只鸟相对，两鸟间是外有火焰的同心圆，人们将此象牙图案称为"双凤朝阳"。在距今5300—4300年的良渚文化中，太阳与鸟关联的图像材料更多，其中，美国弗里尔美术馆藏玉璧上的双树双鸟围绕着象征太阳火周天的璧轮飞翔的图案，反映了当时人们以太阳为核心的宇宙观和太阳神树的神话观。在三星堆遗址出土的文物中，有两棵巨大的青铜神树，这两棵铜树的枝叶形态不同，其中一棵铜树枝条上翘，一棵铜树的枝条下垂，前者比较像桑树，后者比较像柳树。研究者已经指出，枝叶类似桑树的铜树应该是中国神话传说中的东方扶木（扶桑），枝叶类似柳树的是中国神话传说中的西方若木（细柳），两棵神树反映的是中国上古天如穹庐、上有十日、日形如鸟、序行周天等宇宙观念和神话世界的写照。这种起源并形成于长江流域的宇宙观念，在战国秦汉时期被记录于《山海经》《淮南子》等文献中，成为中国古代根深蒂固的一种观念。

长江流域史前文化对长江流域和中国的古代文明的形成和发展，无疑作出了巨大的贡献。

三、长江文化的展示利用

2014年9月，国务院发布《国务院关于依托黄金水道推动长江经济带发展的指导意见》。"长江经济带建设"跃升为中国区域协调发展的重点战略，为跨区域水道治理、交通建设、产业升级、城镇发展、对外开放、生态建设和体制机制创新提供了难得的契机。在"长江经济带建设"的七项重点任务中，未明确提及文化方面的内容，长江经济带的文化方面亟待破局。2017年5月，中共中央办公厅、国务院办公厅印发《国家"十三五"时期文化发展改革规划纲要》，提出"规划建设一批国家文化公园，形成中华文化的重要标识"。2019年7月，中央全面深化改革委员会第九次会议通过《长城、大运河、长征国家文化公园建设方案》。2020年11月14日，习近平总书记在全面推动长江经济带发展座谈会上的讲话中指出："长江造就了从巴山蜀水到江南水乡的千年文脉，是中华民族的代表性符号和中华文明的标志性象征，是涵养社会主义核心价值观的重要源泉。"[①]2022年1月，国家文化公园建设工作领导小组部署启动长江国家文化公园建设。

按照笔者的理解，国家文化公园应该是：国家一级政府基于保护

[①]《习近平关于社会主义精神文明建设论述摘编》，中央文献出版社2022年版，第234页。

国家重要文化资源、展示国家文化精华的目的，为历史研究、文化传承、公众教育和人们休憩提供服务，依托重要的文化遗产，由国家划定、国家管理并全部或部分向公众开放文化区域。这些权益明确且边界清晰的公共文化园区为全民所有或国家管控，由国家依照专门和相关法规设立专门机构实施管理，根据国家的意志和全民的利益进行规划和建设，最后服务于全民和人类的非营利性的公共文化事业机构、场所和文化产品。国家文化公园从体量和形态来看，可分为点状、线状和面状。长江本来就是一条线性的交通干道、文化线路和景观廊道，国家文化公园建设当然需要综合考虑长江干流区域和长江经济带区域，通过全面把握长江流域丰富的文化资源，深入挖掘长江文化的历史价值和当代价值，系统阐发长江文化的文化特征和精神内涵，从而为延续历史文脉、坚定文化自信作出贡献。

我们知道，长江被划分为发源地至湖北宜昌的上游、宜昌至江湖口的中游、湖口至长江入海口的下游三段，可以划分为三个东西横排的文化区域（长江上、中、下游）和四条南北纵向的联系线路。

（一）三个区域

传统的长江流域自然地理、经济文化地理一般将其划分为长江上游、长江中游和长江下游三个区域，或将长江中下游合并在一起，称之为长江中下游平原。国家长江经济带建设的规划中，也是将长江划分为"上游成渝经济区""中游城市群""下游长三角地区"三个经济圈。因此，将长江国家文化公园的层次结构也划定为三个区域，应当是恰当的。这三个区域的代表性文化遗产主要有：

1.长江上游文化区

（1）远古人类遗址；（2）古蜀文化遗址群；（3）滇系文化遗址与

墓地；（4）都江堰及关联名胜古迹；（5）汉代崖墓及石阙墓园；（6）川渝重要石窟寺；（7）川渝南宋山城遗址体系；（8）西南民族村寨群落。

2. 长江中游文化区

（1）陶器及稻作起源洞穴遗址；（2）史前重要聚落及聚落群遗址；（3）盘龙城商代城址；（4）吴城文化城遗址群；（5）楚纪南城及楚国贵族墓地；（6）海昏侯城址与墓地；（7）景德镇瓷业体系；（8）武汉近代纪念性遗产。

3. 长江下游文化区

（1）稻作起源地上山遗址群；（2）河姆渡文化遗址群；（3）良渚遗址；（4）安吉古城及王陵；（5）石头城及六朝陵墓；（6）隋唐扬州遗址及扬州历史城市；（7）江南水乡古镇体系；（8）江南明清私家园林。

除了以上区域文化遗产单位和群体外，还可以根据文化遗产性质上的异同，从长江流域整体上串联相关遗产，组合成共同价值主题的系列文化遗产，形成国家文化公园。

例如，长江流域的省会城市都是沿江城市，可以组合成为"江城"文化系列，并可对应上、中、下游文化圈，组合为长江上游城市群（核心：成都、重庆、昆明）、长江中游城市群（核心：武汉、长沙、南昌）、长三角城市群（核心：上海、南京），以展现长江流域城市的历史、特点与现代化。

再如，长江三峡地区在历史上就是长江上游与中游文化的交互作用地带，长江三峡水利枢纽工程整体竣工验收以后，对三峡库区文化遗产的价值延续与其意义的当代诠释，将成为中国文化遗产保护事业的一项重要任务。以三峡库区段为对象，串联起重庆老鼓楼及白象街、涪陵白鹤梁题刻、忠县皇华城和石宝寨、万县天生城、云阳张飞庙、奉节白帝城、三峡古道、巫山大昌古镇、巫溪宝山盐场、宜昌黄陵庙及三游洞等文化遗产，构成长江三峡文化景观廊道，对于促进文化旅游的发展也很有必要。

（二）四条外联线路

1. 金沙江文化线路

长江从西向东跨越了中国三级阶地，它的上游经过的青藏高原东缘高耸入云，是长江和黄河两大河流的发源地，也是多条并列的南北向大河流经地，被称作中国古代人群南下迁徙的走廊、长江与黄河文化联系的纽带。在青藏高原前缘宽阔的文化传播带中，金沙江文化线路位于最东侧，也最为重要。在属于金沙江文化带的四川稻城皮洛遗址中，考古学家发现了三个时期的来自南北不同方向的不同石器工艺传统的遗存，其年代从距今27万年到13万年。皮洛遗址海拔3800米，它的发现不仅将人类登上青藏高原的时间提早到了旧石器时代早期偏晚阶段，而且说明早在旧石器时代长江上游与黄河上游就存在着紧密的联系。从那以后，来自黄河流域的远古文化，就通过黄河上游的甘青地区阶段性地渐次南下，沿着包括长江上游金沙江在内的南北向大河的河谷，传播到长江上游的四川盆地和云贵高原，在那里与当地文化和来自长江中下游的文化碰撞、交融，形成了丰富多样的新石器文化和青铜文化。可以说，青藏高原前缘金沙江河谷，将长江和黄河两大水系紧密联系在一起。著名的文化传播带"藏羌走廊"和"藏彝走廊"，就是对这条文化线路北段和南段的称呼；而在东起渤海湾、南至东南亚的"半月形文化传播带"中，金沙江文化线路也具有居中的重要地位和作用。在近古历史上，忽必烈从北向南沿着这条文化线路平定云南，开始了元朝统一中国南方的进程。而在现代历史上，红军进行的万里长征，实现了根据地的战略大转移。现在，在红军长征线路上已经开始了国家文化公园的建设，长江国家文化公园理所当然地应该包括这条历史线路和红色线路。

2. 西南丝绸之路

西南丝绸之路，或称为"蜀身毒道""南方丝绸之路陆路""丝绸之路南亚廊道"。这条道路从汉唐帝国的西京长安（今陕西西安）翻越黄河与长江之间的分水岭秦岭，纵贯四川盆地后南登云南高原，下高原后向西跨越缅甸北部，然后翻越那加丘陵抵达东印度布拉马普特拉河（即雅鲁藏布江）谷底上的高哈蒂（Guwahati），再连接古印度诸条道路。这条道路也分为若干段，其主道大致可以分为三段：北段也就是陕西西安至四川成都的秦蜀古道（简称"蜀道"，或称"川陕驿道"，包括了翻越秦岭的"北四道"和穿越巴山的"南三道"，著名的栈道和保存了行道树的黄柏大道就在这条路段上）[1]；中段是秦汉开通的四川成都至云南大理的川滇西路，即"清溪道"，四川岷江水道及其以南宜宾至昆明的川滇东路，即"石门道"，以及连接昆明与大理的昆大古道[2]；南段是从大理西南穿越缅甸北部高原直至东印度高哈蒂的滇缅古道和缅印古道，也就是唐"安南通天竺道"的东天竺路段，该道的滇缅古道大约开辟于东汉时期，滇印古道则到了唐代才完全打通。[3]由于这条古道路网多为地形崎岖的山区，不少路段被保存了下来，沿途文物古迹众多，属于线性遗产中具有跨文化和跨文明特征的文化线路。将西南丝绸之路建设为线性的国家文化公园，不仅可

---

[1] 黄盛璋：《川陕交通的历史发展》，《地理学报》1957年第4期。
[2] 蓝勇：《四川古代交通线路史》，西南师范大学出版社1989年版，第78—163页。
[3] 陈茜：《川滇缅印古道初考》，《中国社会科学》1981年第1期。

体现它作为沟通中心地区与长江上游的文化走廊的作用，进一步，还可凸显其古今国际通道的地位和对世界文明的贡献。

3. 万里茶道

万里茶道是17世纪末至20世纪初，古代中国与俄国之间以茶叶为大宗贸易商品的长距离商业贸易线路，也是继古代丝绸之路衰落后在欧亚大陆兴起的又一条重要的国际商道，其起点从长江以南的中国福建崇安起，途经江西、湖南、湖北、河南、山西、河北、内蒙古诸地进入现蒙古国境内，经库伦（现乌兰巴托）到达中俄边境的通商口岸恰克图。万里茶道是在茶马互市取缔以后兴起的以民间茶叶外贸为主体的华茶北销之路，其道路和路线主要利用国内水陆官道体系和国际习惯贸易路线。它所反映的不仅仅是清代和近代中、蒙、俄的商业贸易，从世界文明转型的角度来考察，万里茶道具有东方农业文明西输和西方工业文明东输的普遍价值，是东西方文明互为转型的典范，属于系列遗产和文化线路。万里茶道尽管年代并不久远，但它沿用的水路和陆路都是历史上早就形成的国内道路和边境道路。早在宋代，就有茶商从长江以南贩茶前往黄河中上游地区换马及皮毛土产的现象。现在万里茶道正在申报世界文化遗产，沿途的历史城镇、传统村落、寺观祠庙、会馆店铺等连同茶园和茶号等，形成了联系长江与黄河甚至更远的商品贸易和文化交流的通道，具有较好的建设线性国家文化公园的潜质和条件。通过茶马古道国家文化公园建设，就可以将长江中游文化圈与黄河中游文化圈连接起来。

4. 京杭大运河文化带

京杭大运河地跨浙江、江苏、安徽、河南、山东、河北、北京诸省市，全长1794千米，是世界上最长的运河。运河始建于春秋末期，吴王夫差为北上争霸而开凿邗沟，隋代又以东都洛阳为中心将运河向南北延长贯通至涿郡（今北京），元代定都北京后截弯取直形成目前大运河的路线，明清时期则通过一系列水利工程使得大运河能够全线贯通。京杭大运河本身就是人类伟大的线形水利工程和交通工程遗产，沿线两岸还有着一系列历史城镇、古代遗址、古典园林和名胜古迹。包括京杭大运河在内的大运河已经被列入《世界遗产名录》，它是我国首批建设的三个国家文化公园之一。京杭大运河联通了钱塘江、长江、淮河、黄河、海河五大水系，至今仍然可以输水并部分通航，既是古代南北交通和漕运的大动脉，也是长江下游文化圈与黄河下游文化圈联系的文化廊道。

基于上述情况，我们认为可以从文化遗产的保护与利用的角度出发，充分发挥文化在长江经济带建设中的积极作用，通过长江遗产廊道及相关国家文化公园，有效配合特色城镇与绿色生态，引领长江经济带跨区域文化建设，多方面巩固和深化跨区域协调发展成果，推动长江文明的全面复兴。

（原文刊于《长江文明》2023年第4辑）

长江流域：中华文明的多元一体的重要组成部分

朱海滨[①]

一、传统上中华文明被认为是黄河流域的产物

一般而言，黄河流域被视作中华文明的摇篮，而河南、陕西、山西三省毗连之处的数万平方千米被视为中华早期文明的诞生地，夏、商、周三代文明的核心地即处于该区。这样的观念，自有历史文献记载以来直至20世纪80年代，几乎无人能够怀疑。毫无疑问，人类早期原生文明多诞生于大河，四大文明无不如此：尼罗河流域孕育古埃及文明，两河流域催生古巴比伦文明，印度河流域孵化古印度文明，黄河流域理所当然就是中国文明的发祥地。在重视传统文化的中国，炎帝、黄帝被视为中国的人文始祖，几乎所有的古典文献都在强调中华文明来源于黄河流域。近代考古出现之前，这一命题不容置疑。

数千年以来长江流域一直以稻作为中心，而黄河流域则以旱作为基础，这样的分布格局，自农业出现在中华大地之后，就再也没有改变过。长江流域的人，绝大多数以稻米为主食，黄河流域则以小麦、粟等旱地作物为基本食粮。自古以来，南方人和北方人的差异就十分明显，南方人以长江中下游流域为代表，北方人以黄河流域为基地。

[①]朱海滨，复旦大学中国历史地理研究所教授。

同样是东部季风区，东西差异远不及南北差异之大。唐代之前虽有关东、关中或山东、山西之分，但远不能与南北差异相提并论。《史记》中就已提到广大南方地区"饭稻羹鱼"，与当时经济文化中心的华北地区迥异，其耕作方式是"火耕而水耨"，即山区实行刀耕火种、平原以水田为主。当时朝廷赖以存在的经济基础，是开发高度成熟、人口稠密的华北地区，长江流域整体而言尚是"地广人稀"的状态，并非秦汉帝国的经济重镇。夏商周春秋战国秦汉时期，北方地区毫无疑问是中华文明的主要基地，南方地区号称楚、越之地，在当时中原人士看来，属于南蛮民族的分布区。

二、新石器时代长江流域的文化早于甚至优于黄河流域

中国自古有"风水轮流转"一说，昭示着区域社会经济的发展具有高度的时代性。那么，长江流域是否自古以来就是秦汉史籍中所呈现出来的"滞后"状态呢？由于历史研究主要依赖于历史文献，上古文献几乎全部产自于黄河流域，其所记载的内容当然以黄河流域为主。关于长江流域早期文化的记载也只能通过黄河流域人士记载的文献中窥得一二，比如春秋时期吴越争霸故事只能通过《春秋》《国语》等北方文献留下蛛丝马迹。本地文献直到东汉才出现，如《越绝书》《吴越春秋》等。

直到20世纪20年代前后，现代考古学才被正式引入到中国，但最先展开工作的也是在北方地区，早期的规模性发掘全部集中于北方地区。南方地区较早期的发掘直至30年代中期才有零星出现，最著名的便是施昕更先生主持的杭州郊区良渚镇的良渚文化遗址发掘，但当时仍然认为其属于山东龙山文化的遗址，直至1959年夏鼐先生才正式提出"良渚文化"的命名。20世纪80年代以来，良渚文化有了多次

大规模的发掘，发现了巨大的城址、大型的人工祭坛及等级分明、为数众多的墓葬，出土了精美绝伦的玉制祭祀礼器。夏商周时期的祭祀文化在良渚文化中可以找到一些源流。以此为基础，诸多考古学家经过反复研究，认为良渚文化时期已进入文明国家阶段，其时间要比夏代早一千多年。同样，长江中游地区也有不俗的发现，早在1955年就在湖北天门石河镇发现了石家河文化遗址，其年代距今4600年至4000年，早于传说中的夏代，遗址中发现了城址、祭祀遗址，发掘出青铜块、玉器及不少刻画有类似文字的符号陶片。有不少学者认为石家河文化时期长江中游已建立了早期国家。虽然甲骨文是迄今为止公认的最早中国文字，但甲骨文显然属于非常成熟的文字，在其之前应该有一个长期的发展过程，而刻画符号很可能就是汉字的前身。迄今所发现的刻画符号，长江流域的数量明显多于黄河流域，且高度疑似文字的符号也有不少。可以说，早在夏代之前，长江流域已分布有不少疑似国家的政治实体。长江流域的不少文化因素，在后来夏商周时期的北方遗址中都有发现，至少说明长江流域的文化参与了中原地区的国家建设历程。来自长江流域的部落人群不断向北渗透，并把稻作文化、玉器文化等传播到了黄河流域。后世所说的"逐鹿中原"，很可能符合早期中原文明产生的动力机制。

至于新石器时代的早、中期遗址，长江流域的发现更是早于黄河流域。迄今为止所发现的新石器早期遗址，年代接近一万年的几乎都分布在南方地区。早在20世纪70年代浙江余姚河姆渡遗址发现之时，中国考古学界就出现了难得的"骚动"。距今7000多年前大规模的水稻遗存，让中国考古学者深信中国是人工栽培水稻的发源地。90年代，浙江萧山又发现了年代早于河姆渡文化的跨湖桥文化，发现了千余粒栽培稻谷米，并挖掘出距今7500年左右的独木舟。21世纪以来，浙江考古人员在浙江中部地区（浦江、东阳、义乌、嵊州等地）发现了一组文化内涵接近的早期新石器时代遗址，其年代测定在10000年前，遗址中出现了非常原始的陶器、石磨盘、稻米等新石器时代文化的因素，在夹炭陶片中发现了大量稻壳、稻叶，这是长江下游地区所发现的最早的新石器时代遗存。无独有偶，早在20世纪80年代考古人员就在湖南澧县发掘了彭头山遗址，其年代测定在8000年之前，早于河姆渡文化，发现了稻壳与谷粒，其陶器制作工艺采用最原始的贴塑法。目前为止，长江流域的新石器时代文化遗址发展系列已非常清楚，从10000年前至4000年前，各个时期的遗存都有，而且能够证明其间有着延绵不断的继承关系，其中系列最完整、最发达的便是长江中下游地区。

虽然中国考古工作开展最早的地区是华北，迄今所发掘的遗址数量也远远多于南方地区，特别是其中的仰韶文化、龙山文化遗址，其密度、规模之大令人叹为观止，但目前为止所发现的新石器时代最早的文化是裴李岗文化（河南新郑）、磁山文化（河北武安）、后李文化（山东临淄）、兴隆洼文化（内蒙古敖汉旗），这些遗址都没有超过9000年。而南方地区发现了多处一万多年前的新石器时代遗存。除了长江流域之外，华南诸多洞穴遗址都超过了10000年，并且也有原始陶器的发现，如著名的广西桂林甑皮岩遗址，其年代测定在距今12000年至7000年之间。

三、长江流域现代居民的主流应该是世代居住于此地的土著民族后裔

长期以来，中国人都认为自己是炎黄子孙，而炎、黄部落的根据地通常被认定在中原地区。因此绝大多数中国人自觉或不自觉地认定

自己的祖先来源于黄河流域，特别是其中的中原地区。全国几乎所有的家谱、族谱，谈到其早期的祖先来源，都直接或间接地指向了黄河流域（包含淮河流域，历史上黄河曾经长期夺淮入海），甚至南方诸多少数民族也说自己的祖先来自黄河流域，如广西壮族说自己的祖先来源于山东。这种观念甚至影响到周边地区，如韩国的一些金姓族谱，说其祖先来自中国河南。百家姓的发源地，几无例外地被定在中原地区。虽然绝大多数中国人都愿意相信族谱、家谱的记载，但族谱、家谱本身就是一定时期的产物，带有一定时期的文化观念。明清时期所见到的典型宗族，通常都拥有族谱、族规、族产（包括祠堂及祭祀田地），但这样的宗族，并不是自古就有的。原始社会以来，中国人也许就开始聚族而居，但早期的宗族（不指部落），并没有共同祭祀的始祖，也没有记载全体族群的共同族谱。儒家所规定的祭祖，通常只祭祀三代或四代之内的祖先。而现代所说的宗族，是宋代一些士大夫如欧阳修、范仲淹、苏洵等所倡导的宗族之法。这样的宗族也有一个长期的发展过程，并非一开始就全部具备族产、族规、族谱等所有要素，而只是拥有一项或两项要素。宋元时期，后世常见的祠堂共同祭祖现象尚不多见，族谱的修撰也没能持续下来，而是时断时续，宗族形态也没有完全定型。宗族制度真正在全国范围内推广还是明代中期以来的现象。在地域上，并非全国所有地区都盛行宗族制度，时至清末，具备全部特征（族谱、族规、以祠堂为代表的族产）的宗族也以浙东、福建、江西、皖南等东南地区为主，全国其他地区的宗族多效法东南地区，但多数没能完整、持续地传承下去。自从有了宗族制度以后，人们自然而然地要追溯自己的祖先来源。在没有族谱、家谱的前提下，一般人的记忆只及三代或四代人的事情，更早的祖先几乎没人关心。按此规律，在宋代族谱萌芽的时候，也就直面这一不可回避的困局。也就是说，最初编撰族谱的士大夫已不清楚自己三四代以前的祖先。虽然有的士大夫说自己是唐代或更早时期某著名人士的后代，但其间的谱系并不能完整地串联起来，经常出现断层或一脉单传这一极不合理的现象。明清时期族谱中关于其早期祖先的记载更是如此。因此一些历史上经济文化较为发达的地区，就被其他地区的宗族认定为祖先来源地。在宗族兴起的北宋中期，人们记忆中中原地区是曾经的经济文化发达之地，因此宗族现象发生较早的浙江、福建、江西等地，各家族谱都说自己的祖先来自黄河流域。而宗族兴起相对较晚的湖南、湖北地区，多数宗族都说自己的祖先来自宋元时期经济文化更为发达的江西地区。广东沿海一带的宗族则说祖先来自文化地位更高的福建等地，珠江流域的广府人则说祖先来自粤北南雄的珠玑巷。苏北人盛称祖先来自苏州阊门。华北地区最盛行的说法是祖先来自山西洪洞大槐树。以上这些说法其实只是套用固定的成说，经不起历史学的验证。虽然历史上确实曾经有过规模不等的移民运动，但迄今为止的移民史研究成果，只能证明某一地区某一时期曾经有过多少规模的移民，但无法证明这些移民与后世当地居民之间有着直接的血缘关系（除了少数方言岛之外）。迄今为止中国历史上影响最为深远的西晋末年的"永嘉南渡"，其移民人数最多只占有当时南方地区户籍人口的六分之一，而此时南方地区相当规模的人口还没有被列入国家户籍中，可见北方移民人数始终只占有南方人口的一小部分而已。按照这样的逻辑，长江流域的居民，其主体应该是自古以来繁衍、生息于此地的"饭稻羹鱼"居民的后裔。

21世纪以来，复旦大学部分科学家试图以分子人类学的手段证明中国绝大多数的汉族人口源于北方地区，他们提出的重要证据是男性Y染色体中M122突变，说中国南北汉族拥有大致相同的比例，以此试图证明南方汉人主要是北方汉人的移民后裔。但他们所说的M122，其基因突变发生在二三万年前，他们在没有证明M122属于华北早期居民特有基因的情况下就认定它是北方汉人的特质，其前提完全不可靠。相反，同样是这个课题组，却说中国人的基因成分，来自南方的贡献高达60%以上。前面已提及，南方地区的新石器文明普遍早于北方地区，如此看来，华北地区汉人群体中的M122，源于南方地区的可能性反而更高一些。其实早在20世纪80年代，上海市输血研究所与复旦大学的部分科学家调查了24个民族、74个群体的免疫球蛋白同种异形分布，得出了中华民族起源于两个群体的假说：以北纬30度为界，居住在北方的汉族和北方的少数民族同在一个集群，居住在南方的汉族和南方的少数民族同在一个集群，南方和北方汉族的差异远远大过汉族和当地少数民族的差异。[1]这一看法倒是比较符合实际的观察与感受。

中国现代汉语七大方言（官话、吴语、闽语、赣语、湘语、客家话、粤语），南方地区拥有六大方言。官话占有中国绝大多数领土，纵横跨度在四五千公里以上，其间虽再细分诸多次方言，但相互间大致能沟通无碍。但南方地区诸多方言区的人们，相互间根本无法听懂对方的语言，特别是浙江南部和福建等地，离乡数十里便无法使用各自的方言沟通是常见之事。虽然这些方言都是汉语方言，绝大部分话语能写出汉字，但同一汉字在各地的发音迥异。也有一定比例的话语迄今尚不知道本字。即便有汉字本字的言语，相当部分的本字还是属于南方地区居民根据汉字六书原则而"制造"出来的。南方地区方言复杂现象与《汉书·地理志》注引西晋学者臣瓒的话"自交趾至会稽

---

[1] 赵桐茂等：《中国人免疫球蛋白同种异形的研究：中华民族起源的一个假说》，《遗传学报》1991年第2期。

七八千里，百粤杂处，各有种姓"所反映的民族分布现象有着天然的契合度。针对南方地区方言的复杂性，现代方言学界的激进学者更倾向于用"语言接触"模式来解构南方地区的方言历史[①]，即南方土著民族基础语言就不一致，吴地有原始吴语、楚地有原始楚语、闽地有原始闽语，此后在学习汉语的过程中，形成了五花八门的"汉语方言"（吴语、湘语、闽语等）。而这样的方言，始终被官话区的人们视作"南蛮䶥舌"，沦为鄙视的对象。早在隋初，长江流域一带（吴、楚）的语言就被陆法言等人指称为"时伤轻浅"。时至今日，这一带的方言还有"轻浅"的"弊端"，官话中大量的阳声韵，在当地方言经常成为"阴声韵"，韵尾鼻音丢失成为常态。当地人所说的普通话，也普遍存在着前后鼻音不分的现象。迄至今天，江浙人讲普通话，普遍存在发音不到位的情况，语速明显快于官话区。但总的来说，官话对南方方言的侵蚀现象非常明显，长江流域不少区域，已经发展成为官话区，原本的吴语、赣语、湘语，也带有越来越多的官话成分。但长江流域居民所说的官话，绝大多数是带有南方土语色彩的西南官话、下江官话。长江流域汉语方言中的"南方成分"，正是南方地区居民是新石器时代以来当地土著居民后裔的佐证。

四、继往开来的长江文明

无论是流域面积还是河流长度，长江都在黄河之上，径流量更是黄河的数十倍。从发展潜力而言，长江流域无疑优于黄河流域。

长江流域虽然在新石器时代文化早于或优于黄河流域，但进入有文献记载的历史时期之后，黄河流域的开发成熟度明显高于长江流域，夏商周时期中原地区成为中华文明的中心，战国七雄中的六雄也

[①] 潘悟云：《客家话的性质——兼论南方汉语方言的形成历史》，《语言研究集刊》2005年第1期。

都位于黄河流域，仅有楚国位居长江流域。秦汉时期黄河流域的人口规模、政区密度远远高于长江流域。但由于黄河流域毗连蒙古高原及东北地区，始终面临着游牧民族的威胁。其中最大的一次风险出现在西晋时期，即所谓的"永嘉之乱"，晋室政权被迫搬迁至长江流域的南京，大量中原衣冠人士随之迁入长江流域，迅速提升了长江流域的经济文化水平。而黄河流域进入了"五胡乱华"时期，数百年间陷入异族入侵的局面，精英文化丧失殆尽。可以说长江流域的文明程度一度超过了华北地区，至少是伯仲之间。发迹于黄河流域的隋朝政权虽然消灭了偏安江南的南朝政权，但北方地区的人士还是以南朝文化为"风雅"，争相效仿。隋炀帝甚至在扬州建立离宫，修建大运河，以便把南方的物资运往中原地区。唐代前期北方地区逐渐恢复昔日的繁荣，黄河流域的经济、文化再度超过长江流域，但这样的好景随着"安史之乱"的爆发而渐趋衰弱，加之黄河的泛滥、大规模农民叛乱、游牧民族的入侵，黄河流域的繁华随之烟消云散，而长江流域却相对安稳，加之有北方移民的流入，其开发再度加速。到了北宋末年，黄河流域人口、社会经济衰退趋势十分明显，广大华北地区彻底沦为落后地区。此后长江流域的人口、社会经济、文化就以绝对优势超过黄河流域，明清两朝的财赋基础主要是长江下游的江南地区。明清大部分时期首都虽然位于华北地区，但出了北京城便是相对贫困、荒凉之地，华北民间社会普遍缺乏精英阶层及精英文化的引领。南宋以来，传统的中华文化，其精华悉数保存在以长江流域为主的南方地区。

近代以来，以上海为中心的长三角地区继续成为中国经济的翘楚，这样的局面虽然在中华人民共和国实行计划经济后一度有过改变，但改革开放政策的实行，再度释放了长江流域特别是下游地区的市场经济活力，江浙沪地区迅速成为共和国经济的"优等生"，其地所产生的巨额税收，是支撑中国国民经济正常运转的重要组成部分。出生于此地的院士群体，占了全国三分之一以上。近年来，长江中游诸省的社会经济发展也在提速，湖南、湖北籍的院士群体也在迅速扩充。可以预见，长江流域在中华文明中的分量还将不断提升。

　　回首一万年的历史，可以肯定地说，长江流域支撑起中华文明的多元一体的重要组成部分，黄河流域是中华文明摇篮这一传统认识似有补充的必要。

自然与人文视野中的六朝长江

胡阿祥[①]

《江苏地方志》2021年第1期曾刊发笔者的《名实互证视野中的长江——〈长江历史图谱〉评介》。笔者在文中举例道：《长江口图》，引人探索长江入海口由三角湾而三角洲的变迁，这是人文改变自然的见证；《沧海桑田图》，涉及"科氏力"对地形塑造与滩洲发育之影响，这是自然影响人文的力量；《江防图》虽以明清时代为主，却也促发人们对于"天堑""南北""避难所""薪火相传"等军事、文化主题的深层思考，彰显了自然与人文的交互作用。

这些话题其实都是颇有意思的。如长江入海口本为三角湾，并因此有了"广陵观涛"的人文现象，而据刘宋山谦之《南徐州记》的记载，"常以春秋朔望，辄有大涛，声势骇壮，极为奇观，涛至江北激赤岸，尤更迅猛"，又显示了广陵涛的气势胜过今天的钱塘潮，究其原因，则在广陵（今江苏扬州市）、京口（今江苏镇江市）之间的长江，远比今日壮阔，所谓"旧阔四十余里，今阔十八里"，即显示了汉唐之间长江入海口段的变迁；至于长江入海口从三角湾变成三角洲，长江江面也随之逐渐收窄，如"明嘉靖以来，江面仅阔七八里"云云，又联系着六朝以来长江流域的全面开发、水土流失越来越严重、泥沙的沉积超过冲刷等因素的影响。

[①]胡阿祥，南京大学历史学院教授。

理解了长江这样的变迁，我们就能切实明了诸多的史事。比如三国吴黄武四年（225）冬，魏文帝曹丕"至广陵，临江观兵，兵有十余万，旌旗弥数百里，有渡江之志……帝见波涛汹涌，叹曰：'嗟乎！固天所以隔南北也！'遂归"（西晋张勃《吴录》），所以笔者常把这样的长江比作长城，人工的长城屏障着中原王朝，是农耕民族与游牧民族之间的"天堑"，自然的长江护佑着南方王朝，是农耕社会内部南方与北方之间的"天堑"；再如南宋陆游有言："古来江南有事，从采石渡者十之九，从京口渡者十之一，盖以江面狭于瓜洲也"[①]，而这样事关南方王朝如孙吴、陈朝以及南唐、南宋兴亡的军事形势，又与"科氏力"即地转偏向力有关，因为"科氏力"的影响，长江右岸（南岸）冲刷、左岸（北岸）沉积，所以有利防守的临江矶头、逼岸山地多在右岸（南岸），而不利防守、适合驻兵的江滩多在左岸（北岸），又在冲刷与沉积的水流动力作用、两岸边界条件不同所导致的河床宽窄影响下，长江中下游河段普遍发育着江心洲，江心洲又造成分汊河道，北方军队"从采石渡者十之九，从京口渡者十之一"的战略选择，既与江面的宽窄有关，也与这两处的江中发育有江心洲、河道分汊、同样不利防守有关。

然则回到传统的语境，自然的长江如何影响人文的历史？人文的历史又如何丰富自然的长江？姑以六朝、江苏为时间与空间范围，略举三例，以见其情形的复杂与论题的重要。

"洲数满百，当出天子"

先举一个发生在湖北，而特别关涉江苏的典型事例。《资治通鉴》

[①] （清）顾祖禹撰，贺次君、施和金点校：《读史方舆纪要》卷23《南直五》，中华书局2005年版，第883页。

卷164梁元帝承圣二年（553）八月庚子：

下诏将还建康，领军将军胡僧祐、太府卿黄罗汉、吏部尚书宗懔、御史中丞刘瑴谏曰："建业王气已尽，与虏正隔一江，若有不虞，悔无及也！且古老相承云：'荆州洲数满百，当出天子。'今枝江生洲，百数已满，陛下龙飞，是其应也。"上令朝臣议之。黄门侍郎周弘正、尚书右仆射王褒曰："今百姓未见舆驾入建康，谓是列国诸王；愿陛下从四海之望。"时群臣多荆州人，皆曰："弘正等东人也，志愿东下，恐非良计。"弘正面折之曰："东人劝东，谓非良计；西人欲西，岂成长策？"上笑。又议于后堂，会者五百人，上问之曰："吾欲还建康，诸卿以为如何？"众莫敢先对。上曰："劝吾去者左袒。"左袒者过半。武昌太守朱买臣言于上曰："建康旧都，山陵所在；荆镇边疆，非王者之宅。愿陛下勿疑，以致后悔。臣家在荆州，岂不愿陛下居此？但恐是臣富贵，非陛下富贵耳！"上使术士杜景豪卜之，不吉，对上曰："未去。"退而言曰："此兆为鬼贼所留也。"上以建康凋残，江陵全盛，意亦安之，卒从僧祐等议。①

此事的背景是：首先，梁元帝萧绎本为湘东王、荆州（治江陵，今湖北江陵县）刺史、都督荆雍湘等九州诸军事、镇西将军，他在荆州经营了20余年，内心自然是不愿"还建康（今江苏南京市）"的，这样的情形，正与明成祖朱棣从南京迁都北京相仿；其次，梁朝的"建康旧都"，因为惨遭侯景叛乱的毁坏、梁武帝萧衍被困而驾崩的影响，已经显得"凋残"，似乎"王气已尽"，况且还与定都邺（今河北

---

① 《资治通鉴》卷164《梁纪二十》"世祖孝元皇帝承圣元年"，中华书局1956年版，第5104—5105页。

临漳县西南）的北齐隔着长江对峙，军事形势可谓危殆，于是主张定都江陵者便称建康不宜再作都城；第三，长久以来，长江中游的楚地或荆州流传着"洲不百，故不出王者"（刘宋·盛弘之《荆州记》）、"荆州洲数满百，当出天子"之类的谚语或预言，但在传统时代的文化语境中，这样的谚语或预言往往被视为天意、民心的表达，拥有着今人难以想象的"力量"。如《南史·梁本纪下·元帝纪》所述：

> 江陵先有九十九洲，古老相承云："洲满百，当出天子。"桓玄之为荆州刺史，内怀篡逆之心，乃遣凿破一洲，以应百数。随而崩散，竟无所成。宋文帝为宜都王，在藩，一洲自立，俄而文帝篡统。后遇元凶之祸，此洲还没。太清末，枝江杨之阁浦复生一洲，群公上疏称庆，明年而帝即位。承圣末，其洲与大岸相通，惟九十九云。①

据此，东晋晚期强藩桓玄的篡逆、刘宋初年宜都王刘义隆的篡统以及他们的先后败亡，竟然都与长江"荆州洲数满百"还是"惟九十九"的交替"异变"吻合对应。至若梁朝末年湘东王萧绎的即位称帝、定都江陵，既是"百数已满，陛下龙飞"的瑞应落实，更是"悔无及也"的重大失误，盖梁元帝萧绎"意亦安之"的选择定都江陵，也就意味着放弃了"四海之望""王者之宅"的建康；而放弃建康的结果，又诚如南宋李焘《六朝通鉴博议》卷10所云：

> 建康之地，前枕大江，后倚百越，左扰泗、海，右连荆、蜀，缓急有变，左右前后迭为屏蔽，此于形势之中，王者之居

---

① （唐）李延寿撰：《南史·梁元帝纪》，中华书局1975年版，第246页。

也。而元帝有如此之势，不能居之，顾恋旧镇，不忍轻去，不知蜀、雍既去，楚为孤立，介居一陲，前后无援，是自闭于穴中也，欲不亡，得乎哉？①

果然，承圣三年（554）十一月，江陵为定都长安（今陕西西安市）的西魏、驻扎襄阳（今湖北襄阳市）的西魏附庸梁王萧詧的联军所破，刚刚称帝两年的萧绎被执处死，王公大臣与十余万百姓被虏关中。至于这场变故的影响，实在广泛、深刻、持久，概括言之，不仅再都建康的梁朝已为平灭侯景叛乱的权臣王僧辩、陈霸先所控制，而且557年10月陈霸先就取代梁朝，建立了陈朝；不仅西晋永嘉之乱以来陆续南渡的北方侨人势力，经过侯景叛乱、江陵陷落的两次沉重打击而基本崩塌，而且代梁而立的陈朝，"同于三世纪三国时代吴国，而为完全南方色彩的朝代"②。又尤为悲惨的是，承圣三年十一月甲寅（555年1月10日）夜，"性爱读书"、著述宏富、自诩"韬于文士"的梁元帝萧绎，当江陵不守时，竟因"读书万卷，犹有今日"的崩溃仇怨，将从建康朝廷移来与自己积累的古今图书14万卷，付之一炬，尽数焚毁，酿成了中国文化史上一场空前的浩劫。然则令人感慨无限的是，部分催生或引发了上述这一系列政治、社会、文化巨变的发酵剂或导火索，竟是本属自然现象的长江"滩洲发育"，这大概是习惯于"科学"思维的今人所无法理解又确实存在的"迷信"结果吧。

"限江自保"

姚大中所谓陈朝"同于三世纪三国时代吴国，而为完全南方色彩

---

① （宋）张敦颐撰，李焘撰：《六朝事迹编类》，南京出版社2007年版，第254页。
② 姚大中：《南方的奋起》，（台湾）三民书局1981年版，第115页。

的朝代",其实体现于诸多方面,如孙吴皇族为吴郡富春人、陈朝皇族为吴兴长城人,都属南方土著豪族;孙吴建都建业、陈朝建都建康,建业、建康即今南京市;孙吴、陈朝的疆域虽有盈缩,但都以"北据江,南尽海"(唐杜佑《通典·州郡典一》)为疆域主体;孙吴与陈朝的基本国策,又都是"限江自保";280年孙吴灭亡时,晋朝得户52.3万、口230万,589年陈朝灭亡时,隋朝得户50万、口200万,也颇相近。本部分单说孙吴的"限江自保",并借此以见长江之于六朝守国的军事价值。

孙吴的"限江自保",即以建业为中心,以扬州(治建业)为根本,以日益发展的南方经济为基础,以南方土著豪族与北方南迁大姓的协力为依托,凭借地理上的江山之险,层层防御,以与北方曹魏以及后来的西晋相抗衡。作为孙吴立国以后的基本国策,"限江自保"原则亦为东晋、宋、齐、梁、陈所继承,这些王朝或守河(晋末宋初)或守淮(东晋、宋、齐、梁)或守江(陈),以保国祚,今日的南京也因此而屹为六朝之都。

孙吴定立"限江自保"国策的缘由,既是孙策临终之际对孙权的嘱托,也是自身国力使然。以言孙策的嘱托,《三国志·吴书·孙策传》曰:

> 建安五年……(孙策)创甚,请张昭等谓曰:"中国方乱,夫以吴、越之众,三江之固,足以观成败。公等善相吾弟!"呼权佩以印绶,谓曰:"举江东之众,决机于两陈之间,与天下争衡,卿不如我;举贤任能,各尽其心,以保江东,我不如卿。"至夜卒,时年二十六。

以言国力使然，东晋习凿齿《汉晋春秋》记蜀汉建兴七年（229）事曰：

> 是岁，孙权称尊号……亮曰："权有僭逆之心久矣，国家所以略其衅情者，求掎角之援也……今议者咸以权利在鼎足，不能并力，且志望以满，无上岸之情，推此，皆似是而非也。何者？其智力不侔，故限江自保。权之不能越江，犹魏贼之不能渡汉，非力有余而利不取也。"

诸葛亮称孙权"智力不侔"不必当真，"非力有余而利不取"则洵属确论。的确，孙权的"限江自保"，实是因其国力无法与曹魏争雄，即便与蜀汉结盟，不时攻扰江淮之间、江汉之间，却也北不过合肥，西不过襄阳，以攻为守，而无意于中原。

再者，"限江自保"也是孙吴以己之长、克敌之短的自然选择，《六朝通鉴博议》即议论道：

> 曹氏父子常矜其众，而加兵于吴矣，太祖一举而舟焚于赤壁，魏文再临而城遍于武昌。至广陵之役，睹江涛汹涌，而为浮云之章，亦见其智力无所施于此矣……北之所恃者兵，而兵加南则屈，以其所长，在南不在北也。此非臆说。诸葛亮谓北方之人不习水战，周瑜谓舍鞍马，仗舟楫，曹操必破。

这就是孙吴"全据长江，形势益张"（《三国志·吴书·吕蒙传》）的地理优胜，也是曹丕兵临长江而发出的"一声叹息"："魏虽有武骑千群，无所用也。"（东晋孙盛《魏氏春秋》）

进而言之，孙吴"限江自保"的基本国策又是如何实施的呢？清谢钟英《三国疆域表》云：其固国江外，则以广陵、涂中、东兴、皖、寻阳、邾、夏口、江陵、西陵、建平为重镇，江东则以京口、建业、牛渚、柴桑、半洲、武昌、沙羡、陆口、巴丘、乐乡、公安、夷道、荆门为重镇，夹江置守。上游要害，尤重建平。

这是长江沿线实行要点防御的重镇。又清杨晨《三国会要·兵》引北宋《太平御览》：引烽火以炬，置孤山头，皆缘江相望，或百里，或五十里、三十里。寇至则举，一夕行万里。孙权时，令暮举火于西陵，鼓三竟，达吴郡、长沙。

这是长江防线遍置烽火台的情形。又在兵制方面，陶元珍指出吴滨江立国，处处受敌，若防守不周，则覆亡可待，故萃中央兵于建业，而分戍诸将兵于各镇。又若诸兵人土不习，守心不固，则有溃散之虞，故采最足维系兵心之世兵制。

当然，仅此还不足以保障孙吴长江防线的安全无虞，还需要守在江北，即在江淮之间、江汉之间建立前沿防线，以为缓冲地带；又需要结盟蜀汉，"蜀有重险之固，吴有三江之阻，合此二长，共为唇齿"（《三国志·蜀书·邓芝传》），以联合抗衡曹魏。

然则奠都建业、"限江自保"的孙吴，以及同样奠都建业、"限江自保"的陈朝，终究未能逃脱亡国的命运，只是问题的症结并不在"我所以设险而御寇，正以长江耳"（《晋书·陶侃传》）的地理形势，而实在人为的不臧，南宋周应合《景定建康志》卷38《武卫志》即言："自吴以来，立国江南者，莫不恃江以为固，江又恃人以为固。人善谋而武事修，则江为我之江，否则与敌共耳。"如西晋之灭吴，末主孙皓检讨："不守者，非粮不足，非城不固，兵将背战耳。兵之背战，岂怨兵邪？孤之罪也……天匪亡吴，孤所招也"（西晋虞溥

《江表传》）；又隋之灭陈，"朝廷百官人各有心，四方万里民各有意，是以万里长江守之者无人，隋人取之如拾草芥。"（《六朝通鉴博议》卷10）孙皓还曾借助千寻铁锁、暗置铁锥，谋求阻扼西晋水师；后主陈叔宝则自信"王气在此……彼何为者邪……奏伎、纵酒、赋诗不辍"（《资治通鉴》卷176 长城公祯明二年），几乎静待隋军的来临。地丑德齐抑或地齐德丑，本非一言可弊，而守国所恃，也本在德而不尽在于险。"兴废由人事，山川空地形"，诚哉刘禹锡《金陵怀古》的历史鉴戒。

中国历史留给今人的鉴戒，又在"不以成败论英雄"。即以孙吴的"限江自保"来说，若从212年孙权改秣陵为建业算起，到280年孙皓亡国，就维持了孙吴近70年的国祚，这是意义重大、影响深远的事功业绩：首先，孙吴提升了南中国的政治地位。经过孙吴一朝的经济发展、交通开辟、政区设置、民族融合、文化进步，南中国进入了中国历史的主舞台，并引领了以后中原有难、避难江南、华夏文明薪火相传的总体趋势，比如东晋、南朝、南唐都是如此。其次，提升了作为"阳城"的南京的政治地位。南京作为六朝古都、十朝都会，开始于孙吴，也就是说，中国四大古都之一、中国南方最重要的古都南京的政治地位，奠基于孙吴。再次，提升了作为"阴城"的钟山的文化地位。孙权是埋骨钟山的第一位皇帝，孙权、朱元璋、孙中山又共同凝聚为"中华城中人文第一山"钟山最厚重的历史文化遗产。

"五马浮渡江，一马化为龙"

在南京2500年的城市史中，孙吴首都建业，东晋再都建康。如果说孙吴"限江自保"、首都建业的意义与影响，如上所述，主要体现在政治与经济方面，那么东晋"衣冠南渡"、再都建康的意义与影响，就特别彰显于民族与文明两方面了。唯兹题甚大，不妨就以南京幕府山前、长江南岸的五马渡为例，稍作说明。

五马渡，今为南京幕燕滨江风貌带的一处景点。建有五马渡码头，开行"长江传奇"号游轮；辟有五马渡广场，塑有一龙四马的铸铜群雕。"五马渡"的得名，《读史方舆纪要》"幕府山"条云："晋元帝渡江，王导开幕府于此，因名。北滨大江，有五马渡，元帝初与彭城等五王渡江至此也。"虽然王导开幕府于此、因名幕府山的旧说，已为20世纪70年代考古发现孙吴砖刻地券上的"莫府山"地名所破，但幕府山、五马渡与王导、司马睿（晋元帝）的密切关系，仍然不必质疑。

此不必质疑的密切关系，考诸《晋书·元帝纪》的记载：

始秦时望气者云"五百年后金陵有天子气"……

及孙权之称号，自谓当之。孙盛以为始皇逮于孙氏四百三十七载，考其历数，犹为未及；元帝之渡江也，乃五百二十六年，真人之应在于此矣……及吴之亡，王濬实先至建邺，而皓之降款，远归玺于琅邪。天意人事，又符中兴之兆。太安之际，童谣云："五马浮渡江，一马化为龙。"及永嘉中，岁、镇、荧惑、太白聚斗、牛之间，识者以为吴越之地当兴王者。是岁，王室沦覆，帝与西阳、汝南、南顿、彭城五王获济，而帝竟登大位焉。

与上引记载相关的史实是，当建都洛阳的西晋王朝陷入"八王之乱""五胡乱华"的危局时，永嘉元年（307）九月，西晋琅邪王司马睿在琅邪世族王导的辅佐下，渡过长江，来到建邺即今南京，再造晋朝（史称"东晋"），是为"中兴"之主。这样的情形，又正如北宋康王赵构之再造宋朝（史称"南宋"）、同为"中兴"之主。按照南京地方史志的记载，其时司马睿、王导等人的过江上岸之处，就在幕府山北麓江边、后人称作"五马渡"的地方。"五马浮渡江"中的"五马"，指西晋司马氏皇族的琅邪王司马睿、西阳王司马羕、汝南王司马祐、南顿王司马宗、彭城王司马纮；"一马化为龙"中的"龙"，则是接受孙吴末主孙皓投降的琅邪王司马伷的孙子、317年建元、318年称帝的晋元帝司马睿。

然则南京长江岸边的"五马渡"，可谓开启了历时百余年的东晋王朝，以及递嬗相承、接续其后的宋、齐、梁、陈四朝。而应验"金陵有天子气""又符中兴之兆""竟登大位"的司马睿，梁人张缵《南征赋》颂其功德道：

> 启中兴之英主，宣十世而重光。观其内招人望，外攘干纪；草创江南，缔构基址。岂徒能布其德，主晋有祀，《云汉》作诗，《斯干》见美而已哉！乃得正朔相承，于兹四代；多历年所，二百余载。割疆场于华戎，拯生灵于宇内；不被发而左衽，繄明德其是赉。

至于这种"正朔相承"的意义，不仅使"华夏"的东晋南朝在与"五胡"的十六国北朝的南北对峙中占有文化优势，这种文化优势又部分地弥补了东晋南朝的军事劣势，所以南宋李焘在《六朝通鉴博议》中感慨：

> 若夫东晋、宋、齐、梁、陈之君，虽居江南，中国也；五胡、元魏，虽处神州，夷狄也，其事又与孙、曹不同。故五胡之

盛无如苻坚，其臣之贤则有王猛；元魏之强无如佛狸，其臣之贤则有崔浩。王猛丁宁垂死之言，以江南正朔相承，劝苻坚不宜图晋；崔浩指南方为衣冠所在，历事两朝，常不愿南伐。苻坚违王猛之戒，故有淝水之奔；佛狸忽崔浩之谋，故有盱眙之辱。虽江南之险，兵不可攻，而天意佑华，亦不可以厚诬其实。

反之，可以设想，若无司马睿、王导君臣的"草创江南，缔构基址"，相对落后、野蛮且具强大破坏力的"五胡"军队，跨过淮河，越过长江，迅速南下，扫定海宇，则基础于农耕经济、儒家传统的华夏文明，无疑会遭遇难以想象的空前劫难。又正是由于东晋南朝的守淮、守汉尤其是守江，并且坚持了足够长的时间，才使先进的华夏文明在南方得以保存与延续、发展与丰富。所以史学大师陈寅恪评价王导："王导之笼络江东士族，统一内部，结合南人北人两种实力，以抵抗外侮，民族因得以独立，文化因得以续延，不谓民族之功臣，似非平情之论也"[1]，所以我定位南京："南京是进取而非偏安的南方正统之都，是具象与意象皆呈现出兴衰起伏特点的都城，也是中国历史时空中尤其坚韧而伟大的一座城市"[2]；进而言之，长江护佑的薪火相传的南方华夏文明，还给北方"五胡"的"汉化"或"本土化"的演进，提供了鲜活的"样本"、完整的"模范"，其结果，便是南与北交融、胡与汉熔铸而成的辉煌灿烂的隋唐文明，特别是其中的精英文化。

"五马浮渡江，一马化为龙"，因为所系的民族命运、文明传承如此之重，所以明清时代各种版本的"金陵胜景"中，总有指代五马渡

---

[1] 陈寅恪：《东晋王导之功业》，《中山大学学报》1956年第1期。
[2] 胡阿祥：《华夏正统与城市兴衰：古都南京的历史特质》，《南京社会科学》2013年第12期。

的"化龙丽地"的位置，恒久写照着这段非同凡响的历史；又犹记2021年4月16日，我建议幕府山风景区命名晋元路、茂弘亭、怀德亭等地名，即意在与山下、江边的五马渡相呼应，盖司马睿（晋元帝）、王导（字茂弘）延续汉族王朝、传承华夏文明的丰功大德，值得我们永远缅怀。

六朝已经远去，长江万古奔流。清人郑燮有《六朝》诗："一国兴来一国亡，六朝兴废太匆忙。南人爱说长江水，此水从来不得长。"板桥先生的这首诗，以浅白的语句，写出了历史对于六朝的冷酷，其间还蕴涵着南人的一种无奈的情结：气承长江之势、地拥虎踞龙盘的六朝，为什么兴废如此匆忙？其实，"风物长宜放眼量"，长江护佑的六朝以及六朝都城建业、建康，虽是一时的军事上的被征服者，却是最后的文化上的征服者，这既为革命导师马克思的经典论断提供了中国历史的例证："野蛮的征服者总是被那些他们所征服的民族的较高文明所征服，这是一条永恒的历史规律"[①]，也是我为六朝博物馆"回望六朝"展陈所撰"前言"中表达的坚定信念："西哲有云：'光荣属于希腊，伟大属于罗马'；我们回望六朝，感悟历史，也可以说：'伟大属于罗马，光荣属于南京！'罗马的伟大，在于军事的征服；南京的光荣，则在于文化的传承，在于六朝时代华夏传统文化的薪火相传、发扬光大！"然则六朝以及六朝都城这样的"光荣"，又离不开滔滔长江的忠诚守护，从这个意义上，我们也可以说：光荣属于六朝，伟大属于长江！

（原文刊于《江苏地方志》2023年第1期）

[①] 中国社会科学院民族研究所编：《马克思恩格斯论民族问题（上）》，民族出版社1987年版，第246页。

长江流域书院与长江文化

朱汉民[①]

在源远流长的中国古代教育史中，延续千年的书院教育是其最具特色、最有成就的组成部分之一。在书院形成、发展、演变的千年历史过程中，长江流域一直居于全国的重心，引领着这种教育体制的建设潮流。而且，尤值得注意的是，长江流域书院与长江文化之间有着深刻的互动关系，从而使这个地域的书院及文化均得到蓬勃的发展。

一、长江流域书院的历史发展概况

书院的兴起繁荣，成为唐、宋以后教育发展的一个十分重要的现象。同时，书院发展体现出这样的特征，那就是区域性分布不平衡。具体来说，一改中国古代历史以黄河流域为文化教育重心的现象，长江流域成为书院兴旺发达的丰厚文化土壤。无论是考察书院的源起，审视其发展的数量、规模和办学的成绩，长江流域的书院均远远高于其他地域。

这里，我们拟对长江流域书院群崛起的现象做粗略的勾画。以从整体上鸟瞰这一独特的文化发展景观，并对这一文化教育现象作一初步的解释。

书院作为古代一种独具特色的文化教育组织，是在唐、宋时奠基

[①] 朱汉民，湖南大学岳麓书院教授。

的。从书院的萌芽，到书院的形成和最终定型，其过程主要发生于长江流域一带。

书院作为古代一种民间的文化教育组织，最初萌芽于唐中叶至五代之时。尽管这批早期书院的性质、办学规模以及具体的制度、教学活动等尚有许多不太清楚的地方；但从这些最早称名"书院"，包括它们的读书、讲学、论文、藏书、著书等与"书"有关的文化教育活动来看，毫无疑问它们是中国书院的早期形态，并且初步具备了完整书院形态的一些特点。

书院与长江流域有着不解之缘，这在书院萌芽时就已体现出来。早在唐中叶以后，中华大地就开始星星点点萌芽着一些书院，值得注意的是，这些最初萌芽的书院绝大部分都是分布在长江流域一带。据我们从全国的地方志中搜集的唐五代时萌芽、成名的书院中，主要分布在长江流域的浙江、福建、江西、湖南、四川等省，详见下表。

表1　　　　　　　　唐、五代时长江流域书院分布

（单位：所）

地点	浙江	福建	江西	湖南	四川
数量	6	6	13	8	5

除了上述长江流域的省区，另加上历史上作为文化重镇的陕西、河南有几所书院的记载外，其他省区的地方志均不见有此类早期书院的记载。可见，在书院的萌芽方面，长江流域和向来是文化重镇的黄河流域形成了一个极其鲜明的对比，充分反映出长江流域在书院萌芽期的重要性。

同时，在长江流域的一些早期书院中，还有一些明确的讲学活动

的文献记载。如江西高安县的桂岩书院，系唐代贞元九年（793）进士幸南容（746—819）为鼓励本族子弟读书求仕而创。据其后裔幸元龙所作《桂岩书院记》云，幸南容"昔尝卜此山，开馆授业"①。这种聚徒授业的教学活动，开辟了一种新的教学组织形式。再如，江西德安的东佳书院，系唐代义门陈衮所创。该书院"聚书千卷，以资学者，子弟弱冠悉令就学"②。此外。像江西吉州的皇寮书院、福建漳州的松洲书院、湖南衡山的邺候书院、石鼓书院等，史志上大多有读书讲学的记载。

书院制度的形成是在北宋。当宋初官学不兴之时，书院在全国各地逐渐兴起。不再像唐五代时期那样，书院主要是个人读书之所，只是兼有一些聚徒讲学的教育活动，北宋时期的书院基本上是一种依靠民间力量兴办起来的正规学校。这里既有专门主持教学、行政管理的山长职事，还有规制化的讲堂、斋舍、祠庙、书楼，同时，还有一定规模的藏书等。这样一种正规、完备的教育组织，虽主要是依靠民间力量创办起来的，但同时也得到朝廷、官府的表彰、支持，故而很快就风行全国。

在北宋时期这股兴办书院的热潮中，长江流域又走在全国的前列，成为书院初兴的发祥地。北宋时期创立书院最多的省份主要是江西、湖南、浙江、江苏、湖北、福建、四川、安徽等长江流域的省区。可见，唐五代出现书院萌芽较多的省区，到了北宋时期仍是书院发达的地域。相反，向来是人文文化发达的黄河流域，在北宋时期兴办书院的热潮中，虽也有不错的表现，但是比起长江流域来说，则仍有相当的距离。如河南是北宋时期的政治、文化和教育中心，但是北

---

① 《江西通志》卷81，光绪七年版。
② 《江西通志》卷82，光绪七年版。

宋时期河南所创办的书院也只有10所，这和长江流域的许多省区相比有明显差别，如江西有39所、浙江有32所、湖南有12所、福建有12所。至于黄河流域的其他省区创办的书院则更少，如河北3所、山西4所、山东7所、陕西4所。可见，如果将长江流域和黄河流域的书院数量做一粗略的比较，就可以发现，两者在北宋时期的兴办书院热潮中居于完全不同的地位。

与此同时，北宋时期所创办的著名书院，也大多集中在长江流域一带。如湖南就有岳麓书院、石鼓书院，其办学规模大，影响甚显。岳麓书院山长周式，因此还受北宋真宗赵恒的召见，并得到赐书、赐额的待遇。石鼓书院因办学影响大亦受到朝廷赐额。故而，湖南的岳麓、石鼓两书院均被列入宋初四大书院。江西的著名书院亦很多，如白鹿洞书院就受到朝廷赐九经的待遇，亦是宋初四大书院之一。另外，江西还有许多著名的书院，包括南丰县的华林书院、安义县的雷塘书院、南城县的盱江书院等。有人将江西的华林书院、东佳书堂、雷塘书院称之为江南的三所名院。其中华林书院在宋初影响最大，四方游学之士甚众，不仅受到朝廷的赞扬，宋初的许多名人学士均题诗赞誉有加。此外，像江苏的茅山书院、浙江的稽山书院，均是北宋时期著名书院。当然，北宋时期黄河流域也产生了一些著名的书院，如河南嵩阳书院、睢阳书院，山东泰山书院、徂徕书院。它们或因办学规模大或因名人主持，被列入宋初四大书院或著名书院的名录中。但是与长江流域的著名书院相比，其兴办的规模和影响仍为逊色。

到了南宋，由于政治、军事形势的急剧变化，中原地区已经全部被金兵占领，作为民间新兴的书院教育受到了严重的摧残，除个别之处外，中原地区再也难觅书院的弦歌之声。相反，江南地区的书院建设则推向了一个新的高潮。长江流域各地纷纷创办书院，在数量、规模上均超过北宋。尤值得注意的是南宋时期江南书院有一个显著特点，就是书院教育与理学思潮的一体化。也就是说，这段时期积极创办、主持书院者主要是活跃于当时学术思想界的理学家们。他们往往在书院中标榜自己独立的办学宗旨，发挥自己对儒家经典的理解，利用书院展开学术讨论。同时，在关于书院管理制度、办学特色方面也都出现了新的风貌。应该说，到南宋时，书院教育制度才真正定型，并影响以后达数百年之久。

当然，南宋时期书院教育所取得的成就，主要是在长江流域中。我们可以从"南宋四大书院"来理解这一问题。"四大书院"通常是指北宋的四所著名书院；或者是指江南的岳麓、白鹿洞、石鼓三所，中原的嵩阳一所；或者是江南两所（无石鼓），中原两所（增睢阳）。可见，作为京师之地的河南在兴建书院时尚有一定地位。但到了南宋时期，所谓"南宋四大书院"则均在长江流域，清学者全祖望说：

> 自庆历修举学校，而书院之盛，日出未已。大略北方所置，则仿嵩阳、睢阳，南方则仿白鹿、岳麓，莫之与京，是之谓四大书院。然自金源南牧，中原板荡，二阳鞠为茂草。故厚斋谓岳麓、白鹿，以张宣公、朱子而盛，而东莱之丽泽，陆氏之象山，并起齐名，四家之徒遍天下，则又南宋之四大书院也。①

自中原沦于金兵铁蹄之下，北方书院荡然无存。而岳麓、白鹿、丽泽、象山四所书院则崛起于长江流域，成为"南宋之四大书院"。值得注意的是，这四大书院均有名师主持，张南轩主岳麓，朱熹主白鹿洞，吕祖谦主丽泽，陆九渊主象山。由于他们四人是南宋理学思潮

---

① （清）全祖望：《答张石痴征士问四大书院帖子》，《鲒埼亭集外篇》卷45。

四大学派的宗师,所以这四大书院又成为当时声名显赫的四大理学学派的基地。

由于南宋时期江南的书院均与理学思潮结合,随着理学思潮的进一步发展,特别是宋理宗之后,理学的地位得到确认,书院则更是如雨后春笋一般地蔓延开来。江南几个书院发达的地区,如江西、浙江、湖南、福建、四川等,每个地方的书院都多达数十所,可见这种以书院为代表的教育体制在南宋时期的长江流域已经完全确立。整个宋代的书院建置数目表明,长江流域的书院数量已占全国总数的74.43%,黄河流域仅占3.25%。

唐、宋只是书院教育制度的萌芽、成长、定型期,长江流域成为这种新型教育体制的丰厚土壤;元、明、清则是中国书院的发展及普及时期,而长江流域依然是书院普及发展的基地。总之,江南各地书院的数量、规模、影响均远远领先于其他地区,保持了长江流域书院建设发展的优势地位。

元代的书院教育得到了全面推广和普及,故而才有"书院之盛,莫盛于元"之说。这种推广和普及的力量主要来自两个方面。首先是民间的力量。元代书院中相当多者仍保留了民间教育组织形式的这一特点。大量不愿仕元的宋代遗民主要是通过在民间创办书院以从事独立的教学、学术研究活动。尤其是在长江流域一带,在宋代就有许多由理学宗师创办、主持的书院。具有强烈道统意识的儒家学者或是恢复原来的书院,或是新建书院。如理学发达的江西、湖南、福建、浙江等地的许多书院就是在这种背景下恢复起来的。加之元代当局对这种民间兴学的热忱并不制止,反而是鼓励。至元二十八年(1291)元世祖明文规定:"先儒过化之地,名贤经行之所,与好事之家出钱粟赡学者，并立为书院。"①元代许多人不仅出钱资助那些"先儒过化之地"的书院，还积极捐钱捐田创建新的书院。在元人文集的书院记中，有大量民间捐田建书院的记载。元代政府亦对这种民间的个人行为予以表彰，如退居故里的千奴，他"退居濮上，筑先圣宴居祠堂于历山之下，聚书万卷，延名师教其乡里子弟，出私田百亩以给养之。有司以闻，赐额历山书院"②。

其次是官府对书院教育大力扶持，亦使书院能够得到推广和普及。元代所建的第一所书院就是由朝廷所建的燕京太极书院，这表现出元代政府对书院教育的承认，亦为以后的书院推广政策开了一个先河。以后，各级地方官府纷纷效法，官员们纷纷在自己的治所建设书院。长江流域的大量书院就是由地方官员主持、地方财政创办的。如浮梁的绍文书院、吉州的白鹭洲书院、潭州的岳麓书院、婺源州的晦庵书院、南康的白鹿洞书院、浙江青田的石门书院等等，都是由地方官府出面主持修复或修建的。为了保证书院教育的建设发展，元代政府还对书院的管理给予了特殊的关照。最重要的就是把主持书院教育的山长列为朝廷命官：凡州县书院的山长与学正、学录、教谕一样，并由礼部任命；凡各省所属书院的山长，则与所属州县学正、学录、教谕一样，并受行省及宣慰司授命。另外，书院的生徒也与官学的学生同等对待。"自京学及州县学以及书院，凡生徒之肄业于是者，守令举荐之，台宪考核之，或用为教官，或取为吏属。"这些政策，虽然导致书院官学化程度的加强，使书院失去了自己的特色，但是，确实也起到了使书院得以推广和普及的作用。

民间和官方共同努力，是明、清时期书院得到大力推广和普及的

---

① 《元史·选举志》。
② 《元史·和尚传》附《千奴传》。

主要原因。一方面，由于民间士绅对书院教育的极度热忱和向往，他们普遍将资助、创办书院看作是自己的社会责任、文化使命与"兼善万世"的历史功业，故而往往将最大的热情倾注在书院建设方面。另一方面，官方虽然对书院自由讲学有所限制，但对书院在发挥基础教育、精英教育及社会教育方面的作用亦是肯定的，故也倾注力量对书院加强扶持，希望借助书院教育，以实现"建国君民，教学为先"的目标。

在这股关于书院的推广普及的热潮中，长江流域一直居于全国的前列。根据地方志、书院志及文集等文献记载，元代书院有296所，而其中建置于长江流域诸省的书院则占其大部分。主要分布的省区为：江西94所、浙江49所、湖南21所、福建11所、湖北9所、江苏6所、四川5所、上海4所、贵州3所，占总数的68%。而黄河流域、珠江流域则分别只占总数的百分之十几。由此可见，长江流域的书院建置仍是非常繁荣发达。尽管元代建都于北方，元代政府又十分重视书院，在燕京建立了第一所书院，同时在南方诸省搜罗、邀请了不少名儒，但是，北方的书院教育仍然远远落后于有着深厚文化教育根基的长江流域。

长江流域书院教育的推广与普及在全国遥遥领先，这一基本格局一直延续到明、清两代。由于民间、官方的共同努力，明、清两代的书院在成倍地增加。书院的设置更加普遍化，几乎每个府县都创办了书院，文化教育发达的州县一级的书院更是达到数十所之多。另外，许多边远地区、少数民族地区也纷纷创建书院。在这种书院教育的全面推广、普及过程中，长江流域的书院教育保持了兴旺发达，并引领书院发展的时代潮流。从书院建置的数量统计上明显发现，长江流域的江苏、浙江、安徽、江西、湖南、湖北、四川等省的书院建置数量，在全国一直是遥遥领先。

二、长江文化的发达是长江流域书院崛起的历史条件

唐、宋以后，长江流域书院的崛起，与当时长江文化的发展息息相关。唐、宋以降，长江流域的书院教育能够萌芽、兴起、发展及全面推广，并一直居于全国的前列，离不开唐、宋以来文化重心南移、长江文化蓬勃发展的历史背景。

古代书院兴起于唐、宋，这恰恰是中国文化重心由北向南转移并最终完成的历史时期，所以，探讨书院教育为什么会是长江流域为盛，这都与中国文化重心南移、长江文化崛起的大背景直接相关。

尽管现代考古学材料不断证明，从远古时代到新石器时代的长江文化是十分发达领先的，但是从青铜时代的夏、商、周三代到秦汉之时，长江文明落后于黄河文明却是一个不争的事实。但是，自魏晋南北朝以后，中华文明逐渐演化出一种新的不平衡格局。南北朝时期发生的永嘉南迁，导致一个延续数十年之久的大规模由北向南的移民高潮，其直接结果，就是推动了南方的经济、文化的发展以及政治地位的提高。从唐代开始，长江流域经济不断开发发展，其在全国的经济地位也不断上升，并逐渐获得了经济重心的重要地位。

经济是文化发展的基础，随着长江流域经济的发展、趋强，其文化也获得了很大的发展。到了两宋，长江文化在不断地发展，并且完成了文化重心南移的历史转变。

唐、宋时期，长江文化的持续发展体现在许多方面。这里列举几个主要条件，以阐述说明书院形成、发展的社会文化原因。

1. 士绅社会的发展

唐、宋以后的一千多年，士绅社会与书院教育有一种很强的互动

关系：士绅社会的发展，必然通过积极地创办书院以表达自己对社会的责任和对文化的关怀；书院教育的发达，又可以培养、再生新一代士绅。长江流域的书院之所以那么发达，其重要的条件是唐、宋以后这个区域的士绅社会发展很快，由于士绅的社会力量，终于推动着长江流域不断兴起一个个创办书院的热潮。

唐中叶以后，长江流域士绅社会的逐渐发展，从多方面体现出来。如有人统计《新唐书》中列入《儒林传》《文艺传》的人物，其籍贯可考的有123人，唐代前期有81人，南方人氏27人，占总数的33%。后期共41人，南方人氏23人，占总数的56%。另外从唐代进士人数的地理分布也反映了这一问题。据统计，在安史之乱以前，唐进士及第的总人数为275人，长江流域仅68人，占总人数的24.72%。安史之乱以后，全国进士及第人数为713人，长江流域的人数达407人，占总人数的57%[1]。可见，无论是从《新唐书》中列入《儒林传》《文艺传》的人数，还是从唐代进士人数的分布来看，唐代后期长江流域的士绅社会均呈进一步发展的趋势，而书院的萌芽也恰恰在唐中叶以后。长江流域的书院能够一直在全国居于领先地位，确是由于长江流域士绅社会的发达，它们构成了书院形成与发展的坚实社会基础。

2. 学术思想的繁荣

书院既是中国古代教育中心，也是学术思想的研究中心。因此，书院的盛衰与宋以后学术思想的盛衰是同步的。学术思想的繁荣发达，总是要寻求、获得相应的教育组织来传播，从而促进了书院的发达；而书院教育的发达，亦可以进一步促进学术思想的繁荣。因此，学术思想的发达繁荣成为书院创建、发展的重要条件。

---

[1] 参见赵文润《隋唐文化史》；陈正祥《中国文化地理》，转引自叶书宗等主编《长江文明史》，上海教育出版社2001年版，第223—224页。

唐、宋以来，中国学术史上最重大的发展，就是出现了综合儒、佛、道思想的更具综合性的学术形态——理学。理学思想源于中唐以后，创建于北宋之时，大盛于南宋时，其发展的进程几乎与书院同步。因此，它和书院之间有着密切的相互促进的关系。唐代以前，长江流域的学术思想总是处于边缘地位，虽然也出现了一些著名学者和学术成果，但在整个中国学术史上并不占有重要的地位。而理学思潮出现后，情况则发生了很大变化。理学形成于北宋，理学开山鼻祖周敦颐出生于道州营道县（今湖南道县），他的学术活动主要是在长江流域一带。周敦颐所奠基的理学成为宋以后占统治地位的主流学术，标志着长江流域学术地位的崛起。特别是到了南宋，理学学术的重心完全转移到了南方，长江流域一带成为理学的重镇。理学史上几个重要的学派，如朱熹的考亭学派、陆九渊的象山学派、胡宏张栻的湖湘学派、吕祖谦的婺学派，另外，还有与理学展开学术争鸣的浙东事功之学，包括永嘉学派与永康学派，都活跃于长江流域一带。他们在这里研读经史、阐谈义理、会讲论辩、著书出书。书院成为他们从事学术研究、传播思想、创建学派的最好场所。总之，两宋时期书院的繁荣发达，离不开这些活跃于学术前沿的学子们的热忱。

3. 佛道宗教的发达

书院作为中国古代最具特色的教育组织，一方面在于它兼具传统私学的自由讲学与官学制度的完备的双重长处，另一方面则在于它兼收了儒家人文教育与佛、道宗教教育的特色。同时，佛、道宗教亦对理学的形成产生很大的影响。所以，佛、道宗教的发达，又构成了书院建设及理学学术发展的重要文化条件。

佛教作为一种外来宗教，自东汉就传入中国，两晋以后进入发展繁荣阶段。这段时期内不仅北方的佛教文化十分发达，长江流域的佛教传播也十分繁荣。"南朝四百八十寺，多少楼台烟雨中"的诗句，真实地反映了江南一带佛教发达的情况。尤其是天台宗、禅宗更在长江流域获得充分的发展。天台宗是中国佛教最早创立的一个宗派，因创始人智凯常住浙江天台山而得名。天台宗的教义主要依据《妙法莲华经》，故其又称法华宗。由于《法华经》曾在江南一带广泛流传，智凯法师以此为理论基础而创立天台宗，天台佛学中的一心三观、一念三千、圆融三谛、佛性说等均对中国的佛学产生了深刻影响。到了唐代，天台宗又有进一步的发展。总之，天台宗的兴起，主要是在长江流域一带，体现了长江宗教文化的发展。同时，长江流域又是中国化佛学——禅宗的大本营，在禅宗形成的初期，江南地区就成禅学传播的重镇。中唐以后，六祖慧能得法南归传教，故而南宗的各宗各派纷纷在长江流域一带传播。慧能的著名弟子南岳怀让、青原形思、菏泽神会、南阳慧忠、永嘉玄觉等成为禅宗主流。其中又以南岳、青原两家弘法影响最为广泛。总之，南宗的主要活动地就在长江流域一带，在长江文化发展中居于重要地位。

长江流域又是道教创教、传播的重要地方。无论是长江上游地区，还是中下游地区，均是最早传播道教的地方。从魏晋南北朝始，长江流域一带涌现出许多重要的道教教派和道教人物。同时，在江南一带形成了许多道教名山。如江苏的茅山，是道教的第八洞天、第一福地和第三十二小洞天。茅山是道教茅山派的发源地，许多著名道士如杨羲、葛洪、陶弘景、吴筠等均在此修炼。四川的青城山，道教称第五洞天，张陵在此传五斗米道，其子张衡、孙张鲁均嗣法于此，山上保留有大量道教古迹。湖南衡山，为道教第三小洞天，建有黄庭观、上清宫、降真观等道教宫观，亦有著名道士魏华存、徐灵期、司马承帧修炼于此。湖北武当山，为道教七十二福地之一，亦是道派传教的重镇，有许多著名道士如吕洞宾、陈抟等修炼于此。另还有江西龙虎山、安徽的齐云山等，均为道教的名山。

可见，佛、道二教在长江流域有广泛而深入的传播。由于佛教寺庙、道教宫观林立于名山之中，而早期的书院亦深受佛道二教的影响而创设于名山，佛道的宗教理论，修养方法也影响了理学学术及书院教学。故而，长江流域佛道的盛行，是书院繁荣的重要文化条件。

4. 造纸印刷的发达

书院作为一种独具特色的教育组织，能够形成、发展于唐、宋之际，有一个重要的条件，就是书籍的普及。书院首先要能藏书，然后围绕着藏书能够展开教书、读书、著书及出书等一系列的教育文化活动。而唐、宋之际造纸印刷的发达，促进了书籍的普及，进而为书院奠基创造了重要的文化条件和物质基础。

造纸发明于汉代，而到了唐、宋之时，造纸业的技术不断提高，纸的产量、质量亦大大提高。中国地域广大，各地所提供的造纸原料不同，故而造出的纸在质量、用途上各具特色。长江流域的造纸业十分发达，一方面是各地均有自己的知名作坊和高超的技艺，如歙州（今安徽省歙县）的造纸技术就闻名一时；另一方面各地的造纸原料也不同，江南一带就各以麻、竹、藤、苔、稻草、麦茎等为造纸原料，故而造出的纸各有特色。江南成为重要的产纸地，浙江、四川、湖北等地都有自己的名纸和纸业作坊，在当时名极一时。

纸业的发达，又促进了印刷业的发展。从中唐到两宋，是中国印刷业发展的黄金时期。最初盛行各种雕版印刷，宋代发展出官府刻印、书坊刻印、私人刻印等印书类型，刻书地点遍布全国。在北宋还形成了四个雕版印书的中心，那就是成都（今四川成都市）、浙江的杭州、福建的建安（今建瓯市）、河南的开封，其中的三个中心均在长江流域。到了南宋，这三个印书中心继续发展。江南地区的雕版印刷得到发展的同时，活字印刷也发展起来。北宋时，杭州的毕昇成功试制了活字印刷，其印刷方法具有制活字、排版、印刷等主要步骤，极大地促进了印刷业发展。

由于长江流域的造纸业、印刷业的发达，使原本十分珍贵的书籍大大得到普及。民间普遍具有收藏书册典籍的可能，这样，就有可能使先秦、两汉曾经流行的各种私学演进成书院这种更具特色的教育机构。

上面列举的四个方面的原因，是长江流域书院在唐、宋以后崛起的重要文化条件，由此可见，长江流域的书院教育之所以如此繁荣发达，完全是这个时期崛起的长江文化推动的结果。

三、长江流域书院对长江文化发展的推动

书院教育与长江文化的发展是互动的，唐、宋之际长江文化的发达，促进了这个地域中的书院教育。同样，书院教育的兴起，又对长江文化的进一步发展起到重要的推动作用。当然，长江流域书院对长江文化发展的推动也是多方面的，这里主要从文化创新、积累、传播几个方面来分析这一问题。

1. 文化创新功能

这主要体现在宋元明清时期学术文化的创新与发展。两宋时期，特别是南宋，长江流域书院与理学紧密结合，从而导致了理学的蓬勃发展和学术地位的确立。这段时期内，理学家的教育活动、理学学术成果的形成、理学思想的传播、理学学派的形成、理学思潮的发展，往往要以书院为基地，总之，书院与理学的相互渗透，极大地促进了理学学术的发展。南宋时期理学学术的创新发展，确是得益于长江流

域书院这个学术中心。

长江流域的学术能够在元、明、清时期继续获得蓬勃发展，其社会影响力甚至超过两宋，同样与这段时期的书院在学术上的重要地位有密切联系。明中叶以后，长江流域的心学思潮得以蓬勃发展，这是由于明中叶的书院教育与当时的心学思潮的结合有关。代表明代心学思潮有两大学派：王学与湛学。王学是指王阳明及其后学所形成的学派。王阳明的学术思想形成于贵州，并且他在贵州创办龙岗书院、文明书院讲学。正德十三年（1518）以后，他的主要学术活动在江西，故又修濂溪书院，赴白鹿书院讲学。嘉靖三年（1524），他在浙江绍兴时又"辟稽山书院，聚八邑彦士，身率讲习以督之"。王阳明因在长江流域的诸书院中讲学，其弟子遍及江南，形成了浙中王门、江右王门、南中王门、楚中王门等，这些王门弟子又是在长江流域创办或主持书院讲学的主力军。湛学则是指湛若水创建的学派。湛若水师从陈献章，后独立门户，到处建书院讲学，其所创书院中有名者，如西樵精舍、大科书院等。他所创办、主讲的书院很多，黄宗羲称其"平生足迹所至，必建书院以祀白沙，从游者殆遍天下"[1]。总之，由于王、湛借助于书院从事学术活动，从而推动了明代心学思潮的不断更新发展。明、清之际的学术思潮发生了一系列的重要变化。最初，以"实学"相标榜的一代学者活跃于当时的学术思想界，他们同样利用书院研究学术。如无锡的东林书院就是晚明时期影响甚巨的著名书院，清初的浙东学派也以甬上证人书院为基地研究学术。清乾嘉以后，以诂经考史为特色的汉学思潮兴起，他们同样利用了书院，浙江杭州的诂经精舍就是这些书院中影响最大的一所。概而言之，从晚明到清初，长江流域的书院教育仍然促进着学术文化的更新与发展，使

---

[1]《白沙学案》，《明儒学案》卷37。

得这个区域知识群体的学术观念、学术成果一直居于全国的前列。

2.书院的文化积累功能

主要体现在以下方面。其一是著述。书院是一个地域乃至全国的学术中心，这里汇聚着来自各地的学术精英和勤奋学子，他们总是在不断地开拓着新的学术领域，产生新的学术思想。为了将这些学术成果保存下来，书院的师生们在这里潜心著述，以积累学术文化的成果。所以著述是书院实现文化积累的重要方面。那些学术大师在主持书院工作的时候，同时也从事学术著述，他们的许多代表著作也是在书院中完成的。同时，他们常常将各种讲义、经说整理成书，供学生研究参考。许多书院生徒将自己对老师质疑问难的对话记录下来，编成"语录""答问"之类的书。另外，许多生徒在学习的过程中，撰述论文或著作。这样，书院在它的长期办学过程中，积累了丰富的学术文化。从宋代朱熹的《朱子语类》、张栻的《南轩孟子说》、吕祖谦的《丽泽讲义》，到清代的《紫阳书院课艺》《尊经书院初集》《诂经精舍文集》等，均是长江流域书院所积累起来的学术文化成果。

其二是刻书出版。书院还有一个重要的功能，就是刻书出版功能。其刻书的范围，除了积累自己的文化学术成果，如刊刻上述书院主持者的著作、讲义以及语录、课艺、书院志、同门录外，还刊刻能服务书院教学、研究、交流的经史子集各类图书。这样，书院又在事实上成为各个地方的刻书出版中心。长江流域的书院发达，故而在刻书印书以实现文化积累方面发挥了很重要的作用。在宋、元、明、清四代中，长江流域的书院刊刻了大量书院版本的书。在古代出版业中，出现了因校勘严谨、质地精良而著称的"书院本"图书，而长江流域的江苏、浙江、江西、安徽、湖南、湖北、四川等地的书院，均大量刊刻了这种"书院本"的书籍。明、清以来，书院刊刻书籍的数量越来越大，故而有的书院还专门设有刊刻图书的书局，承担地方上刊刻出版书籍的任务。如江苏的南菁书院，就设立了南菁书局，四川的尊经书院，则设立了尊经书局。书局是专门刊刻书籍的机构，其出版书籍在数量、质量上均有很大的提高，如尊经书局几年就刊刻书籍达百多种，对积累文化作出了重要的贡献。

其三是藏书。藏书是书院的三大规制之一，故而是书院的重要组成要件。对于地方文化建设事业来说，藏书也起着文化积累的作用。所以，遍布长江流域中的大大小小的书院，均通过收藏、借阅典籍图书的活动，将各种类型的图书典籍集中起来，并通过捐赠、刊刻、购置等手段不断丰富藏书，使书院的藏书成为地方文化事业的重要组成部分。许多书院的藏书之精、之多，在地方的图书收藏中是少有的。这些书院都建有专门的书楼、藏书楼、御书楼、尊经阁，以保存、借阅这些图书。如岳麓书院的御书楼（原名书楼、尊经阁）就先后收藏有宋真宗、宋理宗、清康熙、清乾隆所赐种种御书。南宋魏了翁所主持的四川鹤山书院，藏书量达到十万卷。长江流域书院的藏书之珍贵、丰富，对地方文化事业的发展起到了重要的推动作用。

其四是祭祀。祭祀也是古代书院的规制，是书院教育的重要特色。书院在千年办学过程中，形成了自己的祭祀系统，除了祭祀至圣先师孔子之外，书院祭祀的对象还包括与本书院尊崇学统的相关人物、地方的名儒乡贤、创建书院的有功之士等。这样书院的祭祀就有很浓厚的承传学统、彰显地方文化的文化积累功能。长江流域各地均形成了各具特色的地方学术传统和地域文化，如蜀学和巴蜀文化、湘学及湖湘文化、徽学及徽文化、赣学和赣文化、浙学和浙江文化等，这种地方学术和地域文化往往又是书院办学过程中的学术思想积淀的结果。而各地的书院祭祀，对保存及强化这种地方学术、地方文化起了很重要的促进作用。如四川的书院祭祀三苏父子、魏了翁等，湖南的书院祭祀周濂溪、胡安国、胡宏、张栻等，江西的书院祭祀朱熹、陆九渊等，浙江的书院祭祀吕祖谦、陈亮等。这些祭祀均具有积累文化、承传学统的文化继承意义。

3. 文化传播的功能

书院是一种多功能的文化组织，但是其最基本的功能仍是教育，而教育的特点就是传播文化，即把前人积累起来的文化传播开来或传递给下一代。因此，长江流域蓬勃兴起的书院群，极大地促进了这个地域的文化传播，对文化发展、人才培养等各个方面均起到了很重要的推动作用。

书院在文化传播方面之所以能发挥十分重要的作用，与书院这种教育组织的特色是分不开的。首先，书院将精英化的高等教育与普及化的基础教育结合起来。在中国古代，一般情况下是由朝廷主持的官学系统承担高等教育的职能；而基础教育则没有纳入正规的教育体制，主要由家族、民间社会来承担。而宋以后建立的书院体制，则承担了上述两方面的教育职能。一方面，各地书院尤其是那些名书院，大多是古代的高等程度的教育机构，主讲者为国内名流大师，来受教育者也是文化水平很高的学者，有的甚至是地方官吏，他们之间传播的内容也是程度很高的"大人之学"。地处长江流域的"南宋四大书院"，均是这种高等的教育机构。另一方面，大量建于乡村、城镇、家族的书院均属那种基础教育程度的书院，这一类书院的数量多、分布广，在我们对地方书院的统计数字中，大量的书院均属这种类型。它们能够"以教其乡之子弟及四方从游者"，在发展地方基础教育、促进文化发展上发挥了重要的作用。由于书院能够将精英化的高等教育与普及化的基础教育结合起来，故而对长江流域成为中国文化的重心起到了十分大的推动作用。

其次，书院能将学校教育和社会教育结合起来。书院是一种独具特色的教育组织，它的教育主要是一种学校教育，以补充或取代官学教育的不足。书院与官学不同的是，它的学生来源没有那样的严格限制。一般的书院都要接纳社会上的"游学之士"，岳麓书院来名人讲学时，社会上来听讲者络绎不绝，高峰时多达千人。所以，明代岳麓书院还建有专门的迎宾馆、集贤馆，以供游学之士居住。此外，许多乡村或家族的书院，往往还要对村民从事一些文化普及的工作。这也是书院教育能够有效地促进长江文化发展的原因。

最后，书院能够将经史教育与各种专科教育结合起来。在中国传统教学内容体系中，经学、文史等一直是教学的主体，书院的教学内容也是以此为主。但是，书院毕竟是一种相对自由灵活的教育体制，故而也产生出了许多专科方面的教育，包括专习官话的正音书院、专习武事的肄武书院、专讲医学的医科书院等。晚清时期，各地还建立了许多专讲西学西艺的书院。这也是书院能够大大促进长江流域文化传播的重要原因。

由于书院教育具有上述特点，而长江流域的书院建设又十分发达，故而对长江文化的发展起到了重要的推动作用。

上面论述了书院的文化创新、文化积累、文化传播的多种功能，以说明长江流域书院对长江文化发展的推动作用。事实上，书院既充分发挥了促进长江文化发展的作用，同时也是长江文化发达的一个重要标志。

［原文刊于《湖南大学学报》（社会科学版）2005年第3期］

略谈三星堆文化与长江中游古文化的关系

赵殿增[1]

三星堆古蜀文明具有独特的文化面貌，充满着许多未解之谜，其中最大的谜团之一，就是这种内涵奇特的文化是从哪里来的。近年来研究的情况表明，三星堆的文化因素是在中原等多方面的影响下逐步发展而成的，其中长江中游古文化的影响是一个非常重要的方面。笔者曾撰文从宝墩文化八座古城的建筑特征与长江中游的史前古城址群的比较研究入手，提出"宝墩文化"很可能主要是来源于长江中游的新石器时代晚期文化。[2]本文准备就夏商时期的"三星堆文化"与长江中游古文化的关系，再谈点认识。

一、"三星堆文化"与长江中游古文化的关系

我们认为不仅"宝墩文化"可能主要来自长江中游，而且其后的"三星堆文化"，也包含大量的长江中游古文化因素，使之成为高度发达的古蜀文明的重要文化源头之一。

由于水患等原因，川西平原的古文化产生的时间比较晚，它们主

---

[1] 赵殿增，四川省文物考古研究所研究馆员。
[2] 赵殿增：《从古城址特征看宝墩文化来源——兼谈"三星堆一期文化"与"宝墩文化"的关系》，《四川文物》2021年第1期。

要是由盆地周边一些新石器时代晚期的古文化逐步汇合而成的。成都平原上最早的蜀文化，可能是来自西北山区下到成都平原来的一支古文化，距今5000年前后在什邡地区首先创立了"桂圆桥文化"[1]。距今4800年前后，它们进一步前进到条件更好的三星堆遗址，并在此处连续发展了两千多年，从距今4800年直至2600年前后。根据四川省文物考古研究院等发掘单位的意见，将三星堆遗址分为了四期，具体年代分别推定为距今4800—4000年、4000—3600年、3600—3200年、3200—2600年前[2]。其中距今4800—4000年新石器时代晚期的"第一期"，定名为"三星堆一期文化"[3]；距今4000—3600年和3600—3200年的"第二期"和"第三期"，定名为"三星堆文化"；距今3200—2600年的"第四期"，定名为"十二桥文化"[4]。本文重点研究相当于夏商时期的"三星堆文化"与长江中游古文化的关系。

"三星堆文化"以第二期新出现的一组具有地方特点的陶器群为代表，其中以夹砂灰褐陶小平底罐为主体，数量最多，变化最明显，最有代表性，成为"三星堆文化"典型器物。其他典型器物还有高柄豆、圈足豆、平底盘、圈足盘、鸟头形器柄、盉、缸、瓮、器盖等，器盖上多有动植物造型的器纽。第三期陶器的典型器物主要部分与第

---

[1] 四川省文物考古研究院、德阳市博物馆、什邡市博物馆：《四川什邡桂圆桥新石器时代遗址发掘简报》，《文物》2003年第9期；万娇、雷雨：《桂圆桥遗址与成都平原新石器文化发展脉络》，《文物》2003年第9期。

[2] 四川省文物考古研究所编：《三星堆祭祀坑》，文物出版社1999年版；陈显丹：《广汉三星堆遗址发掘概况、初步分期——兼论"早蜀文化"的特征及其发展》，《南方民族考古》第二辑，四川科学技术出版社1990年版；赵殿增：《三星堆考古发现与巴蜀古史研究》，《四川文物》1992年增刊。

[3] 雷雨：《一年成聚二年成邑——关于三星堆一期文化的几点认识》，《三星堆研究》第五辑，巴蜀书社2019年版，第1—20页。

[4] 赵殿增、陈德安：《巴蜀考古学文化研究的新进展》，《三星堆考古研究》，四川人民出版社2004年版。关于三星堆遗址分期和年代问题，我一直是使用原发掘单位最初的测定年代和意见，是否需要做出修改和完善，将以今后正式发表的综合发掘报告为准。

二期基本相同，但数量种类纹饰更多更丰富，新出现的器形有尊形器、M形器、三袋足炊器等，稍晚出现尖底盏和器座。①另一个重要区别是，在第二期中基本没有发现青铜器，而第三期时期则出现了大量的青铜器，并迅速发展到了古蜀青铜文明的最高峰。

20世纪八九十年代开展的"三峡水利枢纽工程"的大规模文物保护和考古发掘工作中，考古人员在三峡出口的鄂西地区，发现了被称为"长江沿岸夏商时期一支新的文化类型"的古文化遗存，共有二十多处，可分为两期，分别相当于夏时期和商时期。遗址中出现了一组比较新颖的陶器群，也是以小平底罐为主体，数量最多，最有代表性，有些学者称之为"有肩小平底罐""有肩罐""鼓肩罐""收腹小底罐"等。②典型器物中还有细长高柄豆（灯形器）、鸟头形器把、鬲形器、陶盉等，并且盛行花纽器盖和动物状塑形器，还包含有一些具有本土特征的釜罐类的器物。这些器物与"三星堆文化"陶器群的特征很相似，过去一般都认为它们可能是巴蜀文化的一个分支，称为"路家河类型"，或称为"三星堆文化"的"鄂西类型"③。

也有学者从陶盉、陶竹节柄豆之类的器物是在江汉地区率先出现等现象分析，认为"这种交流从一开始就是双向的"，"二者互相交流，互为补充"，"川东—宜昌地区恰处于这两者之间，这里正是两种文化交汇之处"④。考古新发现证明这些看法可能更接近于历史的实

---

① 四川省文物考古研究所编：《三星堆祭祀坑》，文物出版社1999年版，第227—232页；陈显丹：《广汉三星堆遗址发掘概况、初步分期——兼论"早蜀文化"的特征及其发展》，《南方民族考古》，四川科学技术出版社1990年第二辑。
② 王劲：《鄂西峡江沿岸夏商时期文化与巴蜀文化关系》，《三星堆与巴蜀文化》，巴蜀书社1993年版；林春：《宜昌地区长江沿岸夏商时期的一支新文化类型》，《江汉考古》1984年第2期。
③ 赵殿增：《早期中国文明丛书——三星堆文化与巴蜀文明》，江苏教育出版社2005年版，第185页。
④ 参见郭德维：《蜀楚文化发展阶段试探》，《三星堆与巴蜀文化》，巴蜀书社1993年版，第243—249页。

际。特别是从近些年来的石家河文化和"后石家河文化(肖家屋脊文化)"的新发现和研究成果来看,江汉地区这时的古文化对"三星堆—十二桥文化"的形成和影响有可能要更多一些,更大一些,而川东—宜昌地区可能就是这种交流的一条重要渠道。下面我们准备从几个方面再做些探讨。

首先说一下"三星堆文化"一些特征明显的器物来源问题。陶盉与竹节柄豆的原型可能出于大汶口文化和二里头文化,它们率先出现于江汉地区,很可能是再经由长江三峡传入巴蜀的。[①]釜罐类的一组器物,也具有江汉地区古文化的传统特征,三星堆文化中出土的众多高柄豆,已经与石家河文化晚期的高柄豆非常相似。至于在三星堆遗址中发现的类似于二里头文化的铜牌饰,很有可能是经由江汉地区辗转传入四川的。这些器形在"三星堆一期文化"与"宝墩文化"阶段都没有出现,因此很可能是在夏商时期由江汉地区经三峡发展到"三星堆文化"之中的。

更值得关注的一种现象是:在"三星堆文化"阶段快速出现的浓烈的原始宗教信仰和祭祀习俗,除了本地原有的传统观念之外,也可能是受到了外界文化的强烈影响后才形成的,其中江汉地区的石家河文化和"后石家河文化(肖家屋脊文化)",可能就是其中一个重要的源头。近年在120万平方米的"石家河古城"西部的"印信台"遗址,发现了一个6000多平方米的方形祭台,上面有数十件大型套缸组成的台边,套缸上有一些神秘的划纹符号。祭台上的瓮棺葬中,出土了数百件精美的玉雕神人像和凤鸟等饰件。在石家河古城遗址中,曾发现了大量的陶塑动物,和数以万计的尖角状小陶杯,都是一些专门

[①] 参见郭德维:《蜀楚文化发展阶段试探》,《三星堆与巴蜀文化》,巴蜀书社1993年版,第243—249页。

的祭祀用品，说明当时"石家河古城"已经是一个重要的祭祀活动中心[①]。特别是石家河文化和"后石家河文化（肖家屋脊文化）"中发现了一大批"玉雕神人头像"，如谭家岭9号瓮棺出土的神人头像等，就与"三星堆文化"中出现的"青铜人头像"有极其相似的装束和神态，它们很可能就是三星堆青铜神像造型和内涵的一个重要源头和依据[②]。进一步推测，红山文化、凌家滩文化出土的"玉雕立人像"，从造型和内涵，也可能是经由"石家河文化"进入四川，并成为"三星堆文化"中"青铜大立人像"的一个源头与依据的。三星堆时期狂热的宗教祭祀习俗，或许有很多就是从江汉地区传入的，因而带有石家河文化和"后石家河文化（肖家屋脊文化）"深厚的祭祀文化遗风。

二、长江中游古文化进入"三星堆文化"的动因

关于江汉地区的"石家河文化""后石家河文化"，以及"长江沿岸夏商时期一支新的文化类型"即"路家河类型"等进入四川，对"宝墩文化""三星堆文化"的形成产生影响的社会动因，笔者认为很可能还是与中国史中著名的尧舜禹征"三苗"的历史事件有关。

根据老一代学者徐旭生的研究，在"中国古史的传说时代"，主要有"华夏""东夷""苗蛮"三大集团，共同创造了中华文明，他的这一远见卓识，得到了学术界的认同，其中"苗蛮"集团主要分布于长江中游的两湖地区，又被称为"三苗"。目前考古学界大多认为从屈家岭文化到石家河文化阶段，可能就是"苗蛮"集团的主要文化遗存。

[①] 参看中央电视台"考古公开课"节目2021年2月16日之"寻找古老的中国（三）石家河"，方勤主讲。
[②] 参看中央电视台"考古公开课"节目2021年2月16日之"寻找古老的中国（三）石家河"，方勤主讲。

"古史传说中三苗与中原的大冲突至少发生过两次。第一次在尧舜之际，《史记·五帝本纪》综合其情况为：'三苗在江、淮、荆州，数为乱。于是舜归而言于帝，请……迁三苗于三危，以变西戎'。"过去史家曾多认为这次"迁三苗于三危"，是迁到了大西北，但除了敦煌附近有座"三危山"之名以外，尚无其他实据可证。

我们认为尧舜时期进行的第一次征"三苗"，并"迁三苗于三危"，促使一部分"三苗"人来到了成都平原，创建了"宝墩文化"。但这次征伐并未将三苗真正征服。到了大禹时期，又进行了第二次更大规模征伐，才使三苗受到了致命的打击。《墨子·非攻下》云："昔者有三苗大乱，天命殛之，……禹亲把天之瑞令以征有苗……苗师大乱，后乃遂几"。所谓"遂几"，就是说并未完全被消灭，而是被分散或赶走了。其中的很大一部分人，可能就是在这时候经由三峡地区，再次进入了成都平原，在今天三星堆遗址的地方扎下根来，并把他们比较成熟的信仰观念和祭祀形式也引进了三星堆原有的祭祀文化之中，使之逐步发展成为高度繁荣的三星堆文明。而先前到来的"宝墩文化古城址群"中的居民，很可能是因为有族群的认同和祭祀活动的吸引，加之水患的影响等原因，逐渐集中到了三星堆之中，最终形成了此后的数百年间一座三星堆古城独尊独大，而宝墩文化的各个城址却被放弃了的情况。

关于三星堆蜀文化与三苗文化的关系问题，俞伟超先生在他1997年第11期发表在《文物》上的《三星堆蜀文化与三苗文化的关系及其崇拜内容》一文中就曾经指出："三星堆等地的早期蜀文化，就是借此契机迅速发展而成的。三星堆早期蜀文化中大量存在的封口陶盉，最初出现于二里头文化遗存中，也应当是通过三苗的媒介而传入的。"①

三、三星堆文化后期高度发达的青铜文化的来源

关于三星堆文化后期高度发达的青铜文化的来源问题，俞伟超先生也曾敏锐地指出："到了商后期，洞庭湖周围及其附近的三苗余部，在商文化的影响下，青铜工艺极为发达，铸造出许多体型高大和厚重的铜铙和铜鼓，以及动物造型的礼器如乳虎卣、象尊、猪尊和人面方鼎等，一般形态的青铜礼器，则有尊、罍、卣等，而尤以尊和罍为多，成为这一带的文化特色。"②

"非常有意义的现象是，在三星堆和彭县竹瓦街等早期蜀文化的遗存中，其青铜礼器都是尊和罍，这显然又表示出与同时期的湖南等地的三苗文化，依然存在着一种特殊密切的关系。另外，在近十多年中，在湖北宜昌地段的清江之中和四川巫山大宁河畔又分别出了类似于三星堆遗物的商时期的铜罍和铜尊各一件，又多少暗示出那时的巴人也和三苗余部存在着相当的文化联系。"③

俞伟超先生的这些论断，提出了两个重要的学术观点：一是苗蛮集团在商文化的影响下，曾创造出长江流域具有自身特色的青铜文明；二是三星堆璀璨的青铜文化，很可能主要是从中原经由江汉地区传入。这两点笔者都很赞同，这里再结合新的考古发现做一些补充说明。

近年来湖北盘龙城考古取得重大进展，证明它是商代前期在长江流域建立的一个带都邑性质的政治中心和军事基地，从距今3500年左

---

① 俞伟超：《三星堆蜀文化与三苗文化的关系及其崇拜内容》，《文物》1997年第11期。
② 俞伟超：《三星堆蜀文化与三苗文化的关系及其崇拜内容》，《文物》1997年第11期。
③ 俞伟超：《三星堆蜀文化与三苗文化的关系及其崇拜内容》，《文物》1997年第11期。

右开始，大约存在了300余年。这里不但有完整的城池，高大的宫殿，高等级墓葬，而且有了成熟青铜铸造产业。是它把商王朝先进的青铜铸造技术带到了长江流域，还通过这里控制了当地富有的铜矿资源。①后来因为某种原因商人从这里撤走了，但其青铜铸造技术却被当地的土著学习继承下来了，青铜工艺极为发达，并结合各自生活习惯和民俗信仰，相继创造出了一大批具有地方特色的青铜文化，如大洋洲铜器群、炭河里铜器群等。他们所共同选择的青铜礼器，则主要是铜尊和铜罍②，而与中原地区以鼎豆簠为主要组合的成套青铜礼器传统有所不同，从而创造出了具有自身特色的长江流域青铜文明，并与黄河流域的青铜文明一起，共同构建了中华民族所特有的青铜文化体系。

由于三苗曾几次被迫迁入成都平原，并在那里遇到了良好的自然和人文条件，发展成繁荣昌盛的宝墩文化和三星堆文化，三苗的余部可能与三星堆文化仍然存在着相当的文化联系。当他们掌握了商王朝先进的青铜铸造技术之后，自然会把青铜工艺很快传播到成都平原的三星堆遗址。这时的三星堆文化已经快速发展成了一个充满着宗教狂热的神权国家，正好利用这种新鲜的先进材料和技术，铸造出大批青铜神像和祭祀用具，从而创造出了灿烂夺目的三星堆青铜文明。三星堆文化不但在器物特征上与长江中游古文化有密切的关系，而且从生活习惯和宗教信仰看也有相当多的联系，从而在青铜礼器的选择和神像与祭器的制造方面也有很多相似之处，共同创造出具有地域特色的长江流域青铜文明，成为"多元一体"的中华文明共同体的一个重要组成部分。

---

① 张昌平:《关于盘龙城的性质》,《江汉考古》2020年第6期。
② 俞伟超:《三星堆蜀文化与三苗文化的关系及其崇拜内容》,《文物》1997年第11期。

总而言之，三星堆文化是由多方面因素逐步汇集发展起来的，而长江中游古文化的多次影响，可能就是其中一个非常重要的方面。

四、余论：《天问》与三星堆

近年不少研究者已经开始认为：三星堆祭祀坑中的众多奇特文物，原来主要是放置在蜀国的"神庙""宗庙"之中的[1]。这些神庙的图像器物和气氛环境，可能与屈原当年创作《天问》时的场所和氛围有些类似。

关于屈原构思和创作《天问》的社会背景与环境情况，东汉时期将《天问》编纂成书的王逸曾记述道："屈原放逐，忧心愁悴，彷徨山泽，经历陵陆，嗟号昊旻，仰天叹息；见楚有先王之庙及公卿祠堂，图画天地山川神灵，琦玮僪佹，及古贤圣怪物行事，周流罢倦，休息其下，仰见图画，因书其壁，何以问之，以渫愤懑，舒泻愁思。"[2]这种在"图画天地山川神灵，琦玮僪佹，及古贤圣怪物行事"的"先王之庙及公卿祠堂"中进行研究和创作的场景，与我们今天面对三星堆文物时的情况，或许有某种相仿之处。

屈原和三星堆人都生活在长江中游和上游，这里的古代人们对自然世界和人类社会充满丰富的艺术想象力，曾创造出了灿烂夺目的物质财富和精神文化，后来成为我国道家思想的重要发祥地。两地之间也一直有着密切的文化联系，有着相似的思想文化发展史。《天问》开篇即问道："遂古之初，谁传道之？上下未形，何由考之……"表

---

[1] 赵殿增：《浅谈三星堆遗址青关山F1的结构与功能——兼与杜金鹏先生商榷》，《四川文物》2021年第1期；冉宏林：《关于三星堆祭祀坑的三个猜想》，《重庆考古》2022年1月14日；赵殿增：《三星堆祭祀坑为"神庙失火说"的几点疑问》，《南方文物》2022年第3期。
[2] 东汉王逸编纂《天问》撰写的序言，转引自游国恩主编：《天问纂义》，中华书局1982年版，第1页。

达出对"我是谁？从哪里来？到哪里去"这些对人类终极哲学问题的深刻思考，进而对世界的初始、万物的关联、人类的起源、先祖的事迹、历史的进展、社会的构建，乃至天地人间各种自然和社会现象的变化，提出了广泛的思辨，描绘出大千世界和人类社会的一幅幅生动画卷。三星堆人则是用放置于神庙宗庙中的神坛、神像、器具、图像等艺术形象，来寻求回答和具体表述这些问题，两者有异曲同工之妙，可以作为互相提出和解答问题的具体线索。我们或许可以循着屈原的思路和方法，参照《天问》提出的问题，去探寻和复原三星堆祭祀坑中所埋文物原来放置在"神庙""宗庙"中的具体情况，探讨三星堆众多神奇文物原有的文化内涵和组合主题，努力去解开这些千古之谜，进一步深入研究三星堆文化在多元一体的中华文明中的地位和价值。

（原文刊于《江汉考古》2022年第2期）

岷江文化的基本特征简析

何一民[①]

长江与黄河都是中国的母亲河，孕育了中华文明。保护、传承、弘扬长江文化，对于延续历史文脉，坚定文化自信与历史自信，全面建设社会主义现代化国家具有重要意义。长江文化是长江流域文化特性和文化集成的总和。深入系统地研究长江文化，除了从整体上对长江文化进行研究外，还需要对不同区域的长江文化进行深入系统的研究。岷江在历史上一直被视作长江的江源，以岷江为主干的长江上游地区也是中华早期文明的发源地之一。因而开展岷江文化研究，其意义是不言而喻的。

何为"岷江文化"，这是研究岷江文化首先需要考虑的问题。岷江文化是以长江的支流岷江命名的文化，是长江文化的亚文化体系。长江区段的文化有着共同的内涵与价值体系，也有其独特性。当下，研究文化和文化史的学人首先要面对"广义文化"和"狭义文化"的界定问题，并就此提出各自的见解。其中，对"广义文化"这一概念的界定而言，最宽泛的定义为：文化乃是人类在社会发展过程中创造的物质财富和精神财富的总和。这一定义没有任何问题，但是由于学术定义太宽泛，也就缺乏学术价值，如果按此定义去研究岷江文化，可能就会导致岷江文化研究的空无与泛化。那么，狭义的岷江文化应

[①] 何一民，四川大学历史文化学院教授。

该是什么？是否就是与岷江河流相关的文化，如岷江水利灌溉文化、岷江航运文化、岷江码头文化等，或者是指生活在岷江流域[①]的广大民众所特有的精神诉求、价值取向、基本理念以及行为方式的综合，如精神、理念、价值观、制度等文化现象，以及与其相配合的制度和组织架构形式。广义的岷江文化是以水文化为核心，狭义的岷江文化则是以精神文化为核心。

岷江文化与任何一类文化一样都有空间向度与时间向度。从空间范围来讲，岷江文化可分为岷江上游文化、岷江中游文化和岷江下游文化等地域文化；从时间向度讲，岷江文化有其兴起、发展与演变的历史过程。从文化发生学的视域和历时性来讲，岷江文化涵盖了新石器后期岷江上游的营盘山文化，新石器后期岷江中游的桂圆桥文化、宝墩文化，青铜文明时期的三星堆文化、十二桥——金沙文化等，秦统一巴蜀后岷江流域的各种文化如岷江中下游的天府文化和岷江上游的羌藏等多民族文化等。从文化的类型来讲，岷江文化的内涵十分丰富，既包括岷江流域范围内的城镇、建筑、水利、生态、饮食等物质文化，也包括宗教、哲学、艺术等精神文化，涉及水利、建筑、民族、生态、政治、经济、艺术、语言、文学、宗教、信仰、社会生活等多个研究面向。另外，从文化传播的角度来看，岷江文化也在形成、演变过程中，不断地吸取其他地域文化，如黄河文化、长江中下游文化都对岷江文化的形成与发展产生了深刻的影响。

岷江文化在数千年的历史进程中不断地发展演变，在不同的历史时段，其文化内涵和特征也有所不同，因而要研究这个问题具有很大的难度，虽然难免挂一漏万，但我们仍然可以透过历史的表象探寻岷

[①] 岷江流域除了岷江干流外，还包括支流大渡河、青衣江以及沱江上游地区，如果这样的话，岷江流域的范围就太广泛。本文的岷江文化只涉及岷江干流流域。

江文化的部分基本特征。

一、双源性与多元一体

李学勤指出："中国文明研究中的不少问题，恐怕必须由巴蜀文化求得解决。"[①]岷江文化是巴蜀文化的核心和主轴，在巴蜀文化体系之中，岷江文化彰显出其主体地位。岷江文化以岷山为核心，以岷江为中轴，以岷江流域为载体，在融合多元文化的基础上缔造了中华早期文明之一的古蜀文明。

岷江文化具有突出的双源性。所谓双源性即岷江文化既源于黄河文明，又源于长江文明。早在远古时期，黄帝、颛顼在东迁过程之中，就与以岷江流域为中心的地域文化产生了联系，这种联系先后通过两种途径产生：首先，由颛顼的母系蜀山氏所在之地南进至岷江河谷，再至岷江文化中心之地的成都平原，据考古工作者在营盘山遗址发现了5000多年前的彩陶传播之路后的测试分析，马家窑文化正是通过岷江河谷进入蜀地。其次，颛顼入主中原后，造都帝丘（河南濮阳），然后南下长江中游，溯长江，沿岷江西上达于成都平原。徐中舒认为："从陶器当中可以看出古代四川与中原地区的联系，其主要道路是沿岷江西上的。"[②]这表明，黄河文明与岷江文化有着直接或间接的关系。另外，从世系上来讲，黄帝、颛顼所创造的黄河文明与岷江流域同样存在着承续关系。黄帝出自西北地区，与居住岷江上游的蜀族同样为氐羌族系。《史记·五帝本纪》记载，黄帝之子"昌意娶蜀山氏女，曰昌仆，生高阳"黄帝驾崩之后，"其孙昌意之子高阳立，

[①] 李学勤：《略论巴蜀考古新发现及其学术地位——〈三星堆考古研究〉序》，《中华文化论坛》2002年第3期。
[②] 徐中舒：《论巴蜀文化》，四川人民出版社2019年版，第6页。

是为帝颛顼也"①。由此可见，岷江流域的蜀山氏与黄帝、颛顼存在着密切的血缘关系。

再者，从出土的文物来看，古蜀的某些陶器、玉器的形制与中原二里头文化有关联，证明古蜀国与传说中的颛顼确有联系。②林向认为，从宝墩文化时期的字符以及龙崇拜来看，古蜀与夏禹也应有一定的文化同源关系。③另外，长江中下游文明与岷江文化有着十分密切的关系，三星堆遗址和金沙遗址都有器物与长江中下游的器物相近。如成都金沙遗址发现的十节玉琮，无论从材质、形制、工艺，还是纹饰来讲，都很有可能来自长江下游的良渚古城。江章华认为，4500年前的青白江高楼村遗址所出土的陶器形制与长江中游哨棚嘴一期晚段遗存的器物相近，属于哨棚嘴文化二期，明显受到长江中游屈家岭文化的影响。④数十年来，岷江流域大量考古发掘表明，岷江文化在形成过程中广泛吸收了黄河文明和长江中下游文明，因而岷江文化的双源文化特征十分突出，这在中国各江河文化中具有唯一性。

岷山和岷江孕育并主导了古蜀文明起源。位于岷江上游的岷山，在古蜀文明起源中扮演着十分关键的角色，《河图括地象》曰："岷山之精，上为井络，帝以会昌，神以建福。"⑤《山海经·海内西经》亦载："海内昆仑之虚，在西北，高万仞。"⑥这个高万仞的"海内昆仑之虚"，舍岷山莫属。岷山之神圣可见一斑。古蜀人对岷山极为敬畏

---

① (西汉) 司马迁：《史记》，岳麓书社2001年版，第1页。
② 李学勤：《〈帝系〉传说与蜀文化》，《四川文物》1992年第A1期。
③ 林向：《三星堆遗址与殷商的西土——兼释殷墟卜辞中的"蜀"的地理位置》，《四川文物》1989年第A1期。
④ 江章华：《关于哨棚嘴文化的几个问题》，《四川文物》2010年第2期。
⑤ (北魏) 郦道元：《水经注》，中华书局2007年版，第2651页。
⑥ 刘复生：《"都广之野"与古蜀文明——古蜀农耕文化与蚕丛记忆》，《中华文化论坛》2009年第S2期。

崇拜。有研究者认为："三星堆一号坑的方向为北偏西45度，二号坑为北偏西55度，共同朝向蚕丛氏所兴起的岷山。而同一时期成都羊子山土台大型礼仪建筑，方向也是北偏西55度，同样朝向蚕丛氏所兴起的岷山。"[1]这一现象说明古蜀文化的共同源头皆在岷山，都与蚕丛氏居住的"岷山石室"有不可分割的关系。20世纪30年代，有研究者在岷江上游进行考古探测，发掘了一系列的石棺葬，亦从侧面呈现了岷江上游的大石崇拜文化现象。据此，蒙文通先生认为岷山就是《山海经》中所说的天下之中，就是古蜀文明的发源地。徐学书亦认为："岷山是我国西南至东南亚地带重要的文明摇篮地之一。"[2]另有不少研究者都认同成都平原新石器时代晚期文化是从岷江上游的茂县、汶川、理县等地进入成都平原的，其路线主要有两条。一是大约在5000年前从茂县翻越九顶山进入今什邡市，在成都平原边缘地带的桂圆桥等地建立了规模较大的聚落，由此形成了桂圆桥文化。二是在4500年前顺岷江而下，经今都江堰进入成都平原，由此创造了宝墩文化。蚕丛等早期古蜀部落从岷江河谷逐渐迁移到成都平原，临河而居，依水建城，古蜀文明逐渐形成。20世纪90年代以来，考古学界陆续在成都平原发现了新津宝墩古城、都江堰芒城、郫县古城、温江鱼凫村古城、大邑高山古城和盐店古城、崇州双河古城和紫竹古城八座规模不等的古城，其中宝墩古城的面积达278万平方米，是中国早期较有名的古城，并由此形成了迄今为止中国所发现的最为密集的早期古城群。"宝墩文化早期聚落基本位于岷江冲积扇两侧边缘地带，

---

[1] 段渝：《四川通史（卷一　先秦）》，四川人民出版社2018年版，第298—299页。
[2] 徐学书：《西蜀岷山：中华文明的重要发祥地——兼谈岷山历史文化资源的产业价值》，《中华文化论坛》2008年第2期。

城址大多位于岷江西侧。"①也就是说，宝墩文化不论是从源头来看，还是从产生的地理空间来讲，皆与岷江流域休戚相关。宝墩文化之后，岷江水系所在的成都平原相继出现了著名的三星堆文化与十二桥——金沙文化，古蜀文明达到一个鼎盛阶段。林向先生认为，从新石器时代之末至早期金属时代，"以成都平原与岷江流域为中心的古蜀文化便大致形成了一体化的发展趋势，从而引发了文明的起源"②。

可见，岷山、岷江所衍生出的岷江文化在古蜀文明的起源过程中，具有鲜明的双源性以及两种文化的重叠性。可以说正是黄河文明南下与长江文明西进，推进了岷江文化的产生与古蜀文明的兴起，因而岷江文化是在黄河文明与长江文明的相互影响、相互作用之下而形成的，这既是岷江文化最为基本的特征，也是其有别于其他地域性江河文化的特点之一。

二、以水为轴心，书写了中国农业文明早期的辉煌

水利文化在岷江区域社会经济变迁中发挥了独特作用，是岷江区域社会机制有选择性的内化表现，也是岷江文化形态的标识之一。从地理环境上来讲，"四川岷江两岸，趾步皆山，层岩耸峥，谷地狭隘，地势甚为高峻"③。远古时期岷江经常发生洪灾，给成都平原造成巨大的水患。因而成都平原开发的历史就是一部水利史，因水而兴，因水而发。秦并巴蜀后，蜀太守李冰在总结前人治水经验的基础上修建了都江堰，从而使成都平原的水患问题得到根本性解决，由此造就了"天府之国"。历史上，都江堰虽然曾经多次遭受严重损坏，但都很快

---

① 左志强、何锟宇、白铁勇：《略论成都平原史前城的兴起与聚落变迁》，《"城市与文明"学术研讨会论文集》，上海古籍出版社2016年版，第166—182页。
② 段渝：《四川通史（卷一　先秦）》，四川人民出版社2018年版，第36页。
③ 邓锡侯：《四川松理懋茂汶屯区屯政纪要》，商务印书馆1936年版，第5页。

恢复，灌溉面积不断扩大。其中一个重要原因就在于千百年来成都的官员和民众都高度重视都江堰在农业经济方面的作用，相关的管理者和工匠在水利管理、工程管理、水工技术管理等方面形成了独具特色的水利文化和治水智慧，积累了丰富的成功经验，如"六字诀""八字格言"和"三字经"①等，都是都江堰的治水法则和经验总结。"都江堰水利工程的自然条件、综合布局以及经济效益，都是天人合一的典型例证。"②岷江自大禹开启治水，历经开明、李冰，最终成就了都江堰这一伟大的旷世工程。在科技和生产力水平都较低的条件下，古蜀先民能够创造前无先例、后无来者的水利伟业，关键在于他们有着卓然的锲而不舍、金石可镂的水利文化精神和顺其自然、利用自然、因地制宜的治水智慧。岷江文化视野下的水利社会呈现出来的不仅是地域色彩，还具有普遍的文化意义。治水是数千年来中国社会的永恒主题，每当洪水来临，只有在国家的组织下，在各流域人民的联合下，才能完成治水任务，所以治水是实现区域社会治理和合作的精神纽带。

正是岷江治水的成功，造就了成都平原农业文明的辉煌。蒙文通先生认为，中国农业在古代是从三个区域独立发展起来的，"一个是关中，一个是黄河下游，在长江流域则是从蜀开始的"③。而古蜀农业文明最早起源于岷江河谷，营盘山考古发现了大量农业文明的遗存，如粟、黍等农作物。徐中舒先生认为，"蜀地从有记载以来，就

---

① 都江堰治水的"六字诀"为"深淘滩，低作堰"；"八字格言"为"乘势利导，因时制宜""遇弯截角，逢正抽心"；"三字经"为"深淘滩，低作堰，六字旨，千秋鉴，挖河沙，堆堤岸，砌鱼嘴，安羊圈，立湃阙，凿漏罐，笼编密，石装健，分四六，平潦旱，水画符，铁桩见，岁勤修，预防患，遵旧制，勿擅变"。
② 张细兵：《中国古代治水理念对于现代治水的启示》，《人民长江》2015年第18期。
③ 蒙文通：《巴蜀古史论述》，四川人民出版社1981年版，第48页。

是一个农业发达的区域"①。岷江流域早期农业与大规模的定居同步。如果说桂圆桥文化时期，成都平原的农业还只是以旱作农业为主的话，那么宝墩文化时期则出现了水稻作物。2021年，成都文物考古研究院宣布在新津宝墩遗址内发现了4500年前的碳化水稻等植物遗存，这表明早在4000多年前岷江流域地区就已经出现了稻作文明。岷江流域成为中国农业发源地之一，从而支撑了古蜀国的兴起。《华阳国志·蜀志》载，杜宇王朝时期，以今成都城市为中心，"以褒斜为前门，熊耳、灵关为后户，玉垒、峨眉为城郭，江、潜、绵、洛为池泽，以汶山为畜牧、南中为园苑"②，一个以高度发达的农耕文明为支撑的富强国家出现在中国西南地区。岷江流域农业发达的内在逻辑是从岷江治水开始。"兴水之利，除水之害"，成为岷江流域的重大公共工程。治水实践从消极防患转为兴利与除害相结合，从传说中的大禹东别江沱，到杜宇、鳖灵治水，再到李冰兴修都江堰，最终取得了很好的成效。《史记·河渠书》载："蜀守冰凿离碓，辟沫水之害，穿二江成都之中。此渠皆可行舟，有余则用溉浸，百姓飨其利。至于所过，往往引其水益用溉田畴之渠，以万亿计，然莫足数也。"③李冰之后，逐渐形成了岷江水利管理体制，包括行政管理、岁修制度、水利科学技术，在防洪功能、自流灌溉、改善土壤等方面皆取得了显著成效。成都平原的自流灌溉使水稻、粟、黍等农作物生产得到很大发展，形成了成都平原特有的生态循环农业经济体系，成都平原成为"天府粮仓"，为秦统一中国创造了物质条件。

魏晋南北朝以后，当中原以及江南地带普遍采用水车等机械提灌

---

① 徐中舒：《论巴蜀文化》，四川人民出版社2019年版，第11页。
② （东晋）常璩：《华阳国志·蜀志》，齐鲁书社2010年版，第27页。
③ （西汉）司马迁：《史记》，岳麓书社2001年版，第175页。

法以解决农田用水问题之时，成都平原却鲜见水车，盖因优越的水势地理区位形成自流灌溉，无须水车却水旱从人。成都平原的水利优势在中国各大区域中也是少有的，这与成都平原的地势有着直接的关系，也与气候条件有关。岷江流域地处北纬30度，具备了季风环流条件，雨量十分充沛；成都平原富含黄壤，植被丰富，在此优越的生态环境基础上形成了富有区域特色的稻业、渔业、水运业、造船业、酒业、茶业。从汉代起都江堰灌区的水养业就高度发达，并在全国首创了稻田养鱼，《魏武四时食制》曾记载："郫县子鱼，黄鳞赤尾，出稻田，可以为酱。"①《汉书·地理志》关于广汉地区亦载曰："民食鱼稻。"②都江堰灌区的池塘、水田还被广泛用以人工养鳖。成都平原的农业随之产生巨大飞跃。及至唐代后期，因农业发展卓越，岷江流域较之于前增加了众多的中小城市和集镇，"嘉州地区新增之沭源镇、沐川镇、延贡镇、干溪镇、铜山镇、旧市镇，大抵分布于岷江中下游，以及青衣江与岷江交汇处的川西平原南部区域"③，并由此孕育了市镇经济的发展繁荣，正所谓"开辟及汉，国富民殷，府腐谷帛，家蕴畜积"④。

承之上述，岷江流域在秦汉以后造就了"天府之国"的斐然成就，水利文化与农耕文化时空交织，成为岷江文化的基本特质，并且维系了岷江文化数千年的可持续发展。

三、开放包容，多元融合，与时俱进，形塑新的文化样态

从岷江文化的整体功能来看，它是一个开放性的文化系统。所谓

---

① （宋）李昉：《太平御览》第4册，中华书局2011年版，第1344页。
② （东汉）班固：《汉书·地理志》，中华书局2021年版，第1645页。
③ 江成志：《唐宋时期四川盆地市镇分布与变迁研究》，硕士学位论文，西南大学，2012年。
④ （东晋）常璩：《华阳国志·蜀志》，齐鲁社2010年版，第43页。

开放性：一是指具有兼收并蓄的文化气度，勇于吸收异质文化的有益之处；二是指在吸收异质文化的同时，还可以输出自己文化的能量，对其他文化体系产生十分深远的影响。

开放包容，多元融合，基本上是中国大多数文化类型的共同特征，但不同文化的开放包容、多元融合表现形式有所不同。岷江文化的形成过程，也是多元文化输入并整合的过程。从新石器后期岷江上游的陶器制造技术、纺织技术及原始农业经济和原始畜牧业经济来看，岷江早期文化有可能是吸收了早期黄河文明的庙底沟文化和马家窑文化。同时，岷江文化也深受长江中下游文化的影响，这种影响体现在两个方面。一是体现在长江中游文化的西进，如作为岷江文化子系统的三星堆文化在青铜礼器的选择、神像与祭器的制造方面，与长江中游上古文化有密切的关系。[1]另外，良渚文化也对三星堆文化和金沙文化产生了直接的影响。二是体现在长江中游文化成为联结岷江文化与中原文化的中枢，有研究者从三星堆的铜冶铸工艺及其艺术风格入手，指出中原二里头文化通过长江中游的鄂西、三峡地区进入成都平原，并与当地文化相结合，形成了三星堆文化。可见，岷江文化的形成得益于黄河文化与长江文化之间的衍生互动，岷江文化亦因此成为中华文化的重要组成部分，是中华早期文明的源头之一；岷江文化通过内生动力而成长，亦在诸多层面夯实、完善了中华文化深厚的思想体系和价值体系。

岷江文化的开放与包容还表现在与异域诸邦文化的频繁交流。从对外开放的角度来看，岷江文化从先秦至明清，在中华文化与异域文化的互学互鉴过程中，一直通过南方丝绸之路、北方丝绸之路和长江经济带，充当了文化枢纽角色。近年来，考古工作者在岷江、青衣江

---

[1] 赵殿增：《略谈三星堆文化与长江中游古文化的关系》，《江汉考古》2022年第2期。

和大渡河流域的一些新石器晚期遗址（如四川雅安沙溪遗址）出土了诸多陶器，这些陶器与三星堆的陶器形制相近，足以证明当三星堆文明确立不久，便开始向青衣江流域输出。①另外，大渡河中游也出土了诸多来自岷江流域的战国青铜器，如四川越西出土的铜釜、铜砖和巴蜀符号铜印章。近年来，在盐源等地发现的大批战国青铜器，多与岷江流域有关。秦汉以后，岷江文化经大相岭、大渡河，从笮都向南，进入以金沙江支流安宁河流域为居息地的邛人各部区域，从而对滇文化的形成也产生了影响。考古工作者在金沙江流域发现了分布广泛的三角形援直内青铜戈、青铜剑等，这些青铜矿器就是吸收了岷江流域青铜文化的相关因素制作而成。另外，越南西北部红河流域的冯元文化中出土的玉石璋、戈、瑗、璧等都有三星堆文化的元素。岷江文化与西亚、中亚甚至非洲也有联系，如段渝认为"从青铜雕像、神树、权杖和金面罩文化因素来看，公元前15世纪左右，三星堆文化与西亚（美索不达米亚）近东文明（西亚、中亚和埃及）的交往就已经存在"②。根据考古出土实物以及文献资料，大致可以认定，自商周开始，岷江文化已远播南亚，特别是开明王朝灭亡之后，安阳王沿南方丝绸之路迁入越南，抵红河地区（古交趾之地），后来，安阳王又进入柬埔寨建成扶南国。故从文化人类学角度讲，岷江文化对越南、柬埔寨古代早期文明产生了重要影响。

概而言之，早在远古时期，岷江文化就通过输入与输出，形成了兼容、多元、开放的文化内涵，并以一种创新态势，通过内外场域文化圈形成波纹状不断向外域辐射。一是向毗邻岷江流域的滇文化、黔文化、甘南文化、川东文化等地域文化辐射。二是对外场域文化的吸

---

① 段渝：《四川通史（卷一 先秦）》，四川人民出版社2018年版，第169页。
② 段渝：《古代巴蜀与南亚和近东的经济文化交流》，《社会科学研究》1993年第3期。

收。在三星堆遗址中，曾出土虎斑宝贝、货贝、环纹货贝等大量海贝。以齿贝为例，其素来是印度洋地区通行的货币，《通典》中曾描述天竺为"西与大秦、安息交市海中，或至扶南、交趾贸易……俗无簿籍，以齿贝为货"①。诚如段渝所言："不难看出，三星堆的海贝，应是古蜀人直接与印度地区进行文化交流的结果。而这类未经中转的直接的远距离文化传播，通常很难在双方之间的间隔地区留下传播痕迹，通常是直接送达目的地。"②秦汉大一统之后，岷江文化不断地与时俱进，开放、包容、多元的文化内涵成为岷江文化基因，影响着岷江文化的发展变迁。

四、以创新创造为旨归，创设出人与自然和谐共生的天府盛景

文化是一个地区人类社会的根与魂，文化的形成、发展、兴盛、衰落都与当地独特的地理环境和民风民俗有关。③岷江上游流域地质条件以及地理环境相对险峻，《山海经》记载："汉元延中，岷山崩，壅江水，三日不流。"④为此，当地民众结合地理环境，在建筑、交通等方面创新创造，形成了鲜明的区域特色。

首先，这种创新创造在建筑上表现为大石文化与巢居文化。大石文化为岷江上游的先民所创。古蜀早期的大石文化发源于蚕丛氏，"蚕丛氏始居岷山石室"，"众皆依山居止，垒石为室，高者至十余丈，

---

① （唐）杜佑：《通典》，中华书局1988年版，第5261页。
② 段渝：《中国西南地区海贝和象牙的来源》，载《巴蜀文化研究集刊5》，巴蜀书社2009年版，第294页。
③ 魏晓芳：《三峡人居环境文化地理变迁研究》，博士学位论文，重庆大学，2013年。
④ （北魏）郦道元：《水经注》，中华书局2007年版，第2648页。

为邛笼"①。邛笼即碉楼系统，当蚕丛氏从岷江上游迁移至成都平原后，虽然不再以大石垒建碉楼，但仍然以大石来寄托对祖先的崇拜和思念。另外，岷江上游的石棺葬也是模仿石室建筑而成，体现出对宗源环境的祭拜之思。蜀山氏从岷江上游河谷进入成都平原后，因地制宜地发明了巢居和杆栏建筑。"构木为巢"，是指古蜀先民为避免地面潮湿和虫蛇侵袭，在树干分枝的叉面铺设枝干茎叶或在其上搭架简陋的盖棚以栖居。这种巢穴式构筑物对岷江流域居室建筑产生了深远的影响，并且延伸出富有区域特色的干栏建筑。在20世纪90年代，考古工作者在成都十二桥发掘了面积达15万平方米的商代建筑遗址，该建筑遗址即以大型宫殿式木结构建筑和小型干栏式木结构建筑群为特征。岷江流域的干栏建筑分布很广，直到魏晋南北朝时期，从汉中到邛筰之间都还存在这类建筑，"依树积木，名曰干栏，干栏大小，随其家口之数"②。及至唐代，杜甫在《雨二首》当中亦对此有所描述："殊俗状巢居，曾台俯风渚。"干栏建筑格局一般为："住屋呈方形、平顶，下层圈牲畜，中层设卧室、厨房以及神龛，下层贮藏粮食、杂物。"③这种建筑承袭了巢居的样式，既远离地面避免水汽和虫蛇侵袭，又进一步扩展了室内空间，增强了遮风避雨的封闭性功能，使人们的起居更加方便和安全。

  岷江文化的创新创造特质也表现在交通建设方面，形成了以栈道、水路与筰桥为特征的交通文化。栈道是古人为了解决在深山峡谷、悬崖绝壁通行问题的一项发明，即于险绝之处，旁凿山岩，架木而成空中道路，在上行走如履平地，这在岷江上游较为常见。开明王

---

① （南朝宋）范晔著，（唐）李贤等注：《后汉书》，中华书局2021年版，第2858页。
② （北朝齐）魏收：《魏书》，中华书局2018年版，第2887页。
③ 中国大百科全书总编辑委员会《民族》编辑委员会、中国大百科全书出版社编辑部编：《中国大百科全书·民族卷》，中国大百科全书出版社1986年版，第373页。

朝时期，蜀国的栈道发展至北部山区修建了著名的川陕栈道和陇蜀栈道，"栈道千里，无所不通"①。

在秦代之前，岷江至长江水路是当时蜀地通往东部地区的主要通道。李冰为蜀郡太守之时，曾经多次浚疏河道，建造木船，发展水上运输。《华阳国志·蜀志》载："青衣有沫水出蒙山下，伏行地中，会江南安，触山胁溷崖，水脉漂疾，破害舟船，历代患之。冰发卒凿平溷崖，通正水道。"②

笮桥文化也是岷江交通文化创新的重要体现。岷江上游及其周边地区遍布水流湍急的峡谷，不适宜渡船与架桥，于是当地民众发明了一种适应自然环境的架桥技术——笮桥。笮桥建设既折射出岷江地理的复杂性和交通的艰难性，也反映出岷江流域居民在交通方面的创新创造能力。

由上述可知，邛笼、干栏、栈道、笮桥等构筑物与交通形式，一方面体现出岷江文化坚韧、创新的特质，呈现出生于斯长于斯的古蜀民众的集体智慧；另一方面，亦体现出人与自然和谐相处的禀性。

另外，最能体现人与自然和谐共生的还有岷江文化的林盘文化。林盘是岷江流域成都平原独具的人居特色。成都平原的林盘景观形态的最外层有着三层结构：外层由农田、道路、水网构成；中层由高大乔木和竹林及灌木花草构成，形成半封闭的天然绿色屏障；最中心则是人居空间，主要由单体建筑和院落建筑结合构成。川西林盘的建筑建设以及由此衍生的生活方式形成了独特的地域景观，具有重要的生态、经济和文化价值。同时，林盘文化亦充分体现了岷江文化人与自然和谐相处的特性。

① （西汉）司马迁：《史记》，岳麓书社2001年版，第734页。
② （东晋）常璩：《华阳国志·蜀志》，齐鲁书社2010年版，第30页。

成都这座城市也是人与自然和谐相处的产物,"九天开出一成都""千门万户入画图""水绿天青不染尘"等诗句都是对岷江文化的最好注解。

岷江文化不仅强调人与自然的和谐,还滋生出强调人与人之间的协调与融合的社会伦理,和谐包容也因此成为岷江文化的一个重要特征。由于相关研究较多,本文不再赘述。

自先秦以来,创新创造的文化基因渗透到岷江文化的内核中,成为代代传承的文化基因,也成为岷江文化的一个重要特征,如都江堰的建设、火井的使用、"交子"的发明,一系列"世界第一"和"中国第一",无不彰显岷江文化的创新创造精神。

五、以仙道文化与文宗文化为引领,彰显中华文化之灵逸俊美

岷江文化崇尚自然,注重人与自然的和谐,不少人也因此耽于幻想,由此推动了"神仙"文化的产生。相传,生活于岷江流域的三代蜀王蚕丛、柏灌、鱼凫"皆得仙道",而后两王杜宇与开明也分别被神化为飞天的杜鹃与升仙的开明兽。从先秦至东汉,神仙文化在岷江流域十分盛行,并形成仙道文化。东汉末年张陵正是在岷江仙道文化的基础上创立了天师教正一道。张陵曾经云游中国南北各地,最终在岷山山脉的鹤鸣山与青城山修道,受道仙文化的影响而顿悟,创建了正一道的道书、教义以及教规。青城山亦成为中国四大道教名山之首,张陵最后亦羽化山中。正一道认为人死后可以羽化成仙,与岷江文化中"万物有灵"的传统灵魂观念相一致。正如爱德华·泰勒在《原始文化》中所强调,神话来源于原始人关于灵魂的观念,并用这一观念来解释自然和社会。

岷江仙道文化渐渐使蜀人形成了"重仙"的文化心态，从而激发了蜀人富于浪漫想象的文化，使蜀地文人在文学创作中善于凭风依空、凌云言志、言语瑰丽。这种浪漫的文化想象在西汉"赋圣"司马相如那里得到淋漓尽致的发挥，司马相如行文的特点就是善于以瑰丽浪漫的想象和华丽的辞赋来抒发政治意象。自司马相如以辞赋名满天下以后，蜀中文风日臻隆盛，形成了崇文重教的文化传统，而瑰丽浪漫的道仙文化则成为岷江文宗文化的重要基础，从而使岷江流域的文化人在历史变迁之中始终保持着瑰丽浪漫的文化想象与思想个性，正如司马相如所说，有"非常之人"，做"非常之事"，成"非常之功"。从扬雄到苏轼，从杨慎到郭沫若，都充分地体现了岷江文化不拘一格、特立独行的文化品格，彰显了中华文化之灵逸俊美。

六、结语

当下学术界对岷江文化的关注度极为不够，相关研究还正处于起步阶段甚至还未启动。人们对岷江文化的面貌、特征、内涵以及价值等都还缺乏系统深刻的认识。由于岷江文化十分博大，内涵极为丰富，本文也只是作一些粗浅的分析，管中窥豹而已。

习近平总书记指出，长江造就了从巴山蜀水到江南水乡的千年文脉，是中华文明的标志性象征。如果说长江与黄河同属中华文明两大主体文化，是中华民族的母亲河，共同孕育了中华文明，那么在数千年的历史演变中一直作为长江上游的岷江无疑对于中华文明的形成和发展作出了重要的贡献。

岷江文化与其他江河文化相比，既有共性，也有差异性，最大的一个特点就是具有双源性，即岷江文化在形成与发展过程中不断融合了黄河文明与长江文明，形成了独特的文化体系。岷江文化既有长江文明崇尚自然、注重人与自然和谐的特点，也有黄河文明注重人与社会协调的伦理规范和文化内省；既有着瑰丽浪漫的文化想象，也有着脚踏实地的坚忍顽强；既有着地理上的封闭和保守，也有着思想上的开拓和开放；既注意守正，也强调创新创造；文而不华，柔而不弱。因而，岷江文化在长江文化体系中，在中华文化各子系统中独具特色。

当前中国正进入建设现代化的新阶段，长江三大城市群成为中华民族崛起的重要动力源和战略支撑点，长江文化也成为长江城市群提升竞争力，涵养中国特色社会主义核心价值观的源泉，因而加强岷江文化研究具有重要的现实意义。当下，迫切需要加强岷江文化与中华文化起源关系的研究，需要深入结合考古学、历史学、民族学、人类文化学等多学科的理论与方法进行综合研究，从而展现中华文明多元起源与发展的细部脉络，揭示中华文明的丰富内涵；其次也需要加强对岷江文化的多元性构建与阐释，对岷江文化不同历史阶段的文化特征进行研究，提升历史自信和文化自信，促进成渝双城经济圈、成渝城市群的构建，推动成都建设世界文化名城和公园城市示范区。

［原文刊于《西华大学学报》（哲学社会科学版）2023年第2期］

考古学视野下的巴文化：
概念、问题与方法

白九江[①]

"文化"是当代社会常使用的术语之一，应用范畴极为宽泛，至今没有一个概念为学界和大众所公认。总体来看，文化的各种定义主要集中在以下四个方面：一是指人的精神活动及其产品；二是指人的行为及其规范；三是指人创造的各种物质遗存；四是指人创造的物质和非物质遗存的总和。

在这四个方面的内容中，前两者强调文化形而上的属性，是狭义的文化。第三种定义更加强调文化形而下的属性，但"物质实践由文化构成"，是人的行为的结果，蕴含了人的精神价值，也可称为"中观形态"的文化。第四种定义强调形而上和形而下的结合，注重文化的整体性和系统性，是广义的文化。

通常来说，对文化的学理研究和关注，主要存在于现象学、人类学、考古学、历史学领域。本文是在考古学框架下探讨历史上的巴文化，既包括历史上的文献记录，也包括历史上遗留下来的物质遗存，故我们倾向于第四种概念。在这一概念下，我们关注文化作为历史的主体及其在时间序列上的呈现规律，注重文化的产生、发展、衰落、消亡，以及其传播、收缩的过程，关注文化在发展中继承、整合前人

---

① 白九江，重庆市文物考古研究院研究员。

和外来的多种因素，同时也探究文化复杂的、非线性的变化状态。

一、概念的多维度与抽象化

　　经过几十年的研究，学术界就巴文化的内涵和外延本应有大体一致的认识，但是，若干年来，人们发现关于巴文化的讨论、对话并不在一个层面，交集也并不总是存在。例如，个别历史学研究者在解读和引用巴文化考古发现时，对于文化因素、遗存时代、文化性质不加辨析，不了解正确的文化谱系，或较为随意地用文物去解释文献，臆测文物功能等，其结论的科学性、可行性自然要大打折扣。例如，一篇文章写道："渝东（包括渝东北和渝东南）的青铜文化，特别是春秋战国时期的青铜文化，主要是在当地峡西新石器时代大溪文化—玉溪坪文化—中坝文化基础上发展起来的。但是，总的看来，渝东这些遗址'普遍具有文化堆积较薄、遗迹现象简单、遗迹不甚丰富等特点'。"①这不仅对渝东青铜文化的渊源认识出现了偏差，而且忽略了重庆地区商周遗存的丰富性，还建立了错误的新石器文化谱系序列，大溪文化的分布范围描述也完全相反。②类似的现象在不同领域、不同层面都或多或少存在。因此，必须科学理解并定义巴文化，才有学科探讨的共同基础。

　　学科层面上，巴文化有历史学意义上的巴文化、考古学意义上的巴文化、人类学意义上的巴文化、文化学（现象学）意义上的巴文化等。无论从哪个角度看，关于巴文化的探讨实际上不能忽略以下问

---

① 谭继和：《巴文化论》，《中华文化论坛》2018年第9期。
② 大溪文化与玉溪坪文化、中坝文化是两个不同的文化系统，大溪文化主要分布在三峡东段、江汉地区、洞庭湖地区，玉溪坪文化、中坝文化分布于重庆大部和川东地区。重庆地区的春秋战国青铜文化也不是直接在新石器时代文化上生长起来的，这一地区有极为丰富的夏、商、西周遗址，其数量甚至不比东周遗存少。

题：巴文化究竟是指巴人的文化还是巴国的文化？抑或巴地的文化？或者取三者交集而有之？即使以上问题达成了共识，也还存在以下更深层次的问题。

1. 巴人是具有什么特性的人的集合？巴人是一个单一民族吗？如果是，他是否始终保持族群的纯洁性？如果不是，他是由哪些族群构成的？其中有没有占主导地位的族群？

2. 巴人在什么地方活动？巴人的活动范围等于巴国的活动范围吗？不同时代的巴人活动区域变动状况怎样？巴人有核心活动范围吗？

3. 巴人活动在什么时候？如何确认无文献记载时期的巴文化？巴国灭亡后或巴文化主体消亡后的巴人活动（如"白虎复夷""弩头虎子"）应纳入巴文化吗？

上述问题有的可能永远没有答案，有的稍加研究不难回答。因此，从可探索性角度，派生出三个维度的巴文化概念。

1. 狭义巴文化，即巴人的文化。"巴人"不易受空间和政治组织影响，其延续时间贯穿文化全过程，文化表征上具有较强的稳定性和纯净性，故这一范畴的文化易于定义和理解。但"巴人"概念在理论上虽然清晰，在实践上却难以准确把握，现实上予以准确辨别也不可能。

2. 广义巴文化，即古代巴地的文化。文化是在一定地域范围内的展开，巴国极盛时，"其地东至鱼复，西至僰道，北接汉中，南极黔涪"[①]，但"巴地"仍存在一些待厘清的问题：巴地是指巴人活动地域还是巴国活动地域？因巴人、巴国活动导致巴地不同时代存在伸缩交替，一方面，当巴人巴国的活动脱离或一段时间脱离某一地方时，

---

① （东晋）常璩：《华阳国志》，齐鲁书社1998年版，第2页。

这一地区继之的文化是否属于巴文化？另一方面，巴文化在"巴地"范围的展开不能完全覆盖非巴人族群，这些非巴人族群创造的文化是否属于巴文化？

3. 中观巴文化，即巴人及与巴人密切相关的其他族群在其活动地域内共同创造的物质与非物质文化的总和。其他族群包括其属"濮、賨、苴、共、奴、獽、夷、蜓之蛮"等。[①]这一维度的定义，模糊了巴国疆域的变迁，摒弃了人的活动与疆域变化的无法对应，以人群的活动和创造这一本质来定义文化，同时兼顾了巴多元族群的宽泛性和空间的承载性。例如，上古时夔子国、苴国之民众主体为巴文化族群，尽管其上层统治者分别是"楚熊绎玄孙"和其后代、"蜀王弟"，但其相关文化总体上仍应归入巴文化，虽然其纯洁性多少已经丧失一些。中观层面的巴文化从理论、实践层面都易于把握，我们认为这一概念是相对科学且易操作的。

心理认同是存在同一文化主人集群的前提，民族概念存在的本身就是文化认同的结果，民族是一个"想象的共同体"。因此，在讨论巴人的民族问题时，单纯从文献角度讨论巴人自何时起源，从何地起源，哪一支人群属于巴人、巴族等问题的意义不大。从现象学看，把相同或相似的具有稳定组合意义的文化符号背后的主人作为一个整体来研究才是讨论的基础。这些主人与历史记载的民族可能对应，也可能并不完全对应。因此，我们只能着力于文化现象、文化因子（包括物质元素和精神元素）的描述，然后归纳出重要特征、典型风格、代表精神、主要风俗等，并视这些现象、因素、特征等背后的若干人群

---

① （东晋）常璩：《华阳国志》，齐鲁书社1998年版，第3页。

为概念化的"巴文化族群"①，才是研究业已消失的、文献记录又不清晰的远古文化的根本途径。从现实层面看，巴文化族群所在的地区存在相同或相近的考古文化，这些族群总体上具有"尚武""崇巫""喜舞""善工"等共同传统。

　　造成巴文化研究多层面、理解多元化的原因，是巴文化的不稳定性、迁移性和"多中心"等，当然这也是巴文化的主要特征。不稳定性主要是指包括巴人在内的，以及其从属或文化习俗相近的族群具有不稳定性。例如：巴人的源头有蛇巴、虎巴之说，分支有姬姓之巴、廪君之巴等，地域分布有丹山之巴、汉江之巴、清江之巴、江州之巴等看法，在巴人有据可考的两千余年历史长河中，不同部落、不同人群的分合与消融不曾间断，如"巴蛇食象"的成语暗示了以蛇为图腾的部族吞并了象图腾部族。迁移性是指巴文化族群主体和政治中心因各种内外原因，存在从一个地方转移到另一个地方的现象。例如，廪君巴人原居"武落钟离山"，乃乘土船，"从夷水至盐阳"，最后"君乎夷城"②。如战国时期巴国"虽都江州，或治垫江，或治平都，后治阆中"③，迁徙成为巴文化族群的普遍现象。"多中心"是指巴国政治中心具有去中心化的特征。以战国时期的巴文化重要遗址而言，就有涪陵小田溪、云阳李家坝、开县（今开州区）余家坝、巴县（今九龙坡区）冬笋坝、宣汉罗家坝等遗址和墓地，这些遗址间等级差异小，特征不明显，缺少三星堆遗址、金沙遗址等蜀文化那样的超大型聚落。

---

① 民族是一个现代概念。对于上古的人类，族群概念应该更适合。当然还有一个人群的概念，但人群对应考古学中的聚落、聚落群或小环境单元的社群更合理一些。
② （南朝宋）范晔撰，（唐）李贤等注：《后汉书》，中华书局1965年版，第2840—2841页。
③ （东晋）常璩：《华阳国志》，齐鲁书社1998年版，第9页。

二、文献与考古研究中的主要问题

历史和考古是巴文化研究最重要的阵地，从20世纪40年代初以来，巴文化研究取得了重大的突破和巨大的收获。但在研究方法上，当前也存在三个方面的主要问题。

第一个问题是历史学研究中的盲从倾向。由于有关巴人、巴国的文献资料少，可供选择和辨析的更是不多。这些材料又是后人整理而成，特别是早期巴人的传说，源出文献较杂，相互抵牾较多，一些研究不加辨析而轻易采信的情况较为常见。例如，甲骨文中共有39条"巴"的材料，除唐兰释为"巴"字外[1]，郭沫若释"儿"[2]，陈梦家释"印"[3]，郑杰祥释"抑"[4]，但在巴文化研究中，引用甲骨之"巴"不疑者尤多。在晚期巴人的研究中，也有轻易将各种蛮、夷归为巴人的。此外，有的古文献本身就含混不清或有错误，如《宋史·蛮夷传》就载"渝州蛮者，古板楯七姓蛮，唐南平獠"[5]，以致有的论者也跟着巴、獠不分。

又如，《华阳国志·巴志》提到武王伐纣后，"以其宗姬封于巴"，《左传·昭公十三年》又载楚共王夫人"巴姬密埋璧于大室之庭"[6]，一些学者因此推定周代巴国为姬姓巴国。但这一看法至少缺少过硬材料支撑。《尚书·牧誓》中记载武王伐纣有"庸、蜀、羌、髳、微、

---

[1] 唐兰：《天壤阁甲骨文存并考释》，辅仁大学影印本1939年版，第54页。
[2] 郭沫若：《殷契粹编》，科学出版社1965年版，第660页。
[3] 陈梦家：《殷墟卜辞综述》，中华书局1988年版，第284页。
[4] 郑杰祥：《商代地理概论》，中州古籍出版社1994年版，第320页。
[5] （元）脱脱等：《宋史》卷496，中华书局1977年版，第14240页。
[6] （周）左丘明著，（晋）杜预注，（唐）孔颖达正义：《春秋左传正义》，北京大学出版社2000年版，第1509—1518页。

卢、彭、濮人"①，独不见巴（当然这中间有后来巴国的属民"濮人"）。巴国作为武王的宗室子弟或赐姬姓，在有关文王、武王或成王进行分封的备物典册中无史可考，《史记·周本纪》关于王室世系的记载见周武王有子十人，这十人或其后代中没有一个与宗姬巴国有关。《左传·昭公十三年》记载的二十七个西周宗室诸侯国亦无巴国。因巴姬而推断"巴为姬姓"的依据也存在疑问。在上古时期，"姬"除了作为周室宗亲姬姓诸侯女子称呼外，也是地位尊崇的女性统称，为"妇人美号"。笔者检索《左传·昭公十三年》，其中女子名姬者达几十人，也有少数非姬姓诸侯女子以"姬"而称（如"越姬""赵姬""秦姬""曼姬"等）。此外，在晚期巴国中，廪君蛮中有巴、樊、曋、相、郑五姓，廪君死后"巴氏以虎饮人血，遂以人祠焉"②，"巴氏祭其祖，击鼓而祭，白虎之后也"③。显见巴氏是巴国的首姓，拥有独家祭祀祖先神的权力，是世袭的统治者。直到秦灭巴后，秦仍以"巴氏为蛮夷君长"，而未见巴国首领"姬"姓之说。综上所述，目前无可靠证据证明周代巴子国为姬姓，历史上是否存在姬姓巴国尚可存疑。

第二个问题是考古学研究中的随意倾向。在一些研究中，存在不辨识考古文化因素、不分辨遗存埋藏情况、不按考古学文化命名原则直接归于族属等现象。如在研究巴文化物质遗存时，动辄把重庆地区、鄂西地区的史前文化，乃至旧石器文化视作巴文化或巴文化源头，有的甚至追溯到200万年前的"巫山猿人"。须知史前氏族部落和历史时期的民族具有不同的政治组织和社会结构，从史前到原史时期

---

① （汉）孔安国传，（唐）孔颖达疏：《尚书正义》，北京大学出版社1999年版，第284页。
② （南朝宋）范晔撰，（唐）李贤等注：《后汉书》，中华书局1965年版，第2841页。
③ （唐）樊绰著，向达校注：《蛮书校注》，中华书局1962年版，第397页。

时间跨度以千年、万年计，人群移动、血缘变化和文化变迁十分剧烈，所以考古学不主张轻易将两者联系挂钩，除非有很充分的证据。又如，有的学者将西陵峡及其以东地区的早期巴文化划分为前后相继的白庙类型、路家河类型和上磨垴类型。①而考古学界通常所说的"白庙遗存"是指三星堆文化侵入前，鄂西地区与重庆地区中坝文化最末阶段的"老关庙遗存"，与成都平原宝墩文化最末阶段的"鱼凫村遗存"归属同时代的遗存，而作者所说的"白庙类型"是三星堆文化扩张到鄂西地区后产生的一种文化或文化类型——朝天嘴文化，这在白庙遗址里几乎不见。②

第三个问题是文献材料和考古材料结合中的削足适履现象。有的研究者从文献角度出发，为了达到"证经补史"的目的，将考古材料生搬硬套去说明史学论点。当然，也有相反的情况，曲解文献本意解释考古材料的。《华阳国志》记载"（蜀）后有王曰杜宇，教民务农……巴亦化其教。"有的研究者将巴蜀地区的农耕文化初始时代下延，并从一些遗址出土的动物骨骼出发，认为早期巴文化渔猎经济占据了很大比重，但其没有认真研究遗址的动物考古、植物考古的成果。有的史学研究者指出，"巴地文化包括川东、长江三峡和鄂西南的土著新石器文化，考古学上称为早期巴文化"③。作为考古工作者，我们知道这样的说法至少是不严谨的，部分考古工作者学术的不规范导致史学研究者的囫囵吞枣。

又如根据文献记载，学术界普遍认为，西周、春秋时期巴国位于陕南、鄂西北汉水上游地带，其政治中心在春秋晚期或春秋战国之交

---

① 管维良：《三峡巴文化考古》，中国言实出版社2009年版，第35—36页。
② 国家文物局三峡工程文物保护领导小组湖北工作站编：《三峡考古之发现》，湖北科学技术出版社1998年版，第265—284页。
③ 段渝：《巴蜀古代文明的时空构架》，《文史杂志》2000年第6期。

时迁徙进入今四川盆地东部。为支持这一论点，有的研究者认为，"湖北襄阳山湾东周墓葬内出土的柳叶形剑、内上阴刻虎纹的戈、隆脊带血槽的柳叶形矛，以及荆门出土的'兵避太岁'戈等，均属典型的巴式器物。年代早于川东所出同类器物。湖北枝江、宜昌等地近年也出土巴式青铜器，尤其清江河谷发现大量巴式青铜兵器。从巴式器物的分布范围及其年代早晚关系，不难看出巴国文化从汉中之东南迁三峡地区的历史陈迹，这与文献的记载是基本吻合的"①。这些认识也许接近历史真相，但推演过程并不那么严谨。且不说襄阳山湾2号墓是否属于巴文化墓葬并不确定②，仅凭几件器物的年代早晚关系就得出"巴国文化从汉中之东南迁三峡地区"的结论，在逻辑上也并不严密，因为在三峡地区出土的早期巴文化铜器虽然少，但并不比襄阳山湾的时代晚。③再如，有的学者主张西周早、中期的鱼国是由巴人建立的，并仅仅依据鱼国墓地曾出土木盾牌，从而提出鱼国解体后，"鱼国巴人进入四川渠江流域，归流到巴人大家庭中。因其族以板楯为号，史书称为板楯蛮"④。

三、考古文化与族属文化关系研究的基本方法与实践

当前，有必要从各学科的理论和方法上进一步规范巴文化研究。从考古学的角度辨析巴文化有两个基本方法。

一是按考古学文化的方法梳理文化谱系，定义考古学文化，再探

---

① 段渝：《先秦巴文化与巴楚文化的形成》，《华中师范大学学报》（人文社会科学版），2004年第6期。
② 湖北省博物馆：《襄阳山湾东周墓葬发掘报告》，《江汉考古》1983年第2期。
③ 如重庆忠县瓦渣地遗址1997年发掘的M1出土柳叶形铜剑和三角援铜戈各1件，据碳十四年代和层位关系可早到西周晚期。
④ 赵炳清：《先秦时期巴文化的形成与演变研究》，《长江文明》2017年第2期。

讨巴文化与考古学文化的关系，进而深入研究巴人、巴国的社会。考古学文化总体是客观的，把它与族属文化相联系则是一种主观认识。

二是按"由近及远、追末溯本"的方法，从比较清楚的晚期巴文化基本要素，研究其演变发展的可能路径，一步步倒追早期巴文化乃至其源头。这是基于文化的由来，其形成、发展、演变存在逻辑关系，通过"顺藤摸瓜"的方式厘清其体系。

根据考古学的惯例，当新发现具有共同特征的、在一个时间段内具有稳定性的、存在一定分布范围的遗存时，应将第一个遗址或典型遗址命名为考古学文化或文化类型（一个考古文化下的次级文化集合体）。按照这一原理，在巴文化族群活动范围内，目前可以按鄂西长江流域、重庆及川东地区、陕南地区三大板块，构建新石器最末期至东周时期的考古学文化谱系。其中鄂西长江流域（主要是鄂西三峡地区及清江流域）经历了"白庙遗存—朝天嘴文化—路家河文化—楚文化"的文化序列。重庆及川东地区经历了"老关庙遗存—三星堆文化峡江类型—石地坝文化—瓦渣地文化—李家坝文化"的文化发展历程。陕南地区的考古发现主要集中于汉中盆地，文化序列尚未完全构建起来，其大致经历了"晚期龙山文化……宝山文化[①]至鱼国墓地（关中平原西南部山前地带）至中期巴蜀文化[②]至巴蜀墓葬、秦墓、楚墓"的变迁。上述文化序列是抽象化的结果，实际情况比这复杂和生

---

① 陕西省考古研究所、陕西省安康水电站库区考古队：《陕南考古报告集》，三秦出版社1994年版，第358—387页。

② 2008年，重庆市文化遗产研究院在重庆城口县任河流域的旦坪遗址（县保单位）采集到束颈大口厚胎花边圈底罐残片，其时代约当春秋至战国早期，是晚期巴文化的典型陶器。任河为重庆境内唯一流向盆地外的河流，流经四川万源在陕西紫阳县入汉水，为汉水上游最大的支流。另外，位于关中与汉中之间的陕西凤县曾出土有典型陶尖底罐，见唐金裕、杨建芳：《凤县古文化遗址清理简报》，《文物参考资料》1956年第3期。可见，在春秋至战国早期时，汉水上游很可能仍然为巴蜀文化的分布区。

动得多。例如，在瓦渣地文化时代，从今奉节到秭归地区存在一种叫作"双堰塘遗存"的文化类型，其中就包含着较多的楚文化因素。①又如，李家坝文化时期，约为战国中期偏晚至晚期偏早阶段，三峡地区长江干流忠县及以下普遍发现有典型的楚文化墓葬，这与文献记载的楚大规模西进可印证②。

上述地区与成都平原同时期文化参照，可以得到以下文化对应表，见表1。

表1　　　　　　　古代巴蜀地区考古学文化序列对应表

鄂西地区	陕南地区	重庆、川东地区	成都平原	绝对年代
白庙遗存	晚期龙山文化	老关庙遗存	鱼凫村遗存	约公元前2000—前1800年
朝天嘴文化		三星堆文化峡江类型	三星堆文化	约公元前1800—前1250年
路家河文化	宝山文化	石地坝文化	十二桥文化	约公元前1250—前1000年
楚文化	鱼国墓地（关中盆地西南渭河南岸）	瓦渣地文化	新一村文化	约公元前1000—前500年
	中期巴蜀文化？			
	巴蜀墓葬、秦墓、楚墓	李家坝文化	青羊宫文化	约公元前500—前150年

说明：1.绝对年代依孙华《四川盆地青铜文化初论》一文。③其年代主要展现的是川渝各考古学文化的绝对年代，其余地区的考古学文化与之相比，此处只做大致对应。

---

① 白九江：《巴文化西播与楚风西渐》，《重庆社会科学》2009年第10期。
② 白九江：《从三峡地区的考古发现看楚文化的西进》，《江汉考古》2006年第1期。
③ 孙华：《四川盆地的青铜时代》，科学出版社2000年版，第2—46页。

2. 鱼国墓地具有强烈的巴蜀文化特征，有学者认为是城固洋县铜器群主人部分北迁后的遗留，但更多学者认为与蜀文化有强烈关系，笔者认同后者。一是鱼国的组合名暗示了与蜀鱼凫王朝的联系，二是出土的几件有铭铜器同样见于彭州竹瓦街铜器，三是出土的双手持物式铜立人与三星堆、金沙铜人类似，四是绳纹广肩深腹罐等与新一村文化陶器相同。

3. 陕南地区西周至春秋时期缺少考古发现，这一时期西部一度有褒国，东部一度存在庸国。按文献记载，巴国政治中心亦应在汉水上游。褒国或为后来的苴国，庸国为秦、楚、巴三国灭亡后巴亦分得其部分地区，加上褒、庸的文化面貌大体可归入巴文化范畴，可以推知陕南地区大部分应为中期巴文化的分布范围。同时考虑到蜀与苴国的特殊关系以及蜀与早期鱼国的密切联系，汉中盆地西部很可能也是蜀与中原交流的重要通道，其中位于关中与汉中之间的凤县曾出土有蜀文化典型陶器尖底罐[①]，推测陕南西部应该也有蜀文化分布。

4. 陕南地区战国时期考古学文化较复杂。汉中地区早期主要是秦、蜀反复争夺之地，晚期则为秦、楚争夺之地；而安康及以东地区早期或归巴国，晚期亦为秦、楚争夺之地。陕南地区考古发现早期主要是巴蜀文化墓葬，晚期有少量秦文化、楚文化墓葬。[②]

考古学文化是一个时期在一定地域范围内的具有共同特征的物质文化，它既与文化主人的主动创造性有关，又与所处地域环境的适应性有关。因此，这些物质遗存具有很强的双重属性，其物质特性在一定地理单元内或相似地理单元间具有通用性。民族的活动范围、活动边界往往并不固定，且民族间还存在征服、同化的问题，以及小聚

[①] 唐金裕、杨建芳：《凤县古文化遗址清理简报》，《文物参考资料》1956年第2期。
[②] 杨亚长：《略论陕南地区的战国墓葬》，《考古与文物》1997年第4期。

居、大杂居等问题。从以上情况出发，可以得出考古学文化与族属文化存在几种对应关系。

（1）一个考古学文化对应或主要对应一个族属文化。如青羊宫文化就对应晚期蜀文化。

（2）一个考古学文化对应两个或两个以上的族属文化。如三星堆文化分布范围广泛，其地域范围内应当包括了除蜀人之外的其他多个族群。

（3）一个族群也有可能创造两种以上的考古文化。例如时间段上的前后衔接的两种考古文化（如新一村文化和青羊宫文化），也有同时存在两种及以上考古文化（类型文化）的极端情况。

考古学上一般不把史前文化与商周时期的族属文化前后联系。因此，宝墩文化鱼凫村遗存只能看作是古蜀文化的源头之一，而不能纳入蜀文化范畴。从文化发展的阶段性看，以成都平原为例，可把考古学文化对应的蜀文化分为三个大的阶段：早期蜀文化（三星堆文化、十二桥文化）、中期蜀文化（新一村文化）、晚期蜀文化（青羊宫文化）。

以上是我们探讨的第一种方法。第二种"由近及远、追末溯本"的方法，关键是要把握考古学文化中的核心特征或主要特征。如晚期巴文化（李家坝文化）中圜底器和尖底器在器物群中所占比例较大，也最为显眼，可能暗示了巴文化存在某种形式的"二元结构"。其中，圜底器的器类有圜底釜、鍪、圜底罐等，尖底器有尖底杯、尖底盏、尖底罐等。按照这些基本特征，可将晚期巴文化上溯至瓦渣地文化，并进而上溯至更早的路家河文化、宝山文化、石地坝文化。这样，至少可以把这两个阶段的四种文化确定为巴文化当无大谬。

再往上溯，三星堆文化峡江类型中不见圜底器，但可偶见尖底杯，由于数量太少，似与后期巴文化差异较大，应为三星堆王国统治下的、孕育少量巴文化因素的一种考古学文化。有的激进观点甚至认为："四川盆地在夏商周时代'有蜀无巴'。"[1]当然这一认识颇为偏颇，至少忽略了巴国政治中心与巴人、巴文化是不同的概念，但另一方面，这一看法对于我们认识峡江地区三星堆文化还是有裨益的。鄂西地区的朝天嘴文化既有大量三星堆文化因素，又有一些中原商文化的因素，还有较多圜底器为代表的土著文化因素，虽然后者是晚期巴文化的重要元素，但由于不具备尖底器和圜底器的组合，故仍然不能简单对应为巴文化。

随着朝天嘴文化后来向西扩张，圜底器文化主人和尖底器文化主人的汇流，具有完整意义的巴文化才形成——宝山、路家河、石地坝构成的"早期巴文化群"[2]。同时，圜底器文化主人向西扩张的过程中，也迫使部分尖底器文化主人向更西的地方迁移，进入三星堆文化核心区，从而使三星堆文化崩溃（三星堆祭祀坑中出现了此前未见的尖底盏），并形成了"十二桥文化"。其中，路家河文化形成后，还向北进行了扩张，在陕南地区和汉水上游地区进一步与商文化接触后，

---

[1] 林向先生认为三星堆文化和十二桥文化时期，四川盆地"是以'蜀人'为核心的'古蜀文明'的范围"。他忽略了三星堆文化与十二桥文化在基底上的重要差异，而且这种差异很可能属于一种起源于鄂西、重庆地区的新兴文化向西扩张的结果。故"有蜀无巴"的论断用于三星堆文化时期尚可成立，但十二桥文化时期的认识则值得商榷。后者在重庆地区不一定存在巴国（当时的巴国或巴政治中心在汉水上游），但文化学意义上的巴文化则已经确立。见林向：《四川盆地的文明化进程新探》，《中华文化论坛》2018年第11期。

[2] 笔者此前曾提出"十二桥文化圈"的概念。十二桥文化圈包括成都平原的十二桥文化、重庆地区的石地坝文化、鄂西地区的路家河文化和陕南地区的宝山文化。在十二桥文化圈内，各文化共有尖底器传统。但十二桥文化和其他三个考古文化明显有一个重要差异，即基本不见圜底器（仅发现十二桥遗址IT15（12）:65小口绳纹釜1件，且按简报说法，"中期"还有"菱形回字纹"，为新一村文化纹饰，故不能排除此件陶器为新一村文化陶釜）。圜底器是后三个文化的共有特性，故笔者进一步提出由路家河、石地坝、宝山组成的"早期巴文化群"的认识，该文化群应该与巴文化有关，而十二桥文化则与蜀文化有关。这是巴、蜀文化的第一次正式分野。见李禹阶主编：《三峡考古与多学科研究》，重庆出版社2007年版，第67—90页。

产生了具有一定地域特色的宝山文化。宝山文化以辉煌的青铜器群闻名，即著名的"城固洋县铜器群"[1]，结合文献记载的巴国活动范围看，很可能这一时期的巴国政治中心就在陕南东部地区，见图1。

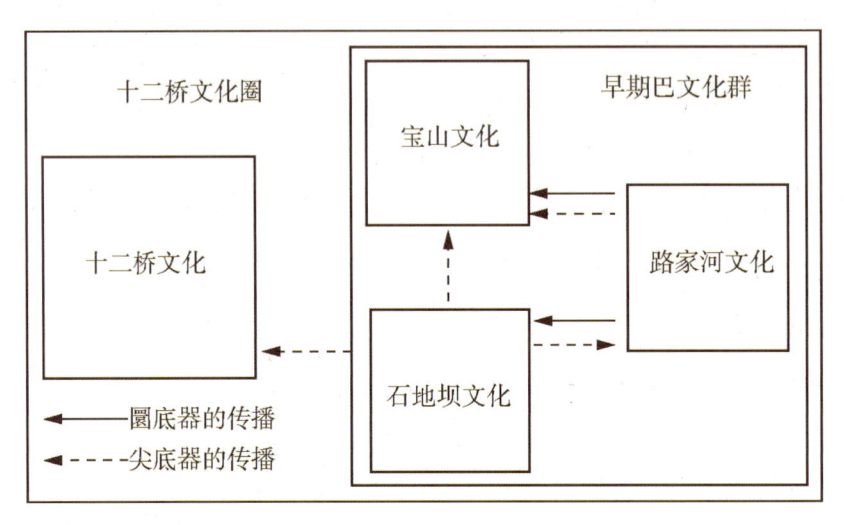

图1 十二桥文化圈圜底器和尖底器的传播示意图[2]（圜底器传播至成都平原要到十二桥文化末或新一村文化时期）

我们知道，在考古学文化和族属文化的关系研究中，已经有一些成熟的案例可供借鉴。例如，考古学者将商王朝建立以来其控制地域内形成的具有共同特征的物质文化（大体包括考古学上前后相继的二里冈下层文化、二里冈上层文化、殷墟文化）称为"商文化"，而将商汤灭夏以前以商部落为主体的族群在发展和迁徙过程中创造的物质文化称为"先商文化"（大多数学者认为下七垣文化是先商文化）。考

---

[1] 赵丛苍主编，西北大学文博学院、陕西省文物局编：《城洋青铜器》，科学出版社2006年版。
[2] 除圜底器和尖底器（在宝山文化中为小底尊形杯）两种基本器类外，还有一些典型器在十二桥文化圈内互相传播。例如：宝山文化的有鋬圜足尊在石地坝文化（忠县老鸹冲遗址）中也能见到，十二桥遗址的扁腹壶（水观音遗址）在宝山文化中也有相应器型。

古学家以同样方法研究并命名了先周文化和周文化，周人迁居关中前关中地区的考古学文化则称为"前周文化"。

因此，对于古代巴人活动过的地区的考古学文化，从族属文化的角度看，有构建"巴文化""先巴文化""前巴文化""后巴文化"概念的必要，见图2。所谓的先巴文化，是指巴文化正式确立前，巴文化族群先祖创造的物质与非物质遗存的总和，是巴文化的源头文化，两者在主体上是传承关系。[①]所谓的前巴文化，是指巴文化正式确立前，在巴文化分布地域内的、与巴文化没有明显传承关系的物质与非物质遗存的总和，两者之间总体上是替代关系。所谓的后巴文化，是指巴文化作为一个主体整体消失后，仍然在个别地区或当地汉文化中存留的少量巴人族群特征的物质与非物质文化因素。

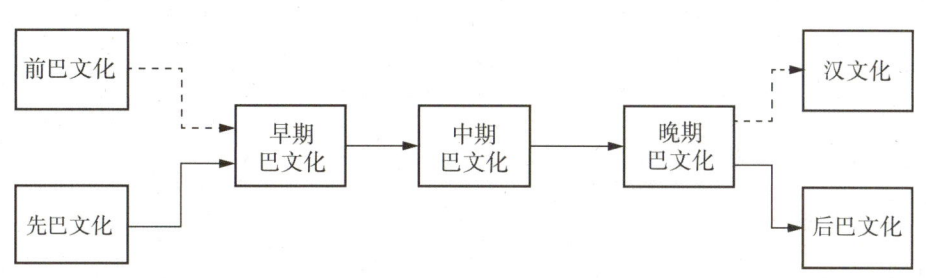

图2 与巴有关的几个文化概念关系示意图（图中虚线表示弱传承关系，实线为强传承关系）

按照上面的思路，大体可以在考古文化与族属文化之间建立起紧

[①] 在蜀文化研究中，已有学者进行过类似的思考，但到目前为止，蜀文化的概念体系并不完善。林向曾提出"先蜀文化"的概念，他的先蜀文化对应成都平原新石器晚期的宝墩文化。见林向：《"巴蜀文化"辨证》，《华中师范大学学报》（人文社会科学版），2006年第4期。段渝、林向等还提出"古蜀文化"的概念，林向提出的古蜀文化主要是指三星堆文化和十二桥文化。段渝提出的古蜀文化时代包括夏商周西周，见段渝：《巴蜀古代文明的时空构架》，《文史杂志》2000年第6期。近年来在四川文史考古界又有古蜀文明的提法，意在强调文化发展高度，深入研究文明进程的历史。

密的联系。我们先看朝天嘴文化，由于具有较多后来巴文化的典型器——圜底器①，因此，它很可能是巴文化的重要来源，将其称为"先巴文化"可大略成立。再观三星堆文化峡江类型，其中的尖底杯虽然也是后来巴文化中尖底器的来源，但是目前发现的数量屈指可数（仅在云阳大地坪遗址②、万州中坝子遗址③、涪陵蔺市遗址④各发现1件厚胎角状尖底杯），在所有器物中所占比例极小，暂可以称为"前巴文化"（图3）。而对后续诸考古学文化，前文已明确其"巴文化"性质，但亦可分为早期巴文化（路家河文化、宝山文化、石地坝文化）、中期巴文化（瓦渣地文化）、晚期巴文化（李家坝文化）三个阶段。⑤

---

① 朝天嘴文化的典型遗址是秭归朝天嘴遗址和宜昌中堡岛遗址。朝天嘴遗址夏商时期文化遗存出土过1件"尖底杯"，由于太残，尖底部分基本不存在，我们认为应该存疑。中堡岛遗址夏商时期遗存曾出土多件陶尖底杯，笔者检索了遗址地层关系，尖底杯均出土于夏商时期的偏晚地层，该期陶器还可细分为两期：一期出圜底器，二期既出圜底器，又出尖底器。一期为夏代晚期至商代早期偏早，二期似为商代早期偏晚至商代中期。故可确定一期为朝天嘴文化，二期为路家河文化早期。
② 大地坪遗址出土厚胎角状尖底杯为最早期的地层。同时，根据论文提供的资料，还出土有较多圜底器。见粟林洪：《浅析重庆云阳大地坪遗址夏商时期文化遗存》，《长江文明》2018年第4期。笔者检索可对比的地层关系，发现其均不是最早期的地层出土，个别圜底器的时代甚至可下延到东周。另，该遗址的第Ⅳ、Ⅴ段还出土有折肩的尖底杯（YDET1 ⑧:32）、尖底罐（YDET18 ④:3），这些都是路家河文化和石地坝文化的典型陶器。由此可见，大地坪遗址的夏商时期应分为三星堆文化和石地坝文化两个阶段，而不是只有三星堆文化一个阶段。其中第一个阶段只出厚胎角状尖底杯，不出圜底器、折肩尖底杯和尖底罐。
③ 重庆市文物局、重庆市移民局：《重庆库区考古报告集》（1997卷），科学出版社2001年版，第347—380页。
④ 重庆市文物局、重庆市移民局：《重庆库区考古报告集》（1999卷），科学出版社2006年版，第786—806页。
⑤ 宋治民等将巴文化、蜀文化分为早期巴文化、早期蜀文化和晚期巴文化、晚期蜀文化。两阶段论在目前的巴蜀文化研究中占主流。类似的分期还有古蜀文化、古巴文化和晚期巴蜀文化等。从考古文化发展阶段性看，分为三个大的阶段应该更合适。巴文化、蜀文化是一种族属文化，主要依托于考古文化建立概念，因此，笔者主张分早、中、晚期较为合适。见宋治民：《蜀文化与巴文化》，四川大学出版社1998年版。

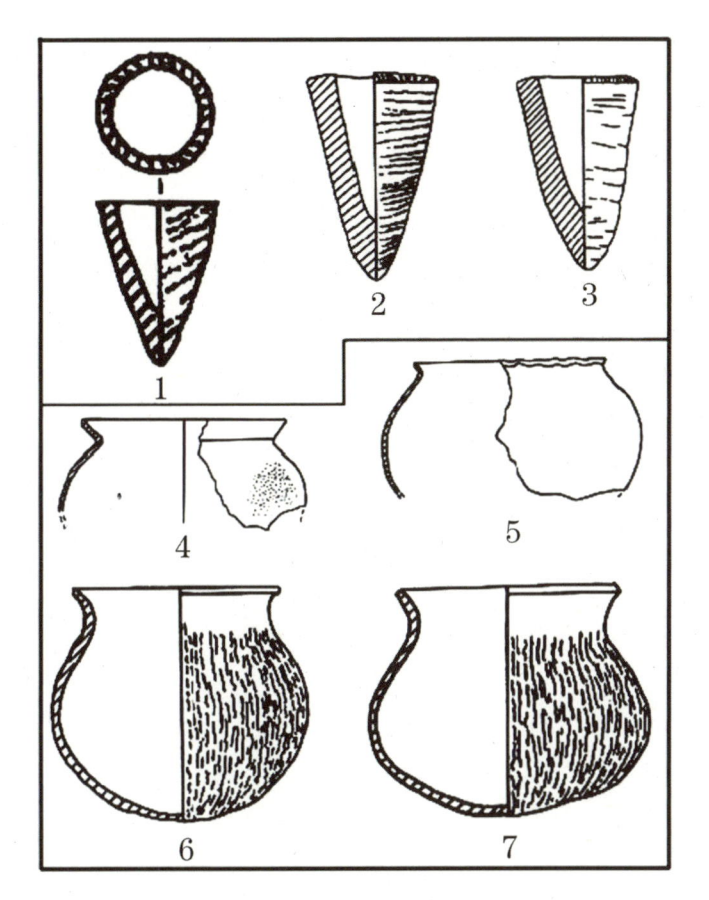

图3 三星堆文化时期重庆三峡地区、鄂西地区出土尖底杯和圜底器
1. 云阳大地坪2005YDFT42⑦:18 2. 涪陵蔺市T080 3. ⑥:113. 万州中坝子H28:3 4. 秭归朝天嘴T6⑥:47 5. 秭归朝天嘴T6⑥:50 6. 宜昌中堡岛H17:3 7. 宜昌中堡岛T0504⑦:24

巴国虽然于公元前316年为秦国所灭，巴蜀地区亦"染秦化"，但由于秦仍尊巴氏为"蛮夷君长"，在秦的政治支持下，巴文化反倒得到加强，分布范围一度还得以扩大。汉帝国建立初期，巴文化逐渐式微，但在部分地区，"一依秦时故事"①，故仍然存在很强的地方性。

---

① （南朝宋）范晔撰，（唐）李贤等注：《后汉书》，中华书局1965年版，第2841页。

至西汉武帝时期，巴文化基本融入汉文化，作为整体的巴文化彻底消失，这也是巴文化的年代下限。此后，从文献记载看，一些仍然具有地域传统特征的巴文化族群仍然零星活跃在巴渝大地，其时代下限可至隋唐时期。如《华阳国志》记载的朐忍县"白虎复夷"、巴东郡"奴、獽、夷、蜑之蛮民"，《水经注》等记载的武陵地区的"五溪蛮"等，均为原巴国属民。从考古发现看，自西汉中期以后，巴制被"汉制"所取代，但在汉文化遗物中，仍能见到"立耳釜"等巴文化因素遗物，悬棺葬继续存在于一些高山峡谷中，我们可将这类文化遗存称为"后巴文化"。宋元以来，一部分巴文化族群继续融入汉人，一部分巴人与其他民族一道，逐渐向土家族方向演化，此后的文化就只能算土家族文化了。

四、结语

文化和民族都是现代人构建的概念，从考古学上审视巴文化，必须对巴文化的若干概念进行理论抽象。抽象后的巴文化创造者则不必仅在巴族、巴人这样的特定人群中打转，而应以巴文化人群重新进行定义。同理，亦可将巴国的概念升华为巴文化国家，巴文化国家包括最重要、最突出的巴国，但也可能当时还存在其他若干巴系小国家或诸侯。这有利于解决我们认知苴、夔这些政权的文化主人归属问题。

当前巴文化研究中历史、考古虽然有较多融合，但双方在理解彼此学科概念和内涵上还不够深入，运用彼此成果上还不够熟稔，因而许多论述方法不够科学，研究结论自然不够坚实。从考古学角度看，只有先按照考古学理论方法建立区域考古学文化和文化谱系，考察这一区域文化变迁、文明进程、社会状况等问题才有可对话的时空基础，然后才有进一步关联巴文化、定性巴文化的基础。深入发掘巴文化的内涵和外延，特别是研究巴文化的内涵嬗变、区域扩展与中心迁移等问题，必须结合历史文献，以考古学文化为基础，通过纵、横两个方向的对比分析，按照"由近及远、追末溯本"的方法，追溯巴文化、寻踪巴文化，从而构建整体的巴文化概念体系，进而通过多方面的深化研究，逐步搭建并完善巴文化的学术体系。

（原文刊于《长江文明》2020年第3期）

试论中国川江历史文化的世界性

蓝 勇[①]

流域历史地理学在近二十多年来成为学术界有一定影响的领域。但是，就流域历史地理学来看，还有许多流域的历史特征总结和地位定位工作还做得不够充分。从学术研究方法来看，流域历史地理研究必须建立在比较意义的研究基础之上，而这种比较不仅需要在一个大区域内来进行，更需要从整个中国乃至世界的空间上来比较研究。这里，我们就从世界视野角度来分析一下中国川江历史文化的特征和地位，以期推动历史流域地理研究的深入。首先，我们需要对长江上游河流自然特征和古代文明地位的关系作初步的分析，再探索川江流域历史文化在整个世界范围内的地位，分析其在世界范围内的独特性和唯一性。

一、世界视野下的长江上游文明特征和川江历史文化地位

长江是世界上第一水能大河，世界第三长的大河流，这是从自然属性上讲的长江的世界性。但如果从世界文明史来看，我们知道黄河文明与古代埃及、印度、两河流域被视为世界四大文明，而长江文明在东亚大陆的文明史有重要的历史地位，特别是在近一千多年的时段

[①] 蓝勇，西南大学历史文化学院教授。

内长江文明的世界影响力已经远远超过了黄河文明，而长江上游的文明即使是在上古和中古时期，也可以说有其特殊的地位和影响。

以前，我们对长江上游的历史文化在长江文明中的历史地位认知往往是欠缺的，不仅是从自然意义上认知不到位，而且从文化上的认知同样不到位。从自然上来看，长江干流宜昌以上为上游段，全长达4504千米，控制流域面积100多万平方千米，河流体系繁杂多样，共有1300多条大小支流，支流众多而河道形式多样，有的河道峡谷高深，比降落差大，水流湍急，但各河流中下游地区往往流经平坝、浅丘地区，适合人类生息。整个长江上游的人类聚居区主要都处于亚热带季风气候背景下，特别是岷江中下游、金沙江下游、川江主流及沱江、嘉陵江中下游、涪江、渠江等地区降雨丰沛，气候湿润，土壤肥沃，适宜农耕，最适宜人类生息，从这个自然意义上讲，可能任何世界大河上游地区都难以与之相提并论。

在孕育世界文明的大河中，印度恒河源头是阿勒格嫩达河和帕吉勒提河，两河上游奔腾于喜马拉雅山间，地势由海拔3150米急降至300米，急流汹涌，且支流不多，气候较为干燥。而印度河上游奔腾于高山深谷间，气候高寒，中游才进入广阔的印度河平原地区，进入阿拉伯海。[1]埃及尼罗河虽然全长6600千米以上，上游两个源头白尼罗河、青尼罗河比降大，有较多湖泊和瀑布生成，通航不便，支流不多，气候较为干燥。[2]两河流域幼发拉底河全长2800千米，上游段河谷宽窄夹替，深峡迭现，但支流并不多。而底格里斯河只有2045千米，是一条典型的山间河流，河谷狭窄而流速快，河槽深切，沿途多

---

[1] 刘德生主编：《世界自然地理》，高等教育出版社1986年版，第225页；邓伟主编：《南亚地理 资源与环境》，四川科学技术出版社2016年版，第133页。
[2] 鞠继武：《非洲地理》，新知识出版社1955年版，第28页；刘德生主编：《世界自然地理》，高等教育出版社1986年版，第225页。

峡谷与险滩，但同样支流不多。南美洲的亚马孙河全长 6400 千米以上，上游支流众多，与长江上游有相似之处，但地处热带雨林，降雨相当丰沛，河流比降较小，①与长江上游又有所不同。北美洲的密西西比河全长 6262 千米，拥有 2500 多条支流，上游的支流较多，比降也较大，与长江上游在整体环境上有相似之处。但由于上游地区地处纬度远远比长江上游高，冬季气温低，降雨量较少，②又与长江上游大多数地区年降雨量在 1000 毫米以上不同。所以，中国长江上游在地理特征上虽然与世界的个别大河上游有相似之处，但从其支流众多、比降较大，气候温暖湿润的亚热带气候背景来看，没有一个世界大河的上游是相似而可以替代的。

正因为如此，在世界的大江大河中，一部分大江大河虽然在自然上可称为世界级的大江大河，但人类文明的曙光却出现较晚，如美洲的密西西比河流域、亚马孙河流域等；一部分大江大河虽然文明出现较早，但文明主要产生在河流的中下游地区，如古代印度河和恒河文明、古代两河文明、古代埃及文明、古代黄河文明等。其中两河流域的底格里斯河中上游曾出现过亚述文明，但由于底格里斯河仅长 2000 多千米，在世界范围内并不是典型的大江大河，而且两河文明进入公元后在外族进入后出现了衰落和中断。③唯有长江上游的文明出现时间之早、影响范围之大、延续时间之长，不仅不在中下游之下，在宋代以前长江上游文明的影响远远超过中下游地区，而且放在世界大河上游文明内来看也是罕见的。我们知道，先秦时期长江上游的宝墩、

---

① 刘德生主编：《世界自然地理》，高等教育出版社 1986 年版，第 323 页；张荦：《南美洲》，科学普及出版社 1958 年版，第 11 页。

② 刘德生主编：《世界自然地理》，高等教育出版社 1986 年版，第 323 页。

③ 《钱伯斯世界历史地图集》，生活·读书·新知三联书店 1981 年版；张芝联、刘学荣主编：《世界历史地图集》，中国地图出版社 2002 年版，第 12—21 页。

三星堆、金沙遗址文明在商周文明中地位重要，汉唐时期四川盆地地区的历史地位也远远高于长江中下游地区；到了宋代以后，虽然长江上游的政治经济文化地位相对落后于长江中下游地区，但文明一直发展没有间断，使川江的历史文化仍然在中国有重要的地位，而更由于长江上游川江河段特殊的环境背景与不间断作为经济文化较发达地区的沉淀，塑造出的历史文化特征，在世界意义上仍有极高的独特价值。

从自然地理角度来看，长江上游是一个较为独立的流域单元，但如果从文明角度上讲，由于长江上游整体地理环境的内部差异，在长江上游这个流域面积100多平方千米空间内，各个亚区的环境差异是较大的，由此不同地区的历史文化地位也不一样。就历史时期长江上游人类文明出现的区域来看，在近3000年时间内，人类主要是活动于川江主流、岷江中下游、金沙江下游、嘉陵江中下游、沱江、渠江和涪江地域、乌江下游等地区，这些地区沿江多为平坝、台地、浅丘地区，降雨丰沛，气候湿润。川江流域面积只是集中在四川盆地26万平方千米内中南部的16万平方千米内。所以，我们称的长江上游的文明空间主要是在上述川江流域内。即上古历史上的巴蜀文化、中古历史上的蜀文化、近古以来的四川文化的主体都是在这个川江流域的这16万平方千米的空间，而长江上游西段的横断山脉、四川盆地四围的大巴山、巫巴山地、武陵山脉、大娄山系、乌蒙山、大小凉山等地的文明地位并不突出，特色也不如川江流域这样具有独特性而具有世界性。

从自然环境特征来看，川江流域的台地、平坝、浅丘地区气候上属于亚热带季风气候的中亚热带湿润气候，东南谷地属于南亚热带气候，特别是川江主流在北纬31—28度，年均温一般在18℃左右，降雨量一般在1000—1300毫米，生物多样性明显，土壤肥沃，适宜人类传统农业垦殖。从区位地缘特征来看，以上川江流域地区完全处于四川盆地内部，在传统冷兵器时代，四川盆地受到外来重要军事干涉相对并不是太多。川江流域气候湿润，土地肥沃，物产丰富，但又较为闭塞的环境，往往成为中原战乱时的一个大后方基地。如唐代安史之乱唐玄宗、唐末唐僖宗都曾入蜀避乱，近代抗战时期川江流域又成为抗战大后方依靠。川江流域同时又是中国容易割据一方的乐土，出现过三国蜀汉、两晋的成汉、五代的前后蜀、元末明玉珍的大夏、明末张献忠的大西、辛亥革命后的大汉和蜀军政府，所以，历史上有"天下未乱蜀先乱，天下既治蜀后治"的说法[①]。川江流域"土地易为生事""奢侈不期而至"[②]，物质资源丰富是这些政权、官员生存的基本自然条件。虽然我们说长江三峡是世界上罕见的积淀了几千年人类文明的大峡谷，但长江三峡的峡谷文明主要是在转输川江流域中下游平原地区的资源及实现中下游能量互换的需要中诞生的。

从人类历史发展过程来看，整个长江上游在历史发展过程中所有光荣和辉煌大都是由川江流域的土壤孕育出来的，上古的宝墩、金沙、三星堆文化都是在成都平原的沱江和岷江水系上，汉代成都平原、嘉陵江中游阆中地区为四川盆地经济文化最发达的地区，在全国也有很高的地位和影响，唐代成都城市有"扬一益二"之称，宋代成都平原、岷江中下游、嘉陵江中下游成为四川盆地经济文化最发达的区域，蜀学发达的主要地区也都是在川江流域。明清时期经济最发达的成都平原、叙州府、嘉定州、泸州、重庆府、资州、涪州、顺庆府、遂州、绵州、富顺等主要城市也是在川江流域的平坝浅丘地区，

---
① 欧阳直：《蜀警录》，载《张献忠剿四川实录》，何锐等校点，巴蜀书社2002年版，第184页。
② （东晋）常璩：《华阳国志校注》，巴蜀书社1984年版，第266、225页。

近代重庆、万县开埠以来，成都平原经济仍然发达，川江流域干流的万县有"四川第二商埠"之称，重庆有"小上海"之称，泸州、叙州府的酿酒业发达，沱江流域的自流井成为盐都，内江蔗糖业发达成为甜城，嘉陵江流域的阆中、南充、合川成为丝织中心，这些城市都成为四川社会经济中最为重要的核心地区。所以，至今川江流域仍是长江上游的经济文化重心所在，川江流域的成都、德阳、绵阳、乐山、内江、自贡、宜宾、泸州、重庆、涪陵、南充、遂宁、达州、万州等城市仍然是长江上游最重要的经济文化城市。因此，我们认为历史上巴蜀的富庶、四川盆地或长江上游经济文化的发达，主要是川江流域这些河段土壤的贡献。

二、川江历史文化的世界性

中国川江流域地理环境和历史发展进程中的特殊性使川江历史文化在世界历史上有其相当特殊之处。纵观世界文明历史发展进程，世界大河文明几乎都是产生于大河的中下游地区，埃及尼罗河文明如此，两河文明如此，印度河与恒河文明如此，黄河文明也是如此，而其他亚马孙河、密西西比河文明整体上出现得较晚，历史上上游地区更是荒凉落后。唯独长江文明最早的曙光出现在大河上游，可以说长江上游文明是世界级大河文明中唯一出现在上游的文明，世界大河上游文明的独特性本身就显而易见。多年前笔者就认为："世界上，没有哪一条河流，拥有像长江三峡这样一个长四百多千米而有七千多年深厚文明沉淀的大峡谷。"[①]一般来说尼罗河、恒河、印度河、幼发拉底河、底格里斯河的上游自然条件差，缺乏滋养人类文明的土壤，其文明发展不是不足就是人为中断。从川江的重要组成部分三峡地区来

[①] 蓝勇主编：《千古三峡》，序章，福建人民出版社2003年版。

看，世界河流的大峡谷众多，但人类文明沉淀多不足，如非洲的东非大裂谷、美国的科罗拉多大峡谷，长江三峡这样一个世界性大峡谷中沉淀了七千多年的文明确实罕见。当然也可以说在世界上确实没有一个大河的上游地区像川江流域一样，支流众多，河流形态千差万别，但土地肥沃，气候湿润而人类文明沉淀了七千多年，一直相沿至今。所以，川江流域文明可被称为世界上唯一的延续不断的大河上游文明。

以上我们从文明大视域角度来看，川江流域的文明是一种独特的大河上游文明，这是川江流域文化独特的、最基本的自然和人文基础。宋代以来的时期，从文化类型的特别意义上，川江流域的文化由于区位地缘、环境特点而显现出了独特的文明特征，在世界范围之内也有其独特性和唯一性，主要体现在独特的世俗文化氛围、闲适的文化氛围、独特的内河交通文明、最大平民的菜系这四大特征上。

（一）独特的世俗文化氛围

从小区域来看四川盆地是一个相当特殊的地理单元，整个四川盆地盆底面积在16万平方千米左右，盆地内的紫色土含有丰富的钙、磷、钾等营养元素，河流众多，有水利灌溉之利，是中国最肥沃的自然土壤，再加上川江流域气候属于典型的亚热带季风性湿润气候，在传统时代物质生产一直较为丰富，生产体系自成一体，一千多年前人们就认识到这个地区"土地易为生事""奢侈不期而至"。[1]同时，由于地形地貌上盆地对外来主流文化的阻隔，更少受到一些礼教教化形式的影响，自生俗文化力量强大，形成一种独特的务实世俗文化，反映在生活、艺术、宗教、语言上都特别明显。

---

[1] （东晋）常璩：《华阳国志校注》，巴蜀书社1984年版，第266、225页。

我们注意到早在《汉书·地理志》中就记载蜀人"轻易淫泆""未尝笃信道德"①，表现出蜀人世俗务实的天性。到了《隋书》卷29《地理志》更是记载蜀人："其人敏慧轻急，貌多蕞陋，颇慕文学，时有斐然。多溺于逸乐，少从宦之士，或至耆年白首，不离乡邑。人多工巧，绫锦雕镂之妙，殆侔于上国。贫家不务储蓄，富室专于趋利。其处家室则女勤作业，而士多自闲，聚会宴饮，尤足意钱之戏。小人薄于情礼，父子率多异居。"②从《隋书》的描述中我们看出，隋唐时期的川江流域完全是一幅世俗而务实的生活场景，很少有一些过多的礼教虚伪，只求生活舒适，烟火气特别浓厚。到五代两宋时，川江流域同样如此，人们"民无赢余，悉市酒肉为声技乐"③，连后蜀王孟氏也掌《食典》一百卷，完全是一个俗气的皇帝，所以宋代成都太守宋祁甚至将床搬到街上与老百姓同乐。④风土所染，出身或生活在川江流域的文人也都沉迷于烟火之中，很是俗气，如杜甫、苏东坡、黄庭坚、陆游、杨慎、李调元、李劼人等，热衷于美食。川江流域地区的丧葬也显现了极大的世俗性，如普遍将老人的丧葬视作白喜事，丧葬期间往往请戏台班子唱歌，赴丧的人从早到晚通宵玩麻将，有一种丧事喜办的味道，显现了川江地区百姓的世俗和乐达。

在艺术上汉代的四川盆地画像砖和画像石上题材是以饮食、娱乐的生活场景为主，与中原地区的画像砖石中以大量帝王将相故事和儒家说教内容为主完全不同。同样，四川盆地内出土的汉代陶俑更是以说唱俑、厨子俑和田园模型众多为特征，这也是中国其他地区少见的现象。传统戏剧大多是庄严的，唱打是主体，唯独川剧融入了许多世

---

① （东汉）班固：《汉书》卷28《地理志》，中华书局2012年版，第1645页。
② （唐）魏征等：《隋书》卷29《地理志》，中华书局1997年版，第830页。
③ （元）脱脱等：《宋史》卷257《吴元载传》，中华书局1985年版，第8950页。
④ 蓝勇：《西南历史文化地理》，西南师范大学出版社1997年版，第269、477页。

俗好玩的变脸、滚灯、吐火等娱乐。

我们知道中国文化的整体世俗性很强，中国历史上几乎没有出现过政教合一政权，这种世俗在川江流域就显得更为明显。在宗教信仰上，川江流域的儒佛道一体化比中国其他地区都更明显，显现了宗教信仰上实用性最明显。在川江流域供养的神祇中佛教的菩萨、道教的神仙、儒教的先贤往往最难分辨，许多寺庙宫观一时分不清是哪一种宗教流派的，大量寺庙在历史上功能不断变化，一会儿是寺庙，一会儿是宫观，一会儿是宗庙，一会儿是会馆，不断转换。许多乡间庙宇更是将儒佛道神祇并排供奉于一庙之中，以前我将这种现象称为"信仰大超市"。

佛教传入中国本身有一个中国化的过程，但进入各地又有一个地方化的问题，我们也可称为佛教的世俗化。不过各地世俗化的程度是有很大差异的。四川盆地很早就受到佛教的影响，有学者提出南传佛教系统早在汉代就进入了川江流域，不过，佛教进入四川盆地后，经过巴蜀文化浸润，早已不是中原佛教的样子，更与印度原始佛教在教义、教规和造型艺术上的风貌相去甚远。特别是在宋代以后，四川盆地佛教已经完全四川化了，我们从大足石刻的造型艺术题材和手法上看，不仅已经完全融入了儒、道说教的内容，而且用现实世间的生活意境来表达教化，往往是在诉说身边的故事了，如《父母恩重经》《大方便佛恩经》《释迦与棺葬父》《事孝双亲》《推干就湿恩变》《牧牛图》《养鸡女》《吹笛女》《夫不识妻》等。四川安岳、泸县玉蟾山、合川等四川盆地南部地区的佛教造像世俗化也都十分明显。从区位上川江流域的核心区的佛教造像世俗化程度远远高于四川盆地北部和广元、巴中地区的石刻造像，这既是一种从唐到宋时间发展序列过程的结果，也是川江流域核心区文化世俗化程度更高的体现。

川江流域文化的世俗性还体现在巴蜀方言的世俗化上，现在的四川话实际是属于北方官话系统的西南官话，但四川官话形成的历史进程复杂，历史时期南北移民混杂使四川话虽然属于官话体系，但融入的文化因子太多，又受本土世俗基因的浸润塑造，可以说四川话是中国官话体系中方言词汇最为繁杂，也最为世俗化的方言。我们知道，在中国官话中，东北官话和西南官话可能是语言词汇最为丰富的方言。许晧光等编的《简明东北方言词典》收录整个东北的方言词汇只有3000多条，但罗韵希等编著的《成都话方言词典》收入了4000多条，而王文虎等编的《四川方言词典》则收录了7000多条。①而这些众多的方言词汇中大多是一些世俗化程度很高的词汇，如四川话中大量把子词汇，绝大多数是一些粗俗但形象的词汇。即使在乡土人的主观意识中，使用这类词汇的大多数场景不过是作为一种语气助词使用，也由此可看出川江文化中世俗化对方言的影响。在我们看来，川江流域的文化的世俗化不过是人们在衣食丰足后对生活的求本务实，少了一些儒化的形式，多了一些世俗的本真。

（二）闲适乐达的生活文化

　　很有意思的是四川盆地滋养出中国乃至世界上将劳作勤劳与生活闲适结合得最好的一群人，这在四川盆地区的川江流域地区最为明显。川江流域沿岸的台地、平坝、浅丘地区在传统农耕时代是最为适宜人类垦殖的地区，《汉书·地理志》记载此地人"民食稻鱼，亡凶年忧，俗不愁苦，而轻易淫泆，柔弱褊阸"②，所以早在《华阳国志

---

① 许晧光、张大鸣编：《简明东北方言词典》，辽宁人民出版社1988年版；罗韵希等编著：《成都话方言词典》，四川省社会科学院出版社1987年版；王文虎等编：《四川方言词典》，四川人民出版社1987年版。
② （东汉）班固：《汉书》卷28《地理志》，中华书局2012年版，第1645页。

校注》卷3《蜀志》中就记载巴蜀"地沃土丰，奢侈不期而至"①，这些地区人们基本生存相当容易，生活闲适，一方面人们有更多的时间研习文化，人才辈出，宋代川江江河沿岸就有"大洲连小洲，此地出公侯"之称。②研究也显示，宋代以来川江流域沿岸的成都、眉州、嘉州、果州、遂州、叙州、泸州、巴县、涪州、资州等地进士人才数量一直较多。③一方面人们也有更多时间用于休闲，据《岁华纪丽谱》说蜀人"盖地大物繁而俗好娱乐"④，人们"多溺于逸乐，少从宦之士，或至耆年白首，不离乡邑"⑤，进而形成了"狂佚务娱乐"之风⑥，难怪历史上有"蜀人游乐不知还""蜀人好游乐"之语。⑦这实际上说的是川江沿岸平坝地区农业生产发达，人们富足闲适而出文化人才，而空闲时间相对较多又较为闭塞，人们只有将时间用于休闲而生活节奏相对较慢。川江流域生活的闲适首先体现在博戏充满业余时间和乡镇茶馆闲适时间长。早在《隋书·地理志》中就记载蜀人"士多自闲，聚会宴饮，尤足意钱之戏"⑧，这里的意钱之戏就是流行于中古时期的摊钱博戏，唐宋时就连地位低下的巴蜀船工也会在劳作之余在河滩玩摊钱之戏。后来摊钱、撼雷、劈蔗、踢跟、斗鸡、叶子戏（麻将的前身）及长牌、大贰、二七四、六红、花牌各类纸牌等成为巴蜀百姓娱乐的重要方式。当然，巴蜀的闲适之风并不是表现在娱乐形式的多样上，主要是表现为利用休闲时间来娱乐的频率上。民国时

---

① （东晋）常璩：《华阳国志校注》卷3《蜀志》，巴蜀书社1984年版，第225页。
② （宋）王象之：《舆地纪胜》卷156，四川大学出版社2005年版，第4701页。
③ 蓝勇：《西南历史文化地理》，西南师范大学出版社1997年版，第88—105页。
④ 费著：《岁华纪丽谱》，载《巴蜀丛书》第1辑，巴蜀书社1988年版，第99页。
⑤ （唐）魏征等：《隋书》卷29《地理志》，中华书局1997年版，第830页。
⑥ （明）杨慎编：《全蜀艺文志》卷5，线装书局2003年版，第113页。
⑦ 《苏东坡集》第2册《和子由蚕市》，商务印书馆1933年版，第7页；（明）杨慎编：《全蜀艺文志》卷17，线装书局2003年版，第429页。
⑧ （唐）魏征等：《隋书》卷29《地理志》，中华书局1997年版，第830页。

期，家宅、店铺、银行背后都设有麻将桌，博戏的普及程度之高在全国罕见。[1]至今，四川盆地内，特别是经济文化较为发达的川江流域地区的城乡，麻将、纸牌娱乐的频率之高、地点之随便、娱乐功能之明显、娱乐阶层之广泛、娱乐时间之长可能不仅是在中国，而且是在全世界也无法找到第二个地区。在川江地区茶楼聚会、酒楼餐饮、红白喜事玩麻将基本上是标准程序，城乡大街小巷的茶馆茶楼也以玩麻将、"斗地主"、长牌为主要业务。特别是在乡镇街道基本上从早到晚茶馆中麻将声不息，连知识阶层中玩麻将者也相当多。民国时期成都的茶馆数量之多、规模之大全国少见，出现大量从早喝到晚的闲暇人和喝加班茶的穷人。至今在川江流域的乡镇中，中老年男人们即使是单纯喝茶摆龙门阵，也往往在茶馆从早喝到晚，闲适之风由此可见。

川江流域居民还有一种处世天然的乐达精神，不仅身居高位的乐于娱乐，而且贫困之人也乐达而喜游乐，故苏东坡讲"蜀人衣食常苦艰，蜀人游乐不知还"[2]，而任正一《游浣花记》记载蜀人"虽负贩刍荛之人，至相与称贷，易资为一饱之具，以从事穷日之游"[3]，至今四川民工在工余仍然喜欢美食和娱乐，地位再低下也有豆花饭、夜串串饮食，也喝盖碗茶，有"斗地主"娱乐相伴。

不过，川江人的闲适并非川江流域人懒惰，反而从古到今巴蜀人的勤劳坚忍乐达闻名天下。宋代蜀人农耕技术和勤劳名声在外，洋州的知州认为蜀中农民勤奋且技术先进，认为与洋县有"勤与惰之异也"[4]。近代川军出川抗战的勇敢和改革开放以来川军民工的勤劳也是有口皆碑，可以说生活在川江流域这群巴蜀人是世界上将勤劳工作

---

[1] 蓝勇：《巴蜀休闲好赌风考》，《西南大学学报》（人文社会科学版）2008年第6期。
[2] （宋）苏轼：《苏东坡集》第2册，商务印书馆1933年版，第7页。
[3] （明）杨慎编：《游浣花记》，《全蜀艺文志》卷40《记》，线装书局2003年版，第1231页。
[4] 陈显远：《陕西洋县南宋〈劝农文〉碑再考释》，《农业考古》1990年第2期。

与娱乐休闲结合得最好的一群人。所以，中国最早的农家乐也是出现在成都平原。如果我们将川江流域的闲适文化放大到世界文化的范围内来考察，同样会发现世界上没有哪一个地区的人群在工作以外有如此高的休闲娱乐普及率，娱乐有如此高的大众化和平民化程度。

（三）独特的交通文化体系

笔者曾撰文谈到中国西南交通文化在世界的重要地位，主要是针对中国西南地区传统陆路交通文化的特殊性，涉及碥路、栈道、索桥、木船、肩舆、溜索及相关设施和文化。但如果从川江的水运文化看，其独特性可能更甚，也更具有世界性。因为中国川江流域是世界大江大河上游唯一的支流众多、河流比降大、气候湿润、浅丘平坝较多而人类文明一直较为发达且相承不间断的流域。正是川江流域这个世界意义上的自然和人文独特性，塑造出在世界文明中独特的川江交通文化，其特殊性有四点。

第一，传统木船形制繁多，在世界内河交通史上罕见。

一般来说，传统木船形制的众多与河流形态多样相匹配，长江上游正是支流众多而河道千差万别才孕育出如此众多的木船船型。研究表明，自近代以来，航行于川江 16 万平方千米的木船类型多达百种，而中下游湖南、湖北、江苏、安徽、江西五省区木船类型只有 60 多种，故远远超过流域面积更大的长江中下游木船形制数量。[1]据历史文献记载和调查，这 100 多种木船船名独特，船型千差万别，如著名的辰驳子、麻阳子、中元棒、厚板船、胯子船、舵龙子、麻雀尾、南

---

[1] 蓝勇：《对先进制造技艺与落后传承途径的反思——以历史上川江木船文献为例》，《历史研究》2016 年第 5 期；蓝勇：《传统制造"名实类分无序"与技术"时代断层"研究——以近代川江木船船型调查反映的现象为例》，《西南大学学报》（社会科学版），2019 年第 5 期。

河船、山麻阳、黄瓜皮、安岳船、老雅秋等。[①]就世界内河航运史来看，整个长江流域由于几千年历史文化的深厚和不间断，形成了上中下全流域通航的特征，传统内河运输航运本身在世界上或许是规模最大，影响社会最为广泛的行业。尼罗河、两河流域、印度河和恒河中下游由于河道单一，近古以来社会经济文化发展较差，内河运输规模小和木船形制单一，而密西西比河历史上早期人类文明发育不明显，虽然河流上游支流众多，比降也较大，环境上与长江上游有相似之处，但由于人类发达文明的缺失和气候寒冷的制约，同样没有出现发达的内河航运文明。而亚马孙河流域虽然曾出现过玛雅文明，但文明只是达到新石器时代的最高点，中古近古以来社会经济文化发展较差，虽然上游河流支流众多，河流比降不大，同样没有产生发达的内河航运文明。所以，历史上长江流域传统木船运输本身在世界交通史上有举足轻重的地位，而长江上游的木船运输更是以木船类型众多、运输最为艰难、相关文化最为独特而称雄于世界。正是因为航道复杂、木船类型众多，在历史上许多重要的木船制造技术和设施都首先出现在中国的川江流域，如防漏水的水密舱技术，过险滩的滚干箱、吊神船、抹摇放吊设施。世界上的木船船型普遍是左右对称的，而川江流域乌江上的厚板船（"歪屁股"船）、赤水河的牯牛船、釜溪河橹船（"歪脑壳"船），设计成船身扭曲，或船尾偏，或船头船尾均偏，以应对河床坡降大、弯道众多、航漕多变、暴涨暴落的川江航道。在广元一带的当归船因河道磁铁太多，木船不用铁钉而用竹钉，在世界也是罕见。川江木船多不用锚作为锚碇工具，而是多用船桩、竹篙、绳索与石鼻，也在世界内河航运中少见。

[①] 蓝勇：《近代川江木船主要船型流变及变化原因研究》，《四川大学学报》（哲学社会科学版）2018年第4期。

第二，木船航运最为艰难却又是世界最繁忙的内河河道。

在世界历史上航运较为发达的河流较多，如莱茵河、多瑙河、伏尔加河、密西西比河、长江中下游河道，这些河流或河段往往比降不大，河流航道宽阔，水流平缓，适宜于航运，但是像长江上游这样支流众多且河道形态繁杂，比降较大，滩险林立却还运输相当繁忙可能在世界上就是罕见的了。

为了应对复杂多变的河道险滩，川江流域的先民创造出了各种适应复杂河道环境的木船，川江流域成为世界内河平底木船的汇集地。近代以来这些木船数量仍然庞大，据统计仅光绪二十五年，宜昌到重庆的木船就有2900多艘，清末仅重庆唐家沱的厘金进出口木船就多达18000多艘，常年停靠就有千艘以上。不算挂旗船在涪江上就有5000多艘不断往来，泸州港平时停泊多达3000多艘。[①]传统时代川江流域真可谓百帆争流，号声不断，运输繁忙至极。不仅有关国计民生的滇铜、黔铅、茶马、川米、皇木转运，也有大量有关长江上游山货的运出，长江中下游的布帛、丝绸、近代开埠后各种洋货的转运进入。

传统时代川江河道河床坡降大、弯道众多、航漕多变、暴涨暴落、滩险众多。为此，清代在转运滇铜过程中将川江滩分出等级，将险滩分出滩次，如南广河从罗星渡开始到河口有48个滩，横江从豆沙关到河口有102个滩，金沙江从黄草坪到宜宾有78个滩，其中次险滩60，川江从泸州到巫山有次险之滩84，一等极险滩36。[②]邓少琴等编的《四川省内河航运史志资料》中列出金沙江金江街至宜宾203滩，12处绝险不能通航，甲等36处，乙等45处，丙等113处，丁等2处。

[①] 蓝勇：《近代川江木船情结与轮船"制造力、航行权、利益权"之考量》，《江汉论坛》2018年第5期。

[②] 方国瑜主编：《云南史料丛刊》第12卷，云南大学出版社2001年版，第764—766页。

川江主流从宜宾到重庆则也有大的险滩40多处，其间支流南广河、长宁河、永宁河、赤水河、礁溪、綦江等都有航运之利，但也是险滩众多。至于重庆到宜昌之间更是峡窄滩多，有284处重要险滩，中低水位滩190处，中高水位滩90处，高水位滩三四处。其他支流岷江从乐山到宜宾就有滩险26处。大渡河更是滩险众多，通航段短。沱江及主要支流青白江、毗河、绵竹河、威远河等主要流经浅丘地区，河流比降相对较小，但径流量不大，滩险仍然较多。嘉陵江则上游比降较大，中下游虽然处平坝丘陵地区但河道回曲，仍然是滩险多达近百个。涪江流域同样滩多，其中从南坝到中坝68千米就有险滩70处之多，往往一千米一险滩，中坝到合川368千米，220处险滩。而渠江则有险滩360个，基本是1.7千米一个险滩，其支流更是如此。乌江流域更是滩险林立，从龚滩到涪陵188千米有险滩222处，比降95米，可谓滩多滩险，不到一千米就一个险滩。[①]在这样的河航行往往需要借助大量辅助方法才能正常航行，有的地方用人力牵绳吊船而过名曰"吊神船"，有的地方需要将船先拴在大石上慢慢顺水放下，称为"抹播放吊"，有的地方需要将船从辅助木制滑道上拉过称为"滚干箱"。大多数逆流上行船都需要拉纤而过，有的地方则需要完全将货物搬下从陆上过滩再上船，称为"搬滩"，空船则需要一两百纤夫集体拉纤过滩，称为"盘滩"，有的地方需要小驳船跟随或临时提驳转运以应对滩险，称为"提驳"。[②]

有的河道在枯水时径流量小而只有随行淘检扎埝，所以往往几千米航程需要走半个月到一个月。有的支流瀼水淤泥，只有众船航行中

[①] 参见邓少琴、程龙主编：《四川省内河航运史志资料》第1、2辑相关章节，四川省交通厅地方交通史志编纂委员会，1984年版。
[②] 参见邓少琴、程龙主编：《四川内河航运史料汇集》第1辑，四川省交通厅地方交通史编纂委员会，1984年版，第136—138页。

不断排船堵水冲漕，冲开一段走一段，同样几千米航程需要走一个月之久。有的河道通漕狭窄，只能单边通行，其他船只能长时间等待，通航时间漫长。①有的木船在运输过程中为节约成本和时间，从上游放至下游后往往不是空船或载重返回，而是将船体分拆卖掉，形成一次性使用的木船，也从另一个角度折射出川江航运的艰难。

更多时候人们使用大量财力人力去整治滩险，如炸平险滩、开凿纤道、设立传统的"对我来""我示周航"等安全标识。即使这样努力，川江流域的航行仍是世界内河航运史上最为危险的运输航行，据研究表明，即使有关国计民生的滇铜、黔铅转运，铜船的事故率仍高达10%②，一般民船的运输可能更为危险。正是如此的航行才在川江流域催生出了在世界内河水上救护史上典型的红船救生制度。近代机动船进入川江，最初西方人完全低估了川江航行的危险，所以最初的试航多是船毁人亡不断。

从世界航运史来看，除了川江我们找不到一条河流人们在如此险恶河道上有如此繁忙的运输，自然也无法发现应对如此险境而生的传统航行技艺，所以，川江航运的世界性意义也由此可见。

第三，川江孕育出丰富多彩而特殊的航运文化习俗。

正是因为有如此艰难但又如此繁忙的航运，滋生出大量丰富而独特的航行习俗，其习俗的独特性在世界内河交通文化史上有不可替代的地位。

首先，川江航运危险与繁忙的双重性，催生出了一些特殊的航运角色。由于传统川江滩险众多，在传统技术文本性传承不足的背景

---

① 参见邓少琴、程龙主编：《四川内河航运史料汇集》第1辑，四川省交通厅地方交通史编纂委员会，1984年版，第137—140页。
② 蓝勇：《清代京运铜铅打捞与水摸研究》，《中国史研究》2016年第2期。

下，人们对滩险的认知往往是一种经验性的认知，认知往往受地域局限明显，故产生了专门负责特定河段的篙师（历史上又称为柁师、滩师、领江），这些滩师往往都有认知空间上的局限性，三峡的滩师是无法在乌江、嘉陵江段领航的，折射出川江航运的复杂性，也由此将滩师塑造成为川江流域一个特殊的职业群体。

在世界航运史上传统内河中拉纤较为普遍，如欧洲的莱茵河、多瑙河、伏尔加河上都有拉纤的过往，列宾世界名画《伏尔加河的纤夫》就影响很大，但就拉纤使用之频繁、规模之大、角色之完备、拉纤之艰危而言，可能世界上没有任何内河航运可与川江流域拉纤相比。早在宋代就有记载称三峡纤夫为"滩子"，历史上，川江主流和重要支流上水行航运拉纤几乎是标准配置，一般中型木船拉纤的纤夫人数有二三十人，远比伏尔加河八九人多。如果是在新滩、泄滩等滩盘滩的纤夫则可多达二百人，有纤头、夥掌头、检挽、纤夫、锣鼓手、号子手等角色，拉纤时号声震动山谷，场面蔚为壮观，世界独一无二。

为了应对航运的艰辛，协调步伐、鼓励士气和打发漫长的航运时光，很早就产生了劳动号子川江号子，故早在宋代《思耕亭记》就有记载嘉陵江航行"背负而进，滩怒水激，号呼相应"[①]。近代川江号子按地域分可分成川江号子、峡江号子、乌江号子、嘉陵江号子等，如果按内容功能来分可分成上水号子和平水号子等，还可按场景分成起桡、招架、抓抓、倒板、烟泡、斑鸠号子等。从具体内容上来看，上水号子一般主要以协调节奏、鼓励士气的呼喊话语为主，而平水号子主要有唱叹沿途风物和调侃生活情感两大类，内容相当丰富且接地

---

① （清）顾炎武撰：《天下郡国利病书·四川备录》，上海古籍出版社2000年版，第2224页。

气。①可以说中国川江号子是世界劳动号子中内容最丰富、最接地气的民间号子。在一些重要河道的码头上还出现了一些特殊的船上说唱艺术，如清代夔州城江面的"唱灯儿"，将各种说唱艺术融入一起在江上流布，形式和内容都别具一格。

复杂的河道类型和繁忙的川江航运对沿江社会的影响相当深刻，如催生出可能在世界上都罕见的内河地形地貌地名，如沱、盘、咀、碛、瀼、珠、浩、漕、床、嵌、碛、梁等就是应对不同河道滩险而滋生的地名，可能是世界内河地名中最为丰富和独特的。因为特殊的河流环境和文化，在历史上文人们对川江的历史文化也多有记载和描绘，如历代长江图绘中，川江段往往是着力最多的河段，也是单幅上游图保留较早较多的图段。仅从保留至今的图绘来看，传宋代夏圭的《巴船出峡图》、巨然的《长江万里图》、李公麟的《蜀川胜概图》、清代佚名的《岷江图说》一直相沿，有著录而佚失的更多。而为了航运方便安全编绘的各种川江指南更是繁多，如清代罗缙绅的《峡江救生船志》、国璋的《峡江图考》、布莱基斯顿的《扬子江汉口屏山段图》、蔡尚质的《上江图》、法国海军的《长江上游航道图》，民国时期蒲兰田的《川江航行指南》、日本海军的《扬子江案内全》，史锡永、彭聚星、刘树声等的《峡江滩险志》、盛先良的《川江水道与航行》，新中国成立后的《长江上游宜渝段航道及航标配布简图》《长江上游航行参考图》等。至于有关文字记载更是众多，如宋代陆游的《入蜀记》、范成大的《吴船录》、明代吴守忠的《三峡通志》、清代陈明申的《夔行记程》、洪良品的《巴船纪程》、唐炯的《沿川滩规》、谢鸣篁的《川船记》、傅崇矩的《江程蜀道现势书》等，有关川江河流研究仅清代就有李元的《蜀水经》、陈登龙的《蜀水考》，至于中外有关游记、

---

① 蓝勇：《西南历史文化地理》，西南师范大学出版社2001年版，第407—408页。

志书、调查报告中有关川江历史文化的记载同样众多。纵观世界内河航运史，很少有哪一个大河上游河段有如此多的专门文献和相关记录。

第四，航运文化浸润社会形成特殊的社会现象。

由于川江流域河道复杂，木船航行的地域性、船工的地域性都相当明显，而繁忙的运输带来的各种社会矛盾又需要群体维护，由此产生了大量地域性和行业性船帮组织。据有关记载，川江的船帮组织早在清代嘉庆年间就有大河八帮、下河十一帮、小河帮。总的来看，川江船帮一般可分成地域性船帮和行业性船帮，地域性船帮又可按船主地域、按行驶河段、船只类型划分，如著名的宜昌帮、夔巫帮、合州帮、叙府帮、泸富帮、五板帮、厚板帮、舵龙帮、盐船帮、杂货帮、菜船帮等，名目繁多。每一个帮都有帮首，多称会首或客首，多为袍哥老大，而且与地方官府关系密切，形成一个民间的亦官亦民帮会组织，在地方事务的控御方面有很大影响。虽然船帮组织在各地都存在，不论是内河或是沿海都有，但由于川江航运的复杂性、木船类型的多样性催生出的船帮数量之多、名目之繁，可能是世界内河航运史上罕见的。所以，川江船帮对当地社会融入之深入、影响之大可能也是其他地区少有的。如近代川菜内部体系的划分也是以船帮的帮口为标准分成大河、小河、上河、下河帮口的。①在传统戏剧中，也只有川剧的内部是按"河道"来划分成资阳河、上河道（成都河）、川北河、下河道（重庆河）的。②

码头在沿海、内河都存在，但由于川江流域传统时代陆路相对崎岖，故大宗运输都依赖水运，水运码头在运输中往往地位更高，码头

---

① 蓝勇：《中国川菜史》，四川文艺出版社2019年版，第385—390页。
② 蓝勇：《西南历史文化地理》，西南师范大学出版社2001年版，第244页。

往往是传统城镇的经济核心区所在,再加上河道两边往往多基岩,码头往往有坡度,这就催生出了川江码头在景观形象的独特性和相应社会建构上的复杂性。景观上的川江码头,陡直梯步、石鼻石桩、季节棚户、临江城门、江岸囤船、船工王爷庙、移民会馆成为川江码头的独特标志景观。由于川江码头往往是一个城镇的经济核心区,所在码头附近往往店铺林立,银店、当铺、仓库、青楼、饭铺、茶楼、客栈遍布。同时,各种社会势力往往汇聚于此,除了地方政府的影响外,各种帮会组织都集中在此,特别是川江流域近代哥老会、商业和移民帮会的会首、饭店的饭铺、城门的门头及各种下层的地痞流氓齐汇一地,就出现社会意义上的江湖和码头概念。所以,以此延伸出来的闯江湖、操码头等语汇都与川江历史文化的码头文化相关联。

川江流域航行艰难险恶,失事率高,自然也催生出在世界公益救生史上值得一提的川江救生红船制度。红船之名本源于明代官府的红色官船,中国最早的救生红船就产生于明代的川江流域。清代救生红船发展很快,川江流域从岷江青神以下直到宜昌,以及嘉陵江下游、涪江下游地区都产生了官办或民办的救生红船,数目庞大,川江成为内河救生红船分布最密集的地区。值得一提的是这些救生红船救生收瘗完全是公益性质的,对救起人员往往还要发放路费,对无名尸身往往还要立碑安埋,官员年节还要上坟祭奠,而当时的救生水手除了获得基本的工食银外,还计件给予奖励,救生水手成为虽然艰苦但收益较好的职业。可以说,川江流域的公益救生体系之完备可能在世界内河航运史上也是罕见的。①

---

① 蓝勇:《明清时期中国内河的公益救生》,《光明日报》2015年5月20日;蓝勇:《清代长江上游救生红船制续考》,《中国社会经济史研究》2005年第3期。

(四) 最平民化的川菜菜系文化

川菜是中国四大菜系中唯一的内陆菜系，古典和传统川菜的产生和发展与川江流域平坝、浅丘地区物产丰富而生活富足的背景关系密切，而近代川菜的产生和发展更与川江航运文化关系密切。早在一千六七百年前的晋代《华阳国志》中就记载有蜀人"尚滋味""好辛香"[1]，这可能是中国历史上最早对一个地区人群饮食喜好取向的具体描述。后来《隋书·地理志》又记载蜀人"性嗜口腹，多事田渔，虽蓬室柴门，食必兼肉"[2]，更是罕见地具体记载了巴蜀人的饮食取向。我们一般将川菜按历史时期分成原始川菜、古典川菜、传统川菜、新派川菜四个时期，传统川菜一般产生于清代中叶以来，其产生和发展都与川江流域、自然环境和历史文化关系紧密相关，也完全凸显川江流域的自然馈赠，适应川江的自然生态。

首先，传统川菜作为中国四大菜中唯一的内陆菜系，是主要以烹饪猪肉为特色的菜系。在传统时代，生猪的养殖是以传统农副业面貌出现的，是以相对发达的固定农耕为基础的。川江流域的各条河流的中下游地区沿江一般为平坝、浅丘地区，是传统稻麦两熟制农业的核心区，农副业较为发达，如历史上以传统农业闻名的平原上的金堂、郫县、广汉，浅丘中的荣昌、隆昌、泸县等县便是典型，大田稻麦种植发达，为养猪副业提供了保障，一家一户式的生猪饲养成为常态，为近代川菜的产生奠定了基础，也固化了传统川菜烹饪猪肉为长的特色。

具体来说，川菜大量的食材、调料都与川江流域关系密切，蜀姜、自贡朝天椒、红油菜、菜籽油、蚕豆与豆瓣酱、豌豆尖、折耳

---

[1] (晋) 常璩：《华阳国志校注》卷3《蜀志》，巴蜀书社1984年版，第175页。
[2] (唐) 魏征等：《隋书》卷29《地理志》，中华书局1997年版，第829页。

根、竹笋等都主要出产在川江的平坝、丘陵地带，可以说川江流域的沃壤滋养出了传统川菜主要食材。许多川菜菜品的出现也与川江航运关系密切，如作为巴蜀江湖菜的第一菜重庆火锅就来源于码头的"水八块"和船工开船的"开船肉"。[1]川菜的江湖菜中有关河鲜的菜品最多，据《巴蜀江湖菜历史调查报告》一书调查鱼类菜有13种，高于鸡、鸭、牛、羊、兔类，比例最高。[2]而盘菜中有江河鱼类的菜也较多，如大蒜鲢鱼、家常（豆瓣）鲫鱼等。四川豆制品中的豆花特色鲜明，也以河水豆花为上。

正是因为川菜与川江关系密切，所以近代川菜亚菜系也是以船帮为基础来划分的，如川菜被人分成上河帮（成都帮）、下河帮（重庆帮）、大河帮、小河帮、内自帮，其中这些亚菜系中许多菜也与河鲜关系较大，都以烹饪猪肉见长，故成华猪、荣昌猪成为川菜肉类的首选。在传统时代生产力不高，运输困难，物流不畅的背景下，川江流域的猪肉、河鲜相对较为容易获取，川江流域的生猪出栏率和人均食用猪肉量在全国是最高的，而历史时期川江流域水生浮游生物多，水面流速较缓，水面宽窄适中，易于捕获，历史上还出现过"鱼害"，有"顿顿食黄鱼"之称。所以，川江流域食材的丰富和获取的容易是川菜成为世界第一大平民菜系的关键。

川江流域在历史上是世界井盐生产的重地，井盐对于传统川菜中的泡菜、腌制品影响较大。而川江流域还是中国乃至世界浓香型、酱香型蒸馏酒的中心地区。历史上川江流域的酒类生产多为家庭作坊式的，平民化程度相当高。

今天，不论是在中国八大菜系还是在中国四大菜系中，川菜的平

---

[1] 蓝勇：《中国川菜史》，四川文艺出版社2019年版，第345页。
[2] 蓝勇主编：《巴蜀江湖菜历史调查报告》，四川文艺出版社2019年版。

民化程度是最高的。具体来看川菜食材的易得且廉价、小煎小炒的快速简便，使得川菜成为在世界上影响最大的中国菜系。就国内而言，一时间，水煮鱼、烧鸡公、酸菜鱼、来凤鱼、重庆火锅、重庆小面、万州烤鱼风靡全国。同时，中国菜在世界上有很大影响，而影响最大的菜大多是川菜，如麻婆豆腐、宫保鸡丁、鱼香肉丝等。可以说，传统川菜从食材来源、特色塑造都受到川江流域土壤浸润的恩惠，而川菜作为世界最大的平民菜系，是中国在世界影响最大的一个地方菜系，这就赋予了川江流域饮食文化的世界性。

总的来看，中国川江流域历史文化的世界性首先体现在川江流域历史文化在历时性上的世界唯一大河上游文明上，这可能是川江流域历史文化的历史基础，这是世界任何大河文明都无法替代的。从近古以来的历史文化特殊性来看，川江流域的历史文化特色鲜明，显现为有数个世界唯一和第一，这也是以往我们没有重视的。如川江流域历史文化是世界上最世俗的文化，任何帝王将相、神仙菩萨到了川江流域都有了人间烟火气，食色人性在川江流域体现得最深入人心。川江流域更是世界上闲适文化地区，这种闲适并不像中国一些地区人们整天坐着晒太阳，也不像一些西方发达国家人们整天沉浸在酒吧或单纯高端野炊休闲，而是将娱乐工作协调得最好，将多样平民化的闲适娱乐与勤劳坚忍融为一体，这种特殊的劳逸组合也是世界罕见的。在内河交通特色上，川江流域更在世界上具有很多唯一性，这种唯一性是建立在亚热带季风气候下河流支流众多、比降较大而人类文明积淀深厚且不间断的自然和人文组合基础上。川江流域的木船船型种类在世界内河航运史上可谓最多最繁杂，而川江航道成为世界上航运最危险但又航运最为繁忙的航道，由此孕育出了世界上许多独特的交通习俗，如规模宏大的拉纤盘滩提驳场景、特殊地位的滩师角色、内容丰富的川江号子文艺、特殊的川江地名群、世代相传不断的川江专门文献，这在世界内河交通运输史、地方文化史上都是特色鲜明的。同时也滋生出了在世界历史上都少见的码头文化体系和特别的江湖社会概念。川江流域的川菜成为中国第一平民菜系而在外影响巨大，同时，今天川南黔北的川江成为世界浓香型、酱香型蒸馏酒中心，也是世界井盐生产的中心。可以说川江流域特殊的自然环境和区位地缘塑造出了世界历史上一个典型的大河上游文明和世俗程度最高的文化区，这就赋予了川江流域历史文化整体的世界唯一性和许许多多具体文化的独特性。

从学术史的研究来看，流域历史地理学的研究已经受到关注，而流域历史地理学研究最重要的是比较研究，从世界范围角度进行比较研究会使我们的视野更加开阔。当然要进行比较研究，首先要求我们不仅要对本区域内的文化有深刻精准的认知，更要求我们对世界上流域文明的自然背景、历史进程有较深入全面的了解，这对我们的研究提出了更高的要求。从学术界的研究来看，近几十年一直有学者热心构建新的学科体系，在以前广泛认同的埃及学、亚述学、敦煌学、徽学、红学、甲骨学、简帛学的基础上提出了三峡学、长江学、黄河学、滇学、黔学、大足学等，其主观动机无疑是好的，但一个学问的构成必须有三个基本条件：研究本体的资源独特性、研究方法手段的独特性（体现在资料特殊性、语言特殊性上）和研究者的世界性。如果从研究本体资源的独特性上来看，以上最新提出各种学科都能说出一二，但许多从世界的唯一性上并不明显。至于研究方法手段的独特和研究学者的世界性上大多不具备。就川江流域的历史文化在世界上的独特性和唯一性来看，可以说相当明显，以前人们并没有注意到这一点，但目前从研究手段的独特性和研究者的世界性来看，显然是远远不够的。但这并不影响我们加强对这个在世界上具有独特性和唯一性的流域历史文化的关注和研究。从历史意义上来看，传统川江流域文化中的传统航运技术、蒸馏酒技术、救生收瘗体系、休闲文化、传统川菜等对当下航运技术、蒸馏酒业、菜系资源发掘、社会公益体系的完善都有很大的参考价值，而研究川江流域历史文化，探索这个世界上游文明产生的机理、研究世界世俗闲适文化产生的自然和历史背景，对于我们理解人类文明的产生和发展机理在学理上也有较大价值。

现在，最需要收集和保护川江历史文化方面的资料和文物，特别是需要抢救性地保护一些即将濒临灭绝的文化遗产资源，如川江木船的制造技艺、穿逗式建筑的营造技艺、川江号子曲调与唱词、传统闲适游戏、传统民间川菜技艺、传统井盐和蒸馏酒制造技艺等，加强对川江流域茶馆、江心洲环境与历史、航道整治与历史图绘、码头景观与社会、川江号子、川酒历史与技艺、传统川菜技艺、平底木船技术、穿逗式建筑的研究，更加注重区域内小流域历史文化研究，建议建立相关川江流域历史文化研究的平台，推出相关研究专栏，建立川江历史文化、川江航运历史文化方面博物馆。

（原文刊于《中华文化论坛》2022年第4期）

黔境乌江流域的史前文明

宋先世[①]

乌江古时名为"延江"或"黔江",为长江上游南岸最大支流,亦为贵州境内最大河流。干流全长1037千米,贵州境内875千米,总流域面积为8.79万平方千米,贵州部分为6.68万平方千米。流经黔北及渝东南,在重庆市涪陵区注入长江。乌江之源发端于贵州省西部高原乌蒙山脉东麓,有南北两源:北源六冲河起源于赫章县辅处乡北,南源三岔河发源于威宁县盐仓镇营洞村干沟组,两源汇合后称鸭池河。较大支流有猫跳河、清水河、湘江、洪渡河、芙蓉江、濯河、郁江、大溪河等,还有数百条溪沟涧川汇入,呈羽状水系。流域属亚热带季风气候区,气候温和、雨量充沛,适宜人类生存。

乌江流域史前文化自20世纪60年代首次发现黔西观音洞遗址以来,至今已有大大小小逾百处遗址遗存被发现,且大多分布于乌江上游六冲河、三岔河、鸭池河一带,形成一个与黔西南地区珠江流域遥相呼应的黔中至黔西北地区史前文化圈。既往发现笔者在《贵州旧石器时代文化的年代与类型》[②]《贵州西部旧石器时代遗址及其特点简述》[③]等文中作过粗浅介绍。近些年来,贵州省文物考古研究所在位

[①] 宋先世,贵州省文物研究所研究员。
[②] 重庆市文物考古所、重庆文化遗产保护中心编:《"早期中国的文化交流与互动——以长江三峡库区为中心"学术研讨会论文集》,科学出版社2012年版,第275—282页。
[③] 重庆中国三峡博物馆编:《长江文明》(第7辑),河南人民出版社2011年版,第1—7页。

于黔中的贵安新区又进行了多次调查发掘，发现大量的史前文化洞穴遗存，总数一百余处。并联合中国社会科学院考古所、四川大学考古系、成都文物考古研究院等单位对其中的牛坡洞、招果洞遗址进行了系统科学的田野发掘，取得了丰硕的成果，两项发掘均获得当年评选的"全国十大考古新发现"。此外，在乌江源头三岔河南岸的六枝老坡底和乌江下游的洪渡淇滩等地，也有史前聚落遗址和新石器时代文化遗存的发现。

牛坡洞位于贵安新区马场镇平寨村龟山组东面约900米处，由A、B、C三个洞穴组成。2012—2017年，中国社会科学院考古研究所、贵州省文物考古研究所、平坝区文物管理所、贵安新区社会事务管理局联合对牛坡洞洞穴遗址连续进行了六个季度的发掘，揭露面积200余平方米。

地层堆积A洞最厚处约6米，B洞最厚处约3.2米。比较有代表性的B洞前堆积分为13层：第1层为表土；第2层为扰乱层；第3层为文化层，出土遗物以陶片为主，伴有极少量打制石制品和兽骨；第4—7层出现大量打制石制品和兽骨，并有少量磨制石器；第8—12层出土遗物全部为打制石制品；第13层以下为生土。

出土遗物以各种细小的打制石制品为主，多与加工细小打制石器有关，有石料、石核、石片、碎屑等。成型的细石器数量较少，器形有刮削器、砍砸器、尖状器等。砺石工具数量较多。

从牛坡洞遗址的堆积状况、地层叠压关系以及出土文化遗物来看，该遗址延续的时间较长，从旧石器时代晚期一直沿用到新石器时代晚期甚至更晚。对探讨该区域旧石器时代向新石器时代的过渡转变，以及建立贵州新石器时代文化序列具有比较重要的价值意义。①

招果洞遗址位于贵安新区高峰镇岩孔村招果组北部西侧山体上。2016—2020年，贵州省文物考古研究所联合四川大学考古系和成都文物考古研究院对该洞穴遗址进行了5个年度的考古发掘。

迄今发掘面积累计70余平方米，地层堆积厚度达8米。发现和出土的遗迹、遗物非常丰富，发现有多达51处的人类用火遗迹、多层古人类居住的活动面（含石铺地面）以及两座墓葬等。出土的文化遗物数量众多、地层关系明确、种类有石制品、骨角制品等，另外还发现有人类头骨化石残片、动物骨骼、碳化植物遗存等。

招果洞的碳十四年代测定数据显示：该遗址的主体堆积年代为40000—10000CalBP。从旧石器时代晚期一直延续到新石器时代。②

在乌江南源三岔河南岸的六枝特区岩脚镇老坡底村，2005年为配合基本建设，对老坡底火电站工程建设用地范围进行调查钻探，在这一区域内发现8处新石器时代文化遗址，并对其中的蔡家坟、夏大田、台子田、青岗林4处遗址进行了重点钻探和抢救性发掘，发掘面积近2000平方米。

出土遗物除陶片外，还有少量磨制骨器和石器。陶器均为夹砂陶，纹饰以方格纹为主，少量叶脉纹和划纹，不见绳纹。器形可辨者有侈口宽折沿釜、平折沿罐、钵、靴形镂孔空心支座、网坠、饼、弹丸、器足等。主要是圜底器，未见平底和尖底器。石器有斧、砧、砍砸器等，骨器有刀和纺轮，但数量都比较少。

遗迹现场发现有较多的灰坑、沟、柱洞等。最为重要的是清理出

---

① 贵州省文物考古研究所编著：《贵安史迹——贵安文物资源调查报告》，科学出版社2019年版，第17—19页。
② 张兴龙：《人类在这里延续：贵安新区招果洞遗址》，《晚晴》2021年第5期。

4座结构较为清晰的新石器时代房址和围栏。从柱洞排列来看，房屋呈具有一定弧度的长方形，长4米、宽3米左右，面积为10—15平方米，房址中部有长条形的土坑火塘，坑壁有很厚的烧土胶结面，坑内为灰烬等。[1]

2006年10—11月，贵州省文物考古研究所在贵阳市观山湖区金华镇肖家洞进行了清理和试掘，出土打制石器、石制品数百件，磨制石器4件，磨制骨锥、骨铲60余件，磨制角铲3件，动物骨骼千余件（块），以及少量陶片。[2]

在乌江下游沿河县城南和平镇坝沱村淇滩小河口西岸台地上，2005年为配合彭水电站建设，贵州省文物考古研究所在此调查发现并发掘了一处新石器时代晚期遗址，出土遗物有石制品、石料、断石废料、动物牙齿化石、陶片等。[3]此外，在淇滩至洪渡一带，还发现并试掘了多处新石器时代至汉代的文化遗址。

综合以往的考古发现，我们可以大致看到乌江流域在贵州境内的早期文化分布呈现一种上密下疏、上早下晚的地理单元现象。

从乌江源头往下梳理，分布于最上端的是乌江北源六冲河上游的毕节扁扁洞、毕节海子街大洞、毕节青场遗址，然后是六冲河下游的黔西观音洞遗址以及位于观音洞北面、鸭池河支流上的黔西穿洞遗址。

乌江南源三岔河南岸则集中分布着普定穿洞遗址、普定白岩脚洞

---

[1]贵州省文物考古研究所编著：《2003~2013贵州基建考古重要发现》，科学出版社2015年版，第54—57页。
[2]贵州省文物考古研究所编著：《2003~2013贵州基建考古重要发现》，科学出版社2015年版，第19—22页。
[3]贵州省文物考古研究所编著：《贵州田野考古报告集（1993~2013）》，科学出版社2014年版，第47—57页。

遗址、普定红土洞遗址、普定洞口洞遗址以及六枝老坡底遗址。

在南、北两源之间的两河地带，还发现有织金猫猫洞遗址。

进入乌江两源合并后的鸭池河一段，其南岸一、二级支流猫跳河、清水河、南明河、南江河一带，正好处于贵州的腹心地带，即现在的省会贵阳市以及西邻的贵安新区和东部接壤的双龙新区一线。早期发掘过的有平坝飞虎山洞穴遗址，集中调查过的金阳（今观山湖区）洞穴遗址群，贵安新区洞穴遗址群，龙里县洞穴遗址群，2005年起进行过3次发掘的开阳打儿窝岩厦遗址，以及历经多年发掘的牛坡洞遗址、招果洞遗址等。

在此区域内，无论古今，都是人口稠密、文化相对发达之地。论数量，在这里发现的史前文化遗址达上百处，占贵州同期发现的绝大多数。论内涵，无论是地层堆积之厚还是出土遗物之丰富，贵州其他地区也是难以比肩的。

贵安新区史前洞穴遗址笔者带队亲临调查发现的有47处，整个新区现在发现共近百处[1]，贵阳市观山湖区调查发现的史前洞穴遗址有17处。东邻龙里县也曾发现多处史前洞穴遗址以及岩画，在第三次全国文物普查中，笔者带队调查又新发现15处洞穴遗址和1处岩画。表明这种在同一区域内密集分布呈聚落形态的现象不是孤例。

然而沿乌江再往下，史前文化的踪迹就难以寻觅了，直到快抵近黔渝交界的沿河县，才见有新石器时代的文化遗迹。除了前面提及的淇滩小河口遗址，在沿河县乌江干流及支流洪渡河一带，也就是淇滩镇到洪渡镇一线，还发现有一批新石器时代至汉代的文化遗址，如江明新石器遗址、沙沱遗址、黑獭大河嘴新石器至汉代遗址、黑獭木甲

---

[1] 贵州省文物考古研究所编著：《贵安史迹——贵安文物资源调查报告》，科学出版社2019年版，第2—82页。

岭新石器至汉代遗址、黑獭新石器至汉代遗址、洪渡中锥堡新石器至汉代遗址、洪渡遗址等。除了这些较晚的遗址，再早一些能进入旧石器时代范畴的就没有发现了。

就遗址的文化堆积而言，前面已经提到过黔中地区发掘过的洞穴堆积都厚达数米，牛坡洞A洞厚6米，招果洞厚8米，开阳打儿窝遗址第一次发掘做了19层，发掘至4.55米仍未见底……

与深厚的地层堆积相对应的，是大量出土的史前文化遗物。例如牛坡洞遗址，发掘出土的各类型打制石制品达到了惊人的数量，总数近10万件！还有骨器约100件，陶片100余片。遗迹发现灰坑7座、用火遗迹10余处、墓葬7座、活动面2处等。招果洞出土的石制品也异常丰富，种类包括石核、石片、片屑、断块（片）等，工具种类以刮削器为代表，另有砍砸器、凹缺器、尖状器、端刮器、石锤等。还有经过磨制的骨、角器铲、锥等。尤为难得的是还发现了数十处用火遗迹，多层古人类居住的活动面，包含石铺地面以及墓葬等。打儿窝遗址则发现大量的骨制品，第一期首次发掘共2000余件，其中成型的骨器1009件、骨片1098件、骨器半成品66件。石制品有1647件，含石器580件、石片787件、石核280件、石料765件。①

从遗址的类型来看，乌江中上游流域发现的史前文化绝大多数都属于洞穴遗存，唯打儿窝一处属于岩厦遗址，基本不见旷野遗址。只有到了下游并且已经进入新石器时代晚期甚至更晚才出现河流阶地遗址。形成这一现象的因素与自然环境息息相关。在乌江沿河地带，大多河谷深邃，岸壁陡峭，河流湍急，落差较大，缺乏比较理想适宜生存的河流阶地。而在流域所经之地，群山连绵，洞穴密布，喀斯特地

---

① 重庆中国三峡博物馆、重庆博物馆编：《长江文明》（第11辑），重庆出版社2013年版，第1—19页。

貌发育，给早期人类的生存提供了得天独厚的洞穴居址，既可遮风避雨，贮存食物，冬暖夏凉，抵御自然，更能防范野生动物及其他外来危险的入侵，安全能得到最大的保障。基于此，经过旧石器时代早中期缓慢的发展，进入旧石器时代晚期以后，处于乌江流域上段的黔中地区迎来了爆发式的发展，人口密度明显增大，聚落形态形成，工具与技术得到较大进步，对自然的适应和征服更为主动，对动植物资源的获取和利用也有了明显提高。这种情形，一方面极大地助力了史前文明在旧石器时代晚期的蓬勃发展，另一方面又严重地阻碍了文明进程的脚步，使得当时的人类安于现状：有天然的居址就缺乏学习建造人工居住环境的意愿与意识，有充足的动植物食物资源就习以为常，延缓了积极的人工植物栽培及整个农业的发展，至于陶器的发展更是非常滞后！在整个新石器时代贵州境内不仅是乌江流域，就是全省也鲜有发达的新石器时代文化，不用说器形器类陶质工艺等方面，就连北方中原地区常见的彩陶，贵州也仅仅是在平坝飞虎山遗址出土过3块不辨器形的残片，纹饰也是很单调的两条平行线，从未发现过完整器形。[1]直到商周以降，贵州这一时期的遗址中才见到较为丰富的陶器器物组合。反映出了进入新石器时代以后贵州社会历史发展的严重滞后。正好与繁荣发达的旧石器时代晚期文化形成鲜明对比。究其原因，当是该区域内旧石器时代晚期文化的惯性太强、下延影响深入持久，从而阻碍了贵州新石器时代文化与中原北方地区的同步发展。

不过从动物资源方面来说，根据遗址中出土的动物骨骸及种类，利用动物骨、角制作的骨角器等，可以看出在当时狩猎经济应该占据着主导地位。仅打儿窝一处，发掘出土的动物骨骸就达上千斤重！且百分之九十都出自晚更新世地层。根据出土的两千余颗哺乳动物牙齿

---

[1] 李衍垣、万光云：《飞虎山洞穴遗址的试掘与初步研究》，《史前研究》1984年第3期。

化石及一百余个上、下颌骨标本鉴别，偶蹄目居多，有水鹿、麂、野猪、水牛、羊等。此外还有灵长目的猕猴，啮齿目的竹鼠、豪猪，食肉目的熊、獾、虎，奇蹄目的犀、巨貘等。除了哺乳动物，水生动物田螺科、蚌科亦纳入当时人类的食谱。

黔西观音洞遗址除了灵长目的猕猴，啮齿目的豪猪，偶蹄目的牛、鹿、羊、猪，奇蹄目的犀、巨貘，食肉目的鬣狗外，最为重要的是发现有长鼻目的东方剑齿象和食肉目的大熊猫化石，成为华南地区大熊猫——剑齿象动物群的标尺。

招果洞遗址出土的动物骨骼已鉴定出超过 25 种，陆生的哺乳动物亦以鹿类为主，包含水鹿、梅花鹿、麂、獐，其余为牛、猪、虎、狼、熊、兔、猫、獾、豪猪、竹鼠、田鼠。水生动物有鱼类、螺类、蚌类。此外还见有鸟类。

鉴于出土的动物骨骼数量之多、种类之丰富，不难想象彼时与人类伴生共存的动物种群及数量远超后来。至于是否已经开始有了对动物的家养驯化，由于缺乏相关的研究，暂时还无法下结论。但是从种类繁多、数量庞大的动物骨骼，以及在贵州分布较多的动物形象岩画观察，可以想象史前先民在狩猎过程中如果猎获到幼小的动物或者猎获动物数量较多时，圈养起来待其长大和慢慢宰杀食用当是一个必经的过程，在此过程中，人类也就逐渐地掌握了对某些动物的饲养驯化。

农业的发明也是一样，在采摘攫取过程中，观察到植物种子的落地再生，从而唤醒人类的种植思维，再到有意识地去播种收获，以及进一步的拓荒刀耕火种，从远古一步步走来，逐渐地战胜自然，进化自己。

招果洞遗址识别出的植物遗存就包括有农作物、水果、树种/果实类、杂草 4 个大类。果实类植物占较大比重，表明采集经济仍然是当时的重要生计模式。出土的稻谷和粟数量不多，代表着这一阶段的农业萌芽状态。

乌江流域史前社会化进程的脚步，在黔中旧石器时代文化圈印下了深深的足迹。从相距不远的贵阳市观山湖区到贵安新区，直线距离仅40千米左右，密集分布的洞穴遗址就发现有上百处。如果加上毁损湮灭和未能发现的，其总数肯定要翻番。这一现象说明进入旧石器时代晚期并向新石器时代进化的这个阶段，远古人类已经从孤立单一、各自为主的散居式零星生存走向彼此联系、联合，共同繁荣发展。洞穴之间近距离的分布：一是要有充足的食物资源维持生存并避免食物匮乏引起的争夺、敌对；二是彼此间不可避免地会产生经常性的联系往来；三是可以共同面对各种自然或人为的挑战；四是能够互相之间给予帮助、依靠，形成一个松散型彼此认同的社会文化圈。

至于贵州境内乌江流域史前文明的文化特征，凸显着一种强烈的地域文化特色。从早期的黔西观音洞开始，石器工业的选材用料、加工技术、制作方法、器形器类等都有着自身的独特风格，形成自成一体、有别于其他区域的文化特征。正如李炎贤先生所总结的黔西观音洞文化的特征，"孤立地看起来，个别地方或某一点也可能在国内外同时期或不同时期的旧石器时代文化中遇到，但全面地看来，实为其他文化所未见，而且有些是其他文化所缺乏的。所以，我们在讨论观音洞文化同其他文化的关系时，需要注意到这种情况，否则就可能出现不切实际的判断"[①]。黔西观音洞文化在中国华南地区独树一帜，其独特性是无可比拟的。黔中地区史前文化在承袭其传统发展至晚期时，显露出更为鲜明的文化特征。一个是以小型化石片石器为主流，

[①] 吕遵谔主编：《中国考古学研究的世纪回顾·旧石器时代考古卷》，科学出版社2004年版，第259页。

例如在招果洞、打儿窝，包括普定穿洞、白岩脚洞等遗址出土的石器均以石片石器占主导且器物多小型化。到了牛坡洞遗址则更为细小化，所出基本是异常微小的器物，以各种细小打制石制品为大宗，包括与加工细小打制石器有关的石料、断块、石核、石片、碎屑等，以及少量成型的细小打制石器如刮削器、砍砸器、尖状器等。

另一个极富地域性特征的文化现象是洞穴及岩厦遗址中大量骨、角器的制作和使用。打儿窝遗址发现的骨制品不仅数量众多，且骨器成型者几乎占了一半，总数逾千件。器形种类繁多，尖状器为主，占百分之九十，其余为铲形器、骨铲、骨锥、骨刀、牙器、角器等。在制作技艺上，打儿窝所见几乎全是打制骨器，加工方法较为原始落后，以打、琢、刮削为主，兼以切割。磨制加工仅限于极少量的骨器刃部。修理加工多是由外向内、从骨管表面向骨腔内面加工。而招果洞遗址一期早、晚阶段所出骨器，皆为磨制加工。骨器基本采用通体磨光，加工精美，在制作中灵活运用了打制、磨制、刮削、切割等工艺。普定穿洞遗址既有部分打制骨制品，更有大量的磨制骨器，形制精美，类型稳定，加工有序，经历了选材、制坯、成型、定型等工序，表明此时制作骨器已经具备了相当高的技术水平。有研究认为当时其中的"无刃骨棒和扁体骨器（骨笄？）都是国内首次记录的遗物，骨针为中国南方同时期未曾记录过的，双刃骨铲至今未见记录"。[1]

关于乌江流域中上段史前文明的年代与分期问题，迄今已经有了比较明确的数据与研究。黔西观音洞遗址A组的堆积物小于4万年，已进入晚更新世晚期；B组的上限即第3层的堆积物年代小于5万年，第4层堆积物有14.5万年，故第4层堆积物的形成时间当为5万—14.5万年，即旧石器时代中期；第6—8的堆积物为18万—424万年，应属

---

[1] 张森水：《穿洞史前遗址（1981年发掘）初步研究》，《人类学学报》1995年第2期。

中更新世的晚期，旧石器时代早期。①招果洞遗址一期为旧石器时代晚期（含早、中、晚三个阶段），其测定年代分别为早段40000CalBP至末代盛冰期（LGM）之前；中段29000—17000CalBP；晚段16000—12000CalBP。第二期绝对年代为12000—10000CalBP；第三期为新石器时代中晚期。打儿窝遗址北京大学第四纪年代测定实验室所测10个数据，除1个晚期地层人骨的1635BP外，其余9个数据从12075BP、12800BP递增到15765BP、19300BP、21675BP、23540BP、25870BP、26675BP、27520BP。由于第一期发掘地层未到底，其后发掘的资料尚未整理见报，所以其下部地层年代应该还要更早。牛坡洞一期约在距今15000年，二期绝对年代在距今10200—8700年间，三期在距今8000—5500年间，四期在距今5000—3000年间。基于此，乌江流域在此范围内的旧石器时代早、中、晚三期以及晚期细化的年代序列基本清楚。更有大家所关心的旧石器时代向新石器时代过渡转变的历程亦涵盖其中。

从地域空间来看，乌江流域南与珠江流域接壤，下与三峡地区相通，在史前文化分布上与盘县大洞、六枝桃花洞、安龙福洞、菩萨洞、观音洞、兴义猫猫洞等遗址遥相呼应。从文化传播路线来看，早期大致是由中心向外部发展，诸如广东地区的细石器，似乎在招果洞、牛坡洞能看到一些脉络。而进入新石器时代晚期之后，本土文化发展滞后，更为发达的长江文明溯江而上，这些在沿河淇滩、洪渡一带的遗存中得到了集中体现。无论是否，乌江流域的史前文明都是整个长江文明、中华文明中的一个重要组成部分，展现出中华文明源远流长、多元化发展的重要一环。

①曹泽田、张璞：《贵州重要古人类遗址年代学研究新进展》，《贵州文物工作》1995年第3期。

《禹贡》"敷浅原"与夏商王朝对长江中游铜矿资源的开发与利用
——以瑞昌铜岭、九江荞麦岭遗址为例

周广明[①]

中国是历史悠久的文明古国，中华民族有着灿烂的历史文化。深刻认识中国历史文化，离不开考古学。考古发现不仅能展示中华文明起源和发展的历史脉络，而且能展示中华文明的灿烂成就，展示中华文明对世界文明的重大贡献。

一、关于《禹贡》"敷浅原"

（一）九州之域

《左传·襄公四年》引上古文献《虞人之箴》云："茫茫禹迹，画为九州，经启九道，民有寝庙，兽有茂草，各有攸处，德用不扰。"据现代历史地理学家研究，《禹贡》"九州"涵盖的地域是：

　　冀州，相当于今山西、河北和辽宁的一部分；
　　兖州，相当于今河北、河南、山东的交界地区；
　　青州，相当于今山东的东部地区；

[①] 周广明，江西省文物考古研究院研究馆员。

徐州，相当于今山东南部和江苏、安徽的北部地区；

扬州，相当于今江苏、安徽南部，浙江北部和江西东部地区；

荆州，相当于今湖北、湖南和江西西部地区；

豫州，相当于今河南、湖北的北部；

梁州，相当于今四川和陕西南部地区；

雍州，相当于今陕西北部、中部和甘肃及其以西的一部分。

春秋中晚期的《齐侯镈》《钟》铭文云："□□（赫赫）成唐（汤），有严在帝所。敷受天命。翦伐夏后，败厥灵师。伊小臣惟辅，咸有九州，处禹之堵。"邵望平先生利用大量考古学资料及研究成果，对《禹贡》九州的分野作出了令人耳目一新的解释。邵氏认为，"九州"既不是古代的行政区划，也不是战国时的假设，而是自公元前两千年前后就实际存在的、源远流长的、自然形成的人文地理区系。[①]

夏禹划九州、序九州或定九州云云，实际上是夏禹和夏人凭借他们所掌握的关于世界（或"天下"）的地理知识，按照公元前二千年前后既已实际存在的人文地理区系的分野，对天下即夏朝声威所及之地所作的具有地理学和政治学双重意义的划分和界定。从现代政治学的观点看，禹划九州和《禹贡》九州制度，更确切地说就是夏代人对于世界秩序的认识。从历史上看，这种独特的世界秩序，无疑是东周以后出现的以"中国"为中心的传统等级式世界秩序的原型。[②]

[①] 苏秉琦主编：《考古学文化论集2》，文物出版社1989年版，第11—30页。
[②] 陈剩勇：《九州新解》，《东南文化》1995年第4期。

(二)"敷浅原"之地望

《禹贡》：禹别九州，随山浚川，任土作贡。禹敷土，随山刊木，奠高山大川。……岷山之阳，至于衡山，过九江，至于敷浅原。关于"敷浅原"的地望，历来有不同的解读。《汉书·地理志》："豫章郡……有历陵县，有傅易山，傅易川在其南，古文以为敷浅原。"

北魏，郦道元《水经注》："敷浅原地在豫章郡历陵县西南。"

唐朝，杜佑《通典》："江州得阳县有蒲塘驿，即汉历陵县也，驿前有敷浅原，原西数十里有敷阳山。"

宋朝，朱熹《答程泰之书》："详古今敷浅原，是衡山东北的一支尽处。"又《九江彭蠡辩》："今之所谓敷浅原者为山甚卑小，俾不足以有所见，而其全体正脉，遂起而为庐阜，则甚高且大，所以适乎衡山东北一支所极者，惟是乃为宜耳。"

宋朝，蔡沈《书传》："九江见荆州。敷浅原，《地志》云：豫章郡，历陵县有敷阳山，古文以为敷浅原，今江州德安县博阳山也。"

元朝，王耕野《读书管见》："敷浅原恐非庐山。广平曰原，而又名为敷浅原，则必为平旷之地，不为高山可知。"

元朝，吴幼清《纂言》："德安即汉历陵县地、敷浅原盖兼山水而言，敷阳山乃其中间之小山，庐阜则其尽处之大山。"

明朝，李莹《敷浅原辨》："敷浅原出于《禹贡》，其名最古，考《书经注疏》及《汉书·地理志》皆以为豫章郡历陵县敷阳山，又《水经注》云：敷阳山古文为敷浅原也，根盘三十里，为德安一邑之镇。准此三说，则敷浅原似非庐山。"

清朝，燕兰微《敷浅原说》：《禹贡》敷浅原，大禹导水所至。……敷浅原之名，唐虞三代，相沿最古。逮汉置历陵县，名称代更，而原之名遂革。先儒考据详尽，资讼纷纭，于彼于此，无从定处。惟考

《汉志》:"豫章郡历陵县有敷阳山,敷阳川在其南,古文以为敷浅原",《通典》:"蒲驿即汉历陵县,驿前有敷浅原,原西数十里地有敷阳山",《纂言》:"德安即汉历陵县,敷浅原盖兼山水言。"

清朝,胡渭《禹贡锥指》以为即庐山以南平原。

周銮书力图证明庐山是敷浅原。[1]孙自诚根据历史文献与德安出土北宋《涂三郎墓铭并序》力证敷浅原"江西省德安县是也"[2]。程裕钧从塬的地貌特征出发,根据近代以来地质调查研究成果,确认此敷浅原即庐山前平原。[3]

我们以为敷浅原是以庐山为核心的圣山,结合赣北以博阳河、溢江等流域为代表的包括今九江城区、庐山市、瑞昌市、德安县在内的较为广阔的地理空间,面积约3800平方千米。从自然地理、人文地理的角度,这是一片适宜人类生产生活的地理空间,过往的考古调查与发掘也证明了这一点。

博阳河属鄱阳湖水系,上游分两支,西支发源于瑞昌市南义镇湖炎洞,东支发源于庐山,自西北向东南流经瑞昌市东南部、九江县南部,贯穿德安县全境,全长105千米,德安县境内79.7千米,流域面积1354平方千米,经由共青城市南湖注入鄱阳湖。由于博阳河流域地处长江中下游地质断裂带,地下矿产资源十分丰富,目前已发现矿产产地六十余处,主要有锡、锑、金、银、铅锌、铜、铁、砷、萤石、重晶石、煤、磷、石灰石、花岗岩、大理石等二十余种矿产。其中锡、锑、萤石等矿产在全国享有盛誉。

博阳河虽短,但流域内古文化遗址密集,是江西商代遗址的主要

---

[1] 周銮书:《浅谈庐山史研究中的几个问题》,《争鸣》1980年第1期。
[2] 孙自诚:《敷浅原在何处》,《江西历史文物》1982年第2期。
[3] 程裕钧:《〈禹贡〉九江、敷浅原新解》,《江西社会科学》2001年第2期。

图1　禹贡"敷浅原"位置示意图

分布地域之一，荞麦岭遗址、龙王岭遗址群。①龙王岭遗址群包含龙王岭遗址及其周边的磨盘山遗址、门口山遗址、八哥山遗址、王华兰遗址、太公岭遗址以及荞麦岭遗址考古发掘期间发现的燕子岭遗址、黄家枧后山遗址，均位于博阳河上游的张家河两岸；石灰山遗址②、

---

① 江西省文物考古研究所、九江市文化名胜管理处等：《九江县龙王岭遗址试掘》，《东南文化》1991年第6期；翁松龄、李家和、曹柯平：《江西九江县马回岭遗址调查》，《东南文化》1991年第6期。
② 江西省文物工作队、德安县博物馆：《江西德安石灰山商代遗址试掘》，《东南文化》1989年第4、5期；江西省文物考古研究所、德安县博物馆：《江西德安石灰山商代遗址发掘简报》，《南方文物》1998年第4期。

蚌壳山遗址①、猪山垅遗址、黄牛岭遗址②、陈家墩遗址③均位于博阳河两岸。

荞麦岭遗址、龙王岭遗址群位于博阳河上游东支、石灰山遗址位于博阳河上游西支下段，蚌壳山遗址、猪山垄遗址、陈家墩遗址、黄牛岭遗址均位于博阳下游。上述遗址均可归入博阳河流域遗址群。神墩遗址④、檀树咀遗址⑤、铜岭遗址⑥位于赣北北部，距长江更近；可归入近长江南岸遗址群中。

二、金道锡行：中国青铜时代的铜矿资源基地

"我们不仅要研究青铜器本身来源，即它的出土地点，还有它们的原料来源，包括对古铜矿的调查、发掘和研究。这是中国古代青铜器研究的一个新领域，也是中国考古学开辟的一个领域"（夏鼐）。

冶金术的发明及金属的使用，是人类一项伟大的发明创造，是科学技术发展史上一个重要的里程碑，在人类文明发展史上具有重要的地位，也是文明社会的基本要素之一。

铜作为人类认识和使用的第一种金属，早在新石器时代已开始使

---

① 江西省文物考古研究所、德安县博物馆：《江西德安蚌壳山遗址发掘简报》，《南方文物》1994年第3期。
② 江西省文物考古研究所、德安县博物馆：《江西德安米粮铺遗址发掘简报》，《南方文物》1993年第2期。
③ 江西省文物考古研究所、德安县博物馆：《江西德安县陈家墩遗址发掘简报》，《南方文物》1995年第2期；江西省文物考古研究所、德安县博物馆：《江西德安陈家墩遗址第二次发掘简报》，《东南文化》2000年第9期。
④ 江西省文物工作队、九江市博物馆：《江西九江神墩遗址发掘简报》，《江汉考古》1987年第4期。
⑤ 江西省文物考古研究所、瑞昌市博物馆：《江西瑞昌市檀树咀商周遗址发掘简报》，《考古》2000年第12期；朱垂珂、何国良：《江西瑞昌檀树嘴遗址试掘》，《南方文物》1994年第4期。
⑥ 江西省文物考古研究所铜岭遗址发掘队：《江西瑞昌铜岭商周矿冶遗址第一期发掘简报》，《江西文物》1990年第3期；刘诗中、卢本珊：《江西铜岭铜矿遗址的发掘与研究》，《考古学报》1998年第4期。

用。就世界范围来说，人类认识和利用铜金属，最早可上溯至距今9000年前，当时人们利用的是天然的铜。人工冶炼铜器的出现要晚得多，5800年前伊朗叶海亚地区发现的人工冶炼的含有少量砷的铜器，是中东地区目前所知最早的人工冶铜制品，而伊拉克发现的距今约4800年的含锡青铜器，是中东地区年代最早的锡青铜。

在中国，从仰韶文化到龙山、齐家文化，早期铜器在各地屡有发现。中国最早的铜金属遗物是临潼姜寨原始黄铜片、管，出自仰韶文化半坡类型一期遗址，距今约6400年。中国目前最早的青铜器，是1975年甘肃东乡林家的马家窑类型文化遗址中出土的青铜刀，系合范铸成，有关地层的碳十四年代为公元前2575—公元前2500年（树轮校正：公元前3100—公元前3010年）。[1]这个时期，铜器的材质是红铜、原始青铜和黄铜多种铜质并存，尚未进入真正意义的青铜时代。

中国青铜时代，按张光直先生的观点，是指青铜器在考古记录中有显著重要性的时期。到二里头文化时期，青铜器的显著重要性已成为不争的事实，学者公认其已进入青铜时代。由此看来，中国青铜时代便是历史上的三代，从距今4000年前，一直持续到公元前500年以后，至少有1500年之久。[2]

三代文明以铸造精美绝伦的青铜器为其主要特征。由于青铜器在三代文明中的特殊地位——"中国古代青铜器等于中国古代政治权力的工具"[3]，它象征着统治阶级政权的合法性以及对通天工具和通天原料的独占，也是王族主要财富的象征。

三代时期，谁拥有铜矿资源，谁就拥有强大的势力，谁就能占据

---

[1]安志敏：《中国早期铜器的几个问题》，《考古学报》1981年第3期。
[2]张光直：《青铜挥麈》，上海文艺出版社2000年版，第396页。
[3]张光直：《青铜挥麈》，上海文艺出版社2000年版，第476页。

统治地位。这一点，远在商代之前就已充分体现出来，"青铜兵器，据神话和传说，始用于黄帝、蚩尤之世。《管子·地数》篇记载：葛卢之山发而出水，金从之，蚩尤受而制之，以为剑、铠、矛、戟，是岁相兼并者诸侯九；雍狐之山发而出水，金从之，蚩尤受而制之，以为雍狐之戟、芮戈，是岁相兼诸侯十二。""蚩尤凭借着青铜兵器，战胜攻取，几有所向披靡之势。黄帝与蚩尤'九战九不胜'。后来黄帝采掘昆吾之山的铜铸造铜器，改善装备，加上友邻部落的帮助，才使蚩尤败北。"这段传说，说明了青铜器和铜矿资源在青铜时代的重要性。作为重要的战略资源，三代的统治者为了维护其统治地位及政权的合法性，必然会对其加强控制，并进一步控制青铜铸造业。

青铜器矿料来源和产地研究，是青铜时代至关重要的考古问题，也是冶金考古的重点和难点之一。对之进行研究，能反映冶金技术的起源和传承关系以及当时社会的政治、文化、方国地理、经济贸易、交通运输、生产组织、社会结构和铜、锡矿资源的获得方式等多方面、深层次的问题。

（一）天赐金缘惟金三品

现代地质勘探资料表明，中国大陆的铜、锡、铅矿主要分布在长江中下游的湖北、湖南、江西、安徽及西南的云南等地，尤其长江中下游是中国一条蕴藏最为丰富的铜矿带。江西铜矿地质条件优越，资源非常丰富，产地多，规模大，类型齐全，矿量集中，已探明铜矿储量居全国之首，约占蕴藏量的1/3。江西铜矿以赣北储量大而集中，仅在赣东北的丘陵山地就围绕着六座铜矿，呈马蹄形分布在鄱阳湖的四周。

长江中游地区是指从湖北宜昌至江西湖口地段，实际上包括江汉平原、洞庭湖平原、鄱阳湖平原和部分江南丘陵这样一个广泛的空间。其在地质构造上属扬子拗陷褶皱束沿江地段，地貌上大部分属于长江冲积平原及剥蚀的低山丘陵区，铜矿床及矿点均分布于剥蚀山丘或山区。

本地区的地貌发展历史表明：自中新世时期开始，长江中游地区的新构造运动表现为大幅度的升降运动，除此以外，也表现为某些第三纪地层的拗折和某些更古老时期构造断裂的复活。这些活动造成许多硫化物矿体发育较深与强烈破碎。由于这一地区降水量多集中于春、夏两季，秋、冬季相对说较为干旱；另外加上地下水特征、围岩及矿体的渗透性等许多因素影响，硫化物矿床的次生富集作用十分普遍。此类矿床经过多次次生富集作用，常形成含铜丰富的铜矿床。

经现代地质勘探及采矿生产揭露证实，这一地区矿体多、储量大、品位高，而且大部分矿体出露接近地表，所以经过长期强烈的风化侵蚀，次生富集环境优越。铜在转移和沉淀过程中，大量的自然铜、赤铜矿、孔雀石和蓝铜矿等矿物，在矿体及围岩破碎带内形成氧化富集带，其含铜平均品位在6%，孔雀石矿脉最厚可达10米。靠近矿体直接顶底板的矿石和围岩比较松软破碎，底板破碎带厚30—40米，已成为角砾岩和黄泥。火成岩蚀带内的矽卡岩抗压强度仅有100—400（公斤/平方厘米）。[1]由此看来成矿前后的构造带和破碎带，为古人采矿奠定了极有利的条件。

关于长江中游地区产铜、采铜的历史，汉以前文献屡见记载。《禹贡》上的扬州所贡"唯金三品"，《诗·鲁颂》的"南金"，以及《周礼·考工记》提到的"吴越之金锡"和《史记·李斯谏逐客书》的"江南之金锡"，指的就是长江流域产铜、采铜的史实。

---

[1] 杨永光、李庆元、赵学忠：《铜绿山古铜矿开采方法研究》，《有色金属》1980年第4期。

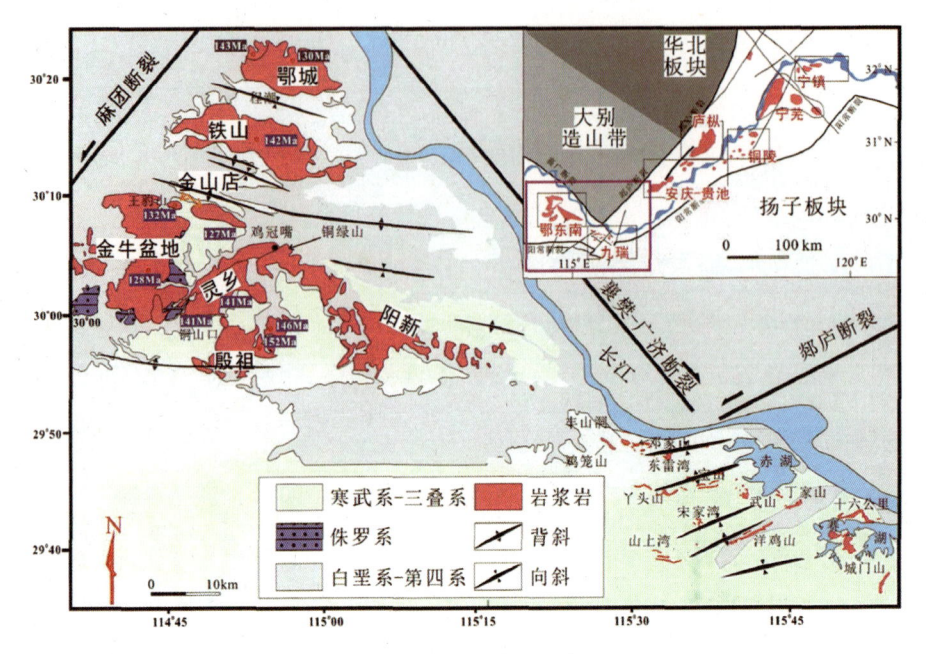

图2　鄂东南和九瑞矿集区区域地质简图（据Xie et al.，2011a；Yang et al.，2011等修编）

此外，长江为古代文化交流的黄金水道，交通运输便利。铜矿区大都为临江的丘陵地带，雨量充沛，常年气温高，生长着茂密的森林，为采矿和冶炼提供了充足的木材和燃料。

总之，这一地区丰富的铜矿资源、茂密的森林、便利的交通是形成中国古代产铜、采铜基地的重要物质前提。

（二）工开天物青铜采冶

长江中游地区是商文化在南方重要的分布区域之一，也是中国铜矿、锡矿资源较为集中的区域，发现了较多先秦时期矿冶遗址。其中，江西瑞昌铜岭遗址为该区域内目前所确认的唯一一处年代明确的商代中期为主体的采矿、冶炼遗址。

1988年春，铜岭村民在修筑矿山公路时发现了该遗址。经过调查获知，这是一处集采矿、冶炼于一地的铜矿遗址。1988—1991年，江西省文物考古研究所、瑞昌市博物馆连续四个秋冬对采矿区进行了抢救性发掘，丰富的遗物、遗迹为我们系统地研究铜岭遗存的文化面貌提供了十分有价值的资料。

铜岭矿山始采于商代中期，终采于战国前期，它是迄今为止中国境内发现的年代最早的大型铜矿山。铜岭古铜矿是集采矿、选矿、冶炼为一体的矿山，其采掘技术体系领先世界。长江南岸的铜料正是通过江汉平原进入南阳盆地而达中原，这是中原王朝始终控制的一条南铜北输的生命线，这条生命线与中原青铜文明的兴盛紧密相关。

铜矿作为商周时期一种极为重要的资源，在中国青铜文明的形成和演进中发挥着至关重要的作用。早中商时期，随着商王朝对长江中

图3　铜岭采矿区考古现场

现存于世界上最早的木质机械
提升工具——商代木辘轳　　　　　西周木滑车　　　　　　春秋木滑车

图4　战国时期矿井

矿工的生活用具——陶鬲　　　　　矿工的生活用具——陶鬲

图5

游地区的经略，赣北地区的商文化进入一个繁荣时期。九江龙王岭、荞麦岭、神墩、德安石灰山等大中型聚落遗址相继出现。铜岭铜矿约在中商一期或略早时间开始进行开采，并从一开始就表现出成熟完备的技术体系和高超的工艺水平。凭借丰富且便于开采的铜矿资源、先进的生产技术、优越的水运条件等，铜岭铜矿迅速达到一个繁盛期，在商代早中期（商代中期为主）成为中原商王朝铜料来源的主要矿山之一。

中商三期前后，随着商文化由长江以南向北收缩，盘龙城遗址废弃，位于赣北的九江神墩、荞麦岭遗址也相继废弃。铜岭铜矿随之停止开采，进入一个空白期。西周早期以后，铜矿恢复开采，延续至春秋早期，但规模不大。值得注意的是，中商三期前后，赣北北部的主要遗址相继废弃，但在赣北南部、赣中地区，青铜文明却进入新的阶段。赣北南部以陈家墩遗址为代表的商代遗存开始出现，并在商末周初高度繁荣；赣中地区的吴城文化也在中商三期前后进入大发展时期，其势力范围在赣江以东最北至彭泽团山，在赣江以西最北至永修戴家山。而铜岭铜矿此时却看不到开采迹象。

显然，中原商文化退出该地区是铜岭铜矿的停产主要原因，但是否是唯一原因，还有待进一步分析。春秋中晚期到战国早期，随着楚人控制铜岭铜矿，带来更为先进的开采、冶炼技术以及更大的需求，铜岭铜矿迎来另一个生产高峰。而这一时期，靖安李洲坳、高安太阳墟墓葬以及新余陈家遗址仍以吴越文化为主，也就是说，楚人为夺取铜矿资源控制铜岭铜矿的时间要早于江西其他地区。战国早期，随着铜矿资源的枯竭，铜矿废弃。五代至北宋时期，可能在此短暂开采过铁矿。

（三）吉金铸就赣地文明

虽然对于"敷浅原"各家说法不一，但近年荞麦岭遗址考古发掘为探寻"敷浅原"地望提供了新的路径，考古发现与胡谓的说法尤为契合。

荞麦岭遗址位于江西省九江市马回岭镇富民村荞麦岭组后的山垄上，该山垄为低矮山坡，遗址即位于山垄的南坡，海拔高度为45至46米，地理坐标为东经115°49′21″，北纬29°26′28″。经初步钻探，遗址面积约5万平方米。遗址东侧30米为昌九高速，东距庐山5千米，南距德安县城15千米，北距九江县20千米。

经碳十四测年，荞麦岭遗址年代范围在公元前1890—公元前1300年之间，年代初在夏和早商之际，出土陶器内涵丰富，多见二里头文化因素和二里岗文化因素，是夏商文化在赣北地域的一个重要体现。在二里岗期的遗物中见有较多的铜矿石、坩埚、铜锭等冶炼遗物，是

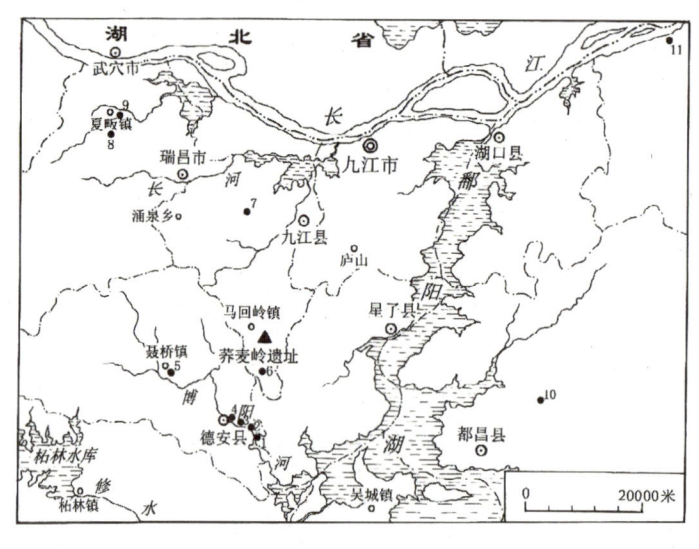

图6　荞麦岭遗址及周边遗址地理位置图

1. 黄牛岭遗址
2. 陈家墩遗址
3. 猪山垄遗址
4. 蚌壳山遗址
5. 石灰山遗址
6. 龙王岭遗址群
7. 神墩遗址
8. 檀树咀遗址
9. 铜岭遗址
10. 小张家遗址
11. 团山遗址

商人南下经略长江中游获取铜资源的重要证据。

荞麦岭遗址地处江西省九江市马回岭镇（今柴桑区马回岭镇），庐山西南马回岭盆地东侧丘陵地带，与目前中国所知最早的铜矿开采冶炼遗址——江西瑞昌铜岭商周铜矿矿冶遗址直线距离仅40千米，按常人步行速度，从瑞昌铜岭至荞麦岭，在半天即4—6个小时可以到达。荞麦岭遗址商类型因素与瑞昌铜岭遗址商类型因素基本一致，瑞昌铜岭铜矿近年的发掘将年代上限由之前的中商提前至早商晚段[1]，荞麦岭夏商年代跨度大于瑞昌铜岭，遗址内涵也较瑞昌丰富，结合周边调查遗址信息，可以判断夏商文化可能先从瑞昌一直往南到了庐山南侧的荞麦岭周边。

夏商文化从盘龙城南下的路线也比较明显。[2]通过这两年在赣北的考古调查发掘，可以推断，荞麦岭应是夏商文化的在赣北的边界所在，荞麦岭周边应是夏商文化较大规模集结聚集地，沿庐山水——博阳河而南的共青城米粮铺陈家墩一带是最南边界，因此共青城以北地区都在夏商文化控制之下（此指夏和早商阶段）。

跟早商文化从一开始就往西全部占领二里头文化的分布地域一样[3]，从荞麦岭遗址下层二里头因素遗物可见，早商文化在赣北也是占领二里头文化的分布范围，占领和控制铜矿资源是主要目的之一。也可以推知，荞麦岭使用二里头因素的人群可能已经获知了赣北铜矿资源信息，荞麦岭遗址周边是寻找二里头阶段冶金材料的一个可能区域。禹"至九江，过敷浅原"，庐山南侧的荞麦岭遗址二里头文化因素遗存可能与之有关。

---

[1] 崔涛、刘薇：《江西瑞昌铜岭铜矿遗址新发现与初步研究》，《南方文物》2017年第4期。
[2] 唐际根：《商文化在鄂东南与赣西北地区兴衰的时间与通道》，《湖北理工学院学报》（人文社会科学版）2022年第3期。
[3] 刘绪：《夏商周考古》，山西人民出版社2021年版，第51页。

从荞麦岭遗址考古大致可以确定二里岗期商文化的南土范围，占据的时间较为长久，实力较为强大，除了瑞昌铜岭铜矿之外，周边还有城门山铜矿（神墩遗址北侧），彭山锡矿（石灰山遗址北侧）等矿产资源分布，作为长江中游重要的资源区，二里岗期商文化遗址往往在矿地附近发现，这应该不是偶然。

夏商文化不远千里深入长江腹地，矿产资源是核心需求，长期的经略必然导致对这一地域的充分了解和熟悉，庐山作为长江中游最高峰之一，在先秦以山川水系为认知的地理认知里，可能就是一个目标点位的存在，也是一个坐标基点，环庐山一带密集分布夏商文化也就不足为奇了。

而夏商文化对赣北地域的充分了解和熟悉，也为新干大洋洲、吴城等赣江中游一系列重要遗址墓葬的发现提供了先导条件。刘绪先生即认为荞麦岭遗址对探讨盘龙城与吴城文化之间的关系很重要，跟铜资源的获取通道可能是有直接关系的[1]，赣江中游大量的青铜器出土与商文化的密切控制和重点开发是密切相关的，有理由相信，中原夏商文化和江西的关系因铜矿等资源而紧密联系在一起。

正如邹衡先生在《江西先秦考古》一书的序言中指出："吴城文化中有此（新干大洋洲商墓）诸侯王之类的大墓存在，确凿无疑地证明了早在三千多年前，鄱阳湖——赣江流域以及出现了国家——方国"的一样，吴城文化源头商文化因素是浓郁。在序言中，邹先生还指出，以丰富的铜矿资源为物质基础是吴城文化高度发达的重要原因，夏商文化尤其是商文化对铜矿等资源的开发利用，也促进了赣鄱地区的全方位开发。先进技术与丰富资源的结合是赣鄱地区在夏商时

---

[1] 刘绪：《盘龙城与长江文明国际学术研讨会学术总结》，《盘龙城与长江文明国际学术研讨会论文集》，科学出版社2016年版，第20页。

期崛起长江中游的关键因素,而带来先进技术的正是中原南下的夏商文化。

中国大量早期铜件、铜矿、铸铜作坊的发现表明,上古时期中国有着完整的采矿、冶炼、铸造青铜工业体系,中国的青铜文化是在本国土地上生长的,自成体系,富有独特的民族特色,在世界青铜文明中占有重要地位。《禹贡》"敷浅原"地区以瑞昌铜岭、九江荞麦岭为代表青铜采冶技术无疑在中国夏商时代青铜工业体系占据重要的地位,体现了开拓创新,不断进取的中国智慧与中国精神!永存史册!

再辨"金堤"

陈 曦[①]

在现代地貌上，江汉平原是典型的河间洼地洪泛平原，河流纵横，湖泊密布，间有若干洼地，其中以长湖—三湖—白露湖—洪湖所命名的四湖洼地地势最低，范围最广；两宋时期，长湖、洪湖等大型湖泊尚未形成，在这些低洼地的中心地带主要是众多的小型湖泊；在长江、汉水堤防修筑以前，每当洪水泛滥，这些低洼地带就是一片积水区，洪水过后，又还原为众多的小湖群；这种湖泽密布、地势低洼的条件，显然不利于古人开发利用，于是，在与自然抗争的过程中，人工堤防逐渐发展起来。[②]

流经江汉平原的长江干流主要为荆江河段。荆江，西起今湖北省枝城，东至湖南省城陵矶，全长约340千米，以湖北公安县藕池口为界，以上称"上荆江"，以下为"下荆江"。荆江堤防是江汉平原生存与发展的最重要屏障[③]，在长江堤防的发端问题上，传统观点认为，长江堤防始于东晋桓温所筑金堤（以下简称"东晋金堤"），这种说法有一个根本前提，即江陵城的位置自东晋（或者自战国）迄今基本没有变化；另一种观点来自石泉先生，石先生以大量的文献材料，通

[①] 陈曦，武汉大学历史学院教授。
[②] 杨果：《宋代两湖平原地理研究》，湖北人民出版社2001年版，第93页。
[③] 杨果老师指出，兴建堤防是开发江汉—洞庭平原的重要前提，必须解决治水防洪问题，故选取堤防作为宋代两湖平原的研究重点之一，参见杨果：《宋代两湖平原地理研究》，湖北人民出版社2001年版，第9页。

过严密的考证，提出南朝梁元帝以前江陵城位于汉水中游以西、蛮河下游今湖北宜城市南境之新解说，江陵江堤亦不能以东晋金堤为开端；石先生的新解在论证方法上相当复杂，涉及的问题十分广泛。①而李步嘉先生在石先生研究的基础上，进一步提出桓温令陈遵修筑的是江陵城而非堤防。②本文拟从传统观点，以古今江陵（即今荆州区）为一地，重新探讨与东晋金堤有关的若干问题：如金堤是否为长江堤防？它与江陵城有何种关联？五代以降，文献中关于金堤的记载何以不断发生变化？尝试通过回答上述问题来推进对历史时期江汉平原人地关系演变和特点之理解。

一、历史时期的"金堤"记载

长久以来，人们以东晋金堤为长江堤防开端时常引《水经注》记载："江陵城地东南倾，故缘以金堤，自灵溪始。桓温令陈遵造，遵善于方功，使人打鼓，远听之，知地势高下，依傍创筑，略无差矣。"③

《世说新语》最早记录了桓温修建的江陵城④，赞其"甚丽"，且"遥望层城，丹楼如霞"；该书引盛弘之《荆州记》称："荆州城临汉江，临江王所治。"⑤"荆州城临汉江"的说法显然与江陵城在长江边

---

① 杨果老师对此问题做过梳理，参见杨果：《宋代两湖平原地理研究》，湖北人民出版社2001年版，第97—98页。
② 李步嘉：《汉末魏晋南朝江陵城历史地理考补》，博士学位论文，武汉大学，1996年，第66—68页。
③ （北魏）郦道元注，杨守敬、熊会贞疏，段熙仲点校，陈桥驿复校：《水经注疏》卷三四《江水二》，江苏古籍出版社1989年版，第2863—2864页。
④ 石泉：《古代荆楚地理新探》，武汉大学出版社2013年版，第400页。
⑤ （南朝宋）刘义庆著，（南朝梁）刘孝标注，余嘉锡笺疏：《世说新语笺疏》卷上之上《言语第二》，中华书局2015年版，第155页。

的传统观点不合，反而符合石泉先生关于江陵城位置的新解说。[①]关于桓温筑城的时间，宋人引《晋书》称永和八年（352）"始营城府"[②]，建金堤以保护江陵属当然之事。

其后，《梁书》记述了天监六年（507）荆州刺史萧憺修复江堤一事："州大水，江溢堤坏，憺亲率府将吏，冒雨赋丈尺筑治之。雨甚水壮，众皆恐，或请憺避焉。憺曰：'王尊尚欲身塞河堤，我独何心以免。'乃刑白马祭江神。俄而水退堤立。"[③] 这段史料虽然提及江堤，但没有将它与金堤相联系。

宋代志书中，《太平寰宇记·荆州》有"江堤"条，该条在转述前引《梁书》记载后无其他内容；[④]《舆地纪胜·江陵府》"金堤"条亦仅引用《水经注》原文。[⑤]两宋志书皆未将江堤与金堤并提，或许宋人不认为二者为同一段堤防？

明万历《湖广总志》则将金堤置于"川江堤防"之首：

> 江陵城地东南倾，故缘以金堤，自灵溪始，桓温令陈遵造。遵善于防攻，使人打鼓，远听之，知地势高下，依傍创筑，略无差失。

> 江陵东北七十里有废田，傍汉古堤，坏决凡二处，每夏为浸溢。唐贞元八年，节度使嗣曹王皋始命塞之，得其下良田五千

[①] 石泉：《古代荆楚地理新探》，武汉大学出版社2013年版，第380—436页。
[②] （宋）乐史撰，王文楚等点校：《太平寰宇记》卷一四六《山南东道五·荆州》，中华书局2007年版，第2831页。
[③] （唐）姚思廉：《梁书》卷二二《始兴忠武王憺传》，中华书局1973年版，第354页。
[④] （宋）乐史撰，王文楚等点校：《太平寰宇记》卷一四六《山南东道五·荆州》，中华书局2007年版，第2837页。
[⑤] （宋）王象之撰：《舆地纪胜》卷六四《荆湖北路·江陵府》，《中国古代地理总志丛刊》，中华书局1992年版，第2205页。

顷，亩收一钟……

宋乾道七年十月，湖北漕臣李焘修江陵、潜江县里社、虎渡二堤。

张孝祥知荆南兼湖荆北路安抚使，筑寸金堤，以免水患。

宋汪烨倅江陵郡，郡有三海八柜，恃为险固。豪右据以为田，烨力复之；又筑寸金堤以捍江，政绩甚伟。①

引文中江陵东北的傍汉古堤为汉水堤防。②里社堤，当与里社穴相关，里社穴是江陵府漕河通往汉水的分流水口，故里社堤为汉水支堤。③虎渡堤是长江南岸的一道重要支堤，屏护虎渡河沿岸。④寸金堤为江陵护城堤防（详见下文）。三海八柜，即南宋守臣为抵御金军南下、自江陵城西北至城东南蓄水而筑的大型军事水利工程。⑤由此，除金堤情况不明外，仅虎渡堤为长江支流堤防，其他堤防或为汉水堤防，或与江陵城防有关。至于金堤，该书与《舆地纪胜》一样仅转述《水经注》记载，不同的是，它将金堤与其他汉水堤防、护城堤列于"川江堤防"之列，把这些堤防视为护卫江陵的荆江——汉水堤防体系的组成部分。

清代地方志关于金堤的记载增加了不少细节。如顺治《江陵志余》"金堤"条在转述前引《水经注》文字后称："五代高氏亦尝修

---

① （明）徐学谟纂修：万历《湖广总志》卷三三《水利二》，《四库全书存目丛书》第195册，齐鲁书社影印福建省图书馆藏明万历刻本1996年版，第136页。
② 杨果：《宋代两湖平原地理研究》，湖北人民出版社2001年版，第120页；并见鲁西奇、潘晟：《汉水中下游河道变迁与堤防》，武汉大学出版社2004年版，第185页。
③ 杨果：《宋代两湖平原地理研究》，湖北人民出版社2001年版，第159页；并见鲁西奇、潘晟《汉水中下游河道变迁与堤防》，武汉大学出版社2004年版，第119页。
④ 杨果：《宋代两湖平原地理研究》，湖北人民出版社2001年版，第158—159页。
⑤ 杨果：《宋代两湖平原地理研究》，湖北人民出版社2001年版，第138—139页。

筑，厥后江势改徙，堤迁于外，而看花台一带数十百里犹存故迹，土人呼为'高王古堤'焉。"①修志者认为，金堤在五代高氏政权时得到培修，后受到河道摆动的影响，金堤迁移至高王古堤之外，这意味着至迟在清初，金堤已较高王古堤更靠近江边。高王古堤遗址所在之看花台即豫章台，清人言"楚故城址也"，在江陵城东南、沙市以北的豫章冈东南，与江边尚有一段距离。②杨果老师指出，明清文献记载了荆南高氏政权大规模修筑江陵江堤，称为寸金堤；虽然目前尚无直接记载证明高氏修建过长江堤防，但高氏的确修筑过堤防，如《舆地纪胜》记载高季兴孙保融"自西山分江流，方五七里，筑堤而居，谓之北海"。③

乾隆时期的记载进一步发生变化。乾隆《荆州府志》卷一六"金堤"条云：

> 《水经注》："江陵城地东南倾，故缘以金堤，自灵溪始。按：灵溪在城西，见《山川》。桓温令陈遵造，遵善于防工，使人打鼓，远听之，知地势高下，依傍创筑，略无差失。"《宋史·张孝祥传》："孝祥知荆南，筑寸金堤，自是荆州无水患。"按：金堤即江北岸长堤。④

《乾隆府志》既引《宋史·张孝祥传》，复将张孝祥修筑的寸金堤

---

① （清）顺治《江陵志余·志陵陆》"金堤"条，江苏古籍出版社影印顺治七年钞本2001年版，第402—403页。按：引文中"数十百里"当为"数十余里"之误。
② （清）顺治《江陵志余·志陵陆》"豫章冈""豫章台"条，第399、400页。
③ 相关讨论参见杨果《宋代两湖平原地理研究》中篇"堤防篇"，第102—105页；并见鲁西奇、潘晟《汉水中下游河道变迁与堤防》第三章《汉水中下游古代堤防考》，第194—198页。
④ （清）乾隆《荆州府志》卷一六《江防》"金堤"条，乾隆二十二年刻本。按：乾隆《江陵县志》卷八《建置五》"金堤"条所记略同，乾隆五十九年刻本。

同列于"金堤"条下，或许撰者意识到二堤的差别，故以按语"江北岸长堤"来强调二堤的相似之处。

其后，嘉庆《重修一统志》将"金堤"指为江陵城东南二十里（古里）的黄潭堤（以下作"黄潭堤说"），并在"金堤"条下，将东晋金堤、南朝梁江堤、荆南高王古堤并收其下。[1]按：黄潭堤，又作黄滩堤，筑于"沙水相荡，摧圮动辄数十丈"[2]的沙市河弯，直接迎流顶冲，自古以来为荆江北岸的险工段，南宋时监察御史都民望称之为"沿江北岸古堤"[3]，则该堤当筑于南宋以前。明清时期，黄潭堤多次决堤，沿江地区损失惨重。[4]

同治时期编撰的《荆州万城堤志》径以万城堤为"金堤"（以下作"万城堤说"）：

> 旧《府志》：在城西六十里，界江陵、当阳间，堤因城址，险扼上流。谚云："水来打破万城堤，荆州便是养鱼池。"
>
> 按，即陈遵金堤，以其地属万城，故名。乾隆戊申以后，形诸章奏，自是由堆金台至拖茅埠二百二十里，统谓之万城堤矣。[5]

---

[1]（清）嘉庆《重修一统志》卷三四五《荆州府·堤堰》"金堤"条，中国古代地理总志丛刊本，中华书局1986年版，第17444页。

[2]（元）脱脱等：《宋史》卷九七《河渠志七》"荆襄诸水"条，中华书局1985年版，第2417页。

[3]（元）脱脱等：《宋史》卷九七《河渠志七》"荆襄诸水"条称："荆南江陵县东三十里，沿江北岸古堤一处，地名黄潭。建炎间，邑官开决，放入江水，设以为险阻以御盗。既而夏潦涨溢，荆南、复州千余里，皆被其害"，第2416页。

[4]杨果、陈曦：《经济开发与环境变迁研究——宋元明清时期的江汉平原》，武汉大学出版社2008年版，第57、72—75页。

[5]（清）倪文蔚：《荆州万城堤志》卷三《建置》"万城堤"条，光绪二十一年刻本。按：程鹏举先生曾对"黄潭堤"与"万城堤"二说作出辨析，认为东晋金堤不当在万城或黄潭堤段，应始于今荆州城西约十里的秘师桥，由城西南向东延伸经城南抵城东南，参见程鹏举：《古代荆江北岸堤防考辨》，《历史地理》第8辑，上海人民出版社1990年版，第70—76页。

万城堤，较早见于万历《湖广总志》："郡西上六十里有万城堤，在当阳、江陵之界。"①乾隆戊申年（即乾隆五十三年，1788）以前，清人将江陵城西六十里的万城堤称为"金堤"，其后，万城堤则指堆金台至拖茅埠的二百二十里（古里）堤防，延续了"江北岸长堤"的说法。换言之，时人不仅确切指出"金堤"所在，而且空间上延展较大，内涵随之变化。为了支持"万城堤说"，倪文蔚在同书"金堤"条下按云："《水经注》：灵溪，水无泉源，上承散水，合成大溪，南流注江云云。疑即马山迤西诸湖。今保障垸上有灵溪湖，讹为菱芰湖，又讹为菱角湖、宁国湖"②，将灵溪与城西诸湖混为一谈。

万城堤作为江陵城西、城北的一道重要屏障，不仅要防御汛期倒灌的江水，还要抵挡沮漳河来水，明人视其为"郡治之大要害"。③袁宏道曾经提到万城堤与江陵城的关系："万城之水，朝决朝注，高与堞齐，名虽曰城，其实堑也。"④此处若发生溃堤，将给江陵造成巨大冲击。如嘉靖十一年（1532）万城堤决堤，"城不浸者三版"；⑤顺治十年（1653），万城堤溃决，"水灌城足，西门倾塌"；⑥尤其是乾隆五十三年（1788），特大洪水冲开江陵西、北两门，全城巨浸。⑦因此，万城堤和黄潭堤同为明清时期上荆江的险工险段，它们对江陵城的重要保护作用与东晋金堤相似，恐怕这是清人把二堤视为金堤的一个

---

① （明）徐学谟纂修：万历《湖广总志》卷三三《水利二》，第137页。
② （清）倪文蔚：《荆州万城堤志》卷三《建置》"金堤"条。
③ （明）徐学谟纂修：万历《湖广总志》卷三三《水利二·荆州府堤考略》，第137页。
④ （明）袁宏道著，钱伯城笺校：《袁宏道集笺校》卷一七《荆州修复北城碑记》，上海古籍出版社2018年版，第1261页。
⑤ （明）徐学谟纂修：万历《湖广总志》卷三三《水利二·荆州府堤考略》，第137页。
⑥ 《水患纪略》，见乾隆《江陵县志》卷八《建置·江防》。
⑦ （清）倪文蔚：《荆州万城堤志》卷首《谕旨》"乾隆五十三年七月初四日"条。

原因。

针对清初以来的不同说法,光绪《续修江陵县志》欲综合各说:"按,《荆州记》云:'灵溪在县西,大城西九里。'《通志》云:'金堤在东南二十里,即黄潭堤',其说不一。今考二处,皆无灵溪之名。读《万城堤志》,疑即马山迤西诸湖,今保障垸上有灵溪湖,理或然也。然前《志》云:'即江北岸长堤',意金堤为长堤之总名耳,故系于此。"①该志虽主"万城堤说",但仍有疑惑,只能以乾隆时"江北岸长堤"的说法来总括诸堤。

二、《水经注》中的灵溪、龙陂与堤防

后人对于《水经注》卷三四涉及金堤的记载多有歧义,一个重要的原因,是在金堤的走向以及与金堤密切相关的灵溪、龙陂、诸段堤防的方位判断上存在差异。

(一)灵溪与龙陂

晋宋间人庾仲雍称灵溪在大城(即江陵城)西九里②,后人多引其说,但庾仲雍没有说明灵溪的流向。《水经注·江水篇》在经文"又南过江陵县南"下注曰:提及灵溪在燕尾洲以北汇入长江:

> 县江有洲,号曰枚回洲,江水自此两分而为南、北江也……江水又东迳燕尾洲北,合灵溪水,水无泉源,上承散水,合承大溪,南流注江……江水又东迳江陵县城南……此洲始自枚回,下

---

① (清)光绪《续修江陵县志》卷八《建置五·堤防》"金堤"条,第576页。
② (清)顺治《江陵志余·志水泉》"灵溪"条,江苏古籍出版社影印顺治七年钞本,2001年,第409页。

迄于此。长七十余里。洲上有奉城，故江津长所治，旧主度州郡贡于洛阳，因谓之奉城。亦曰江津戍也。戍南对马头岸。①

由此，在江陵城南的河道中，从枚回洲至燕尾洲，自西向东的沙洲长达70余里（古里）；燕尾洲上有江津戍，与马头岸相对，而马头岸在长江南岸，与沙市相对②，那么，燕尾洲约在沙市河段中，灵溪在江陵城东南沙市附近入江。③又据嘉靖《湖广图经志书》之《江陵县图》④、乾隆《江陵县志》之《江陵县捕厅图》和《江陵县阖邑全图》⑤、光绪《续修江陵县志》之《江陵县辅厢汛图》等⑥，结合明清志书"山川"部分的记载，可知江陵城西北、东北和北部分布着龙山、八岭山、纪山、马山、东山、西山、岳山等。可见，江陵城自西北到东北的"散水"颇多，灵溪便是这样一条始自城西北，虽"无泉源"，但"上承散水，合承大溪"，在沙市附近汇入荆江的河流。

关于灵溪的流向，《水经注·沔水篇》提供了线索：

江陵西北有纪南城……城西南有赤坂冈，冈下有渎水，东北流入城，名曰子胥渎，盖吴师入郢所开也，谓之西赤湖。又东北出城西〔东〕南，注于龙陂。陂，古天井水也，广圆二百余步，

---

① （北魏）郦道元注，杨守敬、熊会贞疏，段熙仲点校，陈桥驿复校：《水经注疏》卷三四《江水二》，第2860—2864页。
② （宋）司马光：《资治通鉴》卷二六六《后梁纪》"开平二年四月"条胡三省注，中华书局1956年点校本，第8694页。
③ 石泉先生在《楚郢都、秦汉至齐梁江陵城故址新探》中详细考证过江陵城外围的江津城、马头戍、燕尾洲等地点，载石泉《古代荆楚地理新探》，第403—404页。
④ （明）嘉靖《湖广图经志书》卷六《荆州府·江陵县图》，《日本藏中国罕见地方志丛刊》，书目文献出版社1990年版，第480页。
⑤ （清）乾隆《江陵县志》卷首《江陵县捕厅图》《江陵县阖邑全图》。
⑥ （清）光绪《续修江陵县志》卷首《江陵县辅厢汛图》，第496页。

在灵溪东，江堤内……陂水又迳郢城南，东北流谓之杨水。又东北，路白湖水注之。湖在大港北，港南曰中湖，南堤下曰昏官湖，三湖合为一水。东通荒谷，荒谷东岸有冶父城……春夏水盛，则南通大江，否则南迄江堤，北迄方城西。方城即南蛮府也。又北与三湖会。故盛弘之曰，南蛮府东有三湖，源同一水，盖徙冶西府也。宋元嘉中，通路白湖，下注杨水，以广运漕。杨水又东历天井北，井在方城北里余，广圆二里，其深不测。井有潜室，见辄兵。西岸有天井台，因基旧堤，临际水湄，游憩之佳处也。杨水又东北流，得东赤湖水口，湖周五十里，城下陂池，皆来会同……杨水又东入华容县，有灵溪水，西通赤湖水口，已下多湖……杨水又东北与柞溪水合，水出江陵县北，盖诸池散流，咸所会合，积以成川……柞溪又东注船官湖，湖水又东北入女观湖，湖水又东入于杨水。杨水又北迳竟陵县西……①

引文两处提及灵溪，其中一处在龙陂以西、纪南城以南，流经江陵城北；另一处在华容县，为"灵港"之误。②引文记子胥渎"东北流入城……又东北出城西南，注于龙陂"，但子胥渎自纪南城西南、东北向流入城，再东北向出城，其间流向未有变化，难以再从城西南流出，原文明显有误。子胥渎或者"东北出城，东南注于龙陂"，或

---

① （北魏）郦道元注，杨守敬、熊会贞疏，段熙仲点校，陈桥驿复校：《水经注疏》卷二八《沔水中》，第2404—2410页。按，引文重点号为笔者所加。
② 华容县境之灵溪，在明本《水经注》中皆作"灵港"，清本《水经注》则为"灵溪"，石泉先生对此问题已有详考，参见前引《楚郢都、秦汉至齐梁江陵城故址新探》，载石泉：《古代荆楚地理新探》，第419页。同时，清代本区多部方志亦将监利县境与古"灵溪"方位相当的一条河流称为"灵港"，如顺治《江陵志余·志水泉》"赤湖口"条，第405页；康熙《荆州府志》卷四《山川》"赤湖口"条，江苏古籍出版社影印康熙二十四年刻本2001年版，第67页；同治《监利县志》卷一《方舆志·山川》"灵港水"条，江苏古籍出版社影印同治十一年刻本2001年版，第49页。

者"东北出城东南,注于龙陂",因此,龙陂当在纪南城以东,江陵城以北。① 一些相关记载可以佐证,如嘉靖《湖广图经志书》载:龙陂桥在县北十五里,原为木桥,因龙陂河"当众流冲,势甚汹涌",遂改石桥。② 顺治《江陵志余》"龙陂桥"条亦称:桥在"城北十五里,北上孔道也。桥当众水之冲,江陵八柜此其一"。③

上述可见,灵溪自江陵城西北,东南流向经江陵城西北、城北、城东、城东南,在江陵城以东二十里的沙市附近入江。④

(二)江堤、南堤与旧堤

上引《水经注·沔水篇》有四处提及堤防(见笔者所加重点号处)。首先是龙陂附近的"江堤"。灵溪自城西北、东南流向汇入荆江,龙陂在江陵城北,故此"江堤"当在城西北、城北一带防御沮漳河及城西北众水包括龙陂水。

其次是昏官湖所临近之"南堤"。据引文,龙陂水过郢城南东北流,称为杨水,杨水又东北流经路白湖,路白湖、中湖和"南堤"下的昏官湖合为一水,复东通荒谷水。又据《后汉书》引《荆州记》曰:"县东三里余有三湖,湖东有水,名芇谷"⑤,则三湖在江陵城东、郢城南。

再次是第二处"江堤"。荒谷水平时南抵江堤,当春夏水盛时,

---

① (清)乾隆《荆州府志》卷五《山川》称龙陂在纪南城西南,当误。
② (明)嘉靖《湖广图经志书》卷六《荆州府·关梁》"龙陂桥"条,《日本藏中国罕见地方志丛刊》,书目文献出版社,1990年,第521页。
③ (清)顺治《江陵志余·志水泉》"龙陂桥"条,第412页。
④ 参见陈曦《宋代长江中游的环境与社会》,图1—1《东晋江陵"金堤"示意图》,科学出版社2015年版,第26页。
⑤ (南朝宋)范晔:《后汉书》卷二二《郡国志》,中华书局1965年版,第3480页。又,"芇谷"为"荒谷"之误,后人多有校正。

荒谷水逾过"江堤",南通大江,说明此"江堤"离江不远,在江陵城东南。由于昏官湖在江陵城东,湖东的荒谷水更偏向城南,该"江堤"在"南堤"以南或东南方向,即"南堤"在第二处"江堤"以北或西北方向。那么,"南堤"之"南"相对于何处而言?从《水经注·沔水篇》的记载来看,"南堤"位于郢城东南与大港之南,约在江陵城东南方向,堤名之"南"可能是相对于郢城、大港或江陵城而言。

引文提到的最后一处堤防为"旧堤"。杨水与三湖相会后东流经过天井,天井"广圆二里,其深不测",天井西岸的天井台基于"旧堤"之上。天井,在江陵城东二十里[①],此处的堤防当不是江堤。这种临近堤防、"深不可测"的天井在成因上与河堤决口湖类似,由堤防溃口冲刷而成,一般面积不大,湖水却很深。[②]虽为旧堤,但它反映出在《水经注》成书以前江陵城东北一带确实存在着比较严重的水患。

若将"南堤"与"旧堤"的方位联系起来考察,可以看到二堤在江陵城东或城东北,为了阻遏城东与城东北的来水而建,并非长江堤防。

南北朝时期,为防御江陵城北来水的堤防还见于《周书》《北史》《资治通鉴》等典籍。

据《资治通鉴》卷一七〇,陈将章昭达"决龙川宁朔堤,引水灌江陵";胡三省注云:"《水经注》:纪南城西南有赤坂冈,冈下有渎水,东北流入城,又东北出城西〔东〕南,注于龙陂。陂,在灵溪

---

① (宋)乐史撰,王文楚等点校:《太平寰宇记》卷一四六《山南东道五·荆州》"东天井"条,第2835页。
② 本书编委会:《湖北水利志》,中国水利水电出版社2000年版,第135页。

东，江堤内，水至渊深，有龙见于其中，故曰龙陂。宁朔，《周书·陆腾传》作'宁邦'。"①据此，龙川即龙陂②，则龙川宁朔堤在城北。决宁朔堤灌江陵城，足见龙陂一带水量充沛，前引嘉靖《湖广图经志书》"龙陂桥"条亦称龙陂河一带水势汹涌，此处筑堤实属必要。

《周书·陆腾传》称：天和四年（569），"陈人又决龙川宁邦堤，引水灌江陵城。腾亲率将士战于西堤，破之⋯⋯"③同书卷四四《李迁哲传》亦云："陈人又因水泛长，坏龙川宁朔堤，引水灌城⋯⋯迁哲乃先塞北堤以止水⋯⋯陆腾复破之于西堤，陈人乃遁。"④《北史·陆俟传》所记略同。⑤上述记载可见，江陵城北的北堤与宁朔堤对城防起到双重保护作用，足见来水威胁颇大；《陆腾传》还提到西堤，它们和《水经注·沔水篇》提到的两处江堤和南堤当为同一堤防的不同堤段，缘城西北至城东南防护江陵城。⑥而且，该护城堤不仅为防御城西北至城东南一带的来水而筑，它还是江陵抵挡北来之敌的重要防线，城东北天井"有潜室，见辄兵"的传说也说明这里经历过战事。

（三）东晋金堤是荆江堤防吗？

后人以东晋金堤为荆江堤防的开端，主要基于前引《水经注》之《沔水篇》与《江水篇》、庾仲雍"大城西九里有灵溪水"以及盛弘之

---

① （宋）司马光：《资治通鉴》卷一七〇《陈纪》"太建二年七月"条，第5289页。
② （清）乾隆《荆州府志》卷五《山川》"龙陂"条亦将"龙陂"称作"龙川"。
③ （唐）令狐德棻等：《周书》卷二八《陆腾传》，中华书局点校本1971年版，第473页。
④ （唐）令狐德棻等：《周书》卷四四《李迁哲传》，第792页。
⑤ （唐）李延寿：《北史》卷二八《陆俟传》，中华书局1974年版，第1014页。
⑥ 严耕望先生引《周书·李迁哲传》云："是城西城北皆有堤"，认为"南朝末年江陵史料所见，城四周皆有堤"，但严先生未提及东晋金堤是否为江堤，参见严耕望：《唐代交通图考》第四卷《山剑滇黔区》篇贰捌《荆襄驿道与大堤艳曲》，上海古籍出版社2007年版，第1066页。

《荆州记》"缘城堤边悉植细柳"①等记载。但东晋金堤仅在《水经注·江水篇》出现过一次，且方位、走向均不明确，《水经注·沔水篇》虽两次提到"江堤"，却没有明确指出金堤为江堤；而且，灵溪自江陵城西北沿东南流、于江陵东南约二十里处入江，综合《水经注·沔水篇》四处堤防的方位、龙陂和燕尾洲等重要地点的信息，可知缘江陵城的金堤始于城西北的灵溪附近，与灵溪的流向接近，沿城北至东南延伸，这是一条以防御城西北至城东南水患为主的护城堤，兼有军事功用，而非以防荆江侵害为目的的堤防。②

那么，作为护城堤，金堤为何有两段沿江陵城北至城东南方向的堤防在《水经注·沔水篇》中被称为"江堤"？一个重要的原因，即石泉先生所指出的：古文献中的"江"不是长江的专称，如汉水及荆楚地区，汉水、今蛮河（古沮水）、古沅水等河流在古文献中均被称为"江"。③具体来看，或许还有以下几方面的原因。

首先，与沮漳河可称作"江"有关。《舆地纪胜·江陵府》记载："周显德二年，高保融自西山分江流，方五七里，筑堤而居，谓之北

---

① （宋）李昉等：《太平御览》卷九五七《木部六·杨柳下》，中华书局影印本1960年版，第4282页。
② 程鹏举先生在《古代荆江北岸堤防考辨》中引用了《晋书·殷仲堪传》："蜀水大出，漂浮江陵数千家"及"堤防不严"的记载证此"不严"之堤即金堤，且为江堤，《历史地理》第8辑，上海人民出版社1990年版，第70—76页。按，程鹏举先生亦言，金堤修筑距此次大水仅四十余年时间，若此堤为金堤，似不必隐而不书；从"堤防不严"导致洪水漫灌、"漂浮"江陵城的情形来看，也有可能是江水漫过了护城堤，因此，恐难以凭该条记载得出不严之堤防为金堤的结论。
③ 石泉：《古文献中的"江"不是长江的专称》《楚郢都、秦汉至齐梁江陵城故址新探》，载石泉《古代荆楚地理新探》，第51—64、382页。

海。"①按：西山在江陵城西，"沮漳之水由此而入"，②高氏于西山所分"江流"即沮漳河水。北海可上溯至三国陆抗所筑大堰，它是南宋三海八柜的前身，《舆地纪胜》云：

> 江陵以水为险，陆抗之筑大堰，高氏之名北海是也。《通略》：建隆二年，先是荆南高保勉〔勖〕退其弟节院，使保寅归贡。上因保寅归，谕旨令决去城北所潴水，使道路无阻……绍兴，逆亮渝盟有渐，李师道柜上、下海，以为遏敌之计。开禧元年，兵端既开，刘帅甲又再筑上、中、下三海。吴帅猎继之，引沮漳及诸湖之水注三海，绵亘数百余里，弥漫相连。又为八柜。丁卯春，敌犯荆门，距江陵才百余里而去，亦知有三海之险，不可侵轶也。③

引文可见，北海在城北，三海范围达数百余里，其水来自沮漳河和诸湖。虽然未言诸湖之名，但从《水经注》的记载可知，从江陵城西至城北、城东北均有湖泊。南宋能够建成三海八柜这样一个巨型军事水利工程，足以证明江陵城西至城东北面临着非常严峻的水患威胁。

淳祐五年（1245），来到江陵的孟珙颇感慨三海工程已荒废，《宋

---

① （宋）王象之：《舆地纪胜》卷六四《荆湖北路·江陵府》"北海"条，第2203页。按：陆抗筑堰一事见于（晋）陈寿：《三国志》卷五八《吴书·陆抗传》："初，江陵平衍，道路通利，抗敕江陵督张咸作大堰遏水，渐渍平中，以绝寇叛"，中华书局1959年版，第1356页。陆抗修筑的大堰规模不详，"但筑堰遏水后竟使晋将羊祜欲借水行船，可见其规模较大"，参见鲁西奇、潘晟：《汉水中下游河道变迁与堤防》，武汉大学出版社2004年版，第120页。
② （清）顺治《江陵志余·志陵陆》"西山"条，第398页。
③ （宋）王象之：《舆地纪胜》卷六四《荆湖北路·江陵府》"三海"条，第2201—2202页。杨果老师详细考订过"三海八柜"，参见杨果：《宋代两湖平原地理研究》，湖北人民出版社2001年版，第138—139页。

史》记录了孟珙修复三海一事，其中引沮漳水的细节值得注意：

> 珙至江陵，登城叹曰："江陵所恃三海，不知沮洳有变为桑田者，敌一鸣鞭，即至城外。盖自城以东，古岭先锋直至三，无所限隔。"乃修复内隘十有一，别作十隘于外，有距城数十里者。沮、漳之水，旧自城西入江，因障而东之，俾绕城北入于汉，而三海遂通为一。随其高下，为柜蓄泄，三百里间，渺然巨浸。①

孟珙将沮漳河水引至城北，再汇入汉水，流向与《水经注·沔水篇》中的杨水相近。三海在选址、水源利用方面继承了古人的传统，包括春秋晚期吴师入郢开凿的子胥渎②，实为地势、水文条件使然。

其次，金堤需防范汛期沮漳河的涨水和荆江的倒灌顶托。位于江陵城西的沮漳水为半山地河流，上游属鄂西山地，中下游为山地向江汉平原过渡的低山丘陵地带，二水于当阳市境内汇流，称为沮漳河；由于沮、漳河流域地形为西北高、东南低，有利于偏东和偏南气流的侵入和抬升，汛期多暴雨。③历史上沮漳河的入江口数次迁移。汉代及以前，漳水于江陵入杨水，东注江陵东北的沔水；汉末至六朝，漳水已不入杨水，而是与沮水合流后于枝江县入江。④宋代，漳水于枝江县入沮水后入江。⑤大约在明代，沮漳河下游分两支分别于枝江县、江陵县入江，万历二十五年（1597）后两支入江的情形复改为"径从

---

① （元）脱脱等：《宋史》卷四一二《孟珙传》，第12379页。
② 鲁西奇、潘晟：《汉水中下游河道变迁与堤防》，武汉大学出版社2004年版，第104—108、118—122页。
③ 本书编委会：《湖北水利志》，中国水利水电出版社2000年版，第115—116页。
④ 鲁西奇、潘晟：《汉水中下游河道变迁与堤防》，武汉大学出版社2004年版，第104页。
⑤ （宋）王象之：《舆地纪胜》卷六四《荆湖北路·江陵府》"沮水"条，第2206页。

江陵入江"。①汛期盛涨的沮漳河水，加上倒灌顶托的荆江，对江陵城西与城北地区的威胁颇大，这在宋代资料中有所反映，如《舆地纪胜·江陵府》云："楚望在寸金堤首，祀江、汉、沮、漳之地，帅张栻建。"②祠祀沮、漳河神，反映出宋人对沮漳水患的敬畏。

  明清志书多次记录了洪水冲决或漫过江陵城西堤防，直抵城北，并不断强调城西一带堤防的重要性。③如嘉靖十一年（1532）的大水冲决万城堤后，"水绕城西，决沙市之上堤而南"；④乾隆五十三年（1788）的特大洪灾中，"迤西之堤先行溃决，是以水势由西南绕至西北，遂至冲开北门入城"；⑤道光二十八年（1848），大水从万城堤以北的阴湘城堤漫入，经"杨溴桥、梅槐桥、秘师桥直达城河，绕西北门至沙桥门，汇入长湖"。⑥上述几次大水均从城西冲向城北（即先流向城西南），复至城东南的沙市入江或经长湖入汉水，这基本符合陈遵探测到的"江陵城地东南倾"之地势，东晋金堤的走向也与此相符。

  沮漳河与长江水相互顶托的影响反映在堤防的长期建设中。明清以来"荆州万城堤"的起点从江陵城以西六十里的万城堤，不断上移至堆金台；新中国成立后，荆江大堤的起点再度上移至枣林岗，其防护范围明显大于明清时期。这段从万城堤以上至枣林岗、保护着江陵

---

① 据乾隆《荆州府志》卷五《山川》"沮水"条："沮水入江处，今谓之两河口，即沮口也。沮水旧分二支，一支自江陵入江，一支自枝江入江。枝江之流，明万历二十五年因沮水泛溢，甃垱塞之，沮水遂径从江陵入江。"
② （宋）王象之：《舆地纪胜》卷六四《荆湖北路·江陵府》"楚望"条，第2201页。
③ 杨果、陈曦：《经济开发与环境变迁研究——宋元明清时期的江汉平原》，武汉大学出版社2008年版，第60—70页。
④ （明）徐学谟纂修：万历《湖广总志》卷三三《水利二·江陵县堤考略》，第138页。
⑤ （清）倪文蔚：《荆州万城堤志》卷首《谕旨》"五十三年七月十八日"条。
⑥ （清）光绪《续修江陵县志》卷8《建置五·堤防》"阴湘城堤"条，第576页。并见陈曦《宋代长江中游的环境与社会》，图1-1《东晋江陵"金堤"示意图》，第26页。

城西与城北的堤防，虽然仅与沮漳河对峙而不直接与荆江相邻，但仍是荆江大堤的重要组成部分，亦称为"江堤"。从这一发展轨迹中，我们可以看到金堤"万城堤说"的由来。

结合今荆州区（即古江陵城所在地）以西、以北、以东的水资源与水文站网分布情况可见，这些地区修建了多项"以防洪排涝为重点"的水库与干渠等水利工程，如荆州区以西、以北地区的太湖港、八岭、新湾、张家垱、独松树、龙山、铁子岗、沙港等多个蓄水一亿立方米以上的大型水库以及二干渠、纪北渠、纪南渠、港北渠、港中渠、港南渠等排水工程，以东地区的太泊湖、长湖等大型湖泊；[1] 更直观的是，在今万城堤段修建的万城闸，成为沮漳水进入引水干渠的入口；与引水干渠相连的，是万城闸东侧的港北渠、港中渠、港南渠，三渠均自西向东流向古江陵城所在地，其中，港北渠、港中渠分别流经秘师桥、梅槐桥，在江陵城西汇合后，经由城北注入城东的太泊湖，并与长湖相通。今荆州地区水资源与水文站网的分布，既说明城西至城东的来水十分丰沛，也证实了古人在城北修筑护城堤的必要性。而港北渠与港中渠的走向，又与五代、南宋时分"江流"注北海、三海八柜的情形相似。

再次，或与汉水也称为"江"有关。从《水经注·沔水篇》中可知江陵城西北至城东一带湖泊、河流汇聚，这些河湖相通，东北向注入汉水，而金堤在这带承受的洪水压力很大。

此外，以金堤的东南段为"江堤"，或与河道摆动有关。《水经注》记载的这段江堤在江陵城南至东南方向，沙市附近。由于受到由西北向东南的掀斜运动和地球自转的科氏力等影响，水流向南汇聚，

---

[1] 本段内容俱见湖北省水利厅：《湖北省分县水利图册》之《荆州地区·江陵县》，中国地图出版社1993年版，第111—112页。

沙市河段在历史时期经历了由东北向西南的迁移过程。①因此，此"江堤"原本更靠近江边，直接抵御江水，这或许成为金堤之"黄潭堤说"的源头。

三、"东晋金堤"之演变：从护城堤到"江北岸长堤"

史籍中极少有关于宋代以前江陵护城堤的城西南至城南段的记载。南宋乾道五年（1169）江陵知府张孝祥所作《金堤记》反映了江陵护城堤在城西南至城南一带的扩展：

> 蜀之水既出峡，奔放横溃，荆州为城，当水之冲。有堤起于万寿山之麓，环城西南，谓之金堤。岁调夫增筑，夏潦方淫，府选才吏，分护堤上。
>
> 乾道四年，自二月雨，至于五月，水溢数丈，既坏吾堤，又啮吾城，昼夜濆洞，如叠万鼓。前尹尚书方公，极救灾之道，决下流以导水势，亲督吏士别筑堤，城中民安不摇，越两月而后水平。秋八月，某自长沙来，以冬十月鸠材庀工作新堤，凡役五千人，四十日而毕。已决之堤，汇为深渊，不可复筑。别起七泽门之址，度两阿之间，转而西之，接于旧堤，穹崇坚好，悉倍于旧。②

---

① 周凤琴：《荆江历史变迁的阶段性特征》，《历史地理》第十辑，上海人民出版社1992年版；《湖北沙市地区河道变迁与人类活动中心的转移》，《历史地理》第十三辑，上海人民出版社1996年版。中国科学院地理研究所也认为是科氏力导致了长江中下游河道长期摆向右岸，参见中国科学院地理研究所等著《长江中下游河道特性及其演变》第三章《河道历史变迁》，科学出版社1985年版，第69页。

② （宋）张孝祥著，徐鹏校点：《于湖居士文集》卷一四《金堤记》，上海古籍出版社1980年版，第141页。

引文中，万寿山无考，但或与万寿寺（院）相近。万寿院"在龙山门外。清泰中，高氏以弥勒佛像显应，遂起建万寿寺。"①龙山门，或因龙山得名，明初为江陵西城门。②龙山，《舆地纪胜》仅记在江陵县西③，嘉靖《湖广图经志书》明确为城西北15里。④结合引文的两句"有堤起于万寿山之麓，环城西南，谓之金堤"和"别起七泽门之址，度两阿之间，转而西之，接于旧堤"，可知宋人称"金堤"为旧堤，张孝祥别址另筑的新堤是为了弥补"已决之堤"留下的缺口，它在折而向西之后与旧堤即金堤相接，沿城西至城南分布。

《金堤记》提到的"金堤"，应包括旧堤和张孝祥新筑堤段两部分，但后人常常把新筑堤段称为"寸金堤"。如《舆地纪胜》《方舆胜览》等书均作"寸金堤"。⑤杨果老师对于寸金堤与东晋金堤是否为同一堤防做过考证，认为《舆地纪胜》《方舆胜览》等书将张孝祥修筑的堤防称为"寸金堤"，是为了使之与东晋金堤相区别；除了寸金堤，江陵还有"沿江官堤"。⑥然而，张孝祥乾道四年（1168）八月来到江陵，十月开始主持修建新堤，乾道五年（1169）三月写下《金堤记》，他似乎没有理由不知道自己所修的堤名为何。造成张孝祥《金堤记》与其他宋代文献记载不同的原因或有以下两方面，一是《舆地纪胜》《方舆胜览》等书所用的张孝祥文集版本与今人所见的不同；二是这

---

① （宋）王象之：《舆地纪胜》卷六四《荆湖北路·江陵府》"万寿院"条，第2210页。
② 杨果：《宋代两湖平原地理研究》中篇"堤防篇"，湖北人民出版社2001年版，第137页。
③ （宋）王象之：《舆地纪胜》卷六四《荆湖北路·江陵府》"龙山"条，第2204页。
④ （清）嘉靖《湖广图经志书》卷六《荆州府·山川》"龙山"条，第493页。
⑤ （宋）王象之：《舆地纪胜》卷六四《荆湖北路·江陵府》"寸金堤"条称："在府城外万寿寺之西。张孝祥有《寸金堤记》。"（宋）祝穆撰，（宋）祝洙增订，施和金点校：《方舆胜览》卷二七《江陵府·山川》亦有"寸金堤"条："在府城外万寿寺西。张孝祥记"，中华书局2003年版，第482页。
⑥ 杨果：《宋代两湖平原地理研究》，湖北人民出版社2001年版，第133—135页。按，"沿江官堤"出自楼钥为曾任江陵县令的曹盅撰写的墓志铭《朝请大夫曹君墓志铭》，（宋）楼钥撰，顾大朋点校：《楼钥集》卷一一三，浙江古籍出版社2010年版，第1953页。

段堤防"穹崇坚好、悉倍于旧",堤身坚固,可称得上寸寸如金,故名。如果张孝祥所记无误,这段始于城西门、"环城西南"的金堤(以下称为"宋代金堤")当是保护江陵城西至城南方向的护城堤。楼钥曾提到寸金堤的护城作用:"寸金堤去城二里,实捍大江冲突之患。"①

虽然唐宋时期的文献对东晋金堤多语焉不详,难以确指,但张孝祥提到的金堤又恐非东晋金堤。②南宋人仍以金堤来称呼护城堤,或可将宋代金堤看作东晋金堤的延伸,反映了这一时期人地关系的发展进入新阶段以及时局之演变。一方面,由于宋代荆江北岸堤防较前代有了明显扩展③,《水经注》时代的所谓"九穴十三口"逐渐湮塞或被堵塞④,江陵城面临前朝未经历过的洪水压力,在江堤之外还需护城堤来增加防护。另一方面,南渡以后,宋金对峙,江陵的战略地位凸显,城防工事愈发重要。南宋后期,为抵御金、蒙军队进攻,刘甲、吴猎、赵方、孟珙等人先后在江陵城修筑三海八柜,形成了环城的水御防线以拱卫江陵。⑤《宋史·吴猎传》详细描述了这一工程:

> 猎计金攻襄阳,则荆为重镇,乃修成"高氏三海",筑金鸾、内湖、通济、保安四柜,达于上海而注之中海;拱辰、长林、药

---

① (宋)楼钥撰,顾大朋点校:《楼钥集》卷一一三《朝请大夫曹君墓志铭》,浙江古籍出版社2010年版,第1953页。
② 杨果:《宋代两湖平原地理研究》,湖北人民出版社2001年版,第133—136页。
③ 杨果:《宋代两湖平原地理研究》,湖北人民出版社2001年版,第93—172页。
④ 杨果、陈曦:《经济开发与环境变迁研究——宋元明清时期的江汉平原》,武汉大学出版社2008年版,第133—143页。
⑤ (元)脱脱等:《宋史》卷三九七《吴猎传》《刘甲传》、卷四〇三《赵方传》、卷四一二《孟珙传》,第12087、12093、12204、12379页。关于南宋的"三海八柜"研究,参见杨果:《宋代两湖平原地理研究》,湖北人民出版社2001年版,第138—139页;鲁西奇、潘晟:《汉水中下游河道变迁与堤防》,武汉大学出版社2008年版,第120—122页。

山、枣林四柜，达于下海；分高沙、东奖之流，由寸金堤外历南纪、楚望诸门，东汇沙市为南海。又于赤湖城西南遏走马湖、熨斗陂之水，西北置李公柜，水势四合，可限戎马。①

吴猎不仅恢复了荆南高氏政权时期的城北三海，还增筑八柜、李公柜，并在寸金堤外增开一条河道，引高沙、东奖二湖之水至沙市形成南海，寸金堤的护城堤作用得以体现。后世称该堤为"郡城内障"，强调它与江堤一起起到双重保护作用："江堤即有疏虞，恃此以为捍蔽，城郭、仓库可保无患，关系最为紧要。"②不过，这些巨型水利工程使得江陵城北与城东的河湖水系几番变迁，这或许也是城北护城堤极少被提及的原因。

宋元之际，元军攻下江陵，原有的城防体系随即废除。元至元十二年（1275，即南宋德祐元年），廉希宪决去原三海之地，得良田数万亩。③此后，随着统一大业的完成，元明清时期江陵城北再没有修筑此类军事工程，寸金堤也渐失其用。嘉靖三十九年（1560），大水决堤，寸金堤"日渐颓圮"；乾隆五十三年（1788），洪水冲溃江堤与江陵城，寸金堤遭废弃，至光绪时仅略存遗址。④

与宋代以降江陵城防体系兴衰相伴随的，是荆江、汉水堤防体系的逐渐形成，它们提升了江陵防范洪水的能力。自北宋开始，江汉平原开启了大规模修筑堤防的进程，南宋时，自江陵至汉阳，"江南、

---

① （元）脱脱等：《宋史》卷三九七《吴猎传》，第12087页。
② （清）乾隆《江陵县志》卷八《建置五·江防》"治水政迹""寸金堤"条。
③ （明）宋濂等：《元史》卷一二六《廉希宪传》，中华书局1976年版，第3094页。
④ （清）光绪《续修江陵县志》卷八《建置五·堤防》"寸金堤"条，第577页。

江北两岸合修之堤何啻千里？"[1]明清时期，荆江两岸堤防的扩展更为显著，至万历年间（1573—1620），荆江北岸的江陵、监利二县已沿岸筑堤四万九千余丈，南岸的枝江、松滋、公安、石首四县共筑江堤五万四千余丈[2]，并建立了多项修防制度。[3]乾隆年间（1736—1795），地方志详细记录了荆江沿岸各段堤防，月堤与护岸工程明显多于明代[4]，也正是在这一阶段，出现了以"江北岸长堤"代指整个荆江北岸堤防，而千年以来的东晋金堤记忆早已"嵌入"万城堤、黄潭堤这样一些容易发生崩岸、决口和溃堤的险工险段之中。

结　语

东晋南朝时期，承担江陵城西北至城东南护城任务的金堤在唐宋文献中已无明确记载，倘若张孝祥知江陵府时仍然存在金堤，此时的护城堤已发展到城西南至城东南一线。虽然城北护城堤失载，但宋金战争中三海八柜和南海、李公柜形成的"水势四合"之势又使得环江陵城的护城堤有必要修筑。东晋至南宋间江陵护城堤的修筑，一方面与时局演变以及江陵的重要战略地位有关，另一方面也体现出在荆江、汉水堤防体系形成之前，护城堤对江陵的重要保护作用。这与汉

---

[1] （宋）李曾伯：《可斋杂稿》卷二〇《回奏置游击军创方田指挥》，《宋集珍本丛刊》第84册，线装书局影印清初抄本2004年版，第374页。关于宋代江汉平原的堤防建设，参见杨果：《宋代两湖平原地理研究》中篇"堤防篇"，第93—172页。
[2] （明）徐学谟纂修：万历《湖广总志》卷三三《水利二·荆州府堤考略》，第137—139页。
[3] （明）徐学谟纂修：万历《湖广总志》卷三三《水利二·修筑堤防总考略》，第148—149页。
[4] 参见（清）乾隆《荆州府志》卷一六《江防·江陵县》、乾隆《江陵县志》卷八《建置五·江防》。另据光绪《续修江陵县志》卷余《建置五·堤防》，月堤即"原就溃处退挽，形如半月，故名"，第579页。

水中下游堤防的初期发展有相似之处。①然而时移事迁，东晋金堤历经数百年，至南宋时江陵城西虽有"金堤"、清初试以"高王古堤"为"金堤"，皆为世人将"金堤"作为江陵护城堤之代称。在荆江堤防快速发展的明清时期，"金堤"逐渐发生空间与功用上的转移，乾隆时成为荆江北岸堤防的代称。

宋代以前，有关江陵城荆江堤防的记载很少，前引《梁书·始兴忠武王憺传》明确记载荆州有江堤。不过，唐代史料中却没有发现江陵江堤的直接记载，或有两种可能：一是"有关唐代江堤修筑的资料均已散失，另一种可能则与当时荆江洪水较少有关"。②这一史料上的矛盾不禁使人想到石泉先生关于秦汉至齐梁江陵城故址的新解。

宋代是本区堤防发展的重要时期。该时期人口的增多、农田的垦辟、城镇的成长等，都促使了堤防的明显增长，堤防的修筑和治水能力的提高又推动了当地社会经济的开发，并逐渐向湖区低地扩展。③荆江河道素以摆动大、险段多、防御难著称，历史上因溃堤导致的重大灾害不胜枚举，因此，在各类河湖、城池堤防中，荆江堤防修筑的难度最大，而宋代恰在这方面取得了很大进展，加快了江汉平原的开发步伐。明清时期，荆江堤防体系逐渐形成，这不仅奠定了今天北岸荆江大堤与南岸长江干堤的格局，还极大促进了垸田的开发，以垸田为代表的水利田大量出现，过去的沮沼之地变成了鱼米之乡，江汉平原的地理面貌发生前所未有的变化。可以说，以堤防修建为核心的人类活动深刻影响了宋代以降江汉平原的历史演进。

---

① 汉水中下游堤防在汉唐间兴起时，以护城堤为主，宋代未有大变；南宋时，襄阳由于地处宋金战争的前线，战略地位特别重要，襄阳护城堤多次得到修固，参见鲁西奇、潘晟：《汉水中下游河道变迁与堤防》第五章《汉水中下游河道变迁与堤防建设的时空特征及其制约因素》，第410—412页。
② 杨果：《宋代两湖平原地理研究》，湖北人民出版社2001年版，第98—99页。
③ 杨果：《宋代两湖平原地理研究》，湖北人民出版社2001年版，第95—172页。

长江中游地区的聚落发展与城市起源

尹弘兵[1]

城市是人类文明和社会发展的重要成果，也是人类文明的集中体现，是聚落大型化到一定程度的产物。现在发现的旧石器遗址多为洞穴遗址，长江中游地区已发现的新石器初期遗存，如湖南道县玉蟾岩、江西万年仙人洞亦为洞穴遗址，但人类起源和早期发展最初应该是在平原上，只是平原上的旧石器遗址发现不易。1992年发掘的江陵鸡公山遗址，是我国首次在平原地带发现的旧石器晚期遗址。[2]这是目前长江中游地区在平原上发现最早的人类聚落。约距今9000年前，在洞庭湖西北、武陵山脉的山前地带，产生了新石器时代早期的彭头山文化，长江中游地区出现了平原上的定居聚落。随着人口的增长和社会的发展，聚落逐渐大型化，在此基础上产生了城市及城市文明。

当聚落大型化发展到一定程度时，其性质即发生质变，聚落由村落演变成城市。但村落何时演变为城市？区分村落与城市的标准又是什么？这是早期文明和城市起源研究需要认真对待的问题。

现在长江中游地区的考古资料已有一定的积累，在聚落考古学兴起后，考古学界也将眼光投注到聚落遗址上来，并取得了一定的成果，长江中游地区的聚落考古资料也有了丰厚的积累，这为我们考察

---

[1] 尹弘兵：湖北省社会科学院楚文化研究所研究员。
[2] 刘德银、王幼平：《鸡公山遗址发掘初步报告》，《人类学学报》2001年第2期。

长江中游地区的聚落发展与城市起源提供了坚实的基础。

一、城市概念辨析

城市一般是指规模大于乡村和集镇的、以非农业活动和非农业人口为主的聚落，是人类文明和人类社会及生产力发展到一定程度的产物。但"城市"这一概念，是由"城"与"市"组合而成，因此这一概念的隐含前提是所谓的"城市"一定要有"城"有"市"，同样还有"都城"的概念，都是强调"城市"或"都城"一定要有"城"。在这一概念之下，我们就假定了"城市"或"都城"的前提是一定要有"城"，以至于我们几乎不能理解，古代都城或城市是没有"城"的，比如安阳殷墟，可以确定是商代晚期的都城，但殷墟发掘了几十年都没有发现城垣设施，现在只能确认安阳殷墟确实是没有"城"的。安阳殷墟没有"城"，之前学者完全无法理解，以至于安阳殷墟有无城墙成了一个让历史与考古学界严肃讨论了几十年的问题。一种观点认为，殷墟是有"城"的，只是工作不到位，没有发现[①]，或是在朝代变更之际被彻底破坏；[②]另一种观点则认为，殷墟根本就没有"城"。[③]但现在我们可以明确，不仅安阳殷墟是没有"城"的，而且已知的三代都城，偃师二里头遗址可以确认是夏代中晚期之都，西安沣镐遗址可以确认是西周之都，这些均无"城"，许宏因此明确提出"大都无城"[④]。因此，"城市"或"都城"的概念是否适用于早期文明，是否适用于城市起源及其早期发展阶段，是一个需要认真讨论的问题。"城市"或"都城"的概念，有可能是从人类的较晚历史中总

[①] 郑振香：《殷墟发掘六十年概述》，《考古》1988年第10期。
[②] 朱彦民：《殷都城墙问题之我见》，《殷都学刊》1988年第1期。
[③] 张国硕：《夏商时代都城制度研究》，河南人民出版社2001年版，第160—162页。
[④] 许宏：《大都无城——论中国古代都城的早期形态》，《文物》2013年第10期。

结出来的，是从我们熟知的人类历史经验中形成的。"城市"从经济和社会发展形态来说，是以工商业发展为基础的。但工商业的高度发展以至成为"城市"的必备要素或内涵是铁器时代才出现的。青铜时代乃至于更早期的玉器时代、石器时代，由于生产力极为低下，剩余产品极为有限，交换行为并不普及，因此并没有商品经济之说。只有到了铁器时代，由于铁器的使用，金属工具普及，人类克服自然的能力大为提高，生产力获得重大发展，交换行为才得以普及开来，通货也因此出现，因此发达的商品经济必然是铁器时代才会有的产物，只有到了铁器时代才会出现工商业城市。在铁器时代以前，社会的专业分工已发展到较高水平，大型聚落甚至特大型聚落也已出现，但在交换行为并未普及的情形下，"市"不可能成为大型聚落的标准配置。刘易斯·芒福德在考察城市起源时发现，与城市联结在一起的工业化和商业化，其出现是很晚的："在美索不达米亚的文字中根本找不到'商人'这个语汇，直至公元前第二千纪，他才出现，'特指庙宇里专门管理对外做生意的僧侣'。"[1]战国时期，铁器的应用令生产力获得极大发展，剩余产品空前丰富，从而促进了交换行为普及，至此才出现了发达的商品经济，在生产力和商品经济大发展的背景下，"市"才在较大聚落中普遍出现。

在"城"这一方面，情况较为复杂。从考古学得知，中国的城垣防护设施是从更早期的环壕聚落发展而来，目前已知最早的城是湖南澧县城头山城址，距今约6000年[2]，但城头山城址并非聚落中心。到屈家岭文化时期（相当于中原仰韶文化晚期），两湖地区出现了大量

---

[1] [美]刘易斯·芒福德：《城市发展史——起源、演变和前景》，倪文彦、宋俊岭译，中国建筑工业出版社2005年版，第38页。
[2] 何介钧：《澧县城头山古城址1997—1998年度发掘简报》，《文物》1999年第6期。

的古城址，这些古城址一般具有中心聚落的性质，同期北方的仰韶文化虽已出现了大型甚至特大型聚落，但令人意外的是并没有城或城极为稀少。龙山时代，两湖地区的古城普遍消失，但中原地区出现了一大批古城，这些古城除了新近发现的石峁古城和陶寺古城外，多不具有中心聚落的性质，而是分布在聚落群的边缘，可能是军事城堡而非中心聚落。①龙山时代是社会比较动荡的时代，这一时期出现的古城，应该多具有军事性质。到夏代初年，考古学上的龙山时代末期至二里头文化的过渡时期，正是国家破茧而出的时代，在这个较为特殊的背景下，中原地区出现了较多的古城，这些古城一般与大型聚落结合，可能具有"都城"性质。但二里头时期，即夏代中晚期，夏代的统治已稳定，这些古城多数被废弃，连二里头遗址也没有城。夏末商初，由于夏商斗争，又出现了一次筑城高潮，盘龙城即在此时出现，但到晚商时期，早商时期的城又被废弃。西周时期，周核心区的丰、镐也没有城。因此总体来看，先秦时期，城并不普遍，不但已知的三代之都均无城，而且先秦时代方国诸侯众多，但能确定的方国都城寥寥无几，因此学者认为，不能排除相当一部分方国都城不设城垣的可能性。②

关于春秋时期的都邑观念，《左传》庄公二十八年："凡邑，有宗庙先君之主曰都，无曰邑。邑曰筑，都曰城。"西晋杜预注："宗庙所在，则虽邑曰都，尊之也。"③由于一般的邑是没有"先君之主"的，故《左传》庄公二十八年又有"宗邑无主"的说法，此后各种注释几乎均采此说。可知，先秦时代聚落的通称是邑，群邑之首，即作为政

---

① 赵春青：《长江中游与黄河中游史前城址的比较》，《江汉考古》2004年第3期。
② 张国硕：《夏商时代都城制度研究》，河南人民出版社2001年版，第218页。
③ 杜预：《春秋经传集解》，上海古籍出版社1988年版，第201页。

治中心、建有宗庙的邑曰都，都是邑的特殊形式，故汉末的《释名》总结说："国城曰都。都者，国君所居，人所都会也。"① 至于城，其本义为盛民、自守。《说文》："城，以盛民也。从土成，成亦声。"段玉裁注："言盛者，如黍稷之在器中也。"② 《墨子·七患》："城者，所以自守也。"③ 《礼记·礼运》："城郭沟池以为固。"④ 《诗经·周南·兔罝》："赳赳武夫，公侯干城。"⑤ 因此城是指聚邑四周的墙垣设施，以为防御之用。至于都、城、邑三者之间的关系，《左传》已有明确定义，可见"都城"一词最初是特指已筑有"城垣"之"都"。鲁闵公元年（前661），晋献公下令为太子申生城曲沃，晋大夫士蔿对此评论道："大子不得立矣。分之都城，而位以卿，先为之极，又焉得立？"⑥ 此处"都城"指已筑城之曲沃，而没有筑城的只能称"都"，不能称"都城"。在作动词使用时，给邑筑城特称为"筑"，给都筑城特称为"城"。

所以，先秦时期，"都"乃至重要的"邑"，不一定就会有"城"，正常情形反而是没有城，这一点与后世是完全不一样的。后世重要城市几乎都有城，乃至城与市结合起来变成同义复合语，但那是后世的观念与事实，不能用来看待先秦。从《左传》中可以看出，春秋时，人们认为筑城一定要有实际的政治军事需要，如果没有政治军事上的必要而去筑城，就会被视为不正常。

《左传》僖公五年记载晋大夫士蔿的言论很有代表性：

---

① 毕沅、王先谦：《释名疏证补》，中华书局2008年版，第58页。
② 段玉裁：《说文解字注》，上海古籍出版社1988年版，第688页。
③ 孙诒让：《墨子间诂》，中华书局2001年版，第29页。
④ 孙希旦：《礼记集解》，中华书局1989年版，第583页。
⑤ 毛亨、郑玄、孔颖达：《毛诗正义》，北京大学出版社1999年版，第48页。
⑥ 杜预：《春秋经传集解》，上海古籍出版社1988年版，第216页。

晋侯使以杀大子申生之故来告。初，晋侯使士蒍为二公子筑蒲与屈，不慎，置薪焉。夷吾诉之。公使让之。士蒍稽首而对曰："臣闻之：无丧而戚，忧必仇焉；无戎而城，仇必保焉。寇仇之保，又何慎焉！守官废命，不敬；固仇之保，不忠。失忠与敬，何以事君？《诗》云：'怀德惟宁，宗子惟城。'君其修德而固宗子，何城如之？三年将寻师焉，焉用慎？"①

又鲁昭公二十三年（前519），楚国在对吴战争中日趋不利，于是楚令尹囊瓦（子常）"城郢"以备吴，楚大夫沈尹戌对此评论说：

古者，天子守在四夷；天子卑，守在诸侯。诸侯守在四邻；诸侯卑，守在四竟。慎其四竟，结其四援，民狎其野，三务成功。民无内忧，而又无外惧，国焉用城？②

由上引春秋时人的言论来看，先秦时期的主流观念是筑城一定要有实际的政治军事上的需要与必要，城的主要功能是对外防御而不是用于对内镇压。故士蒍曰"无戎而城，仇必保焉"，可见在士蒍看来，"城"是用来对付外敌的，不是用于内部的；其所引《诗·大雅·板》则曰"怀德惟宁，宗子惟城"，亦即强大而有效的、优良的秩序是维系内部稳定的最佳措施。"城"这种设防措施主要是用在外围，用在边缘地带对付外敌，故沈尹戌曰"天子守在四夷"，"民无内忧，而又

---

① 杜预：《春秋经传集解》，上海古籍出版社1988年版，第251—252页。
② 杜预：《春秋经传集解》，上海古籍出版社1988年版，第1504页。

无外惧，国焉用城？"现代学者则将之总结为"守在四边制"①。

可见，在先秦社会主流观念看来，强大而优良的社会政治秩序是维系长治久安的保障，故曰"宗子惟城"，筑城是出于实际的防御需要，"城"是对外族、外敌进行防御的工具，在秩序的内部是根本不需要"城"的，非但如此，没有实际的政治军事需要与必要而在核心区筑城，这本身就是秩序发生问题的表现。到了战国时期，由于战争普遍而猛烈，筑城成为必要，同时生产力的极大提高也为普遍筑城提供了可能。

因此从战国开始，"城"与"市"才成为较大聚落的普遍配置，"城市"这一概念完全适用于战国以后的中国。在欧洲，罗马覆灭以后，古典世界的城市完全消失，欧洲的城市是从中世纪重新发展起来的，一般是在封建主居住的城堡附近出现集市，最后两者合一成为"城市"。日本的城市也与之类似，在封建主所居的城堡附近形成城下町，最后城下町发展成为现代城市。

但早期文明距我们太过于遥远，而且文献资料极为有限，大部分情形下只能依赖考古。而对考古资料的解读，却要受限于我们已经成形的认知体系，于是在探索早期城市或研究城市起源的过程中，往往以是否有"城"来作为判别考古遗址是否为"城市"或"都城"的唯一标志。然而，先秦时期，"都城""城市"的称呼既不常见，"都城"的考古实证更不具有普遍性，无"城"之"都"反而更为普遍，这不能不让我们对"都城""城市"一类概念的普遍性产生质疑，对以"都城""城市"这些概念为基础的认识乃至相应的学术探讨进行反思。

由于"城市"概念建立在"城"与"市"的基础上，这容易导致

---

① 张国硕：《夏商时代都城制度研究》，河南人民出版社2001年版，第160—162页。

对早期城市研究产生误导，因此有学者提出"似都聚落"的概念，用以描述从乡村向都市过渡发展的状态，以"都市"概念取代"城市"概念。[①]但这一观点也遭到一些学者的反对，认为这可能造成更多困难，导致相关概念难以界定。[②]我们认为，"城市"这一概念已然广泛使用，而且也符合人类较为熟知的历史，没必要特意更改，否则只会带来更多麻烦。但有必要在城市起源和早期城市的研究中厘清相关概念，即早期城市可能既无"城"也没有"市"，而且和工商业无关，是在政治与宗教权力作用下人口与资源集聚的结果。

二、城市起源

城市起源于早期的小型聚落，这种小型聚落就是村落，当村落集聚起来，变成大型或超大型聚落时，就是城市。

因此城市的本质就是人口和资源的集中，当它们集中到一定程度时，聚落性质产生质变，就变成了城市。在这个集中的过程中，政治权威主导了这一集聚的进程，最终的结果就是出现了早期的城市。刘易斯·芒福德在考察城市起源进程时发现，在从分散的村落经济向高度组织化的城市经济进化过程中，王权起到了最重要的作用："在城市的集中聚合的过程中，国王占据中心位置，他是城市磁体的磁极，把一切新兴力量统统吸引到城市文明的心腹地区来，并置诸宫廷和庙宇的控制之下。"[③]可见，对早期城市来说，是政治权威主导了城市的起源及其早期发展，而不是工商业，工商业在早期文明中只起附属

[①] 王妙发、郁越祖：《关于"都市（城市）"概念的地理学定义考察》，《历史地理》（第10辑），上海人民出版社1992年版。
[②] 李孝聪：《历史城市地理》，山东教育出版社2007年版，第10页。
[③] ［美］刘易斯·芒福德：《城市发展史——起源、演变和前景》，倪文彦、宋俊岭译，中国建筑工业出版社2005年版，第38页。

作用。

那么，在早期文明中，人口和资源集中到何种程度才算是城市呢？城市与村落的区别点何在？地理学界通常用人口密度来作为标准，但什么样的人口密度才算城市？而且古代城市的人口密度难以估算。考古学界通常以聚落遗址的规模作为重要参变量，但这只能用来界定那些顶级的、具有中心聚落性质的特大型遗址，而作为城市的起始标准在哪里？亦即遗址的规模要大到何种程度才算城市？这仍然无法解决。

在考古实践中，以往由于受城市概念的误导，在实际操作中常常以是否有"城"作为标准。但前文已言，早期城市中，可能既无"城"也没有"市"，因此用"城"来作为早期城市的标准极易产生误导。若以聚落的规模大小作为客观标准，除顶级遗址可判断为城市外，亦不知从何处来判断何为村落何为城市，全无客观标准。那么，该以何标准来判别聚落遗址的性质、区分城市与村落呢？

这恐怕要从城市的本质谈起。城市与村落除规模大小外，一定还有其他本质上的差异，这种差异导致聚落的性质产生质变。在人口和资源的集聚过程中，集中起来的人类生活形态也发生了某种本质的变化，即人类社会与人类文明发生了变化。由于这种集中，宗教组织在集聚起来的大型聚落中获得重大发展，而早期文明是以宗教的面貌出现的，宗教组织同时也是政治组织，用芒福德的说法是出现了宗教或政治的中心组织，居于核心地位，控制着整个社会并发出集中统一的指令。[1]亦即宗教的发展导致城市具有了区别于普通村落的特殊形式。

在聚落中出现的神庙、祭坛这类遗迹，即宗教曾经存在并在社会

---

[1] [美]刘易斯·芒福德：《城市发展史——起源、演变和前景》，倪文彦、宋俊岭译，中国建筑工业出版社2005年版，第38页。

中发挥作用的物化表现。不仅如此,城墙的最初用途可能也是宗教性的,是"为了标明圣界(temenos)的范围,或是为了避邪,而不是防御敌人"①。伊拉克北部的克尔萨巴德古城(Khorsabad),曾为亚述都城,其城墙厚达75英尺,如此的高度和厚度远远超越了当时的军事技术手段,而且该城的宫殿、庙宇建筑在18米高的方形土台上,宫殿的一半凸出到城墙的外面,这完全不符合防御原则。如此劳师动众地大兴土木,其目的完全是"为了敬奉他们的神明。只不过起初为敬神设计的种种形式,在后来的军事防卫作用方面更显示出实际效用罢了。因此,城堡要塞的象征意义要早于其军事作用"②。中国也有类似的情形,四川广汉三星堆古城,东、西、南三面都建有基部厚40米、顶部厚20米的城墙,但有学者认为三星堆城墙内外两面都是斜坡,横断面呈梯形,因此其虽然高大坚实厚重,但与郑州商城截然不同,这种形制不适用于战争防御,也难以起到防洪堤防的作用,只能表明三星堆城墙是具有宗教礼仪性和神权象征性的产物。③

按照芒福德的论述,早期城市是在政治权威的作用下形成的集聚。城市则是集聚的后果,人口集聚成城市后,整个城市就超越了原来的村落,其具体体现就是城市具有了某种神圣性质。在这里,需要结合中国文明发展,并综合早期文明发展的一般规律来加以补充论述。早期文明的发展和宗教紧密相关,人类知识在起源时,必然对各种自然现象产生畏惧,因此人类知识在早期发展阶段必然会出现宗教崇拜,而宗教发展的结果是专职宗教神职人员的出现。这种专业宗教

---

① [美]刘易斯·芒福德:《城市发展史——起源、演变和前景》,倪文彦、宋俊岭译,中国建筑工业出版社2005年版,第39页。
② [美]刘易斯·芒福德:《城市发展史——起源、演变和前景》,倪文彦、宋俊岭译,中国建筑工业出版社2005年版,第40页。
③ 段渝:《巴蜀古代城市的起源、结构和网络体系》,《历史研究》1993年第1期。

神职人员，在中国古代名为巫觋，是男女巫的合称。在专职的巫觋出现前，巫很可能是业余的，《国语·楚语》对上古时宗教发展初期的描述是："民神杂糅，不可方物，夫人作享，家为巫史。"随着早期社会与早期文明的发展演进，宗教出现了专门化的神职人员，巫从业余成为专职，最后形成独立于一般民众之上的专业集团，中国谓之巫觋，西方谓之祭司、僧侣。而专业神职集团的形成必然带来宗教权力的集中，最终形成宗教权力的垄断。

据上引《国语·楚语》，帝颛顼为了改变上古时民神杂糅的情形，"命重、黎绝地天通"，即断绝天地之间的交通，而由专业神职集团独占沟通天地神人的权力，政治权威也由此产生。因为在早期文明时代，天是全部有关人事的知识汇聚之处，取得这种知识也就获得了政治权威，张光直指出古代任何人都可借助巫的帮助与天相通，但"绝地天通"之后，"只有控制着沟通手段的人，才握有统治的知识，即权力。于是，巫便成了每个宫廷中必不可少的成员。事实上，研究古代中国的学者都认为：帝王自己就是众巫的首领"[①]。因此对早期文明而言，宗教与政治必然是不分家的，必然是神权政治、巫政不分、宗教统治一切，于是以祭祀为中心的宗教活动就不是单纯的宗教祭祀，同时也是政治活动，因此在祭祀活动时所使用的宗教法器，就成为国家权力的象征，后世文献中称为礼器。不仅如此，文字也与神权政治有直接关系，上古时代文字是沟通天地神人的重要工具，因此文字是一种特殊的政治权力。张光直认为古代中国文字本身就具有内在力量，文字的力量来源于它同知识的联系，"而知识却来自祖先，生者须借助于文字与祖先沟通。这就是说，知识由死者所掌握，死者的

[①] 张光直：《美术、神话与祭祀》，辽宁教育出版社2002年版，第29页。

智慧则通过文字的媒介而显示于后人"①。

可见城市的产生是政治权力主导下人口和资源集聚的结果，而早期文明巫政不分、政治权力与宗教权力相结合，因此政治权威同时也是宗教独占的结果，或者说是宗教发展的结果。因此芒福德认为，正是宗教的发展才使得城市生活有了共同基础，城市成为"神"的家园，"城市中的许多建筑物和雕像都体现了这一事实，它们使城市高高地超越了村庄和乡镇。若没有宫殿和庙宇圣界内所包含的那些神圣权力，古代城市就失去了它存在的目的和意义"②。

由此可以看出，对早期城市来说，神庙、宫殿、祭坛、高台这些具有宗教神圣性的大型礼仪建筑，才是真正的城市起源标志，城墙在最初也是宗教性的，而且城墙也不是城市出现的必然标志。③在这里可以进一步论述，大型的宫殿、庙宇、祭坛在功能上是宗教神圣性的产物，其社会学本质都是大型公共建筑，这种大型公共建筑的共同特点是都要耗费巨大人力、物力，因此凡需要耗费巨大人力、物力的大型公共建筑，在早期文明中大概都具有宗教神圣性。而早期文明中的城墙，本质上亦是大型公共建筑，其建造需耗费大量的人力、物力，其规划设计与建设中的组织甚至还需耗费巨大的精神力量，因此亦具有同样性质。其最初的功能当从宗教神圣性的角度来理解，而不是从实用功能出发，视为单纯的设防措施，城墙的防御性实用功能是后来才发展起来的。此外，良渚文化中那些规模巨大的高台与城墙也是宗教神圣性产物。由此可以得出结论，城墙、高台、祭坛、宫殿、神庙之类的东西可以命名为大型公共建筑，这些大型公共建筑对于早期

---

① 张光直：《美术、神话与祭祀》，辽宁教育出版社2002年版，第66页。
② [美]刘易斯·芒福德：《城市发展史——起源、演变和前景》，倪文彦、宋俊岭译，中国建筑工业出版社2005年版，第53页。
③ 李孝聪：《历史城市地理》，山东教育出版社2007年版，第8页。

文明而言，在本质上都是宗教神圣性的产物，正是这些东西使得城市具有区别于村落的神圣空间性质，构成了早期城市的根本性质，也是判断大型聚落到底是城市还是村落的根本区别所在。

不仅如此，城墙、宫殿、庙宇、祭坛、高台这类大型公共建筑的出现，还表明社会性质已然发生了本质的变化，不再是从前基于平等原则组成的原始社会，而是社会分化发展到了一定程度，产生了统治阶级和政治权威，国家在部落结构和原始宗教信仰下开始了最初的起源进程。尤其是城墙，它是国家政治权威最直观的象征，同时也是在未进行大规模发掘的情形下可以作直观判断的证据，在考古发掘及研究中也受到了特别的重视。恩格斯曾说："在新的设防城市周围屹立着的高峻的墙壁并非无故，它的壕沟深陷为氏族制度的墓穴，而它的城楼已经耸入文明时代了。"①这是对城墙社会性质的精彩论述。杜正胜亦指出，中国古城都是夯土城墙，修筑城墙需要一套复杂的工程程序，从规划、设计、测量到取土、运土、夯筑等，过程繁复，劳力密集，需要投入庞大的人力与物力，而调动组织这一切，如大批劳动力的动员、编组和指挥，其背后必然是一整套复杂的社会组织在运行，城的出现绝不是居住形态的自然变化，而是在政治力量驱使下营建的社会工程。因此，古城不仅可以观测社会行政组织的发展程度，而且可以观察统治者能控制的剩余生产数量，城墙大小正是考察资源和人力动员能力以及行政组织的尺度，从沉默的古城墙上可以读出恩格斯界定国家的一项关键要素——公共权力，而不必浪费力气地去寻找什么警察或法律。②可见，设防城市之所以特别重要，是因为它是公共权力最直观的物化形式，而且设防城市的大小正是公共权力的尺度。

---

① 《马克思恩格斯选集》（第 4 卷），人民出版社 1972 年版，第 160 页。
② 杜正胜：《考古学与中国古代史研究——一个方法学的探讨》，《考古》1992 年第 4 期。

但设防城市并不是公共权力唯一的反映形式，它之所以特别被看重，是因为它太直观，可将其与国家直接联系起来。这里需要指出的是，不仅是城墙具有这样的性质，所有需要耗费大量人力物力的大型公共建筑，其社会本质都是公共权力，所以这些大型公共建筑都是公共权力的物化形式，因而也是早期城市的标志。

三、从聚落到城市

目前长江中游地区在旧石器时代已出现了平原地区的居址，即江陵鸡公山遗址。鸡公山遗址年代为旧石器晚期，分上、下文化层，上文化层距今约2万—1万年，下文化层距今约5万—4万年。考古人员在下文化层发现了近500平方米的活动面，发现有圆形石圈和脚窝等居住遗迹，由5个砾石围成中间为空白区的石圈，石圈直径有大有小。小圈直径约1.5—1.8米，呈椭圆形，外围是由密集排列的砾石、石核、石片和碎屑形成的宽约1米的圈带，圈内有成品石器，如砍砸器、尖状器等。大圈直径约2—2.5米，外围圈带与小圈没有明显差异，但圈内没有任何遗物。这种石圈结构应是当时人类居住的圆形窝棚的遗迹，在居住区西南侧有几块较小的空白区，从散落石器的种类及特点来看，推测是屠宰兽类的场所。在遗址的南部还发现有一处石器制作场所，在当年的加工区内，当年蹲坐加工石器的座位及双脚踏地的脚窝仍清晰可辨。[①]

新石器时代始于距今约10000年前，但目前长江中游已知的新石

[①] 荆州博物馆：《荆州重要考古发现》，文物出版社2009年版，第5—13页。

器初期遗存，如江西万年仙人洞、吊桶环[①]，湖南道县玉蟾岩[②]，均为洞穴遗址，具有从旧石器时代向新石器时代过渡的特点，目前尚未发现平原上的新石器时代初期的遗址，但从鸡公山遗址的情形看，人类在平原形成聚落从旧石器时代晚期就已开始。

自距今约9000年前开始，长江流域出现了真正意义上的新石器时代文化，有完善的陶器和生产工具，有稻作农业，出现了平原上的村落居址，平原地区开始得到开发，形成了完整意义上的人类社会及社会生活。

距今9000年至8000年前，在洞庭湖西北岸、澧水下游地区，出现了彭头山文化，共发现十余处遗址，大多位于澧阳平原上。[③]彭头山文化是较为典型的新石器早期文化，陶器已较为完善并开始普遍使用，在社会生活中占据重要地位；磨制石器已出现，数量虽少但加工较精细。木耒、木铲等农业生产工具的出现，表明彭头山文化已开始开发原野、发展农业。彭头山文化还有中国最早的栽培稻，在八十垱遗址中发现了1.5万粒稻谷[④]，表明彭头山文化已有发达的稻作农业。采集和渔猎仍占有一定地位，并出现了家畜饲养。还有发达的编织业，八十垱遗址出土的芦席，编织方法及精细程度可与现在当地村民的同类物品相媲美。居住形态较仙人洞、玉蟾岩等新石器时代初期遗址有了根本性的变化，可能是由鸡公山之类旧石器时代晚期生活在平原上的古人类直接发展而来，他们在平原地区形成了聚落，已开始对

[①] 中国社会科学院考古研究所：《中国考古学·新石器时代卷》，中国社会科学出版社2010年版，第92—94页。

[②] 中国社会科学院考古研究所：《中国考古学·新石器时代卷》，中国社会科学出版社2010年版，第94—96页。

[③] 何介钧：《长江中游新石器时代文化》，湖北教育出版社2004年版，第79—86页。

[④] 张文绪、裴安平：《澧县梦溪八十垱出土稻谷的研究》，《文物》1997年第1期。

定居点进行有组织的群体活动。在居住区有围壕和围墙，围墙内有成排的房基和高台建筑，居住区外有公共墓地。这些表明彭头山文化已进入定居社会，出现村落，从事稻作农业，同时进行渔猎和采集，共同劳动、共同消费，死后葬于公共墓地中。[1]精神生活也达到了一定高度，一些造型复杂的支座可能与早期信仰有关。总之，彭头山文化的经济生活、社会组织、精神文化都已有了一定程度的发展，在澧阳平原有较大范围的分布，形成了较为复杂的聚落遗址。

距今7800年至6900年前，彭头山文化发展为皂市下层文化。彭头山文化的分布区域尚局限于澧阳平原西侧的山前地带，皂市下层文化向东发展到平原地带，本身可分为西侧山前地带的皂市类型和东侧平原地带的坟山堡类型。[2]皂市下层文化的制陶技术、石器制造技术有明显进步，居住条件比彭头山文化时期有所提高，遗址的分布密度也大于彭头山文化。胡家屋场遗址发现两处房基，有硬土居住面，居住面含有大量细砂粒、碎石屑和陶末，其下铺垫红烧土层，还有柱洞遗迹。其中F1为较大的方形地面建筑，残存东西宽约4米、南北长约6米的硬土面，边缘红烧土层宽约1米，有排列有序、纵横间隔约1米的柱洞11个。F2近似长方形，居住面用黄黏土掺杂少量红烧土和木炭屑铺垫而成，有柱10个，还有圆形和长方形的火塘2个。这些房屋均选择在平地建造，并采取一些防潮措施，结构较为复杂。[3]

距今7800年至6900年前，鄂西峡江地区在彭头山文化和皂市下

---

[1] 中国社会科学院考古研究所：《中国考古学·新石器时代卷》，中国社会科学出版社2010年版，第172页。
[2] 孟华平：《长江中游史前文化结构》，长江文艺出版社1997年版，第108页。
[3] 中国社会科学院考古研究所：《中国考古学·新石器时代卷》，中国社会科学出版社2010年版，第178页。

层文化影响下形成了城背溪文化。①但目前发现的城背溪遗址数量较少，规模也不大。城背溪文化之后，经柳林溪文化发展，形成了长江中游地区著名的大溪文化，年代下限约距今5100年。②大溪文化时期，经济、社会与文化都有较大的发展，遗址的分布远远超过了城背溪文化，聚落出现了明显的分化现象，大型聚落遗址出现。据学者统计，大溪文化聚落中，10万平方米以上的遗址有15处，最大的中堡岛遗址面积达30万平方米，5万—10万平方米的遗址有14处，1万—5万平方米的遗址有65处，5000—10000平方米的遗址有27处，1000—5000平方米的遗址有46处，500—1000平方米的遗址有3处，合计1000—10000平方米的遗址多达76处。③另据湖北省文物考古研究所调查，在大洪山南麓，油子岭文化（相当于大溪文化中晚期）时期的遗址已可分为二级：一级聚落1处，面积约8万平方米；二级聚落2处，面积约2万平方米，还有3处遗址（含不同时期文化堆积）的面积在1万—3万平方米之间，二级聚落的级差为4倍，但尚未形成明显的聚落中心。④大溪文化时期的聚落也开始有了专门化的分工，宜昌中堡岛遗址有较发达的石器加工业⑤，宜昌杨家湾遗址则出有丰富的彩陶和刻画符号⑥，这些遗存可能与宗教信仰有关。湖南澧县城头山则出现了目前所知最早的城，距今约6000年。总的来说，大溪文化时期，长江中游地区社会复杂化进程已然开始，以平等为基础的部落社

---

① 孟华平：《长江中游史前文化结构》，长江文艺出版社1997年版，第108页。
② 孟华平：《长江中游史前文化结构》，长江文艺出版社1997年版，第112页。
③ 笪浩波：《长江中游文明进程中的人地关系——以新石器时代为例》，上海古籍出版社2013年版，第204页。
④ 《大洪山南麓史前聚落调——以石家河为中心》，《江汉考古》2009年第1期。
⑤ 卢德佩：《谈中堡岛大溪文化遗址石器的特点及工艺》，载湖北省考古学会《湖北省考古学会论文选集（一）》。
⑥ 《宜昌县杨家湾石器时代遗址》，《江汉考古》1984年第4期。

会开始解体，私有财产和贫富分化也开始出现，但尚未形成明显的社会等级制度及其标志。考古学者认为，就整个的聚落体系而言，大溪文化时期尚未出现聚落等级制。

大溪文化时期出现的湖南澧县城头山古城，是长江中游地区最早的城，也是目前中国最早的城。该城的考古工作为我们考察长江中游地区的城市起源提供了较为充分的资料。城头山城址位于澧县西北12千米处，始建年代约为大溪文化一期，距今约6000年，是中国最早的城墙。此城平面呈较为规整的圆形，内径314—324米，面积约8万平方米，护城河宽35—50米，有4个城门，城内布局经过精心规划。城内属于大溪文化时期的遗迹有东部的祭坛区和稻田区、东北部的居住区、西北部的墓葬区和西部的手工业作坊区。城墙的修筑方法是先在生土上挖出壕沟，壕沟靠近城墙的内坡，深达2.5米，大溪文化时期的城墙高仅2米，但基脚距壕沟开口尚有1.5米的高差，环壕与城墙结合，可起到有效的防御作用。城头山城址明显是从彭头山文化时期八十垱遗址的环壕聚落演变而来的，保留着环壕聚落的特点，筑城方法为堆筑，是刚从环壕聚落脱胎而来的较为原始的城址。

近期在大洪山南麓发现了一座油子岭文化时期的龙嘴古城。油子岭文化，有学者称其为大溪文化油子岭类型，分布于汉东地区。龙嘴古城位于湖北省天门市石河镇东南，地表已无城垣遗迹，平面近圆形，面积约8万平方米，城内面积约6万平方米，其建筑、使用年代为油子岭文化油子类型早期，绝对年代距今约5900—5500年，约在早期二段后废弃。[①]

综上所述，长江中游地区新石器时代文化发展到大溪文化时期时，社会复杂化进程还处在初级阶段，尚未形成聚落等级制度，未出

[①]《湖北省天门市龙嘴遗址2005年发掘简报》，《江汉考古》2008年第4期。

现中心聚落及附属聚落的分化，但大型聚落和城垣已出现，庙宇、祭坛之类耗费巨大人力、物力的大型公共建筑也已出现了。那么，大溪文化时期的大型聚落和城址是否已经是城市了呢？

前文已述，早期城市之所以凌驾于乡村之上，是由于在聚落大型化过程中出现了城墙和宫殿、庙宇、祭坛等大型公共建筑，这些建筑使聚落的性质发生了质变，不再是原有村落的简单扩大，而是形成了新的具有神圣性的、有别于村落的神圣空间，即城市。而大型公共建筑也表明聚落的社会性质已发生变化，不再是从前那种基于平等原则的原始社会，而是产生了社会分化，出现了政治权威，出现了贵族和平民的分野。从这些来看，在大溪文化时期，虽然社会分化才刚开始，但不仅出现了大型聚落，而且宗教信仰也发展到了较高程度，城墙、宫殿、庙宇、祭坛等具有神圣性的大型建筑也都具备，社会分化也到了产生政治权威的程度。以城头山古城为例，此城虽然面积不大，但不仅有城墙、环壕，还有祭坛，整个祭坛大体呈不规则椭圆形，中间高、周边低，高约0.8米，长径约16米，短径约15米，面积超过200平方米。祭坛上有圆形祭坑、瓮棺葬和土坑墓等遗迹，祭坛周围还有40多个祭祀坑。但需要指出的是，在同时代的遗址中，城头山城址并不算大，面积仅8万平方米，而大溪文化中10万平方米以上的遗址就有15处，中堡岛遗址面积更高达30万平方米。若城头山遗址已属于城市，那同时代大于城头山的聚落遗址是否也已经发展成为城市？受限于目前的材料及考古工作的局限性，虽然我们并不能肯定这些大溪文化时期规模大于城头山的大型聚落已然是城市，但显然也不能决然地否定这一点。

就现有的考古发掘材料与现有的理论认识而论，大溪文化时期的城头山遗址，其内涵已完全具备了芒福德所谓的"神圣空间"性质，即城市。因此城头山遗址可视为目前长江中游地区最早的城市。更进一步地说，城头山遗址在大溪文化中并不是最大的遗址，由于考古工作的不完备与不充分性，这些遗址的考古工作大多没有达到城头山遗址的程度，但我们可以将城头山遗址作为标准来检视长江中游地区的大型聚落遗址，从而判断这些大型聚落是城市还是乡村。

由于大型公共建筑除城墙与高台外，很难有直观的认识，在考古工作不充分的情形下只能以遗址的规模大小来作为区分城市与村落的参变量，即前文所提出的问题，这一参变量如何确定？亦即在以遗址规模大小来作为区分城市和乡村的一般标准时，其具体的值是多少？而城头山遗址因其具有神圣空间性质，且并非同时期最大的聚落，这样一种情形正好为我们提供了一个标准，从而可以据此初步确定界定长江中游地区早期城市的标准：若以城头山遗址为标准，大溪文化时期面积超过8万平方米的遗址，可能都是长江中游地区最早的城市。就此而论，长江中游地区的城市，当起源于大溪文化时期，大溪文化时期及以后的新石器时代，遗址面积在8万平方米以上者，在现有条件下均可视为城市。

四、余论

若以大溪文化时期的城头山遗址为长江中游地区的城市起源，以城头山遗址的8万平方米面积为区分长江中游地区城市起源阶段城市与乡村的简略标准，则可将长江中游地区的大溪文化时期及以后的大于8万平方米的聚落均视为城市。

这里要说明的是，大溪文化时期仅是长江中游新石器时代文化较早期的发展阶段，其后的屈家岭文化和石家河文化时期才是长江中游地区新石器时代文化的高峰时期。到屈家岭文化和石家河文化时期，社会、经济、文化均发展到了很高的程度，其中石家河文化被普遍认为已进入国家文明起源发展阶段，是中华文明探源工程的重要研究对象。而从城市发展角度，屈家岭文化、石家河文化时期，长江中游地区的城市较大溪文化时期有重大的发展，不仅普遍出现了城垣设施，而且聚落规模远大于大溪文化时期。大溪文化时期最大的聚落也不过30万平方米，作为城市的起步标准可暂定为8万平方米。而屈家岭文化、石家河文化时期的城市，最大的石家河古城面积约180万平方米，使用面积约120万平方米，整个遗址群的总面积约8平方千米，[1]为长江中游地区最大的史前城市。应城门板湾古城，面积达110万平方米，其中心有一个平面近长方形的城址，南北长约550米、东西宽约400米、面积约20万平方米。[2]荆门马家垸古城，面积约24万平方米。[3]孝感叶家庙古城，由四部分组成，包括叶家庙城址、城外的家山遗址，以及城址西面的杨家咀、何家埠两个附属聚落，总面积约56万平方米。[4]荆门城河城址，面积约70万平方米。[5]应城陶家湖古城，面积约67万平方米。[6]江陵阴湘城，面积约20万平方米。[7]公安鸡鸣城，面积约15万平方米。[8]澧县鸡叫城，面积约14万平方米。[9]石首走马岭古城，面积约8万平方米，但走马岭古城后经调查被证实为双子城，由走马岭、屯子山二座城构成，外围还有一道半圆形防御设施蛇子岭，屯子山的面积约与走马岭古城相当，则走马岭古城的面积至少应

---

[1]《石家河遗址群调查报告》，《南方民族考古》（第五辑），四川科学技术出版社1992年版。
[2] 陈树祥：《应城门板湾遗址发掘获重要成果》，《中国文物报》1999年4月4日第1版。
[3]《荆门马家院屈家岭文化城址调查》，《文物》1997年第7期。
[4]《湖北孝感市叶家庙新石器时代城址发掘简报》，《考古》2012年第8期。
[5]《湖北荆门市后港城河城址调查报告》，《江汉考古》2008年第2期。
[6] 李桃元、夏丰：《湖北应城陶家湖古城址调查》，《文物》2001年第4期。
[7]《湖北荆州市阴湘城遗址1995年发掘简报》，《考古》1998年第1期。
[8] 贾汉清：《湖北公安鸡鸣城遗址的调查》，《文物》1998年第6期。
[9]《澧县鸡叫城古城址试掘简报》，《文物》2002年第5期。

比现有数据大一倍。[①]2014—2015年武汉大学历史学院考古系又对走马岭进行了较详细的调查和发掘，确认走马岭古城城内面积约10万平方米，总面积约50万平方米。[②]前述的城头山城沿用至屈家岭文化时期。可见屈家岭文化、石家河文化时期的城市，较之大溪文化时期有较大的发展。京山屈家岭遗址，没有城垣遗迹，但面积很大，严文明先生在《中国新石器时代聚落形态的考察》一文中将之与秦安大地湾、郑州大河村、泰安大汶口等大型遗址并列。屈家岭遗址的面积，诸说不一，张绪球称其至少50万平方米。[③]《中国文物地图集·湖北分册》则称屈家岭遗址面积约3平方千米。[④]2007年，湖北省文物考古研究所进行了较详细的调查，发现屈家岭遗址有文化层分布的范围，总面积约34万平方米。屈家岭遗址实际上是一个规模很大的遗址群，由12处遗址组成，用掌上GPS接收器测出屈家岭遗址群的面积约为2.36平方千米[⑤]，与《中国文物地图集·湖北分册》的3平方千米相去不远，可见《中国文物地图集·湖北分册》所言当是遗址群的范围。2015—2017年的发掘简报进一步确认屈家岭遗址是一处新石器时代大型环壕聚落，总面积为2.84平方千米，以屈家岭遗址点为核心，包括殷家岭、钟家岭、家子坝、九亩堰、大禾场、土地山和杨湾等遗址点。[⑥]屈家岭聚落群内部已出现明显的层级划分，屈家岭遗址处于绝对的中心位置，面积最大，文化层堆积最厚，发展时期最长，应为中心聚落，其余遗址呈环状分布在屈家岭遗址周围，应为附属聚落。

---

① 《湖北公安、石首三座古城勘测报告》，《古代文明》（第4卷），文物出版社2005年版。
② 《湖北石首市走马岭新石器时代城址的发掘》，《考古》2018年第9期。
③ 张绪球：《长江中游新石器时代文化概论》，湖北科学技术出版社1992年版，第214页。
④ 《中国文物地图集·湖北分册》（下），西安地图出版社2002年版，第383页。
⑤ 《湖北京山屈家岭遗址群2007年调查报告》，《江汉考古》2008年第2期。
⑥ 《湖北荆门市屈家岭遗址2015—2017年发掘简报》，《考古》2019年第3期。

不仅如此，屈家岭文化、石家河文化时期，社会复杂化进程有了长足的进展，出现了明显的社会分化，聚落分化也发展到了较高阶段，出现了中心聚落、次中心聚落和普通聚落这样的三级聚落等级制。除上述屈家岭聚落群外，石家河遗址群也是一个以石家河古城为核心的、规模庞大的聚落群，整个石家河遗址群以石家河古城为核心，密集分布着三房湾、谭家岭、邓家湾、肖家屋脊等30余处遗址，各遗址相距很近，有的甚至紧密相连，遗址的数量和现代村落数量基本相当。

在屈家岭文化、石家河文化时期，石家河古城是整个屈家岭文化、石家河文化区的中心聚落，京山屈家岭，应城门板湾、陶家湖，荆门马家垸等处于第二等级，为次中心聚落，是区域性的聚居中心，在中心聚落和次中心聚落周围，则是大量的中小聚落，一个完整的聚落等级制已然形成。由此可见，在这些聚落群中，中心聚落拥有巨大的城墙、高等级的房屋建筑、特殊的祭祀用遗迹和遗物，使中心聚落凌驾于从属聚落之上，这就是早期城市凌驾于乡村之上的格局。

［原文刊于《长江大学学报》（社会科学版）2023年第2期］

从东山村遗址看长江下游
社会复杂化进程

林留根[1]

一

文明起源是世界性课题，在以往的研究中，出现过多种理论。一种普遍的看法是将文明起源看作一种结果，将文字、青铜器、城市以及大型宗教遗迹看成文明起源的标志。而事实上，文明是一种过程，即便是文字、青铜器、城市等被视为文明标志的事物也各有其漫长的萌生演变过程。因而，在文明起源研究中，不再局限于将文明或早期国家起源的目标集中在"何地""何时"或"从某某时期开始"这样的问题上，而是将其看作一个逐渐发展的过程。文明与国家起源是古代社会从简单到复杂、从平等到等级分化的过程，是社会复杂化过程达到较高层次的一种表现，它们的产生只不过是这种过程的产物。

在此理论的指导下，中国的考古学者着重于从考古资料入手来研究中国古代社会的复杂化，并且取得了新的进展。中原地区的社会复杂化进程、辽河流域的社会复杂化进程、长江中下游地区的社会复杂化进程、淮河流域的社会复杂化进程都先后被纳入了研究视野。较为普遍的看法是中国古代社会的复杂化进程至迟在公元前3300年前后就

---

[1] 林留根，浙江大学艺术与考古学院教授。

开始了。而江苏张家港东山村遗址的考古发现，推翻了这一保守的看法，将中国古代社会的复杂化进程推至公元前4000年前后，而且证明了中国文明开始社会复杂化进程的第一步是从长江下游的太湖流域迈出的。

二

东山村遗址位于张家港市金港镇南沙办事处，东距张家港市区18千米，北离长江约2千米。遗址坐落于香山东脊向东延伸的坡地上。

2008年8—11月和2009年3月至2010年10月，由南京博物院主持，对该遗址进行了大规模的调查勘探，并进行两次抢救性发掘，发掘总面积为2300多平方米。发掘区自东向西分别编为Ⅰ区、Ⅱ区、Ⅲ区。经过这两次发掘，取得了重要突破。

1.确认东山村遗址是太湖流域一处中心聚落

通过勘查和钻探，确认遗址平面呈方圆形，南北长约500米、东西宽约500米，总面积约20万平方米。通过勘查和钻探，遗址中部略北为高出周围约2米的坡地，此处文化层堆积最为丰富，应为遗址的中心区域。1989年苏州博物馆调查时，该坡地"分布呈坡状，西高东低，平均高出周围农田约4米，东西长约260米，南北宽约230米，总面积近6万平方米"[①]。由于后期的平整土地和开发，现遗址坡地东西长180多米，南北宽140多米，面积现存约2.5万平方米。遗址南、东、北三面环河。遗址的北边现保留有一段河道，东面和南面已淤塞填满。通过勘探，仅在河道的内侧发现文化层堆积，证明聚落外围有围沟一类的防御设施。在东山村遗址周边，崧泽文化时期的聚落遗址

---

① 张照根、姚瑶：《张家港东山村遗址发掘的主要收获》，《东南文化》1999年第2期。

还有许庄遗址、南楼遗址、钱底巷遗址、爪墩遗址以及徐家湾遗址等。东山村遗址的规模及其内涵证明其为崧泽文化时期的大型中心聚落。

2. 发现崧泽文化时期的大型房址

遗址Ⅱ区是聚落的居住区，共发现5座房址，均开口于④层下，打破⑤层。编号为F1—F5，其中以F1和F2保存较好，保留有大面积的红烧土倒塌堆积。

F1位于T1209和T1210内。开口于第4层下，东边被4座明清墓葬所打破。为地面建筑，周围共发现33个柱洞。房址平面呈长方形，近正南北方向，南北长14.7米、东西宽5.75米，总面积约85平方米。房址所在地面西边略高，东边略低。四周有圆形柱洞，直径多数在0.2米左右，房址转角处的柱洞直径较大，约0.5米。房址中间有大面积的红烧土倒塌堆积，中间厚、边缘薄，最厚处约0.3米。红烧土堆积中常见印有芦苇秆状凹槽的红烧土块，这表明F1为木骨泥墙建筑。在剔除红烧土堆积上的覆土时，发现一些陶器被压在红烧土下。经初步清理，目前已在房址的北部红烧土下发现有陶豆、罐、釜和玉玦、石斧等10多件器物。这些器物应是房址倒塌时被压在底下的。从陶豆的形制分析，属于崧泽文化早期器物。因此，F1的年代属于崧泽文化早期。为进一步了解房址的结构，对F1进行1/2解剖，解剖了西半部。解剖时，在红烧土堆积下揭露出较多的遗物，有陶罐、陶釜、石锛、纺轮、小玉管以及兽骨等。解剖显示，F1的居住面未经特殊处理，起伏不平。在西部中间发现有长方形缓坡，推测是门道所在。另外，在南部和北部的中间分别发现长方形、方形的土柱础，略高于居住面，内部有柱洞。因此，推测F1应是一座单间大房址，利用中间柱支撑房顶。

F2形制与F1相似，也有大面积的红烧土倒塌堆积，外围有柱洞。已揭露的现状南北长8.1米、东西宽6.3米，面积约50平方米。房址北部尚向北延伸。

另外，F3—F5等3座房址仅发现柱洞，未见基槽，推测可能是干栏式建筑。F3平面为椭圆形，面积约13平方米；F4平面为圆形，面积约17平方米。从平面布局分析，可能是两组房址，F4和F3分别是F1和F2的附属建筑。

面积达85平方米以上的大房址是目前崧泽文化发现的最大规模的房址，再配以圆形小房址，可见其主人尊贵的社会地位。

3.见证社会分层的平民墓地和贵族墓地实行分区埋葬

遗址Ⅰ区是平民墓地。均是埋葬小型墓，墓葬主要分布在T1606、T1706、T1806、T1906、T1805、T1905、T2005等探方内，目前共清理了27座。墓葬的长宽多一致，长约2.2米、宽约0.8米。方向基本一致，在330°左右。墓葬内人骨基本朽腐不存，仅个别有人骨痕迹。随葬品多数较丰富，多在10件以上，个别的有26件之多，较少的仅两三件。27座墓葬共出土陶器、石器、玉器等140多件，有陶鼎、豆、罐、壶、杯、匜、钵、纺轮、釜、鬶、石钺、锛、凿，以及梯形玉饰、三角形玉饰、半圆形玉饰、环形玉饰等。从层位关系和器物类型学的研究分析，遗址Ⅰ区的小墓大致可以分为三期。通过与崧泽遗址、南河浜遗址等崧泽文化遗址的比较，东山村遗址崧泽文化小墓一、二、三期在年代上分别相当于崧泽文化早期、中期和晚期。

遗址Ⅲ区是贵族墓葬区，大墓分布在T0510、T0610和T0710等探方内。目前发现并清理了9座崧泽文化高等级大墓。其中M91、M93、M94、M96等4座开口于第4层下，M90、M92、M89、M95、M98等5座开口于第5层下。这些大墓的方向基本一致，为西北—东南向，目前尚未发现有打破关系。长多数约3米、宽约1.7米。个别墓葬发现有葬具的痕迹，如M95和M98。M98内的葬具为长方形的木棺，长2.25米、宽1.05—1.15米、高0.14米，厚度为0.03米。大墓内的随葬品多在30件以上，有陶器、石器、玉器等。石器和玉器主要置于墓主的身上或头部及脚部，陶器主要置于墓主的四周。东山村遗址崧泽文化时期的高等级大墓大体分为两期。一期相当于崧泽文化的早期，二期相当于崧泽文化的中期，具体年代在距今5800—5500年前。一期大墓中普遍有细柄豆、敛口垂腹鼎、长颈壶、大口尖底缸等，二期大墓中普遍有三段式把豆、敛口圆腹鼎、圜底缸、觚形杯等，两期的典型陶器演变序列比较清晰，与崧泽遗址、南河浜遗址的演变大致相同。东山村遗址崧泽文化早中期的高等级大墓与一般小墓实行分区埋葬。这种分区埋葬现象，同时期的在长江下游或者在全国范围内都是首次发现。

4.贵族墓葬之高等级特征及其年代

9座贵族墓葬，排列有序，墓葬为南北向，呈东西向排列。从层位关系和出土器物类型学的研究分析，一期的大墓有M90、M92、M95、M98、M89 5座，二期的大墓有M91、M93、M94、M96 4座。墓葬之间没有任何打破关系，说明从崧泽文化早期至中期长达300余年的时间段中，墓地的管理有序。要么有明确的墓上标志，要么有专门的管理者，要么有明确的墓地规划，否则在后人不清楚前人墓位的情况下，不发生叠压打破关系是不可能的。这也说明其是聚落内部等级地位最高的尊者墓地，几百年间受到尊崇！可见在数百年时段中，东山村的王者代代相传，王权代代延续。

先看被中国著名考古学家严文明先生定为"崧泽王"的M90。M90位于T0610的南部，开口于第5层下，打破马家浜文化层堆积。是迄今发现的崧泽文化墓葬中墓坑规模最大的7座墓之一。方向340°。

墓坑较规整，壁斜直，底较平，墓口长3.05米、宽约1.7—1.8米、深0.4米，墓口距地表约0.8米。墓葬内人骨保存不佳，仅存朽腐的头骨，位于墓底北部中间。随葬品非常丰富，有陶鼎、豆、罐、鬶、壶、盘、缸，石锛、钺、锥，以及玉镯、璜、玦、耳珰、管、饰件等。陶器主要置于墓底四周，夹砂红陶缸置于墓坑东南角，东北部有陶罐等器物，西北角有若干陶豆，西南处的陶器较破碎，在陶片之上置有2件石锛。石器和玉器主要置于墓主身上及两侧，其中墓主的手腕处2件玉镯，头部的左上方有若干件玉器，左右两侧各置有2件相向的石钺。墓底东北部亦有1件石钺，在其下方的土面上印有多道斜向朱砂痕迹，应是石钺圆孔左右两边的彩绘。在墓主的头骨上方有1件玉玦，头骨南侧出有1件玉璜。该玉璜在埋葬之前已断为两截，在断裂处两边各钻一孔并刻暗槽相连。另外，在墓主头部的右上方有1件石锥，头部下方有一件断为两段的砺石以及一堆石英砂。石锥磨制光滑，器身有一疤痕，锥尖刃扁平，有明显使用痕迹。推测，石锥、砺石以及石英砂可能是一套制玉工具，表明墓主人生前握有生产玉器的大权，其身份和地位较显赫。

  M90所出随葬品的数量是迄今发现的崧泽文化墓葬中最多的一座，共67件，包括5件大型石钺、2件大型石锛、19件玉器以及38件陶器等。M90中出土了两件大口缸，一件为圜底，一件为尖底。出土有6件细柄陶豆，陶豆柄部多饰三组弦纹，弦纹中间饰纵条形镂孔，与青浦崧泽遗址M13：4[①]、嘉兴南河浜遗址T401 ⑨：1相似。

  M92位于T0610的西部中间，部分进入T0510东隔梁内，开口于第5层下。方向335°。该墓是迄今发现的崧泽文化墓葬中长度最长的

[①] 参见《崧泽——新石器时代遗址发掘报告》，文物出版社1987年版，第50页图三九：1、7和第48页图三八：5。

一座，墓口长3.3米、宽1.26米、深0.6米，墓口距地表0.7米。墓坑规整，壁斜直，底较平。墓葬内人骨保存不佳，残存朽腐的头骨、左侧肱骨以及右侧上肢骨，位于墓底的中部。随葬品丰富，出有陶鼎、豆、鬶、罐、陶缸、簋、背壶，石锛、钺，以及玉镯、璜、串饰等器物共49件，其中陶器27件、石器10件、玉器12件。陶器主要置于墓主四周，在墓底的东南角同样放置有1件大口尖底缸，以及1件红陶簋。墓主的左侧置有陶豆、背壶、罐及长石锛等，左侧肱骨下还压有1件大石钺。

墓主的右侧置有陶鼎、鬶、豆等。右侧上肢骨中间还套1件玉镯，旁边有3件石钺。墓主头部的下方出有1件崧泽文化玉器中迄今为止最长的玉璜，最大径16.7厘米、外围弧度长21.5厘米、器身宽2厘米，器身上钻有5个系孔。墓主头部的上方置有陶鬶、壶、罐以及7件小玉饰。其中6件小玉饰出土时放置在一起，平面近椭圆形，可能是玉串饰。M92出土的2件陶豆柄上部饰弦纹，弦纹下方有4个圆形细镂孔，与青浦崧泽遗址M41：7形制相似。[1]

M93位于T0710的南部中间，开口于第4层下。方向335°。墓口长2.8米、宽1.6—1.65米、深0.4米，距地表0.7米。墓主人骨保存不佳，残存朽腐的头骨、右侧肱骨、左右胫骨等。墓主位于墓坑的中部偏西。随葬品较丰富，出土陶鼎、豆、鬶、罐、甑、盘、缸及玉镯、璜、环、饰件等37件，其中陶器24件、玉器13件，不见石器。陶器摆放成三排，在墓主东侧有两排，西侧有一排。夹砂红陶缸同样置于墓坑的东南角。墓主的头部耳侧各出有1件小玉环和1件鱼钩形玉饰，从出土部位推断均为耳饰。头部的下方出有1件近半圆形的玉璜。右

---

[1] 参见《崧泽——新石器时代遗址发掘报告》，文物出版社1987年版，第50页图三九：1、7和第48页图三八：5。

侧肱骨的下方和脚部分别出有1件玉镯及1件玉环，墓主左侧两排陶器的中间出有4件玉环，玉环排成一条直线。该墓出土的3件陶豆柄均为三段式把，柄底口为大宽沿，与青浦崧泽遗址M33：1相似。[①]

东山村高等级大墓的墓坑规模大，超过了以往发现的任一崧泽文化的墓葬。以往的墓葬最长不超过2.8米，而东山村遗址有7座大墓长在3米以上。东山村大墓内随葬品的数量多，大多在30件以上，最多的有67件。9座高等级大墓的随葬品总数为385件。以往发现的崧泽文化墓葬随葬品最多的为34件，东山村遗址共有7座大墓超过此数。大墓内随葬的玉器数量多，种类丰富，有璜、瑗、钺、镯、玦、环、管、珠、坠、凿等。9座高等级大墓共出土玉器100件，是目前崧泽文化遗址中出土玉器数量最多的。东山村大墓中多数随葬有大型石钺、长条形石锛、大口缸等具有礼器性质的随葬品，说明在崧泽文化时期初级的礼制已经存在。M98内发现的带柄钺形玉器，说明已经出现对石钺所代表的王权的崇拜。特别是石钺的随葬，把以其为代表的王权或军权的起源时间提到了崧泽文化的早期。

东山村遗址M90内的陶豆（M90：9）与青浦崧泽M13：4相同，M93内的3件三段式把陶豆（M93：1、M93：2、M93：3）与青浦崧泽遗址M33：1相同，因此，东山村遗址崧泽文化高等级大墓的相对年代在崧泽文化早中期，早期的高等级大墓具体年代在距今5800年前后。东山村崧泽大墓5个C样，委托新西兰拉福特地质与原子能研究所14C加速器测试经树轮校正，年代在距今5900—5700年前。

2010年10月新发现编号为M101的墓葬，位于崧泽文化大墓区的中心，在层位上与崧泽文化早期大墓开口层位一致。墓口长2.9米、

[①] 参见《崧泽——新石器时代遗址发掘报告》，文物出版社1987年版，第50页图三九：1、7和第48页图三八：5。

宽1.26—1.36米、深0.8米。墓主头向北，略偏东。墓葬内人骨保存尚好，整体骨架轮廓清晰。墓葬内的随葬品非常丰富，共出土有陶器、石器、玉器共33件，主要放置在墓主的左右两侧和身上。其中陶器11件，器形有鼎、豆、壶、匜、罐、盆等；石器1件，为石纺轮；玉器21件，器形有玉璜、玦、管、串饰等。其中在墓主的颈项处出土有5件玉璜、2件玉玦、1件玉管，在墓主的左手腕处出土有9件玉管，右手腕处出土有4件玉管。从墓葬内出土的陶器分析，该墓葬属于马家浜文化晚期，具体年代大概在距今6300—6000年前。这座马家浜文化高等级大墓葬是东山村崧泽文化大墓的源头。

东山村遗址崧泽文化早中期大墓与小墓的分区埋葬以及大房址的出现，证明至少在距今5800年前后，社会已有明显的贫富分化，出现了明显的社会分层。这为研究长江下游社会文明化进程提供了新的考古学资料，对中华文明起源研究具有重大意义。

三

长江下游地区行政地理区划包括安徽、江苏的沿江两岸地区、浙江北部以及上海市全境。长江下游地区可大致分为两部分：一是长江下游东部的濒海平原区，由宁绍平原、环太湖流域地区以及里下河平原这三大低浅平原区构成；另一是长江下游中、西部的沿江平原和丘陵区，主要由宁镇丘陵、巢湖平原以及皖中至皖西南的狭长平原地带构成。距今7000—4200年前这一时间段，是马家浜文化、崧泽文化、良渚文化这三支考古学文化连续发展的主要阶段。良渚文化以其大型城址，贵族祭台墓地，琮、璧、钺等高等级玉器随葬已经进入了文明时代的门槛，而作为良渚文化的前身——崧泽文化在东山村没有发现之前，一直被认为是平等社会。即使是浙江海盐仙坛庙、嘉兴南河浜的崧泽文化祭坛墓地，也没有出现过如此规模之大的墓葬。长江下游最早出现分化的例证，当数安徽凌家滩遗址。凌家滩遗址1985年发现于安徽省含山县铜闸镇凌家滩村，遗址总面积约160万平方米，是长江下游巢湖流域迄今为止发现的面积最大、保存最完整的新石器时代聚落遗址。在遗址内，发现了包括居址、墓地、祭坛、作坊以及近3000平方米的红陶块建筑遗迹。同时，出土了大批精美玉礼器、石器、陶器等，反映出同时期其他遗址中所罕见的精美程度和工艺水平，从而表明该遗址在当时长江下游地区是一处规模庞大、社会等级突出的中心型聚落。而凌家滩大墓的年代在距今5300年前后。而东山村大墓的年代要早于凌家滩墓地。东山村遗址崧泽文化早中期大墓出土的部分陶器和玉器与皖江平原和宁镇地区的史前文化有许多相似之处，如M90和M92内出土的陶鬶（M90：9、M92：3）与安徽潜山薛家岗遗址M5：1的相似[1]，M91内出土的陶鬶（M91：13）与薛家岗遗址M108：4的相似，[2]M98所出分体玉璜与南京北阴阳营遗址M39：4形制及玉质都很相似。至于东山村遗址与皖江平原、宁镇地区古文化之间更深一步的关系还有待研究。东山村大墓填补了长江下游地区崧泽文化时期没有高等级大墓的空白，为良渚文化高度发达的文明找到了源头，为重新认识环太湖流域崧泽文化整体面貌和社会生产力发展水平提供了新资料。

为什么以东山村为代表的长江下游最早出现社会分层现象？长江下游地区地理环境优越，适合人类繁衍生存和文明发展，七八千年以来，文化相续继承和发展。这一区域早在距今6300—5300年前，就有

---

[1] 参见《潜山薛家岗》，文物出版社2004年版，图版一一：4。
[2] 参见《潜山薛家岗》，文物出版社2004年版，图版一一：4。

了一种文化整合趋同的趋势，有学者称之为"崧泽文化圈"的形成[①]，而崧泽大墓的出现正好是在这一文化背景之下发生的。之后，发展到良渚文化阶段，长江下游的文明水平已经登峰造极，领先于全国其他区域。但是良渚文化最终没有进入国家，而是在中原文明的挤压下无可挽救地衰落了。从东山村大墓出土玉器不见神秘造型或装饰，以及大墓中随葬石钺的情况来看，东山村社会是一个务实性的社会，是一个王权至上的社会权力系统。但是这种务实性的王权社会在后来的良渚文化时期蜕变为神权至上的神权社会。河南灵宝西坡遗址发现的仰韶文化晚期大型房址和大型墓葬，不见有奢侈的随葬品，说明仰韶文化晚期的中原地区也是一个务实性的王权社会，与红山文化、良渚文化大异其趣。李伯谦先生在《中国古代文明演进的两种模式——红山、良渚、仰韶大墓随葬玉器观察随想》一文中已经对这两种模式进行过独到的分析。[②]值得关注的是，东山村遗址与中原仰韶文化的关系也至为密切。东山村 M97 内共出两件陶器：一件为鸡冠耳陶罐，具有马家浜文化晚期的风格；另一件是尖底瓶，口沿下方饰弦纹带，带下饰堆贴，再往下饰满斜向线纹。显然来自黄河流域仰韶文化。而东山村 M93 崧泽大墓中的圜底大口缸与河南灵宝西坡（M27：2）所出相似。可见长江下游与中原地区在距今 6000 年前后已经有非常密切的文化交流，而两地的社会形态都属于务实性的王权社会。是什么原因导致长江下游社会在新石器时代晚期发生转型，由王权至上走向神权至上？这都是需要我们探讨的问题。

复杂社会指社会财富分配出现分化，社会权力和资源掌握在少数

[①] 仲召兵：《长江下游地区崧泽文化圈的形成》，硕士学位论文，北京大学，2008年。
[②] 李伯谦：《中国古代文明演进的两种模式——红山、良渚、仰韶大墓随葬玉器观察随想》，《文物》2009年第3期。

人手中，社会结构出现层级化的社会形态。对于社会复杂化，美国著名社会人类学家麦垒尔将"复杂化"分解为"异质性"和"不平等"，前者是指社会群体之间人口的构成，后者是指一个社会内部获取原料和社会资源的不同途径。这两个变量导致社会结构在横向和纵向上的变化，它们的互动关系决定了某一社会的形态。①不平等是指社会纵向的差别，表现为等级和获取社会资源的差异。而异质性是指横向组织结构上的多样性，也指人口在这些不同组织结构中的分布，一个社会异质性愈大就愈复杂。早期文明社会表现为较高的不平等和较低的异质性，但是随着时间的推移，社会的不平等降低而异质性增大。②

东山村遗址的发掘，取得了令学术界耳目一新的成果，是中国文明起源研究和中华文明探源工程中的重大学术收获，同时也提出了留待解决的一系列问题。正如李伯谦先生在《崧泽文化大墓的启示》一文中指出的，"崧泽文化早中期大墓的发现证明，长江下游地区较其他地区为早，在距今五千七八百年以前，社会已存在明显分化，初级王权已经产生，社会已进入苏秉琦先生所称的'古国阶段'……在中国古代文明演进过程中，率先开始社会重大转型的不是黄河中游的中原地带，也不是内蒙古长城地带为中心的北方地区，而是崧泽文化所在的长江下游地区……在文明化进程中，中国古代最早出现的所谓'古国'，其性质和表现形式并不完全一样，有的是神权至上，有的是王权至上，从而导致其发展方向和发展前途的不同"③。

（原文刊于《东南文化》2010年第6期）

---

① McGuire, R. H., "Breaking Down Cultural Complexity: Inequality and heterogeneity", *Advances in Archaeological Method and Theory*, Vol.6, 1983.
② Tainter, J. A., *The Collapse of Complex Societies*, Cambridge: Cambridge University Press, 1988.
③ 李伯谦：《崧泽文化大墓的启示》，《古代文明研究通讯》2010年3月号。

上山文化：长江下游的
稻作社会与农业文明

孙瀚龙[1]

一、上山文化：发现及内涵

在中国南方的钱塘江流域，存在着距今10000—8500年的古文化。在2006年召开的中国第四届环境考古学大会上，正式将其命名为上山文化。[2]它的发现，缘起于2000年秋发现的浙江省浦江县上山遗址，随后于2001年、2004年、2005—2006年、2007—2008年、2016年分别进行了5次考古发掘[3]，以大口盆、平底盘、双耳罐，磨盘和磨石、石球、穿孔石器、打制石器为代表的特征鲜明、内涵独特的新石器时代早期文化出现于世人眼前（图1）。

经过20多年的考古工作，目前已发现21处上山文化遗址，典型遗址有浦江上山、嵊州小黄山、龙游荷花山、义乌桥头、仙居下汤和永康湖西。它们的分布以金衢盆地为中心，并扩散至曹娥江流域、灵江流域和浙东近海岸地带，呈现出小范围、小盆地、小流域的集中聚合特征，"上山文化遗址群"作为一个整体在概念和内涵上得以丰富

---

[1] 孙瀚龙，浙江省文物考古研究所馆员。
[2] 黄琦、蒋乐平：《上山遗址与上山文化：中国第四届环境考古学大会暨上山遗址学术研讨会上专家谈"上山文化"》，《中国文物报》2006年12月29日第7版。
[3] 《浦阳江流域考古报告之三：浦江上山》，文物出版社2016年版，第1—9页。

(a) 下汤遗址出土圈足罐 1　　(b) 下汤遗址出土圈足罐 2

(c) 下汤遗址出土圈足钵　　(d) 下汤遗址出土圈足双耳罐

(e) 下汤遗址出土双耳平底罐　　(f) 下汤遗址出土平底筒

(g) 下汤遗址出土平底盆　　(h) 荷花山遗址出土平底盘

图 1　上山文化典型陶器组合（来源：浙江省文物考古研究所）

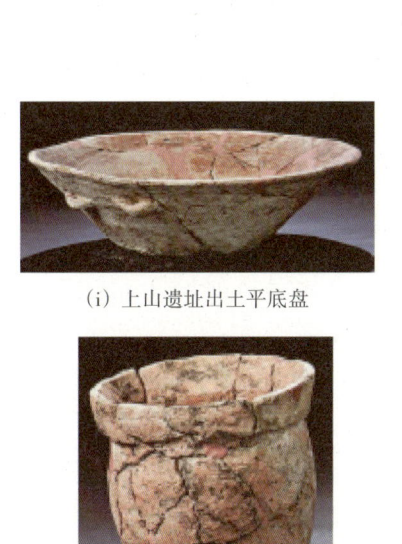

(i) 上山遗址出土平底盘 　　(j) 桥头遗址出土平底盆

(k) 桥头遗址出土圈足罐 　　(l) 桥头遗址出土圈足壶

(m) 桥头遗址出土圈足钵 　　(n) 桥头遗址出土平底罐

(o) 桥头遗址出土双耳罐 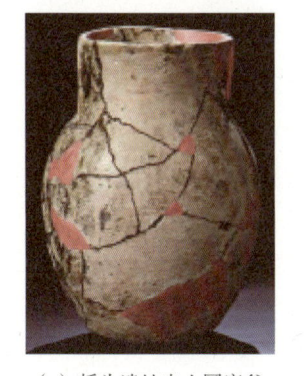　　(p) 桥头遗址出土圜底釜

图1　上山文化典型陶器组合（来源：浙江省文物考古研究所）（续）

和充实。

上山文化有何特殊内涵和价值呢？本文从以下五个层面进行概括。

第一，从文化史的角度，上山文化是目前长江下游地区发现的年代最早的新石器时代文化，是钱塘江流域的新石器文化之源，上山—跨湖桥—河姆渡的文化序列构建了区域文化史的基本框架和结构，距今10000年以来的文化发展路径非常明确，上山文化是重要起点。

第二，从农业史的角度，上山文化是目前世界上年代最早的稻作农业起源地，不仅遗址群内普遍发现了具有驯化特征的炭化稻米、小穗轴和植硅体遗存，而且在出土的夹炭陶片的陶胎中发现了大量的稻壳、稻秆和稻叶作为羼合料，石磨盘和磨石的重度使用、以石片石器为代表的收割工具均表明上山文化先民存在一整套耕种、利用、加工、食用驯化水稻的完整证据链。

第三，从定居史的角度，上山文化是目前为止长江下游地区出现最早的农业定居社会，不仅遗址群内的各处遗址文化堆积连续深厚，而且房址、灰坑、器物坑（堆）、墓葬、石器制造场、红烧土广场等遗迹丰富，聚落特征清晰、结构完整，特别是小黄山、桥头、下汤、湖西遗址都发现了明确的环壕迹象，显露了上山文化先民走出洞穴后稳定的定居状态和对生活聚落的整体性规划以及空间利用能力。

第四，从技术史的角度，上山文化的陶器制作工艺领先于同时期中国南北方其他地区的文化和人群，器型规整、造型美观、技术精湛，夹炭陶、红衣陶尤其是彩陶技术开启了中国东南地区的区域传统；石器工艺延续了中国南方砾石石器的技术传统，但也兼具石片石器技术，新出现了磨制石器，不同石制品体现了多元化的技术风格。

第五，从精神信仰史的角度，上山文化发现了目前为止中国最早的彩陶，其中的太阳纹、数卦纹等表达了上山先民独特的精神信仰和思想观念（图2），器物坑（堆）和红烧土广场体现了上山先民的祭祀活动和宴飨行为（图3），发酵类酒精饮品的出现和粮食的剩余加工能力体现了以原始稻作农业为基础的精神信仰和思想体系。

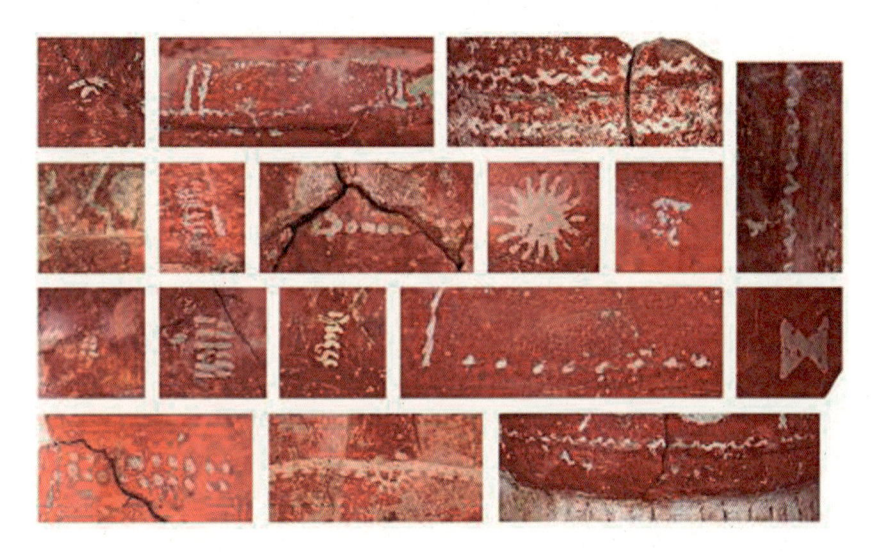

图2 上山文化太阳纹彩陶及典型彩陶纹饰[1]（来源：浙江省文物考古研究所）

（a）桥头遗址器物坑 　　　　　　　　（b）下汤遗址器物坑

图3 上山文化器物坑（来源：浙江省文物考古研究所）

---

[1] 王春法：《稻·源·启明：浙江上山文化考古特展》，山东美术出版社2021年版，第254—255页。

二、稻作起源：新石器革命与农业社会出现

自20世纪以来，考古学一直致力于三大世界性课题的研究，即人类起源、农业起源和文明起源，英国著名考古学家戈登·柴尔德甚至用"革命"来形容农业起源的重要意义。[①]从全世界范围来看，农业起源主要发生在东亚、西亚、北非和中美洲地区，分别出现了以水稻和粟、黍，小麦和大麦，高粱和珍珠粟以及玉米为代表的驯化作物，而中国是目前最早的稻作和粟（黍）作农业起源地，这个结论已经成为国内外学界的基本共识。历年来的考古新发现及研究成果表明，稻作农业起源于中国的长江中下游地区，栽培稻的驯化和耕作行为的出现可以追溯至距今10000年前后，这与世界上其他几个农业起源中心区的起始时间相一致[②]，特别是近年来关于上山文化稻作遗存以及与之相关的农业经济行为不断刷新着我们对稻作起源进程的认知。

首先，上山文化普遍发现了具有驯化特征的原始栽培稻证据，包括炭化稻米、小穗轴和水稻植硅体。最早是在浦江上山遗址，浮选出了上山文化时期的2粒炭化稻米，年代距今10000年前后，这是目前发现的年代最早、层位最清晰的炭化稻米，为探讨栽培稻的驯化过程和稻作农业的形成过程提供了珍贵的考古实物资料和重要的研究依据。[③]同时开展的对稻颖壳尺寸、小穗轴以及硅酸体形态的观察表明，上山遗址既有野生稻资源，也有一种类似于粳稻的原始栽培稻[④]，而

[①] 1928年，柴尔德（Gordon V. Childe）在《远古的东方》（*The Most Ancient East*）一书中首次指出了农作物的出现和动物的养殖是人类历史上的一次革命。在此书的1954年版中，柴尔德进一步阐述了"农业革命"学说："食物的生产，即有意地培育植物食品——尤其是谷类植物，以及驯化、养殖和选择动物，是一场经济革命，是人类学会用火之后的最伟大的一次革命。"

[②] 赵志军：《中国稻作农业起源研究的新认识》，《农业考古》2018年第4期。

[③] 赵志军、蒋乐平：《浙江浦江上山遗址浮选出土植物遗存分析》，《南方文物》2016年第3期。

[④] 郑云飞、蒋乐平：《上山遗址出土的古稻遗存及其意义》，《考古》2007年第9期。

且具有驯化特征的水稻扇形植硅体比例在上山文化长时段的发展中不断上升。①后续开展的对永康湖西遗址出土稻作遗存，特别是对小穗轴基盘形态的观察表明：当时的水稻栽培已历经野生稻生产的栽培初级阶段，进入了系统栽培阶段，并出现了亚种落粒性的分化②，即对具有栽培特征的粳稻持续强化利用。近几年，浙江省文物考古研究所发掘的义乌桥头、仙居下汤遗址，不仅浮选出数量丰富的炭化栽培稻米，而且具有驯化特征的稻属小穗轴比例普遍较高，意味着水稻的驯化过程可能在距今9000年前后的上山文化中期接近完成（图4至图6）。

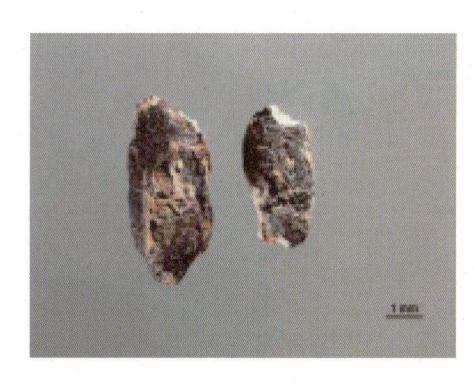

（a）上山遗址出土　　　　　　　（b）下汤遗址出土

图4　上山文化浮选出土的炭化稻米（来源：浙江省文物考古研究所）

---

① 邱秀佳、李泉、马志坤等：《浙江浦江上山遗址水稻扇形植硅体所反映的水稻驯化过程》，《第四纪研究》2014年第1期。
② 郑云飞、蒋乐平、Crawfordgw：《稻谷遗存落粒性变化与长江下游水稻起源和驯化》，《南方文物》2016年第3期。

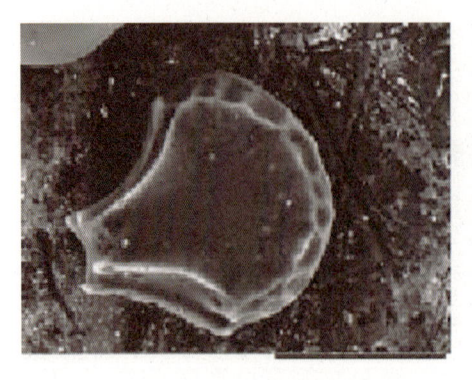

(a) 扇形水稻植硅体 　　　　　　　(b) 双峰型水稻植硅体

图5　上山文化具有驯化特征的扇形和双峰型水稻植硅体（来源：浙江省文物考古研究所）

(a) 稻壳印痕 　　　　　　　　　　(b) 炭化稻谷

图6　上山文化出土的水稻小穗轴（湖西遗址）（来源：浙江省文物考古研究所）

其次，上山文化普遍发现了与水稻耕作、收割、加工、利用相关的完整证据链。在稻作起源研究中，耕作是一个特定概念，专指人类为了有利于植物的生长而采取的各种各样的行为，耕作行为的出现是栽培稻驯化的前提，也是稻作农业形成的先决条件，据此可以将耕作行为的出现看作稻作农业的起始阶段（或称为稻作农业的孕育阶

段）①，形成于距今10000年前的上山文化正是这一起始阶段的开创者与先行者。研究者不仅发现了与原始栽培稻相关的实物证据，还发现了与稻作相关的生产、加工和消费的行为证据。这既包括以石片石器为代表的收割工具（类似石刀和石镰）②、以磨盘和磨石为代表的研磨加工工具③，还包括陶器胎土中羼合有大量未脱壳的稻粒、脱粒后的稻壳以及稻秆、稻叶。这些羼合料证据表明：上山文化可能已经出现了脱壳、舂米、干燥、储藏等一系列稻米加工技术和处理方法，水稻作为粮食之外的"物用"价值也得以充分发挥，特别是在义乌桥头的陶器中发现了以水稻、薏苡和块茎类植物为原料的酒精发酵饮品，充分体现了当时的先民对于水稻属性的全面认识和加工转换能力，这些水稻的利用事实比年代更早的洞穴遗址（如湖南道县玉蟾岩、江西万年仙人洞和吊桶环）更具有认知、行为、精神层面的飞跃性（见图7）。

最后，上山文化普遍发现了具有较为复杂形态的定居村落和较为稳定结构的生活居住空间，是人类从洞穴走向旷野、实现农业定居的"中华远古第一村"（严文明先生题词）。上山文化处在新石器时代早期晚段，同时也处于旧石器时代向新石器时代过渡的完成阶段，对这个时期的研究，在考古学上有专门的概念——"新石器革命"，即研究人类历史上的农业起源和定居的出现，以及制陶术、磨制石器的产生，这是柴尔德根据西亚地区的考古材料提出的理论。在东亚地区，上山文化是目前所知年代最早的已经出现村落定居的农业社会，而且

---

① 赵志军：《中国稻作农业起源研究的新认识》，《农业考古》2018年第4期。
② 王佳静、蒋乐平：《浙江浦江上山遗址打制石器微痕与残留物初步分析》，《南方文物》2016年第3期。
③ 尹承龙、杨玉璋：《浙江龙游荷花山遗址出土石器、陶器表面植物微体遗存研究》，《上山文化论集》（中），中国文史出版社2018年版，第112—123页。

图7 上山文化陶胎羼合料中的稻壳印痕及炭化稻谷（来源：浙江省文物考古研究所）

与稻作起源、制陶技术的出现和发展在时间和进程上保持一致，这有别于西亚地区定居先于农业、农业先于制陶的特点。也就是说，在从旧石器时代发展到新石器时代的过程中，上山文化代表了一种新的农业起源和定居模式，从这个意义上说，这也是上山文化独特性和创新性的表现，是其超出同时代文化的进步性的表现①。在浦江上山、嵊州小黄山、龙游荷花山、义乌桥头、仙居下汤、永康湖西等遗址中，考古人员普遍发现了文化堆积丰厚、延续时间长久、人工挖设壕沟且具有明显功能分区的聚落结构，这些正是上山文化先民对生活环境的改造能力、对空间资源的规划能力、对土地权属的支配能力的充分体现，同时也表达了他们从事农业经济活动和稳定定居生活的选择和坚持（见图8）。

---

①孙瀚龙：《上山文化：中华万年文明史上一颗璀璨的"启明星"》，《文汇报》2021年12月3日第12版。

图8 上山文化发现的墓葬——小黄山遗址（来源：浙江省文物考古研究所）

三、文明之基础：中国南方稻作文明的重要源头

上山文化所在的钱塘江流域率先在长江下游地区和中国东南沿海开启了新石器时代农业起源和文明化进程，由此诞生了以稻作生产为主导的生业模式，农业、定居与早期陶器在上山文化的初始阶段就已经高度融合，三者相互促进、协同发展，并随着上山文化的持续发展而同时进步。可以说，上山文化拉开了中国南方早期农业社会的序幕，长江下游地区稻作农业的持续发展和日渐成熟对中国南方稻作文明的形成起到了关键性的作用。

从目前的考古发现看，长江下游地区的农业经济属于典型的古代中国南方稻作农业经济，水稻是新石器时代农业生产中的唯一农作物品种。①上山文化所在的钱塘江流域是目前最早的稻作农业起源地，上山文化开启的稻作农耕文化传统，在它之后的跨湖桥文化、河姆渡—马家浜文化、崧泽文化、良渚文化中得以持续发展并达到新石器时代的顶峰。

尽管在跨湖桥文化、河姆渡文化时期，水稻的驯化率与上山文化相比并未呈现出持续上升的关联性，在食物资源利用和生业模式选择上，也表现出更为多元的特征，但稻作在农业经济中所占据的唯一性和主导性是基本未变的，这一生业传统一直延续到良渚文化时期。稻作农业的传统和稻作农业的精神根植于上山文化，与长江中游地区、淮河地区、汉水流域和黄河下游地区最终所呈现的"粟稻混作"的农业模式有着根本区别。

具体而言，距今约8000年的萧山跨湖桥遗址，出土了1000多粒稻谷、稻米、稻壳，还有十分丰富的稻植硅体遗存，水稻驯化特征持续增强。②距今约7000年的桐乡罗家角遗址③、余姚河姆渡遗址出土了大量的炭化稻米和稻谷、稻叶、稻秆堆积层，河姆渡遗址还发现了陶釜内壁烧结成块的"锅巴"残余以及194件骨耜农具④，特别是最近在余姚施岙遗址大面积水稻田的发掘，可以判定河姆渡文化时期已经具备了比较成熟的稻作农业体系，水稻已经成为经济生产中极为重要

---

① 赵志军：《新石器时代植物考古与农业起源研究》，《中国农史》2020年第3期。
② 《浦阳江流域考古报告之一：跨湖桥》，文物出版社2004年版，第273—277页。
③ 《浙江省文物考古所学刊》(1981年)，文物出版社1981年版，第20页。
④ 《河姆渡：新石器时代遗址考古发掘报告》，文物出版社2003年版，第371—374页。

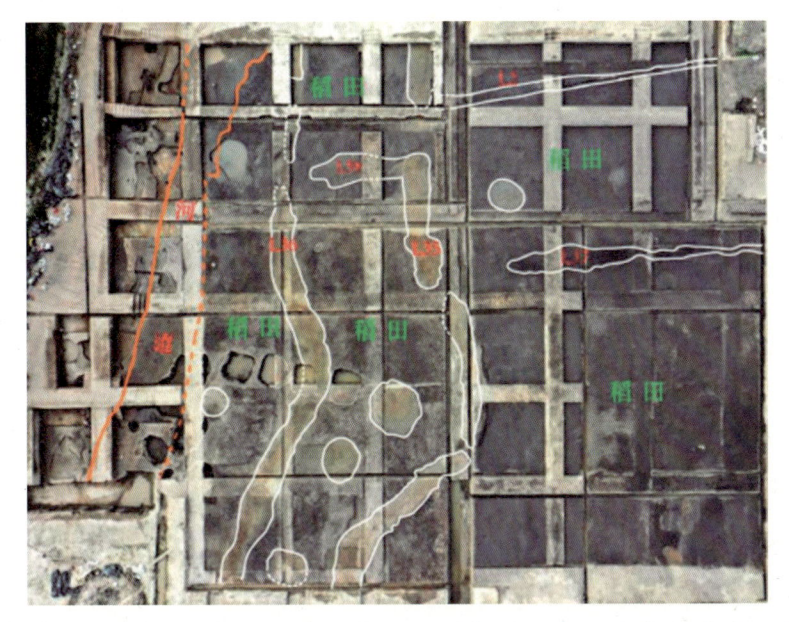

图9 河姆渡文化时期施岙遗址水稻田（来源：浙江省文物考古研究所）

的组成部分（见图9）。①

与河姆渡文化同时期的马家浜文化也不例外，对于稻作农业的选择和坚持同样坚定。在江苏高邮龙虬庄遗址，距今7000—5500年前的连续文化堆积中发现了上千粒炭化栽培稻遗存②，在苏州草鞋山遗址发现了44块小块稻田以及水井、水口等灌溉设施③，在昆山绰墩遗址发现了64块水稻田及灌溉设施，并从编号S27的稻田中浮选出200多粒栽培稻，稻田的发现是稻作农业生产的最直接证据。④

---

① 施岙遗址古稻田发现了目前世界上保存面积最大、年代最早、文化系列最完整、证据最充分的稻作农耕遗迹。钻探调查发现，发掘区周围古稻田总面积达90万平方米左右。参见王永磊等：《独木古舟阡陌纵横：浙江余姚施岙遗址发现古稻田展现史前稻作风貌》，《中国文物报》2022年4月22日第7版。
② 《龙虬庄：江淮东部新石器时代遗址发掘报告》，科学出版社1999年版，第440—448页。
③ 谷建祥、邹厚本：《对草鞋山遗址马家浜文化时期稻作农业的初步认识》，《东南文化》1998年第3期。
④ 丁金龙：《长江下游新石器时代水稻田与稻作农业的起源》，《东南文化》2004年第2期。

距今5300年前后的良渚文化时期，稻作农业已经发展到成熟阶段，并在整个环太湖地区全面铺开。良渚文化不仅是稻作农业社会最终建立的标志，也是中华文明起始的象征。特别是在杭州良渚古城遗址，稻作生产支撑起了整个王国的经济基础，在莫角山宫殿东坡发现了约8.16亿粒炭化稻米［见图10（a）］，合计约1.2万千克；在池中寺遗址发现的"皇家"粮仓，出土了约20万千克的炭化稻谷①［见图10（b）］。尽管目前尚未在古城内部发现大面积的水稻田遗迹，但在距离不远的临平茅山遗址发现了良渚文化晚期的"井"字形水稻田和田埂，经过测算，茅山水稻田的平均产量可达141千克/亩（1亩≈666.67平方米）②，有理由推测在古城之外存在多个水稻生产和粮食供给中心（见图11）。

(a) 莫角山遗址　　　　　(b) 池中寺遗址

图10　良渚古城出土炭化稻米及稻谷堆积层（来源：浙江省文物考古研究所）

---

① 姬翔、宋姝、武欣：《良渚文明丛书物华天宝：良渚古环境与动植物》，浙江大学出版社2019年版，第130—139页。
② 郑云飞、陈旭高、丁品：《浙江余杭茅山遗址古稻田耕作遗迹研究》，《第四纪研究》2014年第1期。

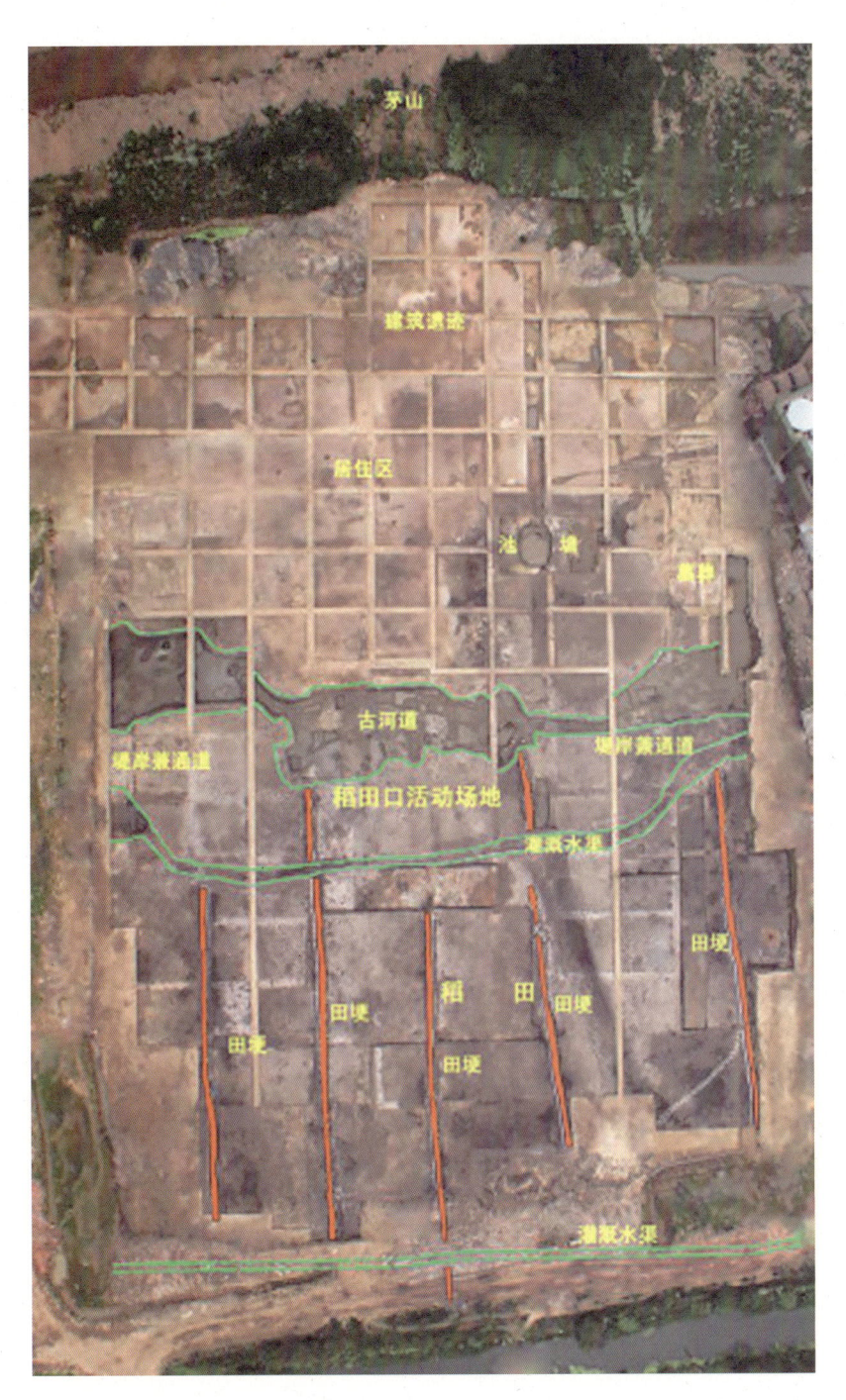

图11 良渚文化晚期茅山遗址水稻田（来源：浙江省文物考古研究所）

综上，从长江下游区域文明出现和形成过程的角度来看，稻作农业都发挥了不可替代的重要作用，列举上述事实并非单线式梳理稻作农业在长江下游的发展过程，也并非论述上山文化稻作起源的唯一性，只是试图说明：稻作农业模式的最早源头是钱塘江流域的上山文化，且由此所形成的区域经济的稳定结构也为上山文化奠定了基础。

而长江下游则与长江中游、淮河流域等地区保持着密切的文化交流和相互影响，由此构筑起中国南方新石器时代的文化基础和历史格局；同时"稻作北传"的过程，将长江流域与黄河流域从经济生产和物质基础的角度联系得更加紧密，实际上延伸了"稻作文化"的广度和深度，并在史前中国的文明化进程中发挥了不可替代的重要作用，而上山文化正好是这个稻作之源的起点，稻作则正好是这个文明之源的根基。

四、上山文化：作为世界文化遗产的重要价值

上山文化，不论是作为世界最早的稻作农业起源地在"新石器革命"这个关键历史进程中，还是在奠定中国南方稻作文明的物质基础以及推动与中国北方粟（黍）作文明的交流互动中，都具有不可替代的历史意义和地位。作为世界文化遗产来讨论和研究，它的重要价值体现在以下几方面。

首先，目前已经发现的上山文化21处遗址，集中分布在以金衢盆地为中心的钱塘江流域，并扩散至曹娥江、灵江以及浙东近海地带，是一个高度统一的有机整体，不仅在年代上有早晚和演变关系，而且在空间上显示出从山地走向海洋的历史趋势和迁徙路线。其中浦江上山、嵊州小黄山、龙游荷花山、义乌桥头、仙居下汤、永康湖西遗址代表了上山文化不同时期的区域中心，它们作为较大型的中心遗址在

一定地域范围内辐射和影响着周边的小型遗址和人群，这充分显示了上山文化时期已经具备初步复杂的聚落等级、社会形态、管理体制和社群网络，各遗址在文化风格统一之下具有典型性和特殊性，在价值内涵上又能相互补充和相互印证，共同构成了上山文化独特的物质文化和精神内涵：集稻作生产、聚落定居、陶石器加工、纪念性仪式、彩陶与原始自然崇拜等于一体的，并具有变革性和里程碑意义的初级农业社会。

其次，上山文化处于旧石器时代向新石器时代过渡的关键阶段，它开创了以栽培、利用水稻为新特征的食物生产和生业模式，人类由此开始从单纯的采食经济转变为稻作经济，并在持续的发展过程中强化这一模式，最终在数百年的时间里完成了对水稻的驯化，创造了在低湿地环境中对农作物的培育，显现了对自然环境和植物习性的认知能力和改造能力，这一过程比西亚地区麦类作物长达1000多年的驯化过程要更为快速和明显。

同时，与稻作农业相伴生的定居行为表现出较为成熟的形态，上山文化发现了环壕聚落、房屋建筑、墓葬与器物祭祀坑、石器制造场、仪式广场等，这与已发现的中国北方新石器时代早期较为简单的旷野型遗址和岭南地区普遍流行的洞穴、岩厦遗址不同，体现了上山先民较为稳定的定居状态和对生活居住区的整体规划和空间利用能力。与定居相适应的早期陶石器技术，也体现了与稻作生产方式的密切联系，磨石、磨棒作为脱壳研磨工具，石片石器作为收割工具都与水稻的加工食用有关，陶器胎土中大量使用稻壳、稻秆和稻叶作为羼合料，陶器中发现植物发酵的酿酒证据以及装饰于陶器表面的彩陶图像，都从不同方面表现了对水稻的综合利用以及建立在稻作农业基础之上的精神信仰和思想体系。

最后，上山文化所孕育的稻作文化和稻作文明模式具有世界史和全球史的典范意义。以上山文化为最早源头的稻作经济不仅为中国南方稻作文明的形成奠定了坚实的物质基础，并在与中国北方粟作文明的交流互动中共同缔造了古老悠久的中华文明。从更大的时空范围和历史进程来看，稻作起源和传播的意义深刻影响了整个东亚、东南亚和太平洋岛群。[1]毫不夸张地说，这条稻米之路和农业扩散之路描绘了人类早期全球化历史的生动图景。

然而，现有的《世界遗产名录》中直接涉及农业起源和农业化进程关键时期的重要遗址只有3处：非洲加蓬的洛佩·奥坎达生态系统与文化遗迹景观；巴布亚新几内亚的库克早期农业遗址；墨西哥瓦哈卡州中央谷地的亚古尔与米特拉史前洞穴，它们分别与芋头、薯蓣（山药）、芭蕉；香蕉、芋头、番薯；玉米、南瓜、葫芦、豆类的栽培有关。水稻作为全球最重要的粮食资源，关于其起源地的遗产价值更为重大。

上山文化是目前发现的最早的稻作农业起源地，年代早、规模大、发展程度高，为钱塘江和太湖流域文明的形成发展积淀了深厚的文化基因和物质基础，其塑造的稻作农业传统完整清晰地展现了人类对于低湿地环境的开发利用和适应生存能力，也全方位、全要素地展示了人类从狩猎采集走向农业定居的发展模式，体现了与其他主要农业起源地的差异性特征。毫不夸张地说，稻作的出现和成熟对中华文明的形成和发展产生了巨大的影响，对东亚、东南亚和太平洋稻作农

---

[1] [澳]彼得·贝尔伍：《最早的农人：农业社会的起源》，陈洪波、谢光茂等译，上海古籍出版社2020年版，第146—191页。

业圈和文化圈的形成、扩散具有决定性意义。上山文化作为这一伟大历史进程的重要起点,理应被列入《世界遗产名录》,为世人所知晓。

(原文刊于《自然与文化遗产研究》2022年第6期)

《铅差日记》所见黔铅的长江航运

唐春生[1]

一、引言

王柏心在《征帆集》的序言中说："国家岁采铜铅，供铸泉币，其转输至都下者，皆滇黔上计吏赍之以行。"[2]所谓上计吏，即府县一级的基层行政官员。对于铅运官，有人发出"在官如在狱"[3]的感叹。做过大定知府的长沙人周有声说："黔中丞倅牧令，岁必有数人领运京铅至纳溪，即入大江，行者多惮其险。余分守黔中数年，每掣签不与，故独免此役。"[4]这一苦差，人们是以抽签抓阄的方式来决定的，周有声庆幸自己从没被抽中。

铅船京运，"涉江河滩峡"[5]，"计涂（途）万有余里"[6]，运官们"穷年累月，踡蹐于蓬舱咫尺之中"，"料理舟中盐米琐屑事"之余，读书、写作是为数不多的消遣方式，旅行使他们目不谋"大宪矜严之

---

[1] 唐春生，重庆师范大学历史与社会学院教授。
[2] 陈熙晋：《征帆集》，上海古籍出版社2013年版，序言。
[3] 赵亨钤著，祝童校注：《铅差日记》，贵州人民出版社2019年版，第41页。
[4] 邓显鹤：《沅湘耆旧集4》卷120，周有声《自成都舟行，至纳溪登陆……》，岳麓书社2007年版，第784页。《宣宗实录》卷242也载："黔省运船担险多劳，人皆视为畏途，故拣择勤慎之员当堂掣签派委，但视其人之能否胜任，并不问其缺之美恶，即候补人员亦可掣委。"
[5] 赵亨钤著，祝童校注：《铅差日记》，贵州人民出版社2019年版，第11页。
[6] 陈熙晋：《征帆集》，上海古籍出版社2013年版，序言。

色"，耳不闻"寅僚寒暄之声"，暂时远离官场，深入社会，故赋诗作文能取材生活、反映民生，又因京运路线"走三峡，入汉沔，涉长江，迂回运河"①，打破了地域局限，使其见闻超出任所，不囿于一地。

清代铜铅京运的研究，学界业已取得许多成果。代表性的成果有马琦先生的《清中期的铜铅运销与币材供给》②《清代黔铅京运研究》③《清代黔铅运输路线考》④，以及蓝勇教授的《清代滇铜京运对沿途的影响研究——兼论明清时期中国西南资源东运工程》⑤《清代滇铜京运路线考释》⑥《清代京运铜铅打捞与水摸研究》⑦等。其中，马琦先生的《清中期的铜铅运销与币材供给》，阐明了清中期铜铅运销体系和币材供给格局的形成经过，《清代黔铅京运研究》则从京运缘起、制度设计、路线规划、意义影响等方面着手，全面探究了黔铅京运工程，揭示了黔铅京运对清代经济、贵州区域发展产生的影响；蓝勇教授的《清代京运铜铅打捞与水摸研究》，利用多种官方档案，如《清代巴县档案》《清实录》《内阁大库档案》，佐以《运铜纪程》《蛉石斋诗钞》等运官诗文，论证了京运中沉溺铜铅的打捞，受制于生产力、社会积弊，制度设计和实际运行存在巨大差距，并分析了"水摸"群体的职业特征与社会属性，他在文中指出：京运沉溺铜铅打捞的制度设计相对完善，船只失事，依据滩涂难险程度，制订了不

---

① 赵亨钤著，祝童校注：《铅差日记》，贵州人民出版社2019年版，第11、62、16、14页。
② 马琦：《清中期的铜铅运销与币材供给》，《中国经济史研究》2018年第6期。
③ 马琦：《清代黔铅京运研究》，《中国历史地理论丛》2014年第3期。
④ 马琦：《清代黔铅运输路线考》，《中国社会经济史研究》2010年第4期。
⑤ 蓝勇：《清代滇铜京运对沿途的影响研究——兼论明清时期中国西南资源东运工程》，《清华大学学报》（哲学社会科学版）2006年第4期。
⑥ 蓝勇：《清代滇铜京运路线考释》，《历史研究》2006年第3期。
⑦ 蓝勇：《清代京运铜铅打捞与水摸研究》，《中国史研究》2016年第2期。

同的赔付办法。如果铜铅沉失，对运官的处罚也会非常严厉，但由于地方官与运员利益一致，常为沉溺铜铅事件开脱，故实际施行效果并不理想。"水摸"的违规犯法也影响京运质量，他们是长江沿岸的专职打捞人，多从熟悉水性的船夫中选出，因职业的纯商业化性质，有时也勾结船户、水手，人为凿沉京运船只，偷盗铜铅。

另有学者如梁晓强、张建明，考索了铜铅的厂运、店运路线和用时。梁晓强的《清代滇铜京运店运路线》[1]《清代滇铜京运厂运路线》[2]两文，爬梳史料，理清了滇铜由出产地，运至各铜店，再至泸州总店的全过程；张建明的《从〈运铜纪程〉看清代滇铜京运的用时》，通过研究黎恂的《运铜纪程》中时间、线路的记录，得出结论："运员限期虽稍显严苛，但只要按照京运线路规范行进，节省用时，还是有希望在限期内完成铜斤运送的。"[3]

此外，京运船队与沿途地方社会的互动，也得到了人们的广泛关注。吴海波的《清代铜铅京运与私盐》[4]，探讨了京运船员跨境贩卖私盐的危害，以及沿途地方政府打击京运船员贩私的措施；黄敏春的《清代滇铜滇钱过境运输与广西地方社会研究》[5]，论述了滇铜、滇钱过境对广西地方社会发展的影响，为京运研究拓展了思路。

运官是铜铅京运的执行者，部分人创作了大量诗文，记录了途中的见闻、感受。以往学界对运官诗文的研究不足，其所作的有关长江、三峡航运的诗文，未得到充分发掘，艾俊川先生填补了空白，其

---

[1] 梁晓强：《清代滇铜京运店运路线》，《曲靖师范学院学报》2016年第2期。
[2] 梁晓强：《清代滇铜京运厂运路线》，《曲靖师范学院学报》2015年第1期。
[3] 张建明：《从〈运铜纪程〉看清代滇铜京运的用时》，《曲靖师范学院学报》2020年第4期。
[4] 吴海波：《清代铜铅京运与私盐》，《中国盐文化》（第8辑），中国经济出版社2015年版。
[5] 黄敏春：《清代滇铜滇钱过境运输与广西地方社会研究》，硕士学位论文，广西师范大学，2018年。

《从运官诗看清代贵州的铅运》①一文，主要利用俞汝本的《北征诗钞》和陈熙晋的《征帆集》，兼用官方文献，相互参证，致力于描摹清代贵州铅运的真实情形，以补官方记载之不足。其实，清代赵亨钤撰的《铅差日记》两卷，记铅运事务、见闻尤详。赵氏是河北易州人，为贵州古州（贵州榕江）同知，并于道光二十三年（1843）至二十四年（1844）任上被派往运铅，返黔后不久卒于古州同知任上。本文拟考察《铅差日记》，并辅以《征帆集》等诗文材料和清代官方文献，从运官的视角来分析经行长江上的铅运状况。

二、京铅船运货物的总量及运输起点

清代贵州产铅最盛，产地分布较广。《滇黔志略》说："黑铅、白铅，俱出威宁各厂。毕节亦有黑铅厂。遵义府亦有白铅厂。都匀府治东冲，有白、黑二种。南笼府属丁头山，亦有黑铅厂。"所以，谢圣纶称："黔中产铅最富，岁运京局数百万以资鼓铸，与滇南铜厂均为国计民生所利赖。"②

朝廷用贵州铅货以铸钱币的总额不是恒定的，在逐渐增加。《钦定大清会典事例》载：自雍正十三年（1735）开始，京局鼓铸钱币，每年额办铅3660000余斤。乾隆二十七年（1762），贵州省解送之白铅为4241914斤。从乾隆三十年（1765）开始，白铅又额外增加150000斤。③成书于乾隆三十一年（1766）的《钦定户部鼓铸则例》中记载贵州省每年办解京局正额白铅4391914斤④，与乾隆三十年（1765）的

---

① 艾俊川：《从运官诗看清代贵州的铅运》，《中国钱币论文集》（第五辑），中国金融出版社2010年版，第257—268页。
② （清）谢圣纶辑：《滇黔志略》卷24《贵州·物产》，贵州人民出版社2008年版，第316页。
③ 《钦定大清会典事例》卷216《户部·钱法》，新文丰出版公司1976年版，第7961—7963页。
④ 《钦定户部鼓铸则例》，海南出版社2000年版，第45页。

定额相吻合。贵州产的黑铅也有解送至京局的。上文说雍正十二年（1734）规定的"每年额办"之铅3660000余斤是否包括了黑铅，文献语焉不详。自乾隆五年（1740）起，朝廷明令贵州于省内采购黑铅500000斤。乾隆七年（1742），又令贵州每年加运黑铅200571斤。至乾隆十四年（1749），因贵州黑铅出产稀少，每年解运的京铅700571斤改由湖南承办。乾隆二十九年（1764），因湖南郴州铅厂封闭，所输京局的黑铅，贵州省要分担350285.5斤。至乾隆四十一年（1776），又因贵州出产黑铅有限，朝廷所需的黑铅350000余斤复改由湖南完成。至乾隆四十九年（1784），令湖南、贵州两省各自承运一半的黑铅任务。乾隆末年，改用红铜、白铅配铸钱币，一度停用黑铅。至嘉庆四年（1799），朝廷改以红铜、白铅、黑铅配铸钱币，又令贵州解送黑铅730000余斤。[①]

赵亨钤道光二十四年（1844）十一月赴工部交兑营操黑铅7500斤，赴宝源局交兑白铅362978.8斤，至宝泉局交兑白铅73.5万斤[②]，共计110余万斤。如果一年按四运计，会有400多万斤铅运抵京城。王庆云作于道光末年、咸丰初的《石渠余纪》说："（乾隆）十年黔铅岁产至一千四百余万斤，是为白铅之极旺。二十七年定白铅岁额四百二十四万。再逾年增十有五万。今则例岁额四百三十九万余斤是也。"白铅岁额与赵亨钤那个时代运往朝廷的白铅并无不同，而黑铅岁额为47万斤。[③]

这数百万的铅，分上、下、正、副运次（即四次）运往京城。贝

[①]《钦定大清会典事例》，卷216《户部·钱法》，新文丰出版公司1976年版，第7962—7965页。
[②] 赵亨钤著，祝童校注：《铅差日记》卷下，贵州人民出版社2019年版，第190—191页。
[③]（清）王庆云：《石渠余纪》卷五，北京古籍出版社1985年版，第223页。此书当作于道光二十八年（1848）二月至咸丰元年闰八月间，参见任智勇：《〈石渠余纪〉版本源流考》，《近代史研究》2018年第6期。

青乔的《运铅船》也证实了一年四运，诗云："一年四运有成例，前运后运迭相继。"①《大清会典（乾隆朝）》中载有上运起自四月，至十月抵京；下运自十月至次年三月抵京。②《钦定户部鼓铸则例》则记上运始于当年二月，自重庆出发，限十月内到达京城，下运则在当年八月自重庆开行，第二年四月到京城。③

将贵州产的铅运至长江干道，第一条线路是，"陆运至永宁下船，运到泸州"④。陆运主要是靠人的肩挑背扛，也就是所谓的"民夫负铅至永宁官局"⑤。《高宗实录》也称自贵州的威宁至四川的永宁共500余里，设十三个站点，负责铅运事宜。⑥

另一条线路则是，先将铅经赤水河运至泸州，再转运至重庆。乾隆《毕节县志》载：白铅"自厂起运，由赤水渔塘河转运至重庆府，兑交委员接收，镕化运赴京局供铸"⑦。同治、光绪本《毕节县志》也有类似记载。吴培《赤水考》中载："赤水往时舟楫，仅至厅城（笔者注：今赤水市），间通猿猴。乾隆十年，贵州总督张广泗因滇黔铜铅由陆路转输，费用浩繁，且黔不产盐，须从川运至猿猴转贩，奏请帑金三万八千四十二两有奇，疏开河道上下游六十八滩。"⑧赤水河道整治后，自乾隆十一年（1746）至十四年（1749）三月底，运铅347万斤。但这一运输线路，"极险之处，须行盘运。次险乃不险之地，仍用舟载"，运输速度并不快，且易"失事"。此外，费用上，铅

---

① 《贝青乔集》，上海古籍出版社2013年版，第116页。
② （清）允裪等纂，李春交校点：《大清会典（乾隆朝）》卷14《户部》，凤凰出版社2018年版，第83页。
③ 《钦定户部鼓铸则例》，海南出版社2000年版，第45页。
④ 光绪《增修仁怀厅志》，中国文化出版社2015年版，第24页。
⑤ 赵亨钤著，祝童校注：《铅差日记》卷上，贵州人民出版社2019年版，第20页。
⑥ 《高宗实录》卷225，中华书局1986年版，第905页。
⑦ 《毕节县志》（乾隆同治光绪校注本），方志出版社2017年版，第70页。
⑧ 光绪《增修仁怀厅志》卷1，中国文化出版社2015年版，第24页。

每百斤省银二钱一厘四毫①,文献记载"京铅官为试运,节省无多"②,所以后来赤水河运输的线路实际上没再发挥作用。

至于大宗铅起运的地点,一是重庆。从陈熙晋的《征帆集》所反映的情况看,他是从贵阳出发,过贵州的黔西州、毕节县、赤水河和四川的叙永、纳溪,然后经长江、过泸州到重庆。他在重庆作的《造船行》中有"牂牁长官来贡铅,铅堆百万高于屋",说明奉命运送大宗铅物的任务确始于重庆。③《清实录》所载也证实了这一说法,乾隆八年(1743)户部议复贵州总督兼巡抚张广泗的奏请提到:"黔省起运,俱于重庆雇觅大船,载至汉口更换。"④乾隆五十七年(1792)户部奏:"贵州运京铅觔,向来运员在厂领运,每毛铅百觔,至四川重庆,始行募工镕净解京。"⑤

大宗铅货也有由泸州起运赴京的。嘉庆九年(1804),曾任大定知府的周有声说:"黔中厂铅,由毕节运至永宁存贮。岁以簿尉一人典司之。"他又提到先前运官在永宁(今四川叙永境)办理铅的受兑(交接手续),再由小溪(指纳溪)中转运经长江至泸州的大船上。由于溪水涨涸不定,时常误事,周氏建议趁溪水上涨时,尽快起运铅货至泸州,并在此受兑。这一方法得到了运铅官员的采纳。⑥《钦定大清会典事例》中对趁盛夏溪水流量较大时赶运的铅斤有一规定,以200万斤为宜。⑦泸州成为黔铅的集散地,并最终由此地起运赴京。清代巴县档案也证实了这一点。巴县档案载道光四年(1824)袁继沛禀

---

① 光绪《增修仁怀厅志》卷7,中国文化出版社2015年版,第334页。
② 光绪《增修仁怀厅志》卷1,中国文化出版社2015年版,第24页。
③ 陈熙晋:《征帆集》卷1,上海古籍出版社2013年版,第22页。
④ 《高宗实录》卷185,中华书局1986年版,第387页。
⑤ 《高宗实录》卷1416,中华书局1986年版,第1054页。
⑥ 邓显鹤:《沅湘耆旧集4》,岳麓书社2007年版,第784页。
⑦ 《钦定大清会典事例》,卷216《户部·钱法》,新文丰出版公司1976年版,第7965页。

状:"章主在泸雇民打造大帮杂木中船三十只,脚划三十只,兵牌一只,快划二只,装白铅一百五十万斤运汉销售。"①如果说这里讲的还不是京铅运输的事,道光十九年(1839)十月,督运京铅委员程图南就说得再清楚不过了:"凡有铜铅船只,向由泸州运渝停泊,雇募水手推运入楚。"②赵亨钤的《铅差日记》载其道光二十三年(1843)下半年负责铅运就是从泸州始发的。道光二十四年(1844),做过大定知府的黄宅中也说:"黔铅到泸州,买舟募蜀贾。"③即京铅汇聚至泸州后,再出资由当地人造船起运。

三、铅运船队的规模

京铅的长江航运,首先要解决的是交通工具——木船。木船有时是租用的。如乾隆四十四年(1779)九月贵州直隶州庄熊芝督运京铅过境重庆时,就是租借船户何荣升的夹舟秋16只。④乾隆五十三年(1788)三月,铅运过境重庆的贵州人霍敏向重庆府呈报其船队共有19只船,应该也是租用的;有意思的是,自船户至各船的头工,都是湖北归州人。⑤至道光年间,每次运铅所用船只的数量增加了不少。道光十八年(1838),贵州贞丰州知州德亨在谈到转运京铅时说:"惟旧章由重庆至汉,每起用中船二十四只,脚划船二十四只,兵牌船一只,快划船二只。"⑥大小船共51只。这一时期,运官开始雇工造船。《铅差日记》载赵亨钤道光二十三年(1843)八月初九开始在泸州

---

① 《清代乾嘉道巴县档案选编》(上册),四川大学出版社1989年版,第435页。
② 《清代乾嘉道巴县档案选编》(上册),四川大学出版社1989年版,第440页。
③ 黄宅中:《水西谣》,民国《大定县志》卷21,贵州省大方县县志编纂委员办公室重印,1985年,第571页。
④ 《清代巴县档案汇编》(乾隆卷),档案出版社1991年版,第357页。
⑤ 《清代巴县档案汇编》(乾隆卷),档案出版社1991年版,第361—363页。
⑥ 《清代乾嘉道巴县档案选编》(上册),四川大学出版社1989年版,第440页。

"看造船铁器物料",筹画造船,一个月后的九月十三"造船完工"。至九月二十七日,赵氏查点船只,计大船8只、中船14只、兵牌船1只、快船2只、小划船22只①,大小船共47只,装运铅货21732块,共计1019000斤。②赵氏在泸州打造船只的速度,其效率比起在重庆造船的陈熙晋来要高很多。陈氏作《造船行》说:

> 朝造船,夕造船,牂牁长官来贡铅。铅堆百万高于屋,文书火速心茫然。我从七月来蜀道,渝州三阅蟾亏圆。江船戢沓招不得,空羡瞿塘估客日日风帆悬。船户虎逐逐,厂户蚁蠕蠕。大船中船各十二,一一议价次第编。取材如山斤斧集,沙嘴一呼人工千。肉如林,酒如川,醉饱无赖横索钱。巴山十日九日雨,使我肠断两眼穿。嗟哉!船尚未沾尺寸水,坐令万金销铄随秋烟!

陈熙晋称"渝州三阅蟾亏圆",表明造船耗时三个来月。船的造价、工钱,都要与造船方一一讨价还价。"取材如山斤斧集,沙嘴一呼人工千",可见造船的盛大场面。造船时得好酒好菜招待工人,即便如此,也还被他们"横索钱"。更要命的是其时的多雨耽误了工期。陈氏所打造的大中船是24只。贝青乔的《运铅船》也说"给发运银万八千,制造运船二十四"③,可见运铅船队的标配是24只船。上述赵亨钤的47只船,其规模显然要大得多。

至于随船人员的规模,则需要上千人。陈熙晋的《桡夫曲》中有

---

① 赵亨钤著,祝童校注:《铅差日记》卷上,第26、36、38页。这一数据,比最终在北京交付的要少七八十万斤。
② 其中一船是赵氏雇来厝置其病逝于泸州的小妾的,随船队回其老家安葬。
③ 《运铅船》,载《贝青乔集》,上海古籍出版社2013年版,第117页。

"千人腾踏喊邪许"①，赵亨钤的《铅差日记》中也明确说"照料千余名水手"。这千余名水手，须具备一定川江航行经验，要在短时间内招录备齐并不容易，赵亨钤感慨："重庆栖迟久，千夫凑集难。会须乌合众，排作雁行看。"《铅差日记》说到了每船的具体人数："大船八只，每船水手六十名；中船十四只，每向水手四十名；并差役、家丁，快船、兵牌船、划船各二三人不等。总计全帮千二百人有奇"②，队伍庞大，阵容壮观。

船上作业人员，人数最多的是水手。此外，还有地位最高的头工、舵工和经工。《铅差日记》载头工、舵工的职能及其待遇说："头工者，船头掌篙者也；舵工者，船后掌舵者也。舟中此二人最紧要，工价亦十倍于水手。"舵工又叫太公，也就是所谓的长年三老，"每行船。太公升柁楼，唱巴渝歌，众和之"③。头工、舵工虽然所获工钱较多，但责任也大。赵亨钤一行在经过折尾子滩时，"第八号大船，几乎收拢不住"，虽没有酿成大祸，赵氏还是"重责头工、舵工"二人。至于经工，"专管造船、监工、行船、收敛篙桨，并约束水手之不循规矩者"，其地位为"一舟中之当家人"。④据赵永康先生研究，经工相当于"经理"，负责货船上诸日常事务的管理。⑤赵亨钤的《开船行》说："舵工捩舵如捩机，头工撑篙如撑弩。经工高踞大船巅，顾盼全帮畏龃龉。其余水手听指挥，凛若群奴奉其主"⑥，道出了舵工、头工、经工各自职能的不同。

---

① 陈熙晋：《征帆集》卷2，上海古籍出版社2013年版，第2页。
② 赵亨钤著，祝童校注：《铅差日记》卷上，贵州人民出版社2019年版，分见第53、50、42页。
③ 方象瑛：《使蜀日记》，《巴蜀珍稀交通文献汇刊》，时代出版社2016年版，第405页。
④ 赵亨钤著，祝童校注：《铅差日记》卷上，贵州人民出版社2019年版，第41页。
⑤（清）黎恂著，王槐校注：《〈运铜纪程〉校注》，西南交通大学出版社2017年版，第47页。
⑥ 赵亨钤著，祝童校注：《铅差日记》卷上，贵州人民出版社2019年版，第42页。

头工、舵工这些技术性较强的船工，虽然"谙习水路"，但他们也只是熟悉部分江段，如赵亨钤道光二十三年（1843）十月初五所记的头工、舵工就只熟悉由泸州到重庆的水路，再往前走就"一步不能行"。赵亨钤的船队，"舟至重庆，则泸州之头工、舵工、水手千余人如鸟兽散矣"①，因此由重庆再往前行就必须另选人手。

　　铅运船队到了湖北境内后，其规模就大幅变小了。陈熙晋的《卖船作》中载："蜀船二十四，楚船进十二。轻装患滩险，重载趁风利。"②长江上游多险滩，船只不能太大，载荷也不能过重，当然就需较多的船只。出三峡后，可用大船装载，船数自然减少，所以陈熙晋说用楚船12只就可以了。赵亨钤也说船行至宜昌后，可用篷锚了（此前不用），借助风力，水手就要减半。头工、舵工也要换人，赵氏说："先所用皆不能前进，迁地弗良，信然。"③到汉口后，由此地至天津，赵氏船队由原来的22只船减少至11只，"仗风力"行船，人数也减少至99人，每船载铅100500斤。④此前的水手也不再续用，得重新招用。道光二十四年（1844）正月十八袁姓船户代赵亨钤招录了部分水手，二十七又招录了部分水手。水手绝大多数为就业于汉阳的湖北人，因此船队的"管事人"也改用汉阳人⑤。从《铅差日记》后面的记载来看，袁船户等少数原有人员仍然保留了下来。

　　有时，根据具体情况，又临时增加人手。如进入扬州运河段，赵亨钤的船队于道光二十四年（1844）五月初三增"添纤夫，各船二十

---

① 赵亨钤著，祝童校注：《铅差日记》卷上，贵州人民出版社2019年版，第41、44页。
② 陈熙晋：《征帆集》卷3，上海古籍出版社2013年，第11页。
③ 赵亨钤著，祝童校注：《铅差日记》卷上，贵州人民出版社2019年版，第78页。
④ 赵亨钤著，祝童校注：《铅差日记》卷上，贵州人民出版社2019年版，第94页。《钦定户部则例》："自重庆至宜昌，寸节皆滩，每夹鳅船一只酌装铜铅五万斤，一入长江，并无险滩，到楚换载以七万斤为限。"赵氏船队每船装载量已超出七万斤限额。
⑤ 赵亨钤著，祝童校注：《铅差日记》卷上，贵州人民出版社2019年版，第91、93、94页。

名";五月初八,"湖北粮船相距二里许。恐水手拥挤,添短纤一百一十名,急挽向前,以免滋扰"①。

四、船队的安全管理与人事管理

运铅航行中,督押的官员其实是整个船队的指挥官。俞汝本有诗曰:"我是紫泉新刺史,舵楼今悉树蝥弧。"船队树旗,一切得听令于他。开船时,有责任心的运官还要殿后指挥,赵亨钤有诗曰:"一官张盖殿其后,督运旗牌树三五";赵亨钤过松滋后,兴奋地作诗道:"行止篙师休问我,我今真作信天翁。"②这些都表明他在船行过程中是有一定权威的。

1. 压滩与坐船头:保证航行安全

巴县至长寿间有一滩叫养蚕堆,诗人张问陶作诗描述过其险状:"养蚕堆,可怜颜色如死灰。江心扼水令水怒,能挽奔流使回住,万年长作江之蠹。"③道光二十三年(1843)十一月十一,赵亨钤为保证船队顺利通过养蚕堆,他"坐小舟压滩"。何谓压滩?就是船行险滩时,官坐岸上,指挥船队"陆续前进,使水手加力小心,曲顺急溜",不致触石坏船。赵氏作有《压滩诗》:

舟过养蚕堆,水势渐逼狭。急溜触危石,横亘如放闸。官乃肃衣冠,乘舟小如叶。据岸坐胡床,来舟束如劫。努力一鸣钲,危樯百夫挟。拗舟如拗铁,屈之使之贴。前舟转眼过,后舟竞相接。兵役皆健儿,肃然颜色怯。须臾仆数完,平安如奏捷。④

---

① 赵亨钤著,祝童校注:《铅差日记》卷下,贵州人民出版社2019年版,第133页。
② 赵亨钤著,祝童校注:《铅差日记》卷上,贵州人民出版社2019年版,第42、82页。
③ 张问陶:《船山诗草》卷8,中华书局2000年版,第197页。
④ 赵亨钤著,祝童校注:《铅差日记》卷上,贵州人民出版社2019年版,第54页。

过滩时，击打叫人鼓劲、小心航行的乐器，船员奋力稳住船只安全向前，其惊险场面就连随船的兵卒也紧张失色。同年十一月十五日，经过砦尾子滩时，赵亨钤也乘小舟前往压滩。十六日，经过云阳东洋子滩时，他前往压滩，时值风暴大作，急令前后船拢岸，停止过滩；过庙矶子滩也压过滩。①过新滩时，赵氏乘小舟实地察看，也可视作压滩，所见情形："雪浪如山，高三丈，人力不能□。怅望移时，事已至此，畏缩无益，除饬船户小心办理之外，更无他术也。"过空舱峡时，赵氏也坐岸上压滩。②过宜昌后，江面宽阔，舟行可用篷锚，无须过峡压滩了。③赵亨钤曾以诗总结过滩的心得，其《慈庄滩过滩》云："我乃约束众舟子，一一徐来不须怖。滩急吾缓避锋芒，滩狭吾安宽进步。过滩绝不与滩争，滩奈吾何一笑付。"④

2. 了解同行铅运船的相关情况：做到心中有数

此举不止是联谊的行为，更重要的是交流铅运航船的经验。赵亨钤船过新滩后去见了来自贵州的同行杨静山、崇野鱼，与其"长谈道路事宜"⑤。抵汉口后，又见了自贵州来的童云逵，"问讯一切事宜，又问其船户，并载换船，各项道路，俱略知大概"。没承想第二天，就听闻童氏船队在汉口附近坏舟一只。此外，同行之间也有相互走动交谈的。如道光二十四年（1844）二月初七，存少柏来找赵亨钤闲谈，"备言楚铅利弊"。同行、朋辈之聚餐招饮，赵亨钤认为是"虚度

---

① 赵亨钤著，祝童校注：《铅差日记》卷上，贵州人民出版社2019年版，第57、58、60页。
② 赵亨钤著，祝童校注：《铅差日记》卷上，贵州人民出版社2019年版，第66—67页。
③ 赵亨钤著，祝童校注：《铅差日记》卷上，贵州人民出版社2019年版，第78、82页。
④ 赵亨钤著，祝童校注：《铅差日记》卷上，贵州人民出版社2019年版，第61页。原无诗题，为笔者所加。
⑤ 赵亨钤著，祝童校注：《铅差日记》卷上，贵州人民出版社2019年版，第68页。

光阴，耗费钱物"，但可"联朋辈之欢"，"不可尽废"；①那种场合下，也可了解到航运安全的情况。

3. 放船时的精心组织

出于安全的考虑，庞大的铅运船队航行、停泊是要精心安排的。道光二十三年（1843）十一月十二，赵亨钤的船队启程前行，因为"船多而痴重，篙桨皆不易为力"，他坐船头指挥，"按所编号数，鱼贯而前，俾不至挨挤撞触"。赵氏又有诗说："黑铅白铅百万强，大舟小舟次第举。"②陈熙晋有诗曰"解缆开行依次第"③，其意与赵氏同，即船队须有序放行。道光十八年（1838）八月，贵州贞丰州知州德亨说"因滩水汹涌"，船开行时"必须先放之约行四五里，方可再放一船，共放二十四号，已属自晨至午，始克放完尾船。始放之时，计头船已行百余十里"。铅运船得分批放行，前后船只的距离隔四五里方才安全，印证了赵亨钤的"鱼贯而前"说法。德亨还提到了船只停泊要注意的事项，"必须有沱，每沱宽阔仅容泊中船二十余号，至多不过三十号。又或有上水船只，已停占二三号者，今如四十八号同行，固无齐泊之所，即每日放船自晨至申，恐不能完，是在川过江仍宜分起行走，既分起行走，则先后隔二、三、四、五站，难以预料"④。也就是说，考虑到长江上有上水船只，为便于航行停泊的安全，船只得"分起行走"，"先后隔二、三、四、五站"也是有可能的。

4. 对船上作业人员的管理

赵亨钤对随行人员的管理有过一段内心独白，《铅差日记》载：

---

① 赵亨钤著，祝童校注：《铅差日记》卷上，贵州人民出版社2019年版，第90、96页。
② 赵亨钤著，祝童校注：《铅差日记》卷上，贵州人民出版社2019年版，第42、55页。
③ 陈熙晋：《征帆集》卷2，上海古籍出版社2013年版，第1页。
④《清代乾嘉道巴县档案选编》（上册），四川大学出版社1989年版，第440页。

念近所交接，店家、船户、舵工、差役、家丁凡五等，皆嗜利无恶不作者也。然亦有贤愚之别。心有厚薄，而外则一视同仁，使此辈颠扑不破，方免意外之虞。有明受欺而动声色时，使之知所畏而不敢再也；有暗受欺而不动声色时，使之得所欲而乐于从事也。有微露其弊，使彼自愧时；有不发其弊，使彼得意时。总之，用人取所长而弃其短，不甚支离，斯亦可矣！若事事逞精明，固日不暇给；事事装糊涂，亦养痈成患也。①

将运铅过程中所接触的、依赖的社会底层都说成"嗜利无恶不作者"是有失偏颇的。赵氏承认船户、舵工、差役、家丁等人，有贤愚之别，内心对他们是有分别的，但外表上绝不流露出来。船户等人逞奸耍猾时，有时要加以严肃指斥，使他们有所敬畏和羞愧；有时则不露声色，使他们自以为得计。对付这些人，"事事逞精明"，是忙不过来的，但如果"事事装糊涂"，则有可能"养痈成患"。所以最好的办法是"用人取所长而弃其短，不甚支离，斯亦可矣！"

为保证船只正常航行，首先要严防船员逃逸。船上的水手（桡夫）地位卑微，生活条件不好，陈熙晋有诗为证："头裹白布修一尺，任受驱遣遭笞鞭。身无袴襦脚不袜，夜拥束蒿舱前眠，"②受不了这种生活的人会找机会逃走。在重庆时，赵亨钤就重处了三名水手，"以儆其余"——这三名水手本是雇请到汉口的，"行里许即托故逃去"。到夔州府后，也有水手逃跑，被逮回后予以重责。③陈熙晋的《桡夫曲》有："嗟哉飞橹无根株，慎莫泊岸怕逃逸。明朝查点船中人，预

---

① 赵亨钤著，祝童校注：《铅差日记》卷下，贵州人民出版社2019年版，第146页。
② 陈熙晋：《征帆集》卷2，上海古籍出版社2013年版，第2页。
③ 赵亨钤著，祝童校注：《铅差日记》卷上，贵州人民出版社2019年版，第53、62页。

办青钱作雇值。"①为防有人逃逸，连靠岸停泊都慎之又慎；万一有人逃逸，得做好准备重新招人。

其次要处理好突发事件。道光二十四年（1844）三月十四日，在黄州府段的长江江面上，赵亨钤船队中有一只船被一只客船"触损舟前木钉"，仅数百文的损失，运铅船户与对方吵闹起来，"意在借此讹索"。赵氏晓之以理地劝己方人员"心地平和，不占人便宜"。为防事态失控，他书写手谕分贴各船："沿途不准借端需索，如违立即送究。"同年六月初六，赵亨钤船队的十一号船一水手，因经济纠纷与邻船发生冲突，被邻船夏姓水手杀伤，经赵氏调解，双方化解了矛盾，最终没有送官府处理。类似的事在船队经过运河时也发生过一次。赵亨钤的铅运船队在扬州运河段遇到了漕运船，按惯例要避让漕船。然而有两客船于漕运船队之间的空隙前行，赵氏船队的第十一号铅运船的竹缆受牵扯被磨断，"水急舟重，人力不能施，顺堤缺驶而东"，"十万铅斤，并一船性命不可问矣！"情况非常危急，幸亏前有沙洲才将船搁浅下来。赵亨钤船队的差丁将客船船户锁来，意图让对方"千百金赔偿"。对方是无心之过，况且铅船水手也有"仓猝之误"，在赵氏的劝解下客船船户赔偿银两二十两，花钱四块，又严饬己方船户"不得再行需索"②，化解了矛盾。

5. 让家丁也参与铅运船务的管理

《铅差日记》记其寓居永宁寓舍时，"家丁慵懒，除饱食酣眼，一无所事。主人差遣，则专办一事，更不知他，可谓无用极矣！然佳处亦在此。若精明干练，此时早与永宁委员、泸州船户勾结成党，为前途赚骗地矣！"也就是说，家丁如果不那么机敏，便于主人控制，是

---

① 陈熙晋：《征帆集》卷2，上海古籍出版社2013年版，第2页。
② 赵亨钤著，祝童校注：《铅差日记》卷下，贵州人民出版社2019年版，第107、141、132页。

不至于与他人联手坑害主人的；精明干练的则很有可能外结他人，做出有害于主人之事来。前者，常被主人用来管理与航运有关的事务。在泸州打造船只期间，赵亨钤就"饬家丁等轮流监造船工"。在泸州船队临出发前，赵亨钤将家丁分派至各船，"各管各事"，参与船队的管理。在宜昌，对袁姓船户试图多得非分的物质利益时，赵氏"嘱家丁等知之"①，以便事情发生时好应对。

五、沿途官府的协助问题与税关的勒索

《大清会典（嘉庆朝）》中载："贵州京铅，运官由永宁装载运至泸州限三十日，泸州换船至重庆限二十日，重庆起船贮屋镕化限三月，雇船装载限二十日，自重庆开行抵通坝限八月零十日"②，朝廷"定例极为慎重。"③时间紧、任务重，承担铅运的官员之压力可想而知。所以，陈熙晋的《归州杂咏》说"捧符来自夜郎西，按日严程未敢稽"④，正反映了他迫于如期完成铅运任务的焦灼心情。运铅要"走三峡，入汉沔，涉长江，迂回运河。偻指计岁月，往返须三年之久"⑤，沿途须经过今天的黔、川、渝、鄂、湘、赣、皖、苏、鲁、冀、天津、北京十二省市，如得不到当地政府的理解、支持、配合、督促，是很难如期完成任务的。

为了京铅能顺利抵京，乾隆四十八年（1783）十一月，清廷要求各地"自应视为己事，妥协办理，总以官物为重，不可存此疆彼界之

---

① 赵亨钤著，祝童校注：《铅差日记》卷上，贵州人民出版社2019年版，第22、27、41、71页。
② （清）托津等纂：《大清会典（嘉庆朝）》卷14，凤凰出版社2021年版，第226页。
③ 赵亨钤著，祝童校注：《铅差日记》卷上，贵州人民出版社2019年版，第53页。
④ 陈熙晋：《征帆集》卷2，上海古籍出版社2013年版，第21页。
⑤ 赵亨钤著，祝童校注：《铅差日记》"自序"，贵州人民出版社2019年版，第14页。

见"①。从巴县档案记载的情形看，在川江段，朝廷的这一政策执行得还是比较好的。乾隆五十二年（1787）贵州人霍敏铅船经过重庆府，重庆府要求沿江各地官员如遇"霍敏领运京铅至境，照例派拨兵役，协同护送，催攒前进"。同时"毋许违例多装"，"毋许船户偷盗铅斤、牙行铺户串通购买"，以及因"守风""守水"耽搁行程都要上报。②

但是，地方官在过境的重视程度上仍然存在重滇铜而轻黔铅的现象。嘉庆十一年（1806）六月上谕内阁："钱局需用铜、铅并重。近年以来，各该省办理拘泥。于滇铜过境之日，尚知照料催趱，而于铅船到境时则不复留意，以致节年京局需用铅斤多有迟滞，殊于鼓铸有碍。嗣后铜船、铅船沿途经过之处，着责成派出之各该省藩臬等一体实力催趱，毋得少有延误。"③针对运输途中出现黔铅迟滞的问题，明确要求沿途主要官员藩臬（布政使、按察使）承担起照料和督促的作用。赵亨钤完成铅运任的第二年，即道光二十五年（1845）的九月初五，朝廷又发上谕，要求各地对运铅船"无分昼夜，实力迎提"，并不得将此"视为具文"④，表明这一问题一直没完全解决。按规定，运铅船开行时，经过的地方要"差兵护送"，各府还有文武官员"尾随弹压"，"沿路按站护送"。⑤

运官一路上通常要亲自上门拜见知府及府治所在之县的县令等地方官，以求得他们的支持。赵亨钤由贵州到四川的永宁（叙永厅治所

---

① 《高宗实录》卷1192，中华书局1986年版，第941页。
② 《清代巴县档案汇编》（乾隆卷），档案出版社1991年版，第360—361页。
③ 《仁宗实录》卷162，中华书局1986年版，第100—101页。
④ 《宣宗实录》卷421，中华书局1986年版，第280页。
⑤ 赵亨钤著，祝童校注：《铅差日记》卷上，贵州人民出版社2019年版，第53页。

在地）后，他"出拜地方官并管理铅局委员，商买余铅事宜"①。在重庆拜会了知府、巴县县令、川东道道员、江北厅同知，"俱长谈"。到夔州府后，拜见了知府刘裕钲、奉节县令张元沣。在归州，与知州刘万庆会谈。在宜昌，赵亨钤拜会了总兵、知府以及东湖县令等人。在荆州，又谒见李姓道台，"言过关上税一切事宜"。到武汉后，"拜谒地方各官"②。到南京时，进城禀谒藩司，对方"以请假养病未见"③，对铅运官的到来并不热情。

赵亨钤所到之处，地方官对朝廷发布的沿途须支持京铅航运的政令严格遵守、执行的并不多见。《铅差日记》载赵亨钤铅从巴县出发的前一天，派人至"巴县并城守营，求实派差兵八名，护送前进"，巴县满足了其要求，"差兵护送，并各府俱有文武委员，尾随弹压"，护送的武弁及其官兵，"摇旗鸣钲"，协助安全通过王家滩。④护送的官兵，应是被安排在船队中的兵牌船上。此后，赵氏的《铅差日记》中并无各地派有护送的记载。

京铅运输，花销巨大，有造船、放赏、纳税等多项支出，需要事前做好充分的准备。一旦遇到困难，求助于沿途的地方政府是根本行不通的。在重庆期间，赵亨钤遇到了云南来的某铜运官，其经费出现困难，"苦资斧（即旅费）乏，不能开行，为之焦灼"。赵氏与云南来的几位运官试图游说重庆地方官员出手相助，他们"似迥不相涉"，

---

① 赵亨钤著，祝童校注：《铅差日记》卷上，贵州人民出版社2019年版，第22页。王瑰《〈运铜纪程〉校注》注云："滇铜运京，有正、耗、余铜三项。正铜，即国家所需的实际铜数；耗铜指补偿水陆长途转运中的磨损和小额遗失，以保证正额数足额交付京局的铜数；余铜则为弥补运输途中正铜和耗铜的大额沉失而设。至京交足正铜、耗铜，尚有余铜，则由运官自行处理。"（该书为西南交通大学出版社2017年版，第51页）余铅的内涵及其用途也应作如是观。
② 赵亨钤著，祝童校注：《铅差日记》卷上，贵州人民出版社2019年版，第44、61、66、68、83、90页。
③ 赵亨钤著，祝童校注：《铅差日记》卷下，贵州人民出版社2019年版，第123页。
④ 赵亨钤著，祝童校注：《铅差日记》卷上，贵州人民出版社2019年版，第53—54页。

反应很冷淡。赵氏感慨："平日知交极水乳之和，一涉银钱假贷，便反眼如不相识。宦途尤甚耳。"他进而认定："长途跋涉，而筹备不慎，在路求人，以为可恃，殊孟浪也。"鉴于云南某官的遭遇，赵亨钤对经费的严格使用加强了管理。在重庆，赵氏就对经费进行了清点，并将账目公开。《铅差日记》说："计各项账目，船户支销，综核家丁差役差食，书手谕示之"，其目的是"樽节日费，约束游荡"①，减少不必要的开销。

《铅差日记》对各地并没有严格执行朝廷政律令有所记载："各地方官，沿路按站护送，定例极为慎重，然皆视为具文，委员奉委，先索盘费，或行或不行，兵差亦先索饭食钱；或一二名上路，途中有事故，仍运官一人吃力"。地方官员不仅不予支持配合，还要勒索钱物。贵州同行存少柏就与赵亨钤说过，楚铅自泸州起拔，地方"委员勒索多金。"②

一些与铅运公务有涉的官员，对铅船雁过拔毛。如归州要"索取结之费，新滩索起拔之费"。"取结之费"，大约是铅运船通关需办理相应事务的手续费。赵亨钤说取结是"贴印花于运务"，他认为此举"毫无助益，只勒索出费"。起拔则是"将所载之物全行起出"搬至岸上，让空船通过险滩后，再将货物搬运至船上。清廷在新滩距归州三十里的地方，设专官管理"滇黔运铅起拔事"。起拔是需要费用的，得由运官承担。所以，赵亨钤感慨："多一层法网，多一番需索，于公事毫无所助，徒为丁胥肥囊橐耳！"③取结费是每个关卡都要收的。在汉口，赵亨钤也被当地枭司官员收取过该项费用。道光二十四年

---

① 赵亨钤著，祝童校注：《铅差日记》卷上，贵州人民出版社2019年版，第24—25、47页。
② 赵亨钤著，祝童校注：《铅差日记》卷上，贵州人民出版社2019年版，第52—53页。
③ 赵亨钤著，祝童校注：《铅差日记》卷上，贵州人民出版社2019年版，第66—67页。

(1844)二月初二记载:"汉阳府委员盘验铅斤。此后藩臬同知通判俱来盘验,俱要切结;委员书办,俱来需索。不知立法之初,是何意见。"二月十八,他又记:"臬委员盘验铅斤,予酒资四千,取结去。"四千文成为这官员额外捞取的酒钱了。在安庆,赵亨钤也为取结用去钱四千文。①四千文似乎是取结费的标准费用。另外,本应足额发放的水脚银也要被克扣。到湖北武汉后,本应从藩库领得水脚银2460两,但却被"照二两平扣发,每百扣六两",所以实领银2315两。这笔款子本来是"黔省拨存之项",可湖北藩库官员"每百皆不足数",赵亨钤直斥其"无耻"。②

《铅差日记》记载,沿途各地官员对铅运船要盘验铅斤,税关官吏则要检查是否装运了私盐等物,还要对船员所带货物(如木材)征税。课税的方式有两种,即"按船体大小被征收船料"和"按所载货物的量被收取货税"。③收税虽有一定标准,但因章程烦琐,税官们常将税务委于关吏,而自"以深居简出为得计",长此以往,税务难免"为宵小把持",演变成税关官吏滥用权力、牟取私利的寻租工具。《铅差日记》还记载了赵亨钤的船队在税关受到过简单、粗暴的对待。道光二十三年(1843)十二月十五日,荆施道设于宜昌的税关"管税家丁上船查物。欲以上税量船尺寸",而不再验船上的货物,这是违反朝廷定例的。"刁丁滥吏,借端需索",如果与他较真,则又会耽误行期。赵亨钤作诗说:"久泊夷陵待过关,司关丁役气嚣顽。设官御暴翻为暴,立法防奸却作奸。赤手登舟如索欠,朱提入袖即开颜。寄言堂上悠悠者,万里征夫旅费艰。"④官税家丁强行索要"朱提"(钱

---

① 赵亨钤著,祝童校注:《铅差日记》卷下,贵州人民出版社2019年版,第94、98、118页。
② 赵亨钤著,祝童校注:《铅差日记》卷上,贵州人民出版社2019年版,第92—93页。
③ [日]松浦章:《清代内河水运史研究》,董科译,江苏人民出版社2010年版,第55页。
④ 赵亨钤著,祝童校注:《铅差日记》卷上,贵州人民出版社2019年版,第115、74页。

物）后即喜笑颜开。诗文虽没有说征税的对象是官府的铅货还是船户等人挟带的私物，但"万里征夫旅费艰"一语，显然是指连铅货也要征税。俞汝本也有诗反映宜昌关的苛税："沿途辛苦向谁陈，津吏扰将怒目嗔。朘我脂膏几彻骨，候人颜色易伤神。"①这诗是写给时任宜昌知府陈熙晋的，陈氏也爱莫能助，因为税关属于荆施道，与他无甚关涉。其实遭苛税这样的事，陈熙晋早年运铅时也遇到过，进入武汉后他作有《卖船作》："万金用尽一钱悭，卖船思作道里费。百镪换得十千钱，船价不抵官家税。"②为了交税，得卖掉船只。

在对船运公私货物的勒索上，九江关最为突出。陈熙晋作有《关吏叹》："江头关吏馋于虎，下马上船一何怒。不税货物只税船，岂意官船倍商贾。船多人众难久留，所喝惟命上缙簿。税额近益增，水脚岂能补？坐令五百镪，摒挡挥如土。却愁前去关重重，途长力短泪如雨。"③九江关吏"不税货物只税船"，对官船的征税竟然还重于商船。针对"税额近益增"的现实，而前头还有无数关卡，陈熙晋因心忧而泪水涟涟。无独有偶，赵亨钤也说到了九江道署派家丁书吏丈量船只收税的事。丁吏们无视纳税章程，不执行"以尺数多少，为税之多少"的规定，上下其手，任意丈量船只征税。铅运到底要不要交税，《铅差日记》记载得很清楚，"藩库以事系公事，例不上税，无领款。而各关仍照客商一例办理，须运官自行筹备"，也就是说铅运是公差可不征税，但各关卡仍然将其作为普通客商征税。赵亨钤描述的九江"丁胥吏役，视往来客商，如几上肉，毫无畏惮"，他们丈量船只，挑剔银色，"漫无章程"。"行路之人，畏关如畏虎。"赵氏警告："此处

---

① 《北征诗钞》卷2《余以新滩事在宜昌留滞二十余日愤极无聊作此以呈西桥年伯》。
② 陈熙晋：《征帆集》卷3，上海古籍出版社2013年版，第11页。
③ 陈熙晋：《征帆集》卷3，上海古籍出版社2013年版，第18页。

税务，若无贤员及早整顿，必出大案！"他痛斥当地的观察（道员）睡生梦死，家丁穷凶极恶。九江通关，赵氏铅运船队被征税银650两（含从汉口雇请的湖北老排挟带的木材的征税），而以往只需二三百金。①

九江关税的苛征给赵亨钤留下心理阴影。道光二十四年（1844）四月初三，赵亨钤面对即将到来的芜湖感慨道："芜湖又须上关税矣！不知如何刁难。"初七，赵氏全然不顾及自己朝廷官员的身份与尊严，"为税务至芜湖道署大费口舌"，对方却将"刁难勒索"的责任推卸给当地的主管官员。赵氏生气道："此系国家公事，收税非私，上税亦非私，何所规避，而以委员为辞？且委员佐杂，而监司大员畏之如此，殊非政体。倘再支吾推诿，明日运官开行矣！漏税之责，咎有攸归。"威胁对方：税务问题如不能妥善解决，明日将强行闯关通行！威胁起了作用，当晚"道署家丁至舟中，始将此事了局"。②

六、结论

黔铅京运自雍正时开始，到清末终结，凡百余年，运官们以日记、诗歌等形式记录自己的行程，反映了清代长江上游的航运状况。本文利用赵亨钤之《铅差日记》展开考察，着力探究如下几点：铅船的货运总量及运输起点、铅运船队的规模、铅运船队的安全管理与人事管理、沿途官府的协助问题与税关勒索。

黔铅运至长江干道，路线有二：一是走水路，经赤水河，先运至泸州，再运至重庆，此路虽经整治，路途仍艰险，最终还是选择了放弃。二是陆路，黔铅由人力背扛至永宁，再水运到泸州。大宗黔铅赴

---

① 赵亨钤著，祝童校注：《铅差日记》卷下，贵州人民出版社2019年版，第114—115页。
② 赵亨钤著，祝童校注：《铅差日记》卷下，贵州人民出版社2019年版，第119—120页。

京的起运点，一是重庆，二是泸州。

京运航行首先需要解决的是交通工具问题，一般标配为24只木船，所用船只多为新制造的。随船人员的规模巨大，达上千人之多，他们各自的职能、地位有所不同，如普通船员技术性弱，地位低下；舵工、头工等技术性强，地位和待遇较高。另外，船员数量也会根据具体情况调整。

航行过程中，运官是最主要的管理者，其管理事务集中于安全、人事两项。安全方面，运官通过"压滩"和"坐船头"的方式，保证船只平安渡险，也精心安排开船、停泊的次序，以防相撞，有责任心的运官，还积极了解同行铅运船的情况，善为规划。在人事管理方面，运官们需要严防船员逃逸、处理突发事件，他们也让家丁参与船务管理，以便知晓船情，及时应对。赵亨钤的努力得到了回报："领运京铅，依限交清"，道光二十四年（1844）"四运"京铅的官员中，只有他一人得以觐见道光皇帝，皇帝下诏"准其归入卓异班，俟到班，先尽升用"[①]。

此外，黔铅京运因时限紧迫、路程漫长，离不开沿途地方政府的帮助，朝廷也有相应规定，命令沿途的地方官员配合。铅运官每到一处口岸，通常亲往拜见当地官员，以求获其支持，但各地官员并不都严格执行律令，对铅运官的到来，有的甚至托辞不见，使运官们很难获得实质性帮助。一些与铅运公务有涉的官员，如税吏、藩臬委员，甚至滥用职权，勒索铅船以牟取私利，为京运平添梗阻。

[本文系国家社会科学基金西部项目"清代诗文集中川江木船航运资料整理与研究"（21XZS002）成果]

[①] 赵亨钤著，祝童校注：《铅差日记》卷下，贵州人民出版社2019年版，第194页。

晚清民国川江航道图编绘的历史考察

李 鹏[①]

川江航道水势险峻，曲折迂回，乱石横江，险滩林立，船只往来稍有不慎，即有沉溺之患。晚清以来，为使川江往来船主认明水径，有关川江航道图的编绘从无到有，逐渐增多，形成一项专门之学。同时，伴随近代川江行轮的兴起与发展，川江航道图编绘开始摆脱传统方法，逐步向科学性与现代性过渡。目前，学术界对近代川江航道图编绘史已有初步研究，特别是邓少琴的《近代川江航运简史》一书简要介绍了近代川江航道图编绘的大致框架，还从中西技术对比的角度提出若干重要的学术论点。[②]蓝勇《近代三峡航道图编纂始末》[③]《三峡最早的河道图〈峡江图考〉的编纂及其价值》[④]两文进一步梳理了近代川江航道图编绘的历史轨迹，基本厘清了晚清以来传统川江航道图籍的版本源流及其文献价值，并对近代川江航道图编绘的转型问题做了初步探索。然而，上述研究不仅对晚清传统川江航道图编绘谱系的阐释有所出入，对近代川江航道图编绘的现代性问题也未及深入，对近代西方人测绘川江航道图的发展脉络亦有阙漏。有鉴于此，笔者在前人研究的基础上，从近代地图史的视角重新梳理其演变路径，以

---
① 李鹏，陕西师范大学西北历史环境与经济发展研究院助理研究员。
② 邓少琴：《近代川江航运简史》，重庆地方史资料丛刊（内部刊行），1982年，第65—66、106—108页。
③ 蓝勇：《近代三峡航道图编纂始末》，《近代史研究》1994年第5期。
④ 蓝勇：《三峡最早的河道图〈峡江图考〉的编纂及其价值》，《文献》1995年第1期。

补充当前研究的不足。

一、传统的延续：晚清国人绘制川江航道图的轨迹

中国传统舆图的绘制方法大致可分为两大类型，一种是传统山水写意法，另一种为平面符号表示法。前一种方法多与中国山水画技法相通，并以散点透视为基础；后一种则多采用象形符号表示地物，且多采用计里画方之法。运用中国传统方法绘制川江舆图古已有之，较著名者如《蜀川盛概图》《岷江图说》等，但其图绘内容多为展示沿途山水景致，不仅对航道本身着墨不多，也无助于川江行船，不能归入航道图的范畴。严格地说，国人对川江航道进行较全面考察，且绘成航道图始于晚清时期，它的兴起，当与晚清川江木船航运业的快速发展紧密相关。而在这一时期国人所绘川江航道图中，传统山水写意谱系又明显占据主导地位。同时，伴随近代地图印制技术的发展，晚清传统川江航道图在编印方式上多系共存，由手绘、版刻逐步向石印过渡，但彼此并无明确分期，仅是一种渐行的趋势。

就传统山水写意绘法而言，目前所见最早的手绘川江航道图是《巴东县长江图》。该图现藏于中国科学院图书馆善本室，编号史580159，但图中未注明绘者，系单幅纸本设色，图廓48.1厘米×80.9厘米，绘制年代不详。有学者将绘图年代定至雍正十三年（1735）以后[1]，然此说过于笼统，从图中所表现的人文景观看，大致可判定其绘制时段为道光十八年（1838）至光绪二十八年（1902）间。就图绘内容而言，该图采用中国传统山水写意法形象描绘了晚清川江巴东段水流、礁石、江滩等各类航道地物，并以贴红记注航道险滩的分布与

---

[1] 孙靖国：《舆图指要：中国科学院图书馆藏中国古旧地图叙录》，中国地图出版社2013年版，第312页。

急流水文情况，特别是图中多注明"报部险滩"字样，可知其绘制人员当为政府办事人员，目的在于提示行船安全。该图也是目前仅见的山水写意法绘制的单幅川江航道彩绘图，但其绘法原始，表现内容也限于一县之地，对航段内礁石险滩的位置标示既不详尽，亦不准确，故仅可作为手绘川江航道图的例证。

较为系统的川江航道图志肇始于《峡江救生船志》，最早为水师新副中营光绪四年（1878）刻本，后于光绪九年（1883）再版。[①]作者贺缙绅，号笏臣，后归宗罗姓，湖南平江县人，曾任湖北宜昌镇总兵。[②]光绪二年（1876），原山东巡抚丁宝桢出任四川总督，途见峡江覆舟溺水惨状，于次年捐白银10000两，以6000两给四川，4000两给湖北，创办救生船义举。时任湖北巡抚翁同爵委托程以辅会同贺缙绅，查明峡江沿岸险滩情形，并以此笔经费，"钉造大小红船十五只，连旧有红船四只，摆江二只，并入管理，共计二十一只，分驻沿江险滩，统归贺（罗）缙绅经理，随时督率救护"[③]。而贺氏亦忠于职守，不仅周历各滩，勘明水道，还进一步增设红船，随时布置，成效颇著。清代沈云骏《峡江救生船记》就载其"亲巡险要，就泊红船……每申令麾下士卒，谓行舟猝遇暴风，撞击巨石，必以救人为急，次及货物。敢有乘危匿货，诈伪索谢者，重惩无宥"[④]。可以说，正是贺缙绅的认真负责，川江救生船制度才得以进一步发展，而《峡江救生船志》的写作缘起也与其多年管理救生船的经历密切相关。

《峡江救生船志》正文2卷2册，附刻《行川必要》1册，《峡江

[①] 邓少琴的《近代川江航运简史》（重庆地方史资料丛刊，1982年，第107页）记"川江之有河道图说肇始于光绪九年"，此说有误，当为混淆《峡江救生船志》两种版本所致。
[②] 秦国经主编：《清代官员履历档案全编》（四），华东师范大学出版社1997年版，第164—165页。
[③] 民国《宜昌县志初稿》副刊卷，"文征一"。
[④] 光绪《归州志》卷3，"赋役志·救生船"。

图考》1册，共4册。白口，单鱼尾，版面29厘米×17厘米，封面左上方用楷体竖题"峡江救生船志"，扉页版心用篆书墨题"光绪丁丑仲秋水师副中营印刻"。书中不仅详细记载了清代峡江救生船的制度源流、空间布局、管理方式、运营成效、红船形制等各方面内容，还运用山水写意手法绘制宜昌虎牙滩到万县狐滩段345千米的川江航道形状以及救生船、炮船设立的位置，详细记录沿途礁石分布与险滩地名，全面展示了峡江导航、救生与标险等行江概要，图文互证，甚为珍贵。所附《峡江图考》共68幅分图，刻绘精细，刊工峭劲，不仅为清季版刻之杰作，也是不可多得的三峡风景巨幅画卷。对此，英国人约翰·立德（Archibald John Little）评价道："在中国，扬子江救生船网是我遇到的唯一值得信赖的官方机构，宜渝间水道沿途险滩都有救生船驻泊，并按现存方式分布。该体系的总部设在宜昌，并由一位贺姓将军指挥，其职责为维护川江航道安全，拯救江上濒于危险的船客。而贺将军在其精心编绘的图册《行川必要》中，不仅列举了上千处险滩，还为行船避免沉溺提供了详细的航行指南。"[①]

由于《行川必要》有志无图，仅为《峡江救生船志》附刻部分，故可推断约翰·立德所见图文兼具的航道图籍应为《峡江救生船志》，由此可见该书影响之大。换言之，《峡江救生船志》不仅是晚清难得的"三峡概貌图"，更是一部极具实用价值的"行船指南"和"川江航道救生图志"，其学术价值自不待言。尽管《峡江救生船志》代表了晚清版刻川江航道图的最佳水平，但其图绘内容仍成片段，阅者仍无法尽窥川江全貌，书中亦多展示沿江救生船及炮船位置，对河道本身描绘则有失简略。

光绪十五年（1889），巴县县令国璋编纂《峡江图考》一书，首

[①] Archibald John Little, *Througe the Yangtze Gorges*, Oxford, Cambridge University Press, 2010, pp.349-350.

次采用中国传统山水写意法绘制了完整的川江宜渝段全程航道图。该书最早于光绪二十七年（1901）由上海袖海山房书局石印出版，后又多次再版。[①]国璋编绘该书，正当19世纪末约翰·立德意欲驾驶"固陵"轮上溯川江，以强取长江上游内河航权。当时川督刘秉璋深恐川江开放后，侵夺木船生计，即派国璋与重庆知府一道，赴宜昌与立德交涉，严拒其入川。[②]而国璋正是在川江行轮一事的刺激下，因感形势有变，遂对诸滩险要留意有加。换言之，作者编绘该图，正是意图考察川江航道形势，以备不时之需，实蕴经世致用之意，绝非"徒诩游历之见闻，舆地之考据也"。[③]而就该书编绘的知识谱系看，作者一方面参考前人著述，特别是针对《峡江救生船志》"详南略北"的缺陷，增补了川江宜万段北岸的内容。另一方面，作者在宦游之余，历经多年努力，"行峡八次，每当停泊辄询榜人，凡躬历诸险必详究委末，记之以笔"[④]，通过实地探查，逐步增绘川江渝万段险滩图，最终完成国人所绘首部川江宜渝段全程航道图志。

《峡江图考》首版应用当时上海先进的石印技术印刷，图绘内容更加贴近实际，一山一水、一礁一石都摹绘清晰，避免了版刻流传过程中的变异，笔触逼真、纤毫毕现，故可更加细致地再现川江航道险滩林立的历史场景。该书封面题名"川行必读峡江图考"，分上、下两册，上册扉页用隶体书"峡江图考"。叙后是"宜昌至夔府水道程途"，其后为正文分图，共53幅。其后又书"夔府至宜昌水道程途"，以便于检阅。下册封面与扉页同上册，内文开始是"夔府至重庆道程途"，共44幅。其后为从尾至前的"重庆至夔府水道程途"。这便是所

[①] 蓝勇：《近代三峡航道图编纂始末》，《近代史研究》1994年第5期。
[②] 民国《巴县志》卷16，"交涉篇·内河航权案"。
[③] 国璋：《峡江图考》"叙言"，光绪二十年上海袖海山房石印本。
[④] 国璋：《峡江图考》"叙言"，光绪二十年上海袖海山房石印本。

谓"上水则从册首以逮尾，下水则从册尾以达首，反复顺逆，皆可浏览"。①这种编纂体例适应了三峡行舟的特点，上水下水皆便浏览，反复顺逆各取所需，可谓别具心裁，在近代川江航道图编绘史上具有独特的地位。②在构图上，与《峡江救生船志》相比，《峡江图考》采用对景法描绘川江航道，改变了前者单一的透视方法，使得河道礁石相对，河岸两分，更具直观感。

除上述山水写意绘法外，传统平面符号体系绘制的川江航道图虽不占主流，但仍有积极的意义。目前所见《四川省额设救生船只驿站渡船水手挑夫各项数目图说》最具代表性，该图系彩绘单幅地图，由清末四川按察使司编绘，光绪二十九年（1903）成图，未注比例，图幅61厘米×106厘米，现藏于国家图书馆善本特藏部，编号01454。③图中用粗细不同的线条表示川江水系，用方形套圆、方形与圆形分别表示府州县治所，用船型符号表示救生船与渡船，依次标注当时川江额设救生船只、渡船与水手挑夫的数目及分布，较为客观地反映了清末川江航道管理与救生制度的详细情况，当是国内最早采用平面符号绘制川江航道救生制度的彩绘地图。

应当承认，川江传统航道图在西方绘图技术传入前已经取得了较高的成就，特别是以山水写意法绘制的航道图，突出中国传统舆图形象化的视觉特征，取法自然，图绘精美。尽管有学者认为其"绘事未得其法，而以写山水之皴法出之，与实际殊谬，未可以供行轮之参考也"。④但川江传统航道图的绘制人员多属晚清地方政府官员，绘图目

---

① 国璋：《峡江图考》"叙言"，光绪二十年上海袖海山房石印本。
② 蓝勇：《三峡最早的河道图〈峡江图考〉的编纂及其价值》，《文献》1995年第1期。
③ 北京图书馆善本特藏部舆图组编：《舆图要录》，北京图书馆出版社1997年版，第463页。
④ 邓少琴：《近代川江航运简史》，重庆地方史资料丛刊（内部刊行），1982年，第65—66、106—108页。

的是为服务行政管理，其知识背景与绘图技术也都根源于中国传统时代，强求传统航道图与行轮相配套，未免有削足适履、方凿圆枘之感。换言之，只有在近代川江行轮兴起后，伴随西方人对长江上游的探查，川江航道图为适应行轮需要，方才引入现代性的变革。

二、现代性的引入：近代西方人测绘川江航道图的实践

第二次鸦片战争后，西方列强逐步取得了汉口以下长江航线的内河航权，为进一步打开中国西部广阔市场，西方势力积极谋求在长江上游的通商特权。为此，英国人最早尝试现代测绘技术勘测川江航道，作为川江行轮的前提。早在1861年，英国人托马斯·布莱基斯顿（Thomas Wright Blakiston）就组建了一支"扬子江上游考察队"，从上海溯江而上，沿途积极收集水文资料，勘测川江险滩并绘制扬子江航道图，一路航行5个月之久，直至四川省屏山县而止。这幅最早由英国人绘制的川江航道图原名 The Yangtsz Kiang, from Hankow to Pingshan, from the Survey of Captain Blakiston，直译为《扬子江汉口至屏山段航道图——基于布莱基斯顿船长的调查》，由 John Arrowsmith 绘制，1861年在伦敦出版。然该图基本上只是一个概况图，图绘内容亦十分简略，诸多航道细节都未能标注，故无法满足航运需要。

1869年初，英国海军亦曾派遣一测量小组勘测川江，一直深入到奉节，但因所乘木船上行太过艰难，当年4月26日返回宜昌，故未能对奉节以上航段实施测量。此次行动小组的道逊上尉在他的报告中感慨："在该航道上行船是那样困难，在今后若干年内轮船不大可能使用那一段航道。"[①]1872年，英海军以此次实测材料为据，出版了一张

[①] 聂宝璋主编：《中国近代航运史资料》（第1辑上），上海人民出版社1983年版，第372页。

《岳州—夔州航行图》，图号为英国海军海图第1116号。①尽管该图仅为单色印刷，只描绘出川江局部航段，但从绘制方式上看，图中不仅采用晕滃法对该航段内险滩碛坝皆详细标绘，同时参以侧影法表示山尖，间注高度与英文地名，颇具现代性。此后近30年间西方人对川江航道的实际勘测趋于停顿，但其谋求川江通商行轮的活动却从未停歇。1890年，《烟台条约续增专条》签订，重庆正式开埠。1896年，上海总商会派员至重庆查看商业情形，并建议测量全部川江航道，以此作为长江上游行轮的准备，但并未见诸实践。

1898年，约翰·立德驾驶"利川"小火轮试航川江成功，这极大刺激了英国政界与商界开辟中国西部市场的欲望。为及早构建川江商业运输体系，当时英国驻华大使窦纳乐爵士极力强调轮船开往长江上游的重要性，向英国政府建议对川江航道进行详细测量，并由英国政府承担一部分测量费用。窦纳乐在备忘录中还建议："为了改良此一水道，当然还需要详尽的测量及巨大的开支，这些险滩的每一个特点，必须详为记述；洪水的变化和特性以及各种障碍均须在枯水时加以发现。"②1899年初，英国外交部发表声明，川江测量费用由英国政府承担，并派出两艘兵舰"乌德科"（Woodcock）与"乌德拉"（Wood-lark）于当年上溯川江，一路上勘察水道，对于沙洲浅滩及潮信涨落，都详细进行绘图。应该说，此次航图测绘还是较为精审的，唯一不足是未对川江水道深浅进行测量。但由于正值长江上游地区反帝运动高涨，此次川江水道测量活动被迫搁浅，最终两艘兵舰为保护英美侨商撤离重庆。③

---

① 王轼刚：《长江航道史》，人民交通出版社1993年版，第143页。
② 聂宝璋、朱荫贵主编：《中国近代航运史资料》（第2辑上），中国社会科学出版社2002年版，第51页。
③ 聂宝璋：《川江航权是怎样丧失的》，《历史研究》1962年第5期。

19世纪末，法国势力也开始染指长江上游地区。为服务川江行轮，掌握航道状况，1897—1898年间，法国人蔡尚质对长江上游宜昌至屏山段航道进行测绘，并按1∶25000比例制成川江航道图，名为《上江图》。①该书一册共64幅图，分图可拼合，系套色石印对开本，1899年由上海徐家汇土山湾印书馆印制发行。为编绘《上江图》，蔡尚质先后两次乘坐木船测绘川江航道，以上述实测数据为制图基底，《上江图》详细标绘长江上游宜昌到屏山航段地形特征、岸线走势、航道水深，各图均详细标出经纬度与磁偏差，且采用中、法、英三种文字注记说明航程远近，极为详尽。图例内容包括沙泥沙地、石丸石弹、低矮石壁、高削石壁、县镇村庄、寺庙高塔等，信息丰富，较为准确。这不仅是目前所见第一次采用现代测绘技术而成的川江航道图册，也是近代西方人对长江上游进行实地踏察的宝贵资料，为近代川江行轮的兴起提供了技术支撑。值得注意的是，该图在当时国内除上海外极少有技术力量印制出版，土山湾印书馆采用先进的套色石印技术印刷，不仅印制精美，装帧考究，还是当时土山湾印书馆"汉学论丛"系列作品之一，因其贡献甚深，还获得法国巴黎地理学奖与科学技术奖。②蔡尚质辞世后，天文学家高均撰文称："氏于30年前尝雇乘民船上溯，西入夔门，历测沿江各埠经纬度。数十年来，继起者尚不多见，以故遗著图籍，迄今尚为沿地学者珍若拱璧。"③蔡元培也评价："全国之经纬测量，实始于清初……嗣后二百年，杳无继轨。间有从事者，大抵出于西洋教士，如佘山天文台前台长蔡尚质，以长江上游轮船难通，尝于30年前雇民船上溯，西入夔门，历测沿江各地经

---

① 邓衍林编著：《中国边疆图籍录》，商务印书馆1958年版，第328页。
② 复旦大学历史系、出版博物馆编：《历史上的中国出版与东亚文化交流》，上海百家出版社2009年版，第321—337页。
③ 高均：《佘山天文台前台长蔡尚质逝世》，《宇宙》1931年第7期。

纬度，厥功至伟。"①上述评价虽有所过誉，但比照晚清国人所绘《峡江救生船志》《峡江图考》等川江传统航道舆图，该图更富科学性与现代性。西方人在该图的影响下，不断沿川江航道进行测绘，不仅用意一脉相承，绘法亦多有相似性。而中国人在此基础上，逐渐开始采用现代测绘技术编绘川江航道图，以方便川江行轮。换言之，近代川江航道图编绘方式的现代性转型，基本上是以该书为嚆矢的，故其学术价值弥足珍贵。

在《上江图》的基础上，从1902年起，此后十余年间，法国海军又多次对川江航道实施测绘，复经海关副巡江司等进行修正，逐步完成一套更为成熟精细的川江航道图册②，比例尺1∶20000，共计67幅，图中详细标绘川江航道8英尺（2.43米）等深线和沿岸礁石高程，在精度上比《上江图》有所提高。这套法国海军所绘的《长江上游航道图》出版后，即成为通用的川江航图的标准文本，并被多次转绘。当时的《重庆海关报告》亦高度评价："1923年，中国海关印行的宜昌重庆段、重庆叙府段、叙府嘉定段和重庆合川段的航线图（根据法国海军部水文司航线图复制），已经证明参考价值甚大，至于河床深浅、滩水力量、救生器具等图表也证明具有重大价值。"③正因其对川江行轮的积极意义，直到新中国成立初期，川江上仍多采用该图作为航行指南。然而，《上江图》与法国海军《长江上游航道图》均无详细险滩礁石的图说资料，有图无文是其缺憾。为进一步方便川江行轮，长江上游首任巡江工司英国人蒲兰田（S. C. Plant）特著《川江航行指南》一书，1920年由上海总税务司造册处首印出版。书中内容根

---

① 蔡元培研究会编：《蔡元培与现代中国》，北京大学出版社2010年版，第330页。
② 邓少琴：《近代川江航运简史》，重庆地方史资料丛刊（内部刊行），1982年，第65—66、106—108页。
③ 周勇、刘景修编译：《近代重庆经济与社会变迁》，四川大学出版社1987年版，第367页。

据著者多年积累之川江航道资料与行轮经验，不仅详述川江宜渝段航行水程及险滩情况，还编绘多幅航道图以备参考，图文并茂，相得益彰。书成后，著者又将其连同《川江行轮章程》一道分发于川江各轮船、港口，使得此后川江行轮有章可循，驾领有规可遵，航运日趋有序。书中绘有川江航道图共22幅，计总图1幅，分图21幅。总图即"扬子江宜渝段水道图"，图中采用蓝色填充川江航道，用晕滃法标识周边等高线地势，用英文依次标示沿途城镇与险滩名称，并用不同颜色符号标注各类信号设施具体位置与不同水位救生船分布变化，进而绘出宜渝段川江航道整体走向，较为全面地反映了当时川江航线的大致情形。各分图则绘出川江分航段内水文变迁、险滩位置、信号设施以及行轮上、下水之具体航线，同时采用中英文对照的方式配以详细险滩资料，精准可靠，于川江航运大有裨益，被誉为是"每一个希望晋升为川江轮船船长和领江的必读之书"。[1]可以说，《川江航行指南》不仅是此前历次航道测绘的整合提高，更是近代西方人编绘川江航道图的杰出代表，因其编制精密，资料详实，故被多次转译改绘，影响较大。

此外，近代日本人也步西方人后尘，逐步加强对长江上游地区的探查。[2]日本海军第三舰队司令部也编印了一部《扬子江案内全》，于1932年刊行。该套长江航道图是该舰队参谋长冲野亦男海军少佐在1926年日军对长江各航段和沿岸考察研究的稿本基础上增补编纂的兵要地志资料。书中正文部分主要为长江各段航路图以及长江沿岸各重要城市"市街图"，特别标注日本领事馆、租界、日本学校、商社位

---

[1] 隗瀛涛主编：《近代重庆城市史》，四川大学出版社1991年版，第336页。
[2] 蓝勇：《近代日本对长江上游的踏察调查及影响》，《中国历史地理论丛》2005年第3辑，第127—139页。

置、日侨人数，总计50幅。其中包含7幅"川江航道图"，所绘内容除详细标出川江各航段内城镇与险滩位置、名称外，还搜罗川江沿线文史掌故与古典诗词，注记在图幅空白处。在兵志地图中大量穿插风景名胜介绍，多有附庸风雅之嫌，但作为日本海军军用地图，更值得我们深思制图背后的险恶用心。

应该看到，近代西方人对长江上游的测绘制图，更多伴随其对川江航运的侵略过程，然其在测绘技术上的科学性，又成为川江航道图现代性的起源。当然，走向现代性的前提是川江行轮的兴起与发展，这源于轮船运输对航运线路、航路水深、航行测度等都有不同需求。航运方式转型必然要求航道图在内容编绘上的变革。换言之，正是川江航运的近代化与西方测绘技术的传播，共同促使中国传统航道图编绘方式产生重大变革。而且，西方航道测绘相比传统川江航图，技术优势较为明显，较能真实地反映川江行轮的实际情况，更好地发挥航道图导航避险的实用价值。在西方人的刺激下，民国时期国人开始采用现代测绘技术勘测川江水道，并以此作为收回航权的技术前提。

三、现代性的展开：民国时期国人编绘川江航道图的探索

民国伊始，国人在传统绘法的基础上推陈出新，逐步采用西方现代测量技术测绘川江航道图。1915年，川路公司经理刘声元倡议川江凿滩，以利本国轮运事业。同年冬，修濬宜渝险滩事务处在重庆成立，刘氏任首任处长。为早日完成川江凿滩工程，事务处"选专门测绘人员，上下宜渝，穷探曲折"[①]，编绘川江航道图，名曰《峡江滩险志》。该书始编于1917年，由江津蒲宇宁总负责，分段则由赵书瑜、

[①] 刘树声、刘声元等：《峡江滩险志》，裕源公司石印本1922年版，第1—2页。

刘祝岳、刘月松、王子元等人测绘，后经巴县史锡永、刘树声、云阳彭云星等编辑，书成后上交北洋政府陆军部，请求资助出版，却遭答复"本部用途甚少，实无印刷之必要"。①1922年，由刘声元交北京裕源公司与和济印书局合印成册，自行付梓。全书凡3卷，版面为31厘米×26厘米，比例尺为1∶367000。在编绘体例上，仿《行川必要》之例，篇首冠以《峡江图语释》135则。然后是《峡江总图》63幅与《峡江滩险分图》40幅，且分图有详明比例尺和英文拼音标注。最后则配以《宜渝河道全图之图例》和《宜渝水道纵断面全图》，并用文字分叙航道各滩险情况。从该书所绘具体内容看，各图不仅详尽标明航段各程之枯水线、略测线、石盘、石梁、暗礁、崖峡、碛坝、沙泥、乱石、河流方向等，亦详细标注航道两岸支流水溪、山脉山沟、城垣庙宇、街市场镇、桥梁关卡的具体位置，较为全面地反映了峡江航道的地理形势与险滩情况。整套图册结构相辅相成，图文之间彼此印证，故其价值较高，颇为珍贵。诚如邓少琴所评："以国人实际测绘而列为图经者有之，则当自《峡江滩险志》始，虽测量仅显一度不会比海关川江河床图三次改正之精确，然实际之测绘，取材之丰富，编制之精密，盖亦有足多者焉。"②可以说，该书不仅充分借鉴近代西方测绘之技术优势，亦保留中国传统航道图编绘之精华，在某些方面比近代西方人测绘的川江航道图更具实用价值，但因印数不多，流传不广，知者甚少。

1923年，川江轮船公司发起者杨宝珊因感"捷足者先握其权柄，

---

① 刘树声、刘声元等：《峡江滩险志》，裕源公司石印本1922年版，第1—2页。
② 邓少琴：《近代川江航运简史》，重庆地方史资料丛刊（内部刊行），1982年版，第65—66、106—108页。

川江无华轮之创，则航权必落外人之手"①，遂取晚清国璋所绘《峡江图考》一书，参照中西书籍，"汇而校勘，复加参订"，于宜昌重庆两港注明轮船码头与堆栈处所，附以《川江行轮免碰章程》《轮船悬灯图说》《万县分关章程》《川江标杆救生船图》等内容，重新名曰《最新川江图说集成》②，付诸重庆中西书局石印出版。从编绘方式上看，该书虽以传统航图为主，但又增加若干新式航运资料，可谓旧瓶新酒，中西合璧，"不特木船轮船获益非鲜，即往来行旅批阅如同指掌"。③其中价值最高者，堪为新增之《川江标杆救生船图》。需要说明的是，该图乃杨宝珊据英国人蒲兰田（S. C. Plant）所绘"扬子江宜渝段水道图"转译而成，并添加若干警告、海阔水准标示与编者题识，不仅是较早采用西方测绘技术的川江航道图之一，也是近代以来长江上游航道图绘制方式流变的具体例证。

如果说20世纪20年代是国人编绘现代川江航道图的起步阶段，那么从20世纪30年代开始，科学性与现代性就成为国人编绘航道图的核心理念与集体诉求。正是在科学精神的感召下，1937年，盛先良编著《川江水道与航行》一书，在绪言中作者坦言："余之编著是书，简言之，有动机二：一、我国正欲收回各帝国主义者在华之航权，觉现应在各方面从事事实之准备。二、吾人设欲消灭历来墨守成法之因袭意识，觉即宜普遍提倡科学方法之研究。"④为达上述目标，该书多取材蒲兰田所著《川江航行指南》一书，但在内容上更为丰富，不仅

---

① 高宗舜：《最新川江图说集成序》，杨宝珊：《最新川江图说集成》，中西铅石印局1923年版，第3页。
② 邓少琴：《近代川江航运简史》，重庆地方史资料丛刊（内部刊行），1982年版，第65—66、106—108页。
③ 高宗舜：《最新川江图说集成序》，杨宝珊：《最新川江图说集成》，中西铅石印局1923年版，第3页。
④ 盛先良：《川江水道与航行》，编者自刊，1937年，第2页。

详细介绍川江航运起源、水文情况、航标配置、航行纪要等内容，还借鉴西方科学手段编绘21幅川江险滩图，各图均详细标示川江航道水流起伏、标杆设置、航行线路等地理信息，多有益于航行实际，为国人行驶川江提供了详细资料与科学依据。

1938年，扬子江水利委员会为整治川江险滩，掌握战时川江航道资料，特组织水道测量队，对川江宜渝段航道进行全面水准测量，完成769千米，历时一年，绘成水道图138张，滩险图16张。其中，水道图比例尺为1∶5000，图廓78厘米×58厘米，各图详细标绘等高线、水标站、信号站、碇泊地点、水流流向等航道信息。险滩图与水道图图幅大致相同，比例尺为1∶2000，图中标绘各险滩航道同深线、各种水位、上下航道以及各种航道标志。[①]1941年起，该会又对渝叙段小南海等险滩进行航道测绘，并绘制了相应的航道险滩图。同时，长江上游巡江事务处在执行川江助航设施"三年建设计划"中，对川江宜渝段洛碛、凤和尚、柴盘子等10处险滩进行测绘，总计27千米，并绘制水道分图50幅。[②]此后，在1940年至1941年枯水期，又先后完成川江渝叙段珊瑚坝等17处险滩，约59.3千米的水道测量。

此外，1939年，卢作孚受当时粮食部委托，负责掌握粮食水运速达的有效办法，以解决后方粮食匮乏危局。此后，四川粮食储运局配送处专门编绘了一套《扬子江航道平面图（重庆至宜昌）》，于1943年刊行，以便利战时粮运。全套图共4张，比例尺为1∶250000，现藏四川省档案馆，各图均采用标准指向标，但多根据航道走向偏转幅度，故每幅图的指北方向都有所不同。图中标绘宜渝段航道、聚落、险滩等之分布及名称，并详细标示聚点仓库、县仓库、分仓库的具体

[①]《川江水道各项测图绘制办法大纲》，《扬子江水利委员会季刊》1939年第3卷，第1、2合期。
[②] 王绍荃：《四川内河航运史（古、近代部分）》，四川人民出版社1989年版，第282—283页。

分布地点，是一套反映抗战时期后方粮食转运的专题性航道图册。同时，卢作孚领导的民生实业公司为培养战时川江航运驾领人才，特由顾久宽编著《扬子江宜渝段航行指南》一书，于1945年刊行。书中对长江上游宜渝段上下水正常航线、特殊水道、锚位、航标解说、航行术语、航行章程、历年海损、船舶绞滩规则、国际避碰章程等内容均择要说明，中附20多幅川江水道图，比例尺为1∶12600，各图均详细标示长江上游宜渝段险滩碛坝情况，为研究抗战时期川江航道图编绘提供了详细材料。

综上而言，民国前期国人所绘的川江航道图，在编绘方式上往往新旧杂陈，明显带有转型期的特征。这种情况的出现，源于西方测绘技术的传入有一个较长的磨合过程，因为中国传统地图绘法基本上是非数据的山水写意体系，没有比例尺、位置、距离、高程的概念[①]，这与西方以经纬度控制和等高线标示法绘制的航道图有着截然不同的技术规范，而这种技术转型绝非一日之功，背后往往涉及文化理念、教育方式、社会结构等方面的深层变革。因此，民国前期川江航道图现代性的展开，往往带有中国传统地图编绘的若干痕迹。及至民国中后期，伴随本土川江航运公司的发展以及西方科学主义与测绘技术的广泛传播，国人所绘的川江航道图无论在成图手段、图式系统、测制规范上都与西方相差无几。而在近代川江航道图编绘的演变过程中，民族主义往往成为隐形的推动力，而科学也作为现代性的象征，成为与西方相颉颃以挽回航权的知识工具。

四、结语

地图作为表达地理环境的空间图像，除去本身对客观事物的反映

[①] 廖克、喻沧：《中国近现代地图学史》，山东教育出版社2008年版，第123—124页。

外，也是一种空间记忆与地理想象。特别是在古旧地图中，既隐藏对历史时期相关时代的丰富地理感知，又蕴含不同地域社会的多样化传统。就近代川江航道图编绘的历史轨迹看，不仅清晰可见中西方对川江航道讯息处理的空间差异，同时也反映两种不同社会文化理念的碰撞、交互与融合的过程。以中国山水写意绘法为主的传统航道图谱系和以西方测绘技术为基础的现代航道图系统，两种地图在绘制的背景、目的、技术等方面都呈现不同的方向。①但西方绘制航道图的方法，以其精确的测绘技术，在近代川江行轮兴起的背景下，逐步取代中国传统的山水写意绘法，并以科学性为表征，最终西方现代航道图范式得以确立。因此，从某种程度上讲，近代川江航道图的现代性就是西方科学制图与现代测绘技术的展开、发展与确立的过程。

以往学界对近代川江航道图的研究往往以西方制图学作为衡量标准，对晚清山水写意法绘制的传统航道图多予以批评，认为其没有数学基础，科学性不够，有欠准确。应该说，这种过分追求"科学化"的研究范式存在一定的局限性[2]，因为川江传统航道图本身植根于中国传统舆图绘制的经验土壤，是否具有精确性既非其本意，亦无法掩盖其社会文化方面的价值。特别是大多数川江传统航道图的绘制者，都是晚清地方官员或者所谓的"通儒"，采用描述性的山水图画符号，更易阅读交流。[3]相比之下，西方测绘而成的航道图则需要专门的地图学者或制图专家，多需专门训练方能看懂图绘内容。而川江传统航道图的独特价值就在于通过山水写意的手法，同时配以大量注解文字，穿插介绍晚清川江航运时事与俚俗传说，颇为形象地总结了长期

---

[1] 冯明珠等：《笔画千里：院藏古舆图特展》，台北故宫博物院，2007年版，第14—16页。
[2] 余定国：《中国地图学史》，姜道章译，北京大学出版社2006年版。
[3] 姜道章：《历史地理学》，（台湾）三民书局2004年版，第394页。

流行在民间的川江航行经验，这种编绘方式不仅是"地方性知识"的表达与升华，更是西方现代航道图无法比拟的优势所在。

然而，这种植根于乡土的地方文化实践，在川江航运近代化的背景下，不可避免地受到西方测绘技术与现代制图理念的渗透，最终伴随"地方性知识"的逐步消退，"普遍性知识"单向存在。本文中，笔者虽以西方现代制图技术的影响程度划分近代川江航道图编绘的演进阶段，但仅仅承认这是一种客观性的事实，在科学话语渗透的条件下，积极反思近代川江航运史研究"传统"与"现代"的二分阐释框架，才是笔者隐含的目的所在。换言之，就近代川江航道图编绘的演进路径看，从传统时代的"多系并存"到近代社会的"科学宰制"，所反映的不仅是西方测绘制图体系的最终胜利，背后实则伴随晚清以来民族主义与科学主义的话语竞争以及川江航运近代化的复杂纠葛过程。因此，简单地采用"传统/现代"判定"落后/先进"，不仅有失武断，更无助于对川江内河航运现代性的深层阐释。而从近代地图史研究的角度看，如何突破此前过分"科学化"的阐释体系，进而从"知识史"或"文化史"的路径研究近代川江航道地图绘制技术的现代转型，则是日后努力的方向。

（原文刊于《学术研究》2015年第2期）

"蜀道申遗"视域下的嘉陵江武胜段水脉航运资源文化解读

————— 刘平中[①] —————

　　嘉陵江是巴蜀第二大水脉航运大通道，也是链接秦巴川南北大通道的关键线路，历经数千年乃至今日，仍然发挥着重要的交通航运与水利水电方面的功能与作用。嘉陵江武胜段上游的广元、南充等地的水脉航运遗迹遗址，作为"蜀道申遗"的重要人类文化遗产资源，已经成功列入了世界文化遗产名录；下游的重庆市合川段嘉陵江，拉开了"钓鱼城联合申遗"的序幕。嘉陵江武胜段既有独特的资源禀赋，也有丰富的内涵与文化个性。可以说，嘉陵江武胜段独特而丰富的自然、文化遗产资源，无论是融入"蜀道申遗"还是参与"钓鱼城联合申遗"，无论是参与"成渝地区双城经济圈建设"还是参与共建巴蜀文旅走廊工程，它都具有得天独厚的资源优势、交通优势与遗产优势，是它们不可或缺的重要组成部分。

　　武胜县地处嘉陵江中段，属长江流域一级支流嘉陵江水系。除117千米的嘉陵江外，还有常年不断流的长滩寺河、复兴河、走马河、兴隆河、双星河、高洞河、箬篾岩河、芋子溪河、华封河、寨子溪、长河等11条河流，全长600米以上的小溪尚有96条。各水脉分布于山间沟谷，构成树枝状河网水系汇入嘉陵江，河道总长351.5千米，

[①] 刘平中，成都师范学院研究员。

山环水绕，姿态万千，遗产资源得天独厚。嘉陵江武胜段水域景观大致可分为自然景观与人工景观两大门类。其中，自然景观以河曲与河湾、游憩河段、河（江）心岛、湖泊、沿江绿植等为主；人工景观则以水库、电站、渠系、渡槽等为主，此外亦包括由此衍生的，与武胜水脉航运文化相关的商贸、节庆、赛事等遗产资源。所谓水脉，是对水流、水系的别称。因水流形如人体脉络，常有涨、落、快、慢之变，如人的脉象，故名之水脉。水脉主要指江流、河流，也指地下水泉，故也称作"泉脉"。嘉陵江武胜段水脉呈现出"长""曲""玄""秀"四大特色。所谓"最长"，武胜段水脉长度为嘉陵江沿江各县之最，素有"千里嘉陵，武胜最长"之誉。所谓"最曲"，河曲曲流颈长38.8千米，河曲振幅带3.0—7.8千米，河曲带波长4.8千米，弯曲系数2.99，其弯曲程度仅次于美国雪兰多河和科特迪瓦白帮大马河，排名世界第三，中国第一。所谓"最玄"，武胜段水脉大体呈北南走向，贯穿县境，起始于武胜县烈面镇，以太极湖、太极曲流（东西关曲流）、太极岛为依托，每个河曲双岛对峙，江水左环右绕，神似负阴抱阳的"太极图"，构成武胜水脉文化之源——太玄天然奇观，所谓"太玄天之眼，天生太极图"，奠定了武胜水脉以"玄"为核心的最高哲学范畴与思想境界，形成了独具特色的"自然·天性·生命"融合的水文化特征。曲流从北至南，水缓面阔，历经千年演进，与水域的其他景观共同积淀成了武胜人上善若水、乐观和谐的精神气质。而这一"太玄"天然之象景观，可以与成都城市地标天府广场人造"太玄"遥相呼应，建构一城一野巴蜀文旅走廊双"玄"奇景。所谓"最秀"，"千里嘉陵，广安最美"，武胜美在其中，却别具"秀"色，武胜水脉，依水傍山，具有"一洲春色半洲烟""一江苍翠落樽前""百里嘉陵逗远峰""竹声瑟瑟橹声柔""巨笔几人留姓字""云霞灿烂摩空起""渔灯几点画桥西"等奇观丽景，构成了"平洲草色""九洞晴岚""龙岭郁青""竹溪涵碧""古篆书岩""文笔奇峰""立石干霄""环江晚渡"等美不胜收的历史人文画卷。

嘉陵江水脉航运遗产资源主要包括以下三个方面：一是与嘉陵江水脉航运本体及密切相关的水工遗产，包括水利枢纽工程、闸坝以及石盘镇、沿口镇等地的众多码头津渡。水利枢纽工程以东西关水利枢纽工程、桐子壕水利枢纽工程为代表；码头以沿口港、中心码头为代表；渡口以石盘镇渡口、烈面镇渡口为代表；水陆接驳则以沿口镇嘉陵江大桥、中心镇嘉陵江大桥为代表。二是与嘉陵江武胜段历史文化相关的古镇、山城、寨堡等遗产。古镇名村如嘉陵江沿江的烈面古镇、龙女古镇、沿口古镇、中心古镇等；山城则以武胜城、毋德彰城为代表；关隘则有东关寨、西关寨、七星关为代表。三是与嘉陵江水脉航运相关联的非物质文化遗产。嘉陵江武胜段沿岸的非物质文化遗产内容丰富，省级者如武胜剪纸，市级者如板凳龙、飞龙竹丝画（画）帘等，区县级者如麻哥面、渣渣鱼等。总计境内各级非物质文化遗产共26项，涵盖了非物质文化遗产分类中的绝大多数类别。

一、嘉陵江水脉本体资源

（一）半岛曲流

嘉陵江纵贯南北，水势汹涌，故史书称"巴水多曲流"。而之所以把嘉陵江称作巴江或者字江，即源于江水中段弯弯曲曲，形如"巴"字的篆书"㠯"字形态。以嘉陵第一湾之称的太极湖（广安市唯一一个国家水利风景区，属国家AAA级旅游景区）、嘉陵江江湾半岛明珠之称的龙女湖、有"中华第一曲流"之称的东西关曲流（其弯曲度排名世界第三，中国第一）以及有巴蜀禅林宝地之称的永寿寺半岛、礼安太极岛等，这些嘉陵江武胜段独特的江湾曲流自然生态遗产资源，必将是"大蜀道申遗"不可多得的重要生态遗产资源。

表1　　　　　　　　　　　　重要半岛曲流

地点	数量	名称
礼安镇	4	礼安太极岛、太极湖东关曲流、太极湖西关曲流、太极湖
街子镇	3	街子镇张家滩、梅兰溪、对口溪街子镇王家庵村段
龙女镇	2	龙女嘉陵江大洄湾、芋子溪河
中心镇	2	中心嘉陵江段（环江晚渡）、华封河
烈面镇	1	高峰村鱼凫溪
华封镇	1	华封镇永寿寺半岛
三溪镇	1	长滩寺河、箩筐岩河
石盘乡	1	寨子溪
清平镇	1	林山村南溪河

（二）码头津渡

嘉陵江纵贯武胜南北，纵贯县境水路运输主干道，境内河道总长254.6千米，航道里程114.27千米，吉安河、长滩寺河、赛马河、兴隆河等嘉陵江支流及个别水库亦可通航。嘉陵江武胜段航道滩口均为浅滩，多达40处。1986年，嘉陵江航道武胜段定为6级航道。1993年，东西关电站建设，在东西关处拦河筑坝，嘉陵江被截弯取直，县境段航道缩减为78.5千米，定为4级航道。江面平均宽550米，落差25米，枯水期江宽100—300米，航道宽15米，水深1.2米。洪水期江宽350—600米。历史上，位于嘉陵江中游的汉初县，水量充沛，境内长度230多里，河道曲度冠沿途流经州、县，入唐以来至五代十国、辽、宋、夏、金、元、明、清，县境内最重要的运输方式即依靠水运，这是武胜水脉航运历史文化根脉特性的最佳历史见证。

民国时期，嘉陵江武胜段有民间渡口19个，码头则有临江（今属南充）、烈面、沙溪、龙女、石盘、沿口、旧县、中心、清平、南溪等10处，以沿口、中心、烈面和龙女为主。目前，嘉陵江武胜段码头分布于烈面、中心、华封、石盘、龙女、礼安、沿口、真静、清平、鸣钟、街子等乡镇，共计22处，仅烈面镇就有9处。其中，不少至今依然发挥着嘉陵江流域水、陆航运交换互通的重要作用，是"蜀道申遗"不可多得的水陆接驳文化遗产资源。此外，还有代表治水利水用水成就的人工水景，如胜天渡槽、东西关水电站、桐子壕航电枢纽工程等水工与水文化资源。

沿口港，旧称沿口码头，地处武胜沿口镇嘉陵江左岸，形成于明朝中叶，清代以来至民国时期，均为重要通商码头。泊船向上可驶入南充、广元，向下可达合川、重庆。港区上至王爷庙，下至红庙子，长达千余米，是天然良港。本地及周边县市的副土特产和外地百货、日杂用品、糖茶药材等均在此地集散。1960年，码头重修，沿口码头改称沿口港，有泊位5个，可停靠300吨级驳船，是嘉陵江水系进入重庆的重要港口之一。

中心码头，原称县城码头，位于嘉陵江右岸，三面环江，分北门、东门、南门三个码头，长达数里。中心码头距县城16.5千米，离重庆169千米，商船只从水路往来于合川、重庆，历史上一度繁荣。1953年，武胜县治迁沿口镇后，改称中心码头。中心镇附近各乡农副产品和外来物资，均在此集散。20世纪90年代以后，中心港的3个码头中唯有东门码头有所发展。后因县缫丝厂、灯泡厂、酒厂等企业因生产经营不景气，货运数量逐年减少，港口的吞吐量也随之减少。

表2　　　　　　　　　　　　重要码头渡口

地点	数量	名称
烈面镇	9	高峰村西关码头、白云村客渡上码头、云村客渡下码头、石洞滩码头、烈面老车渡码头、八一沙湾码头、八一码头、八一三拱桥码头
中心镇	3	中心北门码头、中心东门码头、中心南门码头
华封镇	1	石梯坎村码头遗址
石盘镇	1	石盘镇水码头
龙女镇	1	龙女码头（又名龙女寺码头）
礼安镇	1	太极湖跃进门码头
沿口镇	1	武胜沿口码头、旧县码头
真静乡	1	真静码头
清平镇	1	南溪码头
街子镇	1	街子码头

（三）水网渡槽

嘉陵江纵贯武胜北南，武胜水资源颇为丰富。截至2005年，武胜县共有各类灌溉干支渠400余条，1316千米。其中渡槽680余座，总长50多千米。中小型水库干支渠系837千米，电力提灌渠系479千米，分布于全县大部分村组。其中尤以胜天渡槽最为有名。

胜天渡槽又名"三溪渡槽"，位于武胜县东北约17千米处的三溪镇，在我国渡槽中极为罕见，享有"人造天河""三溪彩虹"的美誉。三溪渡槽系武胜县五排水水库右渠之咽喉枢纽，始建于1972年。胜天渡槽为拱式渡槽，主体工程由10段石拱桥组成，跨越九沟十岭一河，横贯三溪场镇。槽身及支承结构均为一块块条形方石垒砌而成。胜天渡槽全长4060米、槽宽3.4米、槽深1.8米。主拱153跨、拱肩附拱270个，最大拱跨20米，单拱最高34.5米，最长拱段达600米。胜天渡槽跨沟越谷，绵延数里，宛如长虹，形若游龙，实乃我国农田水利建设中的一道奇观。自建成以来，历经数十年风雨，巍然屹立在三溪大地上，至今保存完好。在绵延数千米的主体工程中，没有一道裂痕，更没有一处褶皱和破损，足见当年的建造者们精益求精的"大国工匠"精神。1977年，《中国报导》第五期曾予以专题报道，省内外数万人前往三溪学习考察。2012年公布为第八批省级文物保护单位。2008年在第三次全国文物普查中，将其作为重要史迹及代表性建筑进行登记、保护。三溪胜天渡槽是我国六七十年代农田水利建设中的一大杰作和典型代表，是毛泽东同志"人定胜天"思想的时代体现，充分彰显了武胜的广大人民群众的智慧和力量。它不仅在农业生产中发挥着巨大的灌溉作用，更代表着特定时期中华民族的不畏艰险、勇于拼搏的奋励精神，有着重要的时代意义。

（四）水闸电站

武胜属方山丘陵带坝地区，农田虽然密集，但用水亦很困难，故被称作"六丘一水三分田"的农业县。民国时期，先后修建小型塘堰1000余处，灌溉农田2万余亩。1949年，全县存有平塘510口，河堰68座，灌溉农田仅5700亩。解放后，大力兴修水利，先后修建蓄提水工程4635处。其中，中型水库（五排水库）1座，小（一）（二）型水库80座，山平塘3863口，石河堰411座，电灌站280处。武胜县电力始于1929年的火力发电，20世纪70年代以后，武胜县水电事业蓬勃发展。截至2005年末，县境有水电站16处，装机31台29.3410万千瓦，年发电量134984万千瓦时。

1. 五排水库

五排水库位于武胜县境东北长滩寺河中游，是武胜县境内目前最大的一座中型水库，库区跨武胜、岳池两县，坝址位于飞龙镇五排水村与刁家岩村交界处。五排水原名"五掰水"河，其地两岸壁立，溪流湍急，小溪较窄，仅"五掰"宽，修建水库后改"掰"为"排"，得名"五排水水库"。五排水库于1958年动工建设，修修停停，历时近20年基本建成。正常库容3866万立方米，设计灌面11.33万亩，有效灌面6.8万亩，平均发电量450余万千瓦时，是一座以防洪、灌溉为主，兼发电、养殖等为一体的综合水利工程，推动了武胜水电事业的快速发展。

2. 东西关水电站

四川华能东西关水电厂，简称东西关水电站，位于礼安镇政府东南710米的嘉陵江河道上。东连嘉陵江，西接狮子山，南邻礼安码头，北靠太极岛。电站于1992年9月开工，1995年9月第一台机组并网发电，1996年12月电站建设全面竣工，装机4×4.5万千瓦，年发电量9.55亿千瓦时。它创造了我国大中型水电站建设史上当年批准立项、当年招标、当年开工、当年截流的新纪录。1995年6月，原国防部部长张爱萍将军专门为此题写了厂名——东西关水电厂，公司名称——四川华能东西关水电股份有限公司。这是武胜水脉航电历史上的早期杰作。

3. 桐子壕航电枢纽工程

桐子壕航电枢纽工程，简称桐子壕电站，位于中心镇桐子壕嘉陵江干流处，是"九五"国家交通重点建设项目和四川省重点建设项目。该工程处于嘉陵江梯级渠化开发16级规划中的第14级，是嘉陵江渠化开发中的第一个枢纽工程。桐子壕航电枢纽工程占地面积160亩，建筑面积2万平方米，以航、电开发为主，兼顾水利、防洪、水产、旅游、生态等综合开发。其船闸为四级航道标准，可通行千吨级船队，远期年通航能力250万吨，渠化航道45千米。工程2000年9月18日开工，2003年2月首台机组并网发电，同年9月3台机组全部投产。电站装机3×3.6万千瓦。这是人们渠化嘉陵江，创新性利水用水的一大标杆。

二、山城寨堡

"寨堡"本是民众抵御匪寇的准军事设施。武胜筑堡寨的历史可追溯到宋（蒙）元战争时所筑的武胜山城、毋德彰城、马军寨以及东西关寨时期。明末张献忠乱蜀，武胜百姓为免遭战祸，纷纷在险峻之地聚石为寨以保护家园。武胜历史上修筑寨堡近百座，至今保存较好的主要有AAAA级的宝箴塞民众防御建筑群以及清平镇陈家寨、桃园村邓家寨、康家垄碉楼院子等。它们作为嘉陵江流域山城寨堡的重要代表，反映了人类战争史上的独特战略思想与智慧，是联合"钓鱼城联合申遗"的核心历史文化遗产资源，也是参与"蜀道申遗"的独特资源之一。

表3　　　　　　　　　　　　重要寨堡碉楼

地点	数量	名称
宝箴塞镇	23	段誉文寨遗址、段盛德寨遗址、段丹亭寨遗址、仁和寨遗址、雍睦寨遗址、油房岩寨、王熙臣寨遗址、宝箴塞西塞、宝箴塞东塞、仁和寨寨址、金斧乡寨遗址、段协和寨遗址、段玉田寨、张家寨（王家寨）遗址、段汝侯寨遗址、段玉佩寨遗址、段智周寨遗址、段育才寨、狮子屋场碉楼、段培禄碉楼、段炳烈碉楼、段作凡碉楼
飞龙镇	6	龙女螺丝堡、白坪村高家寨遗址、白坪村杨益言碉楼、木井村碉楼、梁家湾碉楼院、清白庄郭家院碉楼

续表

地点	数量	名称
沿口镇	5	马军村马军寨遗址、马颈寨村寨子、徐家碉楼、江家坝子碉楼院、冯英碉楼
烈面镇	5	高峰村东西关钓鱼城、顺天寨村顺天寨、冉家寨遗址（明—清）、金花村寨、关坝村碉楼院
街子镇	5	黄泥嘴碉楼、花市溪碉楼、蓼叶湾院碉楼、严家沟土碉楼、高寿沟碉楼
石盘镇	5	高石寨、天游寨、大龙山村王家碉楼大院、望乡台碉楼、鸟子沟碉楼院
龙女镇	3	武胜七星关、七星关上堡遗址、云台寨遗址
清平镇	3	陈家寨、油坊村八爪山古寨、周尚文碉楼
华封镇	2	桃园村邓家寨、先锋岭村石岗寨遗址
真静乡	1	康家垄碉楼
礼安镇	1	东关寨

三、古城名镇

武胜历史悠久。据考古发现，早在新旧石器时期境内就有人类居住。建县历史始于公元479年南朝萧齐设置的汉初县，元代至元四年（1267）先后设置武胜军、定远州，后改定远县。直到民国三年（1914）改名武胜县，这一县名沿用至今。1500余年的建县史，九易建置，五迁治所，分别留下了以汉初县（南朝萧齐）、新明县（唐）、武胜军（元）、定远州（元）、定远县（元明清）、武胜县（民国）等多处治所遗址遗存。由于地处巴蜀水陆互换要冲之地，水陆航运发达，商贸集镇繁荣，至今保存比较完整的古镇有中心古镇、龙女古镇、石盘古镇、沿口古镇、街子古镇等，这些沿江集镇，反映了人类集聚地随嘉陵江水脉航运、交贸、商业的发展变迁，不断迁徙、变更的历程，成为体现嘉陵江水脉航运历史活动进程的重要实物载体。这些独具治所文化与航运交贸文化的优质资源遗产，必将成为"蜀道申遗"不可多得的、反映流域人类学特征的重要遗产资源。

1.武胜城遗址

武胜城是（蒙）元在巴蜀地区修筑的影响最大的一座军事性城堡。宋理宗开庆元年（1259），所向披靡的蒙哥大汗顿挫于钓鱼城下。元世祖中统元年（1260），在青居城设立"征南都元帅府"，汪忠臣、汪惟正奏请忽必烈，在钓鱼城与青居城之间修建一座新的军事堡垒，既可减轻宋军对青居城蒙军造成的压力，又可增加对钓鱼城宋军的逼迫。中统三年（1262），青居城主将汪良臣正式向忽必烈"奏请就近地筑城曰武胜，以扼其往来"。至元七年（1270），襄阳之战正酣，忽必烈令汪惟正加固武胜城。

武胜城遗址位于沿口镇文龙村、黄桷坪村交界处，平面分布呈不规则的"爪"字形状。西临嘉陵江，其余三面均为陆地。遗址内，地形地貌差别较大，自西向东地形依次为沿江台地、台上缓坡、山顶平地等。目前，尚存城墙、城门、瞭望哨所兼炮台、谯楼等城防军事遗迹以及衙署、军资处、塘堰、水井、题刻、墓葬等官民生活遗迹。沿江台地东侧为高数十米的陡壁，坡度达60度左右，现有三条道路可通往崖壁之上。崖壁之上，为台上缓坡地带，南北长约1000米，东西最宽约300米，上下崖壁呈条带状分布。台地上尚存两处院落（一个在天生寨东，一个在大堂坝）和大量耕地。缓坡地带西侧崖壁上方有天生寨，东侧崖壁有多座崖墓，崖墓以西为大堂坝区域，地势较为平缓宽敞，视野开阔，可俯瞰嘉陵江。

南宋后期，巴蜀成为宋（蒙）元战争三大战区之一。宋军在四川创建山城防御体系以抵御蒙军的攻势，有效抑制了蒙军的攻势。蒙军于是同样修建山城以牵制宋军，武胜城即是其中的突出代表。武胜城作为蒙军在四川修建的第一批山城之一，将蒙军进攻钓鱼城的距离向南推进了九十里，给驻守钓鱼城的宋军以巨大压力。武胜城及其他山城的修建，战略意图在于彻底撕破宋军的山城防御体系，压制宋军利用水军优势对嘉陵江、渠江流域元军山城寨堡的袭击，从而加快了灭宋的进程。

2. 定远古城

定远古城位于武胜县中心镇，三面环江，古城位于一级台地上。定远县原旧城在旧县乡，因夏秋雷雨季节洪水奔泻，岩崩石飞，房屋倒塌，人畜伤亡甚众，历任知县向朝廷提请迁建新县城。明嘉靖三十年（1551），在知县胡濂的主持下，县治迁往庙儿坝（今中心镇），新建定远县城。据方志记载，明嘉靖间初建定远古城，"周回五百余丈"，万历年间则为"周四里二分，计六百六十六丈"。至清嘉庆时期，城内计有大小街道13条，米市、菜市、布市、酒市等民用设施一应俱全，全城楼阁壮丽，雉堞雄严，城内建有供给消防用水的田家堰和杨家堰。至民国时期，定远古城又新增建了印山公园、体育场、图书馆、民众教育馆等现代公共文体设施，进一步丰富和完善了城区的城市功能。自1953年县治迁徙到沿口镇后，定远古城逐渐走向衰微。尽管如此，这座素有"九街十八巷、九宫十八庙、四坛十三祠"之誉的古城，还保存着一批明清文物建筑群，主要遗存有明代城墙（省文保）、文庙、天上宫、文昌宫、武庙、城隍庙、万寿宫、镜心亭、传教士故宅等，极具历史、艺术和科学研究价值。

3. 沿口古镇

沿口古镇历史悠久，曾是嘉陵江重要交贸、航运重要码头。始于汉代，宋代集镇，古曰"封山镇"，明代属于太平里，清代属于长乐里太平铺，民国二年（1913）置沿口乡，民国二十九年（1940）改为沿口镇。自1953年以来，沿口镇一直是武胜县政府驻地。沿口镇依山而建，总长约4千米，面积约0.5平方千米。三面环山，一面临江，与华封镇、龙女镇隔江相望。因地处嘉陵江畔，水陆交通便利，自古以来就是川东北地区产品进出的主要水陆通道。古镇紧邻江岸，地势如凹形似"五马归槽"状。古镇现多为明、清历代古旧建筑，百间传统民居高低错落分布其间。禹王宫、老戏院、酿酒作坊、回民屠牛场等建筑古色古香，是嘉陵江流域当之无愧的川东第一古镇。规模颇大、极具伊斯兰特色的清真寺远近闻名，是嘉陵江流域第二大回民聚居地，广安市最大的回民聚居地。

伴随着嘉陵江水脉航运在武胜境内的发展与兴旺，在烈面、沿口、中心等码头、集镇，逐渐形成了反映航运、交贸的水陆码头节庆文化。如"中国·四川嘉陵江龙舟旅游文化节"、武胜全国皮划艇比赛等节庆、"三巴汤"、渣渣鱼、龙女（镇）白酒等码头餐饮文化遗产，它们是"蜀道申遗"必不可少的非物质文化遗产资源。

结　语

"不忘历史才能开辟未来，善于继承才能善于创新。"梳理挖掘嘉陵江武胜段水脉文化资源并进行现代利用的文化解读，对武胜经济、文化与社会建设意义重大：从根脉梳理的角度看，有助于我们在延续武胜历史文化血脉的基础上开拓前进、处理好继承和创造性发展的关系、做好活态保护和创新性活化利用，推动武胜文化建设的创造性转化、创新性发展，进而增强长江文明的影响力、凝聚力、感召力，建设长江文明永恒的精神家园；从资源构成的角度，有助于对接以线路资源类别申遗的"蜀道申遗"资源谱系，如从水陆兼具的航运交通角度，可以清楚地表明嘉陵江水脉航运乃是构成"大蜀道"（包括水路和陆路两部分）之水陆的一大组成部分，是"大蜀道"交通航运线路的水道延伸部分，是"蜀道申遗"不可或缺的水路组成关键；从历史发展的轴线呈现看，有助于厘清武胜历史文化遗产资源自身演变的历史进程与样貌。需要特别指出的是，作为巴西郡腹心的武胜，兼具巴蜀文化的内在特征，富有"三巴"文化的个性与特质。通过对不同根脉延续发展的清理，有助于更加清晰地展示武胜与巴蜀文化之间的联系与独特的文化互动关系，表明武胜不仅是"三巴"文化的重要构成，也是巴蜀文化的一大特色风景，为我们从更加广阔的范围、更高更大的视角检视嘉陵江武胜段水脉航运自然、历史文化遗产资源的价值与作用，并为参与"双向申遗"，参与"共建巴蜀文旅走廊"工程建设寻找政策和学理上的支撑，为武胜文旅融合高质量发展寻找新的突破口和新的切入点与进路。需要指出的是，武胜段的自然遗产与文化遗产，不仅存在共生一般关系，还存在互换与互补的独特关系，历史以来，二者都有紧密的、不可分离的重要内在联系。因此，系统梳理嘉陵江武胜段的生态资源、文化资源与旅游资源，彰显其水脉与地脉、文脉与业脉的关系，与时俱进，主动对接、参与上、下游的世界申遗行动，并以"双向申遗"作为推动相关工作的主抓手，必将有助于武胜结合城市功能更新、城市形象塑造，打造公园城市的大进程；有助于加快嘉陵江沿口古镇沿岸功能的优化与资源的整合，推动印山公园景区、龙女湖岸线景区、城区、郊区之间的文态、生态与业态建设，修复受损武胜城市地脉，促进嘉陵江武胜段沿江两岸城镇、业态的融合发展；有助于塑造嘉陵江江湾半岛明珠的独特魅力，擦亮嘉陵江流域武胜段这颗璀璨的文旅明珠，将武胜打造成巴蜀文旅走廊链条上的关键一环，充分发挥武胜在成渝地区双城经济圈建设中的产业铆钉作用。

长江沿岸城市的联系：
近代交通运输业变迁的总体考察

马学强[①]

交通网络是不同地域在空间上相互勾连的纽带，同时也是货物流通、人口流动的桥梁。一般而言，传统时期的城市通常建筑于水陆要道上，以交通为依托，实现区域内外的经济交流与人员往来。随着交通方式的变迁，时空格局的演变，人们出行的方式不断变化，活动范围不断扩大，城市的交通网络与辐射区域也随之延伸。在这种情况下，物流量增大，人口流动增强，不同城市之间联系变得更为紧密。本文以近代交通运输业为中心，对长江流域的水上交通与空中交通进行总体考察，以此来揭示长江沿岸城市在近代化、工业化背景下的密切联系。

一、长江流域水上运输业的近代变迁

长江作为中国的黄金水道，沿江航运业的发展经历一个很长的过程。早在春秋战国时期，长江就已成为联结巴蜀与中原地区之间的主要交通纽带。[②]但囿于彼时技术条件的限制，驾舟于波涛汹涌的长江对于那个时代的人们而言是一项极为艰巨的挑战。两汉时期，巴蜀地

[①] 马学强，上海社会科学院历史研究所研究员。
[②]《中华文化通志·水利与交通志》，上海人民出版社1998年版，第193页。

区与江南之间的联系因长江航道有了一定的发展。《史记》中即有"蜀汉之粟，方船而下"的记载，说明当时中远距离的长江航运已经启动。东汉末年，群雄割据，各方势力利用水道运兵备战，进一步促进了长江流域水运的发展。是时，长江水道的皖江流域作为吴、魏对峙主战场，战船云集，水战频发。据康熙《安庆府志》载"东吴遣屯皖江，得谷万斛"。[①]如此，当地的豪强地主纷纷利用长江水道进行商业活动，不久便出现"浮舟长江，贾作上下"之势。

唐宋以来，东南地区逐步成为全国经济重心所在，随着社会生产力的发展与造船技术的提升以及对南方地区的不断开发，长江航道逐渐出现了"樯帆如林，商船辐辏"的繁华景象。"凡东南郡邑，无不通水，故天下货利，舟楫居多。"[②]长江为中国南方水运之总汇，各类船只在江面上穿梭往返。沿江的城镇也不断涌现，这些沿江城镇依托大小港口，大力发展航运业。

明清时期，长江航道作为这一流域最主要的水运商道，随着商品经济的发展，使得长江上的来往船只明显增多。造船业的进步也促使着水运交通工具日新月异，比如排筏、木帆船便在这一时期内得到了较大的发展。排筏，是用竹子和木材并排编扎的水运工具，既可载客，也能载货。民国以前，仅安庆地区便有数百张排筏，其中太湖长河有排筏130余张，皖水有排筏160余张，潜水有排筏40余张，宿松二郎河、凉亭河有50余张，桐城青草河、孔城河有排筏60张。[③]每张排筏可载重1至5吨不等，一般是用于山区商品的外运与食盐日用品进口，"北自溪沸滩，西自菖蒲潭以下，均可通行竹筏"。[④]

[①] （清）张楷纂修：康熙《安庆府志》卷二《沿革》，康熙六十年（1721）刻本。
[②] （唐）李肇《唐国史补》三卷，卷下，学津讨原本。
[③] 安庆地方志编纂委员会编：《安庆地区志》，黄山书社1995年版，第666页。
[④] 吴兰生修，刘廷凤纂：民国《潜山县志》卷一《舆地志上》，民国九年（1920）铅印本。

相比于排筏，木帆船的使用则更为普遍，在近代很长一段历史时期内，张帆、摇橹、背纤的木帆船一直是长江流域水上的主要交通工具。航行长江的木帆船，一般在30吨以上，大至百吨左右。在轮船业兴起前，沿江各埠的通商交往，很大程度上都要依赖于木帆船往来通行。据载，位处长江中下游的上海、芜湖、九江、安庆等埠，帆船尤多，江上"舳舻千帆"，颇为壮观。[1]而对于上游的重庆等沿江城市来说，随着开凿纤路、设置航标、实施护航等政府行为的持续开展，川江航运逐渐复苏。又因长江下游粮食调运的旺盛需求[2]，由此以米粮外运为主要运输任务的木船开始从重庆过境大量出川，引领了川江流域木船运输业的繁荣。[3]据重庆海关统计，仅在重庆港航行通过的木船种类就达数十种之多，其中大部分是来自四川的木船，还有少数来自汉口、贵州等地。[4]自此，长江上游的沿岸城市出现"舟运车负，罔不毕集"之盛况。[5]

关于长江上往来的船只，要特别提到几本外文著作，如 *Glimpses of the Yangtze gorges*（《长江三峡掠影》）[6]，*The Junks and Sampans of the Yangtze*（《长江之帆船与舢板》）[7]。这里，重点介绍《长江之帆船与舢板》，此书作者为美国人 G. R. G. Worcester（中译名夏德、夏士德），他在中国期间因职务之便在长江流域做长期的旅行调查，以长江水系为中心，研究中国传统帆船，后出版 THE JUNKS & SAMPANS

---

[1] 叶勃主编：《安庆港史》，武汉出版社1990年版，第17—18页。
[2] 参见《雍正朱批谕旨》第二函，第五册，福建巡抚毛文铨奏，雍正四年（1726）五月十四日。
[3] 隗瀛涛主编：《近代重庆城市史》，四川大学出版社1991年版，第325页。
[4] 隗瀛涛主编：《近代重庆城市史》，四川大学出版社1991年版，第326—328页。
[5] 武玨文、欧培槐等纂：光绪《江油县志》卷十三《中坝场记》，光绪二十九年（1903）刻本。
[6] *Glimpses of the Yangtze gorges*（《长江三峡掠影》, Cornell Plant 蒲兰田著），1921.
[7] *The Junks and Sampans of the Yangtze: A Study in Chinese Nautical Reseach*, G. R. G. Worcester, Published by Order of the Inspector of Customs, Shanghai,1947.

OF THE YANGTZE（《长江之帆船与舢板》），内中记录243种船型并一一绘制船图。此本共两卷，于1948年在上海出版。在这部英文著作中，有大量关于在长江航行船只的记载与介绍，绘制了一些船只的船型，分析其功能等，以独特的视角反映长江水路、航运业情况。[①]事实上，这些船只在近代以后仍在大量使用，发挥着它们的作用。

在近代以前，尽管长江流域就已经是中国内河航运业最发达的地区，但始终没有形成一个具有整体性、统一性的航运体系，呈现的是多个区域性环流结构。按照张仲礼等学者的划分，具体为：以宜宾为中心，沟通内陆腹地与滇黔边陲间的区域性航运环流结构；从宜宾至宜昌间1044千米长江主航道上，连同主要支流嘉陵江、沱江、岷江航路所构成的"长江上游航运业区域性环流结构"；从宜昌经汉口而到江西湖口，长江主航道700千米，与汉水及洞庭湖、鄱阳湖水系贯联为一体，形成"长江中游航运业区域环流结构"；从江西湖口至上海港，绵延950千米，形成长江下游主航道，连接南京、镇江、扬州、仪征、常熟等城市，大江南北，构成了一系列、多层次的"区域性航运业环流结构"。[②]在这四大区域性环流结构以外，又有次一级以州县为中心的"区域性内河航运环流结构"，如长沙、九江、芜湖、安庆、南京等城市皆为所辖区域之中心。而在这些城市之下，还有一系列更多层级的区域性内河航运业环流结构。在这样的长江航运体系中，相

[①] THE JUNKS & SAMPANS OF THE YANGTZE（《长江之帆船与舢板》）第一册中与长江有关的船只有：第八章，长江入海口地区船只介绍；第九章，上海与黄浦江地区船只介绍；第二册主要内容为：第十二章，长江上的帆船；第十三章，长江下游地区：芜湖口船只介绍；第十四章，粮船；第十五章，大运河船只；第十六章，战船；第十七章，长江中下游：芜湖至汉口船只介绍；第十八章，鄱阳湖地区船只介绍；第十九章，汉江地区船只介绍；第二十章，洞庭湖地区船只介绍；第二十一章，资江地区船只介绍；第二十二章，沅江地区船只介绍；第二十三章，嘉陵江地区船只介绍；第二十四章，长江中游船只介绍。

[②] 张仲礼、熊月之、沈祖炜主编：《长江沿江城市与中国近代化》，上海人民出版社2002年版，第280—283页。

关城市之间在保持一定的相对的独立性同时,"又相互套接、贯联,从而形成若干个相对繁密的内河航运网络"。①

第一次鸦片战争后,随着各个沿江口岸相继开埠以及西方轮船技术的传入,长江流域的水上运输方式发生了巨大变革,在多种因素的共同促成下,各地开始逐步突破自身的区域性环流结构,彼此之间的联系得到进一步增强。

近代长江水运交通最为突出的变化便是轮船航运业的兴起,而长江轮船业的发展,一开始基本上是由外国势力主导的。外国轮船出现在中国沿海,一般认为以1853年英国渣甸号为始。②1842年,《南京条约》签订,厦门、广州、福州、宁波、上海依次成为通商口岸,外轮遂得自由出入于这五个商埠。此后,美国那绥公司的孔晓修号轮船、弥达斯号轮船以及英国大英轮船公司的多艘轮船频繁往来于香港与上海之间。1858年《天津条约》与1860年《北京条约》签订后,镇江、九江、汉口、南京、芜湖、宜昌、重庆等长江沿岸城市相继成为通商口岸,外轮得以直入长江。1876年的《烟台条约》使得英国轮船的长江航行权由汉口上升至宜昌,沿江的安庆等非通商口岸亦可向外轮开放。1894年,中日《马关条约》签订,外人获得了内河航行权,于是外轮在长江可抵重庆,而内河可抵苏州、杭州及长沙。1898年,清政府修改长江通商章程,准许各国之商船可在通商各埠往来贸易,并获内河港口之通行权。③此后,外国轮船可自由通行于长江之上。

外国轮船在长江任意驰骋,这一流域的水运交通得到了极大的刺

---

① 张仲礼、熊月之、沈祖炜主编:《长江沿江城市与中国近代化》,上海人民出版社2002年版,第285页。
② 关赓麟:《交通史航政编》(第一册),铁道交通部交通史编纂委员会1931年版,第1页。
③ 关赓麟:《交通史航政编》(第一册),铁道交通部交通史编纂委员会1931年版,第2页。

激，各国商业轮船公司纷纷进驻长江，开辟沿岸航线，建立轮船运输体系，攫取经济利益。近代第一家以长江航运为主要业务的外国轮运公司是1862年的旗昌轮船公司。①其时旗昌轮船公司所行航线共有三条，最为主要的航线是由上海至汉口的"沪汉线"，占其全部航线总收入的70%左右。"沪汉线"每周发船三次，途经上海、仪征、南京、镇江、芜湖、九江、大通、安庆、汉口等地。其中，镇江与九江作为卸载货物与客人上下的"两用通道"，而其余各地仅供旅客上下船使用，并不承担卸货功能。②除了旗昌公司外，另有怡和轮船公司、太古轮船公司、大阪商船株式会社、英国鸿安公司、英国麦边洋行、德国瑞记洋行、德国美最时洋行等公司，皆有轮船往来航行长江各大沿岸城市之间。据载，在当时的长江航道上同时可有数十艘不同洋行的轮船同时航行。如1864年，有15艘外国轮船定期行驶于长江之上，它们分别隶属于旗昌、同孚、琼记、宝顺、怡和、广隆、吠礼查等7家英美不同洋行，总吨数接近2万。③从1862年到1937年，在长江流域运营航运的外国轮船公司有20余家，轮船总数超百艘，吨数总和达20余万。④随着长江轮船航运时代的到来，西方资本势力在华得到快速发展，同时也大大促进了沿江各大商埠之间的商贸往来。以上海港为例，仅在旗昌轮船公司开辟"沪汉线"后十年，其埠际贸易总值就已增加数倍。其余如重庆、汉口、安庆等长江沿岸城市的洋货贸易量亦是成倍增长。值得一提的是，相比于沪汉航线，外国轮船对于川江

---

① 刘广京：《英美航运势力在华的竞争（1862—1874）》，上海社会科学院出版社1988年版，第18—19页。
② 《上海火轮公司告曰》，《中国教会新报》1871年9月30日第155期。
③ 刘广京：《英美航运势力在华的竞争（1862—1874）》，上海社会科学院出版社1988年版，第38页。
④ 参见关赓麟：《交通史航政编》（第三册），铁道交通部交通史编纂委员会1931年版，第1021—1042页。

航道的侵占并不深入，其中缘由大抵是川江航行条件的险恶。如此，在辛亥革命以前，外国轮船并未在长江上游获得太多商业利益。直至1920年英商隆茂洋行、美国大来轮船公司开始经营渝叙线和宜渝线，外轮才逐步渗透全部川江航线。①

在外国航运业迅速占领并逐步垄断中国市场的同时，出于形势所迫，朝野上下也有了发展民族航运业的计划、设想。1867年，容闳在《拟议联设新轮船公司章程》中提出了创设中国人自己的轮船公司的想法。1873年1月17日，在沙船衰弱、内河主权渐失等一系列背景下，轮船招商局在上海洋泾浜永安街正式开业。轮船招商局创建后，便开始迅速投入到长江航线的铺设和运营之中。1873年，招商局的洞庭号、永宁号轮船往来四川、汉口等地驳转货物。此后数年，陆续增设保大号、江宽号、江永号、江孚号、江表号往来于上海、汉口之间，又设江平号往来于汉口、宜昌。1881年，江宽号、江永号、江孚号、江表号及新增的江靖号轮船通驶宜昌，进一步开辟长江上游之航线。1883年，江裕新轮常川行驶于长江各埠，其余航线依旧。至1922年，往来于长江各埠的招商局轮船有江华、江新、江孚、江安、江天、江裕、江永、江顺八轮，往来于汉口、湖南间的有快利、固陵二轮，其余各支流亦有招商局之轮船。②除了轮船招商局以外，还有一些民族航运企业也对长江航运交通的发展具有积极意义。如虞洽卿所创办的三北轮船公司，其集资20万两购置慈北、姚北、镇北三艘轮船，故取名为三北公司。三北公司起初专营沪甬航线，后将重点转向长江航线，其在长江沿岸各大城市都设有分公司和码头仓库，具有较大的辐射影响力。以安庆为例，1919年6月，安庆三北分公司成立，

---

① 隗瀛涛主编：《近代重庆城市史》，四川大学出版社1991年版，第227—228页。
② 关赓麟：《交通史航政编》（第一册），铁道交通部交通史编纂委员会1931年版，第255—256页。

于小南门外江边设置码头，并以"大安"号泵船坐镇，主要承载安庆往来汉口、南京、上海等地的运输任务，不久以后三北便成为安庆行驶于"沪汉线"上的第二大航业机构。

　　国人兴办航运业在长江航线上的崛起，又势必招致中外轮船公司的激烈竞争。美国的旗昌轮船公司、英国的太古轮船公司、怡和轮船公司都曾对轮船招商局进行过排挤和压制。不过，官督商办的性质使得招商局在许多方面得到了清政府的匡扶，因此才能与外国轮船公司展开较量。在招商局进入长江航线后，原本处于竞争态势的旗昌与太古两家公司立即"握手言和"，共同商议对付中国公司的办法。最终，两家达成共识，以压低运费价格之法来给招商局施以压力。在价格战的影响下，长江航线上的客运票价与货运价也开始下跌。1871年，由上海搭乘旗昌公司的轮船前往镇江的单客价为4两，在1873年则降为1两。1873年由上海出发通过招商局轮船运至汉口的货运价为4两，在短短一年后便跌为2两。①不过，外国轮船公司如此不惜成本的恶意竞争非但没有成功扼杀中国的新式航运业，还以低廉的运价间接促使长江沿岸各埠之间的交往愈加密切。最终，美国旗昌轮船公司放弃长江营运，将全部财产售卖给招商局，太古等公司也通过与招商局签订齐价合同的方式以换取妥协。

　　然而，即使中国轮船就此在长江航线上拥有了一席之地，但是外轮所占有的优势局面依旧没有被打破。1881年，往返上海至汉口的定期轮船共有15艘，其中隶属于外国洋行的有9艘，招商局有6艘。1911年，太古、怡和、日清三家轮船公司在长江航线上共有27艘轮船，载重近5万吨。而招商局仅为7艘，载重约9千吨。②即使是在外

---

① 关赓麟：《交通史航政编》（第一册），铁道交通部交通史编纂委员会1931年版，第257页。
② 陈绛：《清季西方资本与长江航运的近代化》，《上海社会科学院学术季刊》1987年第4期。

国轮船相对较少的长江上游航线，以1930年为例，经过重庆的外国轮船有24艘，包括太古、怡和、日清、捷江等公司，而中国船仅有1艘。①是故，彼时外国轮船公司在长江航运方面仍具有主导地位。

长江流域的水上交通运输业经历了一系列复杂而深刻的演变。从传统时代的排筏、木帆船等，逐步迈向新的"轮船时代"。随着外国轮船技术的引入以及近代轮船业的带动，长江水运交通迎来了前所未有的发展。外来的轮船公司虽然带来了侵略与竞争，但也为中国航运业的发展注入了新的活力，同时亦使得长江流域的商业活动得以更高效地展开。长江沿岸各埠之间愈加频繁的商品流动、人群往来，也进一步加强了长江沿岸城市之间的紧密联系。

在近代中国沿海、沿江开放发展的大格局中，长江流域水上交通运输业的变迁，使得沿岸城市也逐渐从封闭、半封闭逐渐走向了开放。

二、长江沿岸开辟的空中航线

长江是沿岸城市联系的天然航道，它在促进该流域物流、人流方面起着举足轻重的作用。然而，随着近代交通事业的拓展，水运的弱点也日益显现，其中之一就是速度太慢。据计算，即便采用新式的轮船运输，从上海到重庆至少需要13天。而长期以来，长江沿岸没有构筑起自成体系的、统一的近代铁路、公路运输网络。交通方式的落后，妨碍了长江沿岸城市的进一步交流与合作。20世纪二三十年代发展起来的航空事业某种程度上弥补了这方面的缺憾。适应于社会经济发展的需要，长江沿岸诸城市相继开辟出空中航线。上海、南京、安庆、九江、汉口、沙市、宜昌、万县、重庆等沿江主要城市在短时期

---

① 隗瀛涛主编：《近代重庆城市史》，四川大学出版社1991年版，第338页。

内都建起了航站，架起了快速便捷的空中通道。航空业的发展，使沿江诸城市的联系加强，其意义是深远的。

近代中国航空业的发端是在20世纪初叶，其时从事者都各自为谋，缺乏统一合作意识，而且主要出于军事之需要，其技术条件也远远落后于欧美诸国。但当时已有一些人意识到航空业的发展将对军事与交通产生深远影响，"自有航空之进步，而世界陆军、海军、城垒皆失其效力；自有航空之进步，而世界铁路、邮船、汽车皆减其能力。"①空中飞行有诸多优点，然而，航空运输与其他交通业的情况有所不同，其投资巨大，成本高昂，并涉及军事防卫等问题，非地方与一般工商者力所能及，说到底，发展航空业是一种国家、政府的行为。

上海是中国最早进行飞机试飞的城市，1909年，法国飞行家佛朗（Vollon）在上海用苏姆式双翼飞机试行表演，不幸机毁殒命。②此后，在北京等地陆续有人进行飞机试演。受外国人表演的刺激，国内有人开始注意航空。第一次世界大战爆发，空战力量初步显示，受"欧战航空奏效"的影响，军方关注起水面飞行，不久在福建等地设立专门学校，训练航空人员。1918至1919年间，当时的交通部以航空事业关系交通，因属交通行政范围，"且空中运输尤为当今唯一要务，为筹办此项事宜起见"，特设交通部筹办航空事宜处。③国务院的另一机构复设航空事务处。不久，两处合并，扩充为航空署，作为当

---

① 《交通史航空编》之《交通史航空编叙略》，上海民智书局1930年版。
② 交通部年鉴编纂委员会编：民国二十四年（1935）《交通年鉴》之《民用航空编·沿革志略》。一说，清宣统三年（1911），法人环龙氏（Vallon）携山麻式单翼飞机及双翼飞机各一架至沪，在上海天空作第一次飞翔表演。5月6日，由江湾万国体育会跑马场起飞至静安寺跑马厅，不幸机毁殒命。详见上海通社编：《上海研究资料续集·写真》，第5页。时间上有出入，二说孰是？待考。
③ 民国二十四年（1935）《交通年鉴》之《民用航空编·沿革志略》。

时航空主管最高机构，着手规划全国的航空业。

1920年，航空事务处召集测量局、制图局及中央观象台等各专门委员，共同讨论测定全国经纬度线为计划航站航线之预备。随后，制定出《全国航空线路计划纲要》，确定重要干线五条。这五条干线分别是：京沪、京汉、京哈、京库（由北京直达库伦）、库科（由库伦至科布多）航空线。其时，航空线路的拟定、航站设置，更多考虑的是政治、军事因素。

这五条航线中，其中的京沪航空线，拟由北京经天津、济南、徐州、南京以达上海。是时，"航空事务处规定全国航空线干支各路为二十五条，尤以京沪一线最为重要，拟首先创办"。[1]随后，即派专员对京沪沿线各站进行详细调查，具体由军事科科长陈虹、技术员何尔德等负责。他们后来撰写了一份调查报告，第一款即谈到上海航站的建立。考虑到上海地处冲繁，人烟稠密，地价奇昂，欲觅一处廉价的、相当平坦的广场作航站并不容易。他们从地价、交通、施工等方面考察，认为选址在"吴淞与上海黄浦江中高桥沙地较为合宜"。[2]原先考虑在高桥建航空站。

当时，航空署已设立京沪航空线管理局筹备处，具体筹备京沪航线。京沪航线预拟在北京、济南间进行试航，而于1920年已在京津间试航一次，此为国内"隔地飞航之开端"。航空部门对京沪航空线航站及备用飞行场地点究竟在何处设立为宜，后又派员分途调查，最后确定落实。在呈报给当局的报告中，关于上海航站，购定沿浦为航站地方200余亩，共2万余元。航站、飞行场各项建筑，自1920年12月后即着手办理，定上海与北京、南京并为一等站。可惜，当时"因受

---

[1]《交通史航空编》，上海民智书局1930年版，第181页。
[2]《交通史航空编》，上海民智书局1930年版，第185页。

政治军事影响,已实行开办之各项飞航,不久即告停顿。"①直到1922年,德国人舒德勒协助卢永祥在龙华修建飞机场,航站建设才有了实质性的进展,上海航空交通也开始发展起来。

航空业的发展与政治格局的变动关系密切,北洋军阀统治时期,以北京为首都,所以在拟定航空线路上,比较突出北京的中心地位。1927年国民政府定都南京后,也积极筹办航空业,这一时期所开辟的航线又发生了变化,其中最引人注目的是,与南京相近的通商巨埠上海,在中国乃至远东民用航线上的中心地位迅速凸显。南京政府发展航空业的目的之一,"因鉴于内地交通不便,及边远省区对于中央情形之隔膜"②,主要是为了加强对内地与边远地区的控制。于1929年设立航空筹备委员会,并在这一年度的邮政经费预算中,专列航空邮递经费60万元,作为筹备邮运航空之用。几经研究筹划,决定首先开通长江沿岸的航空线,开辟上海至成都航线,成立沪蓉航空线管理处。该航线管理处遂购置"司汀逊底恰替式"单翼三百匹马力六座位飞机4架,在南京、上海、汉口等处设立飞行场,又于上海设立飞机修理厂,同时,在上海虹桥、南京明故宫两飞行场搭盖临时飞机棚厂5所。

各项准备工作完成后,"沪蓉线"上海到南京一段,于1929年7月实行通航,运送邮件及搭载乘客,两地每周对飞6次。上海至南京的航线全长156英里,全程约需2小时,而坐火车或轮船则分别需时8.5及24小时。③空运的便捷是不言而喻的。据统计,这条航线开辟不

---

① 参见民国二十四年(1935)《交通年鉴》之《民用航空编·沿革志略》。
② 参见民国二十四年(1935)《交通年鉴》之《民用航空编·沿革志略》。
③ 徐雪筠等译编:《上海近代社会经济发展概况(1882—1931)》,上海社会科学院出版社1985年版,第283页。

到一年，就载旅客1200余名，邮件20多公斤。[①]这年10月又增辟沪汉航线，由上海途经南京、九江至汉口。嗣后，因部门改组，沪蓉航空线管理处划归交通部管理，于1930年归并到中国航空公司。

20世纪30年代是我国航空事业发展较快的时期。为了发展全国商务邮务航空事业，国民政府在1929年组织成立中国航空公司，性质为官办。1930年，当时的交通部与美国飞运公司签订航空邮运合同（简称中美航空邮运合同），组建新的航空公司。新组公司仍沿用"中国航空公司"名称，该公司为中美共同经营，其股权中方占55%，美方占45%。中国航空公司自正式成立，主要经营沪蓉（后改名沪蜀）线、沪平线、沪粤线，这三条航线，均以上海为起点。其中沪蓉航线，即上海与成都间的沿江线。

沿长江航线，自上海到汉口一段（当时称"沪汉线"）于1929年10月通航。1930年7月，沪宁、沪汉两航线合并。此年岁末，增辟芜湖、怀宁（安庆）航站。1931年3月，汉口到宜昌段亦正式通航，途经沙市，当时称"汉宜线"。该线定为每星期二、四、六三日，各有上行机一班，周三、五、日三日，各有下行机一班，上下行飞机都与沪汉段各站直达，加强了上海与长江中游城市的空中联系。沪汉线段，原设芜湖一站，因营业不振，于1931年7月取消，来往飞机均不降落。是年10月，将宜昌段延伸到重庆，这时即把汉口到重庆之间的航线称为"汉渝线"。汉渝间每星期来回飞航各2次。重庆到成都一段，直到1933年才正式开通，称"渝蓉线"。

从上海到成都全线，初名"沪蓉线"，后有人以为"蓉"字意义不甚明显，颇费人解，所以改称"沪蜀线"。由于航程长远及存在着其他一些问题，沪蜀航线实际上并没有全线贯通，上海到汉口，汉口

[①] 参见民国二十四年（1935）《交通年鉴》之《民用航空编·沿革志略》。

到重庆，重庆到成都各段，仍分段飞行，因此，人们习惯上还是以"沪汉线""汉渝线""渝蓉线"相称。

沪蜀线，中经江苏、安徽、江西、湖北、四川五省，沿线航站分设上海、南京、安庆、九江、汉口、沙市、宜昌、万县、重庆、成都10处，基本上把长江沿岸的主要城市连通了起来。沿江各航站间距离依次为：

1. 上海—南京：302千米、南京—安庆：245千米、安庆—九江：130千米、九江—汉口：198千米，上海汉口间计875千米。

2. 汉口—沙市：194千米、沙市—宜昌：104千米、宜昌—万县：330千米、万县—重庆：239千米，汉口重庆间计867千米。此外，重庆到成都为295千米。沪蜀线全长2037千米。有关长江沿岸城市各航站情况，可参见表1。

当时长江航空线上的沪汉、汉渝二段，都是沿长江飞行，所用飞机也为水陆两用飞机，经停各站，均降落水面。因为这个缘故，沿江城市各航站的站址，除上海站近黄浦江外，其余航站都设在近长江江面或江边，面积亦无限定。此外，上海、重庆航站还有陆地机场，以上海、北平为起讫点的沪平等航线，及由重庆到成都，即渝蓉一段（后经重庆，又开通至贵阳、昆明的渝昆航空线），所用的飞机为陆地飞机，故上海、重庆同时建有陆地机场。

在补充材料的来源及存储概数方面，沿江各航站除上海站大都来自美国所存，可给数月之用，而其他各站，均由上海站供给。上海龙华是中国航空公司的总站，有飞机修理厂2座，凡修理飞机及发动机应用机械，全部备有，该公司所有飞机及发动机，均能在上海龙华自行修理与装配。另外，在龙华还建有飞机棚厂2座，都系钢筋水泥建成，可同时容纳10余架飞机，并有消防设备。

表 1 长江沿岸城市各航站情况（1935年前后）

站名	上海	南京	安庆	九江	汉口	沙市	宜昌	万县	重庆
站址	上海龙华镇相近	中山路底江边	江边西门外近大观亭	江边近久与纱厂	太古码头下面江边	二郎门江面	美孚油栈前江面	聚鱼沱	美孚油栈前江面
气象设备	测风向、风速器一具，气压表一个，寒暑表一个	风标一个，气压表一个，寒暑表一个	风标一个，气压表一个，寒暑表一个	测风向、风速器一具，气压表一个，寒暑表一个	测高空仪器一具，寒暑表一个，风向、风速器一个，气压表一个	风标一个，气压表一个，寒暑表一个	风标一个，气压表一个，寒暑表一个	风标一个，气压表一个，寒暑表一个	风标一个，气压表一个，寒暑表一个
无线电设备	五百瓦特短波无线电机一副，装于上海；二百五十瓦特一副，装于龙华	二百瓦特短波无线电机一副	五瓦特短波无线电机一副	二百瓦特短波无线电机一副	五百瓦特短波无线电机一副	五瓦特短波无线电机一副	二百瓦特短波无线电机一副	二百瓦特短波无线电机一副	五百瓦特短波无线电机一副
油库设备	有	直接有汽油公司供给	与南京站同	与南京站同	与南京站同	与南京站同	与南京站同	与南京站同	与南京站同
交通	轮船汽车均可直达	汽车直达	人道行	人力车直达	汽车直达	人力车直达	人力车直达	轿子及舢舨直达	轿子及舢舨直达

资料来源：民国二十四年（1935）《交通年鉴·民用航空编》。

上海航站在沿江各航站中设施最完备，最先进，这是与它的地位分不开的。当时中国航空公司经营的主要航线均进出上海，除沪蜀线外，另有沪平、沪粤等线。沪平线，为沿黄海、渤海飞行的航空线，以上海、北平为起讫点，中经江苏、山东、河北三省，设航站5处，除上海外，另设海州、青岛、天津、北平4站，航线全长1235千米。沪粤线，为沿东海、南海飞行的航空线，以上海与广州为起讫点，中经江苏、浙江、福建、广东四省，沿线航站有上海、温州、福州、厦门、汕头、广州6处。航程共长1697千米。该航线所停各航站，都为我国东部重要商港。至广州航站，复有西南航空公司与华南其他主要城市建立起空中联系。

从上海到成都航线，航程全长2037千米。因该航线沿途经过地区为我国中部富庶省份，所设各航站在经济、政治、交通、军事、文化各方面又都占据重要位置，其意义非同一般。

长江沿岸城市的联系，在沪蜀航空线各段未开通以前，交通主要依靠船运。以轮船运输最快的速度，从上海到汉口需要4天，由汉口至重庆，需要9天，从上海到重庆至少要13天。随着各段航站建成，空中飞行，从上海到汉口及由汉口到重庆都只需要7个小时。1934年之后，采用了新式飞机，更新通信设备，航程时间又缩短了几个小时，"迅速省时，更不可以道里计"[①]。沿江航空线路开通后，载客、运邮，并承办了新闻纸及货物的运输、开辟特航和游览飞行等多种业务，迅速显示出航空交通快捷、高效的优势。

航空交通业的拓展往往与邮务联系在一起。1929年南京国民党政

---

① 民国二十四年（1935）《交通年鉴》之《民用航空编·中国航空公司》。

府设立航空筹备委员会，就是在"积极筹备民用航空，借利邮运"[①]，这一年度的邮政经费预算中，专列航空邮递经费60万元，用于筹备邮运航空之用。1929年7月，上海到南京的航线开辟，首次载运航空邮件。后陆续开通沪汉等多条航空邮路。根据上海邮政管理局提供的1929—1931年上海寄发的航空邮件数字，可以清楚地看到航空邮务的发展情况：

表2　　　　　　　　1929—1931年上海航空邮务业务统计

	1929年	1931年
平信	25171	442742
挂号信	2982	30864
快信	10861	115032
包裹	118	424（一作428）

资料来源：综合徐雪筠等译编《上海近代社会经济发展概况》（1882—1931）第284页；1931年《交通部统计年报》，第219页。

据《交通部统计年报》统计，到1932年，上海航空邮件数量又有所增加，其中信函及明信片件数871053，新闻纸7491，印刷物2389，包裹600，航空邮票销售额达65781.75银元，约占全国的28.1%。后来，欧亚航空公司开辟上海到满洲里的航线。邮件到满洲里后，再转由铁道运寄欧洲。每星期往来飞行各二次。[②]这条航空线的开辟，使国际邮件周转时间缩短。

在长江沿岸城市的航空运输中，一项重要业务就是新闻纸的寄

[①] 交通部编：《交通部统计年报》（民国二十三年七月至民国二十四年六月），南京大陆印书馆1936年版，第423页。
[②] 交通部编：民国二十年《交通部统计年报》，南京大陆印书馆1933年版，第160、165页。

运。自上海到汉口的航空线开通，沪上就有航空新闻机关的设立，每天将新闻稿件由飞机寄往沿江城市，供当地报纸选摘。后航空新闻机关以新闻通讯稿件，消息有限，不能满足沿江城市阅户的需求，便改为航空寄报。1932年秋，中国航空公司以运发报纸数量增多，为减省手续，推广业务，于是与上海航空新闻社联手，订立承运合同。航空公司在上海一站，除收运邮局交来的报纸外，只收运该社交来的报纸，带有承包性质。这项业务发展很快，起初每月所收运费极少，仅百余元，到1933年底，沪蜀航线每月即达1200元以上。"新闻纸之航空运递，多由上海运往各埠，各埠运往上海者实少。在上海运出者，复以经由沪蜀一线为多。"[1]从上海航空的新闻纸件数逐年上升，1931年为4502，1932年为7491，至1934—1935年度达12380。[2]

航空邮递报纸，一方面固然使上海出版的报纸销量增加，扩大影响，促进了上海新闻事业的发展。但同时，通过航空传递，能迅速把上海这个大都会汇集的各类信息包括政治的、经济的、文化的，甚至意识观念，及时传送到长江沿岸城市，并经这些城市的辐射，继而对更广泛地区的人们产生影响。从这一点上说，沿江航空线的开辟，其意义极为深远。

沿江航空线的经营状况一直较好，"办理成绩亦为我国现有各航空线之冠"。兹以1931—1933年为例，沿江航空线的营业收入大致为：

---

[1] 民国二十四年（1935）《交通年鉴》之《民用航空编·中国航空公司》。
[2] 据1931年、1932年、1934—1935年度（民国二十三年七月至二十四年六月）《交通部统计年报》。

表3　　　　　　1931—1933年长江沿线航空线营业收入统计

	飞行里数（里）	载客收入（元）	运邮收入（元）
1931年	316117（其中沪汉段277477；汉渝段38640）	202355	396808
1932年	422051（其中沪汉段317651；汉渝段104400）	324128	547155
1933年	418672（其中沪汉段304236；汉渝段114436）	302304	676777

资料来源：根据民国二十四年（1935）《交通年鉴》"中国航空公司营业收支计算表"逐月统计。注：载客收入、运邮收入以整数计算。

沿江航空线在全国所占的份额甚高，其中，以沪汉航线尤为突出。1934—1935年度，全国民用航空飞行共2272次，以航线言，最多者为沪汉线，计699次。飞行里程，全国共为2268112千米，以航线言，最多者亦为沪汉线，计586525千米，占四分之一强。乘客人数，全国共为7988又半人（儿童半价，两人作一成人计算），以线路言，乘客最多者为沪汉线，计1826人。该年度汉渝线客运人数为1150。[①]两线合计，约占全国乘客总人数的37%。

沿江航空线之所以能保持良好的发展态势，原因是有多方面的。除长江沿岸地区经济发达、资源丰富、人员往来频繁，也有政治、军事的因素。南京是当时的首都，从南京到长江上游的水陆交通枢纽、西南重镇重庆，原有沪汉、汉渝航班联络，但前面我们提到，这条航

---

① 《交通部统计年报》（民国二十三年七月至二十四年六月），第431—432页。

线实际上是分段飞行，时间不相衔接，"空运因以迟缓"。1935年4月，国民党政府责令中国航空公司加开京渝特班，使南京到重庆当天即可到达，虽说是"商旅称便"，而另一个更为重要的因素是"二十四年春，四川境内剿匪工作紧张，重庆成为剿匪军事重心，京渝空运加繁，复有迅速到达之要求。"① "剿匪"需要，便是加开南京到重庆特别航班的真实意图。在军事上，沿江城市所在各航站的地位均显重要，以1933年12月的经费预算为例，其时，南京陆机航空站、南京大校场航空站、武汉航空站、上海龙华航空站、安庆航空站、九江航空站等都属一等航空站，其月份经费预算数皆为529.00元。②

航空业的发展，还有一个重要条件就是气候因素。为了确保沿江航空线路的畅通，各航站陆续购置了一些测量气候变化的仪器设备。沪蜀全线，沿途气候条件较好，很少有恶劣天气，气候变化亦不甚剧烈，加以沿江一带又多属平原，对于飞机航行比较有利，所以通航多年，始终未因气候突变而失事。

自沿江航空线开办以来，货物的运输量始终很小，相对于水运量而言可谓"微不足道"。造成这种情况的主要原因是航空货运费用太高，较轮船与火车的成本高出许多，按中国当时的社会经济发展状况，实非一般民众所能承受。但货物运输在交通运输方式中占据着重要地位，唯因如此，对沿江航空交通业在当时长江沿岸地区社会经济发展中所产生的影响与所具有的地位，不能过高估计。

---

① 《交通部统计年报》（民国二十三年七月至二十四年六月），第427页。
② 中国第二历史档案馆编：《中华民国史档案资料汇编》[第五辑第一编军事（一）]，江苏古籍出版社2010年版，第262页。

三、结语

　　长江，作为中国重要的水运通道，承载了巨大的物流货运，并伴有大量的人口流动，由此也促进了该流域不同区域、城市之间的社会经济发展与文化交流。自明清以来，长江的航运业得到了很大发展，这一时期的排筏、木帆船的使用成为长江航运的主要交通工具。传统时代的长江水路航运，虽然也有一定的运输量，沿江城市也呈现一派繁荣景象，但受一定条件与环境的限制，沿江的航运仍处于相对封闭的区域性环流状态，整个长江流域没有构建起整体性、系统性的网络。到了近代，长江航道的航运业面临着重大变革，西方先进轮船技术的输入与资本的涌入，催生出崭新的航运体系。不同于传统时代的区域性发展，西方轮船技术的传入和中外轮船公司的出现，使得长江航道逐步走向开放，沿江城市之间的联系逐渐紧密，出现了更大的互联互通格局。

　　与此同时，长江沿线的陆路（公路）体系也在构建，并开辟出空中航道。在航空运输方面，上海作为近代中国的经济与文化中心，早期航空事业的发端和扩展与其城市定位和城市功能密切相关。随着我国航空事业的快速发展，沪汉线、沪蜀线等长江沿江航线拓展，这些航路成为长江沿岸空中交通的主要线路，将长江沿岸诸多城市相互串联。此外，航空邮递同样也是连接城市、加强信息传递的重要手段。通过航空航运，上海这座通商大都市的影响得以迅速扩大。长江沿江航空业的发展虽说具有开创性，为沿岸主要城市提供了高效、便捷的交流渠道，但囿于彼时的航空运营成本以及社会发展状况，我们并不能过分高估航空交通运输业对于长江流域沿岸城市联系所产生的影响与作用。

就总体而言，随着近代交通运输业的发展，以水上、陆路和空中运输为主要手段，为长江流域沿岸城市间的交流互通提供了便利条件。孙中山先生在其《实业计划》中有关于建设以上海为东方大港、整治扬子江（长江）等内容，"整治扬子江一部，当分为六节：甲、由海上深水线起，至黄浦江合流点；乙、由黄浦江合流点至江阴；丙、由江阴至芜湖；丁、由芜湖至东流；戊、由东流至武穴；己、由武穴至汉口"[1]。他还就整治后的长江沿岸城市发展提出过设想和展望："以整治长江工程完成之后，水路运送，所费极廉，则此水路通衢两旁，定成为实业荟萃之点，而又有此两岸之廉价劳工附翼之。则即谓将来沿江两岸，转瞬之间变为两行相连之市镇，东起海边、西达汉口者，非甚奇异之事也。此际应先选最适宜者数点，以为获利的都市发展。"[2]近代以来，围绕长江沿岸的交通与城市之间的联系，政府相关机构与社会各界人士有过大量规划、论述与设想，从水运到空运，从铁路到公路，从构建水、陆、空多种交通网络体系，以此促进沿江地区的联系，从而推动沿岸城市的社会经济发展，这方面内容也值得深入挖掘、研究。

---

[1] 孙中山：《实业计划》（1919年），选自孙中山《建国方略》，中华书局2011年版，第132—134页。
[2] 孙中山：《实业计划》（1919年），选自孙中山《建国方略》，中华书局2011年版，第151页。